KB022938

교과서와
함께 읽는
청소년 한국사

2

조 선 시 대 부 터 당 대 까 지

■ **일러두기**

1. 역사 인물은 괄호 안에 생몰 연대를 표기하고, 왕의 경우에는 재위 연도를 표기했다.
2. 1895년 갑오개혁으로 태양력을 사용한 이후의 사건은 양력 일자를, 그 이전은 태음력 일자를 표기했다.
3. 외국어는 소리 나는 대로 우리말로 표기했으며, 다만 필요한 경우에 한자나 외국어를 괄호 안에 넣었다.
4. 1910년 이전의 한자어와 외국의 인명과 지명 가운데 관용적으로 굳어진 용어는 우리식 발음으로 표기했다.
5. 본문의 좌우에 있는 시험 문제 해설의 출전은 다음과 같이 줄여서 표기했다.
   - (수) 2008 : 2008년도 수능 국사
   - (근) 2009 : 2009년도 수능 근현대사
   - (검) 1-6 : 한국사 능력검정시험 1회 6급
   - (검) 2-고 : 한국사 능력검정시험 2회 고급(1급, 2급)
   - (검) 6-초 : 한국사 능력검정시험 6회 초급(5급, 6급)

교과서와 함께 읽는 청소년 한국사 2

오정윤 지음

한국사 공부는 꿈이 있는 청소년들에게 기본 중의 기본이다!

교과서와 함께 읽으면 더욱 도움이 될 청소년 한국사를 세상에 내놓는다. 그런데 마침 2010년 현재 중학교 3학년이 대학에 진학하는 2014년부터 서울대는 전 계열 응시자에게 한국사 과목을 이수해야 한다고 못 박았다. '2009 개정 교육 과정'대로라면 고등학교 1학년 필수 과목이었던 한국사가 내년부터는 선택 과목으로 바뀐다.

5천 년 넘는 역사를 꿰뚫어봐야 한다는 역사 과목의 특성상 수업 부담이 만만치 않아, 학생들의 한국사 기피 현상은 크게 우려될 정도였다. 그러나 한국사를 외면하고 과연 미래의 비전을 가꿀 새 인재상을 기대할 수 있을까?

미국이나 일본은 국사를 필수 과목으로 지정하거나 교육의 중심으로 내세우고 있다. 특히 중국의 경우 명문대를 가려면 반드시 중국사를 공부해야 한다. 그들은 역사를 통해 자기들만의 고유한 전통과 문화를 끊임없이 확인하며 재생산해가고 있는 것이다. 그에 비하면 우리나라는 유구하면서도 찬란한 우리 역사를 너무 소홀히 대하는 바람에 정작 외국인들이 우리를 더 잘 아는 경우도 드물지 않게 마주치곤 한다.

이제 다소 늦은 감이 없지 않지만, 우리나라 사람들에게 한국사가 제대로 대접받는 시대가 성큼 다가오고 있다. 앞으로 이런 현상은 더더욱 가속화될 것이다. 본질적으로 역사가 얼마나 중요한지에 대해 강조하는 것조차 부끄러운 일이다. 특히 우리처럼 글로벌 시대에 주변 각국과의 치열한 각축 관계에 놓여 있는 민족과 국가로선, 역사야말로 현재를 읽어내고 미래를 준비하는 매우 중요한 키워드가 아닐 수 없다. 한국사를 소홀히 대하는 청소년은 시대를 떠안고 갈 자격을 스스로 저버리는 것이나 다름없다.

이 책은 초등학교 4학년 이상이면 읽어볼 만한 내용으로 꾸미기 위해 애썼다. 수백만 년 전 인류가 태동한 이래, 우리가 이 땅에 어엿한 민족과 국가로서 자리 잡기까지는 실로 다사다난했다. 그 내용을 시시콜콜하게 다 기억하기란 어렵기도 하거니와 어떤 면에선 바람직하지 않을 수도 있다.

그런 까닭에 이 책에서는 인류의 시작부터 남북한 당대까지 가급적 명료하게 역사적 삶의 맥락과 흐름을 짚어내고자 노력했다. 특히 우리를 둘러싼 주변국과의 관계사는 각별히 유의했다. 주체적이고 자주적으로 우리 역사를 지키려면 세계사적 보편성도 결코 놓쳐서는 안 될 중요한 측면이기 때문이다.

21세기를 맞아 우리 민족은 그 동안 엄청난 진보를 이룩했다. 그러나 우리가 직면하고 있는 분단의 민족 모순 외에, 우리를 둘러싼 강대국들 사이에서 어떤 모습으로 살아남을 것인지에 관한 고민은 여전히 현재진행형이다.

인류는 누구나 본질적으로 평등하지만, 각 국가와 민족은 삶의 내력이 제

각각이다. 결국 우리는 과거의 역사를 탐구하며 새로운 미래의 탄생을 도모하기 위해 최선을 다해야 한다. 그것이 바로 한국사 공부의 진정한 이유이다.

그러나 이 책은 이런 당위만을 강조하기 위해 쓰지 않았다. 당장 한국사 능력 검정시험과 대입 수능시험을 준비하는 청소년들에게 최적의 준비가 가능하도록 배려했다. 시험의 출제 경향과 키워드 등을 본문 좌우에 꼼꼼히 배치했고, 아울러 소제목만 읽어도 역사의 전체 흐름을 한눈에 볼 수 있도록 했다.

또한 장 도입 부분의 '역사를 보는 눈'에서는 짧지만 강한 역사의식이 어떤 것인지를 제시하여 청소년 독자들과 함께 역사적 성찰을 해보고자 했다. 그리고 각 절의 시작 부분에는 '한 줄로 읽는 우리 역사' 난에 반드시 기억해야 할 시대별 중요 역사를 간단명료히 정리했으며, 절의 끝 부분에는 '역사 지식 플러스'와 '논술 생각나무 키우기' 난을 첨부해 청소년들이 역사적 상상력을 더욱 깊고 넓게 확장할 수 있도록 했다.

이 책은 청소년은 물론이고 넓게는 학부모, 교사, 일반인 모두를 위한 대중 역사서로도 손색이 없지 않느냐고 말하고 싶다. 사실 역사를 냉철하게 인식하고 그곳에서 삶의 진실을 찾고자 한다면 이면에 숨어 있어 밖으로 잘 드러나지 않는 핵심을 파악해야 한다.

표면에 드러난 에피소드 따위는 역사에 흥미를 돋우는 장치에 불과할 뿐이다. 우리는 역사를 좀 더 깊은 인문학의 눈으로 바라봐야 한다고 믿으며, 이 책에서는 미흡하나마 그 점을 놓치지 않고자 애썼다고 자부한다.

끝으로 이 책을 내면서 특별히 두 사람에게 감사의 인사를 드리고자 한다. 도서출판 창해의 전형배 대표는 민족사학자이신 한암당 문하의 사형으로, 한결같이 필자를 격려하고 보듬어준 보배로운 인연이다. 학문의 동반자요 인생의 동반자인 홍수례 님은 늘 앞으로 나아갈 바가 무엇인지를 가늠해주는 내 삶의 지표 노릇을 해주고 있다.

그 밖에도 얼마나 많은 분들이 귀한 도움을 주셨는지 그저 생각만 해도 머리가 숙여질 따름이다. 이 땅에 태어나 한국사의 일원으로 살아가는 것을 한없이 기뻐하며, 같은 세상을 함께 사는 선한 인연의 모든 분들에게 감사의 말씀을 전한다.

2010년 10월

환궁재에서 오정윤 드림

차례 | 교과서와 함께 읽는 청소년 한국사 2

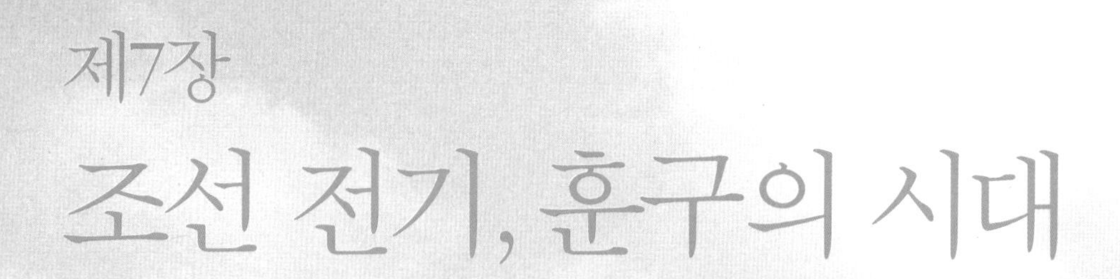

제7장 조선 전기, 훈구의 시대

1_ 태종과 정도전, 왕권과 신권 정치

2_ 세종, 유교국가의 체계화

3_ 세조와 성종, 훈구파의 등장

4_ 4대 사화, 사림파의 도전

조선은 주자성리학을 바탕으로 하는 사대부의 나라였다. 태종은 6조 직할 체제를 바탕으로 왕권을 강화했고, 세종은 훈민정음 창제 등 민본정치를 추구하여 건국 초기의 불안을 안정시켰다. 그러나 여러 차례의 반란과 내부 혼란으로 공신(功臣)들이 양산되고, 이들이 점차 혼맥과 학맥으로 연결되어 훈구파를 형성했다. 부패한 훈구파들은 정치 경제적 권력을 독점했고, 향촌에 은거하여 학문을 닦고 있던 사림들이 이에 도전했다. 사림파는 고려를 사수하다 이방원(태종)에게 죽임을 당한 정몽주를 사표로 삼았다. 조선 전기는 이들 훈구파와 사림파의 대결로 네 차례에 걸쳐 사화가 일어나는 혈전의 시대로 돌입했다.

역사를 보는 눈

친명사대는 생존의 논리로 정당화되는가

조선은 친명사대를 표방하고 중화의 논리에 갇힌 나라였다.
사대가 생존의 논리일 경우에는 전술이지만, 불변의 이념으로 굳어지면
노예의 굴종과도 같다. 세력이 약할 때 한순간의 사대는 있을 수 있지만,
그것이 지속되면 집단지성은 부끄러움을 잃고 노예적 사상을 옹호한다.
조선은 도덕적 국가를 지향했지만 결국 사대의 폐해는 버리지 못했다.

| 14~15세기경의 세계 |

14~15세기 초반의 동아시아는 조선과 명나라를 중심으로 하는 유교 문화권, 일본의 독자적인 신도 문화권, 동남아의 소승 불교 문화권, 티베트와 몽골의 티베트 불교 문화권, 중앙아시아와 동남아 일부의 회교 문화권으로 새로운 국제 질서가 재편되는 시기였다.

이탈리아 북부의 도시국가에서는 그리스와 로마의 인본주의, 문화예술을 부흥시키는 르네상스가 일어났으며, 서유럽은 봉건제가 약화되고 왕권이 강화되는 절대 왕정의 시대에 접어들었다. 동유럽에서는 러시아가 몽골 지배 세력을 무너뜨리고 그리스 정교의 수호자를 자처했다.

이슬람 지역에서는 오스만 투르크가 세워져 7~8세기 아랍 제국의 영토와 영광을 거의 재현했으며, 동유럽을 놓고 북쪽의 동로마 제국과 경쟁했다. 중앙아시아에서는 투르크화된 몽골족의 티무르 제국이 실크 로드의 역사와 문화를 주도했다. 오스만 제국과 티무르 제국은 실크 로드를 장악한 마지막 제국이었다.

우리나라 ▼	주요 연표	▼ 세계
	1370년	몽골 계 티무르, 티무르 왕국 세움
	1378년	교회 대분열(~1417), 종교 개혁 시발
이성계, 조선 건국	1392년	
	1398년	명태조 넷째아들인 주체가 반란, 영락제로 즉위
	1409년	티베트의 총카파가 티베트 불교를 개혁, 게룩파(달라이라마) 창시
태종, 호패법 실시	1413년	
이종무, 대마도 정벌	1419 년	
세종, 4군 6진 개척	1433년	
장영실, 갑인자 주조	1434년	
훈민정음 반포	1446년	
	1450년	구텐베르크, 금속 활자로 42행 성서 인쇄
	1453년	오스만 제국, 동로마 제국를 멸망시킴
수양대군, 계유정난	1453년	
사육신, 단종복위운동	1456년	
이시애의 난	1467년	
	1479년	카스티야의 이사벨과 아라곤의 페르난도 2세가 통합하여 에스파냐 왕국 세움
	1486년	디아스, 희망봉 발견
	1492년	콜럼버스, 최초로 대서양을 횡단하여 바하마에 도착
	1498년	바스코 다 가마 인도 항로 개척
무오사화	1498년	
갑자사화	1504년	
	1517년	마르틴 루터, 종교 개혁
	1519년	마젤란, 지구 일주(~1522)
기묘사화	1519년	
	1526년	티무르 제국의 후예 바부르, 인도에 무굴 제국(~1857) 세움
을사사화	1545년	

1 태종과 정도전, 왕권과 신권 정치

한 줄로 읽는 우리 역사

조선 초기는 6조 중심의 왕권정치와 의정부 중심의 신권정치가 충돌했다. 정도전의 요동 정벌은 사병 혁파와 재상정치 실현을 목표로 했으나 이방원은 왕자의 난을 일으켜 권력을 장악했다. 태종은 신문고 설치, 사병 혁파 등 왕권 강화를 위한 개혁을 추진했다.

조선•이 세워진 시기는 세계사적으로 변화의 시대였다. 중국에서는 몽골 제국(원)이 초원으로 돌아가 북원(1368~1635)으로 명맥을 유지해나갔고, 중원을 차지한 명나라(1368~1644)는 3대 성조(1402~1424) 시기에 몽골을 만리장성 북쪽으로 몰아내고 국경을 안정시킨 뒤 해상으로 눈길을 돌려 정화에게 일곱 차례나 해외 원정(1405~1433)을 다녀오게 했다. 그러나 성조가 죽고 나서 문신 관

숭례문 | 숭례문은 도성의 정문으로 남대문이라고도 부르는데, 조선왕조를 대표하는 건축물이다. 사대문의 명칭은 유교의 덕목인 인, 의, 예, 지, 신을 바탕으로 지어졌다.

료들은 성리학적 유교 질서를 유지하고자 대외 교류를 중단하고 폐쇄적인 사회를 지향했다.

조선은 농업을 중시하고 상공업을 경시하는 주자성리학 중심의 유교국가를 만들고, 스스로 명나라가 주도하는 국제 질서에 편입되어 사대와 조공을 축으로 하는 동아시아 유교문명권을 형성했다.

일본은 두 명의 천황이 대립하는 남북조 시대(1336~1392)가 마감되고, 북조의 아시카가 다카우지(1305~1358)가 세운 무로마치 막부의 3대 장군 아시카가 요시미쓰레에 의해 전국이 통일된다(1392년). 무로마치 막부 시대는 해적을 단속하고 명과 조선, 주변국과의 무역을 재개하여 동아시아 해역이 어느 정도 안정을 찾은 시기였다. 300여 년 만에 찾아온 모처럼의 평화는 조선 초기의 문예부흥을 낳은 일등 공신이었다.

● 조선의 3대 국시
사대교린(조선 국호, 표전문 사건, 동지사, 3포 왜관, 영은문 등), 숭유억불(도성 명칭과 승려 출입금지, 《삼강행실도》 발간, 향약 등), 농본상말(《농사직설》 간행, 《삼강행실도》 반포, 관영 수공업, 공무역 중심)
(수) 2007, (검) 9-초

신진 사대부, 재상 중심의 신권정치를 꿈꾸다

태조 이성계(1392~1398)는 고려 말의 혼란기에 신진 사대부의 지지와 과감한 결단력으로 조선을 세웠다. 그러나 동북면의 무장 출신인 이성계는 이념과 경륜이 부족하여 실제 조선의 국가 경영은 《조선경국전》• 을 지은 정도전과 《경제육전》•• 을 편찬한 조준이 이끌었다. 특히 정도전은 한양 천도, 도성 축조, 주례(周禮)에 의거한 통치 체제를 완비했다. 그래서 정도전을 조선 개국의 총지휘자이며 설계사라고 부른다.

• 《조선경국전》
1394년(태조 3)에 정도전이 태조에게 바친 개인 저술의 법전으로 《경국전》이라고도 한다. 국호, 국가 운영, 왕위 계승, 관청의 기능 등에 관한 정치철학을 담았다. 주요 내용은 국왕은 인(仁)으로 왕위를 유지하고, 국호를 조선으로 한 것은 기자조선의 계승이며, 왕위 계승은 장자(長子), 현자(賢者)로 할 것 등이다. 후에 《경제육전》《경국대전》 등 여러 법전의 표본이 되었다.

•• 《경제육전》
1397년(태조 6)에 조준을 중심으로 편찬하여 반포한 국가의 공식적인 법전으로 6조의 업무에 관한 내용을 담고 있는데 현재 원문은 전해지지 않고 《조선왕조실록》에 일부만이 기록되어 있다. 경제원육전(經濟元六典), 원육전(元六典), 이두원육전(吏讀元六典), 방언육전(方言六典) 등으로 부르며, 《경국대전》이 편찬되기 이전까지 조선왕조의 기본 법전이었다.

경복궁 근정전
경복궁 안에 있는 정전으로, 임금의 즉위식이나 대례를 거행하던 곳이다. 임진왜란 때 불탄 것을 고종 때 대원군이 다시 지었다.

● **조선의 신권정치**
정도전이 주장, 과전법 실시, 의정부 설치, 경연의 활성화, 과거제 시행, 3사의 강화, 의정부서사제(세종, 성종)
(수) 1999, (검) 3-1, (검) 4-4, (검) 5-3

또한 정도전은 역성혁명을 성공시키고 성리학과 신권(臣權)●● 이 지배하는 국가를 건설했기에 조선의 루소●●라고도 부른다. 후대 사람을 들어 400년이나 앞선 사람을 평가하는 것이 다소 모순되는 듯하지만 루소의 영향력을 감안한다면 정도전을 루소와 동급에 놓아도 그리 지나치지 않을 것이다.

정도전은 성리학을 바탕으로 하는 유교국가를 꿈꾸었다. 고려 말 대부분의 중소지주 계층 출신의 사대부들은 고려 시대를 비합리적인 세계로 보았다. 자각을 중시하는 불교적 세계관, 무신정변과 몽골 침략 시기의 무질서, 권문세족의 권력 농단은 합법적인 통치 질서가 유지되는 사회와는 어긋난다는 인식 때문이었다. 따라서 성리학에서 추구하는 가정의 윤리, 국가 내부의 군신(君臣) 질서, 국제 사회의 조공 체제는 합리적인 정치 질서가 아닐 수 없었다.

또한 정도전은 합법적이고 합리적인 정치 질서가 실행되는 유교국가는 왕권이 절대적인 전제국가가 아니라 유능한 신하들이 왕을 보좌하여 실질적인 통치를 하는 재상정치가 이루어지는 국가로 보았다. 재상 제도란 국가의 업무를 여러 부서에 분산시키고

● **정도전의 신권정치**
정도전은 정치철학을 담은 《주례(周禮)》에 근거하여 재상이 정사를 총괄하는 신권정치 제도를 주장했다. 이는 의정부와 같은 재상 합의 기구가 6조를 관할하는 구도이며, 군주는 상징적인 존재로 결재와 감독을 하는 방식이다.

●● **장 자크 루소 (1712~1778)**
1789년의 프랑스 대혁명을 촉발시킨 서양 근대 시민사회의 이념을 제시한 대표적인 계몽 사상가이다. 저서에 《사회계약론》 《인간 불평등 기원론》 등이 있다.

관료들이 이를 맡아 집행하며, 재상을 중심으로 하는 기구에서 최종적으로 협의하고 결정하는 신권정치(臣權政治)의 실현이었다.

국왕은 훌륭한 재상을 판별하여 임용하고, 재상의 도움을 받아 결재하는 역할을 맡는다. 이는 오늘날의 정치 제도에서 수상이 모든 정치권력을 행사하고 국왕이나 대통령은 통치의 상징을 담당하는 의원내각제와 같은 맥락이었다. 조선 초기 재상정치의 중심 기구는 도평의사사●●● 와 의흥삼군부●●●● 였고, 나중에 의정부로 통일되었다.

●●● **도평의사사**
조선 시대 의정부의 전신으로 고려 전기에 국방과 군사 문제의 최고 회의인 도병마사는 1279년(충렬왕 5)에 도평의사사로 바뀌었다. 고려 말에는 행정 기능까지 갖춘 최고 정무기관으로 확대되었고, 조선 개국 후인 1400년(정종 2)에 의정부로 개편되었다.

●●●● **의흥삼군부**
의흥삼군부는 조선 초기에 왕권과 수도를 방어하고 중앙 군대를 지휘 감독하는 군사 최고기구였다. 고려 말에 이성계가 병권을 장악하고자 설치한 삼군도총제부를, 조선 건국 후인 1393년에 그 명칭을 의흥삼군부로 바꾸었다. 이후 오위도총부로 개편되었고(1466년), 임진왜란 이후에는 5군영 체제로 바뀌었다.

정도전, 사병 혁파와 요동 정벌을 추진하다

정도전은 1392년에 신권정치의 실현을 위해 강력한 왕권을 행사할 가능성이 높지 않은 태조 이성계의 8자이자 계비인 신덕왕

조선의 통치 체제 – 왕권정치론과 신권정치론

	왕권정치론(왕권 강화)	신권정치론(신권 강화)
중심 인물	이방원	정도전
통치 체계	국왕 중심 = 6조 직할 체제	재상 중심 = 도평의사사, 의정부
중심 기관	승정원과 의금부	3사(사간원, 사헌부, 홍문관)
내용	신권과 왕권의 대결 : 제1차 왕자의 난으로 표출, 왕권파(이방원)의 승리 신권과 왕권의 조화 : 의정부서사제(세종), 집현전, 5례 거행	
주요 기관의 역할	1) 의정부와 6조 : 의정부(총괄 : 신권), 6조(왕의 명령 집행 : 왕권) → 행정 효율성 추구 2) 3사 : 사간원(간쟁), 사헌부(관리 감찰), 홍문관(경연) → 언론 기능, 왕권의 견제 3) 승정원, 의금부 : 승정원(왕명 출납), 의금부(국가 범죄 재판) → 왕권의 강화 4) 한성부(수도 행정, 치안), 춘추관(역사 편찬), 성균관(국립 교육기관)	

후 강씨의 소생인 의안대군 이방석을 세자로 추대하는 데 성공했다. 그러자 이성계의 첫째 부인이었던 신의왕후 한씨의 자식인 둘째 영안대군 이방과(정종), 넷째 회안대군 이방간, 다섯째 정안대군 이방원(태종)이 가장 강력하게 반발했다. 정도전은 왕족과 공신들의 반발을 누르고자 측근인 남은 등과 함께 1395년 초반에 요동 정벌을 추진했다.

요동 정벌의 추진 의도는 종친 세력과 공신들의 사병을 정부군으로 편입시켜 그들의 무력 기반을 약화시키고, 군사 훈련과 진법 훈련 등을 통해 정국을 전시 상태로 전환시켜 주도권을 장악하려는 것이었다.

또한 위화도 회군의 정당성을 합리화하는 의미도 포함되어 있었다. 위화도 회군은 이성계의 사적인 욕심에 의해 단행된 것이 아니라 구국의 결단으로 당시 정세에서는 어쩔 수 없는 선택이었고, 지금은 시기가 무르익어 다시 추진한다는 것이었다.

1395년 4월, 정도전은 삼군부를 통해 병서인 《토수도(兎狩圖)》와 《진도(陳圖)》를 간행하고 8월에는 상장군, 대장군, 장군 등 여러 군관에게 병서를 강습하게 했다. 요동 정벌의 전력이 있는 태조 이성계와 정도전이 강력하게 추진하는 군제 개편과 군비 강화는 몽골의 북원과 대결하고 있는 명나라를 자극했다. 조선이 언제 돌변하여 친명 정책을 버리고 북원과 손을 잡고서 고려 말에 포기했던 요동 정벌을 다시 단행할지 알 수 없는 노릇이었기 때문이다.

이에 명나라는 1396년 6월, 조선에 외교적 압력을 가했다. 사대의 예법에 따라 작성한 외교 문서인 표전문●●의 일부 내용이 예에 어긋난다는 트집을 잡아 문서 작성 책임자인 정도전과 정

● **표전문**
동아시아의 정치 질서인 조공 책봉 제도에서 제후국은 황제국에게 정례적인 조공과 예문(禮文)을 올리는데, 표는 황제에게 바치는 글이고, 전은 황후나 황태자에게 올리는 대표적인 사대 문서이다. 명나라는 요동 정벌을 주창한 정도전을 벌하고자 표전문을 문제 삼았다.

탁을 압송하라고 강요한 것이다.

이때 좌정승 조준을 중심으로 한 온건파가 요동 정벌은 사대의 예에 어긋나며, 군량미가 부족하고, 훈련이 미비하며, 시기도 적합하지 않다는 이유를 들어 반대했다. 그러자 태조 이성계는 국내외 정세를 안정시키고 명나라의 이목을 속이기 위해 정도전을 판삼사사, 판의흥삼군부사의 자리에서 물러나게 했고, 이로써 요동 정벌은 잠시 중단되었다.

● **조선 초기 대외 관계**
사대교린(명에 사대, 유구·여진·일본은 교린), 초기에는 명과 갈등(표전문, 종계변무, 요동 정벌), 여진 강경책(4군 6진, 여진 정벌), 여진 회유책(무역소, 조공, 귀화), 일본 강경책(대마도 정벌), 일본 유화책(3포 개항, 교역 허가)
(검) 2-4, (검) 6-고

※ **종계변무(宗系辨誣)**
명나라의 《대명회전》과 〈태조실록〉에 이성계가 고려 말 권신 이인임의 아들로 잘못 기록되어 있는 사실이 1394년(태조 3)에 처음 발견되어 조선 정부가 명나라에 이것을 바로잡아달라고 요구한 사건이다. 종계는 왕실의 혈통을 말하고 변무는 무고를 바로잡아달라는 뜻이다. 조선의 계속된 요구에 명나라는 시정을 약속했고, 1588년에 주청사 유홍이 바로잡은 《대명회전》을 갖고 귀국하여 이 사건은 해결되었다.

이방원, 왕자의 난을 일으키다

1397년 5월에 중앙 정계에 다시 돌아온 정도전은 재차 요동 정벌을 추진했다. 충청도, 전라도, 경상도 지역의 군영에서는 군량미와 군수품을 저장하고 정기적인 군사 훈련이 실시되었다.

12월에 정도전은 동북면 도선무순찰사가 되어 국경을 순찰했다. 이것은 북방의 국경 지대를 시찰하면서 요동 정벌에 필요한 정보와 지리를 파악하기 위한 사전 답사의 성격이 짙었다.

이듬해인 1398년 5월부터는 집중적인 진법 훈련이 시작되었고, 사병들은 모두 정부군에 편입되어 훈련에 참가하라는 이른바 사병 혁파●● 명령이 떨어졌다. 그러자 요동 정벌을 반대하는 왕족, 종친, 공신 세력들은 사병 혁파의 궁극적인 목표가 자신들을 무장 해제시키려는 것임을 알고 집단 반발에 나섰다. 정도전을 수뇌로 한 강경파와 이방원을 중심으로 한 반대파의 전면 충돌이 눈앞에 다가오고 있었다.

●● **사병 혁파**
고려 말 공민왕 시기에 편성된 시위패는 궁궐을 지키는 역할을 맡았는데, 유력한 장군들이 이들을 사병처럼 부리며 군사권을 키웠다. 조선 초기에는 공신들과 왕족들이 시위패의 징발권과 지휘권을 행사하면서 왕권에 위협이 되었다. 이에 왕자의 난으로 권력을 장악한 이방원은 정종 2년(1400)에 시위패의 관할을 삼군부로 이관하여 공적인 군대로 편입시키고 사병을 혁파하는 데 성공했다.

1398년 8월 9일, 정도전은 장군들과 왕족들이 진법 훈련에 참여하지 않았다는 이유로 그들의 시종들을 본보기로 매질했다. 비록 부하들이 맞았지만 세상의 민심은 주인이 맞은 것으로 보았다. 위기에 몰린 이방원은 정도전이 태조 이성계의 병을 핑계로 왕자들을 궁중으로 불러들여 죽이려 한다면서 1398년 8월 25일에 처남인 민무구, 민무질, 참모인 하륜, 이숙번, 조영무, 숙부인 이제(태조의 서제), 형님인 이방과, 이방간과 함께 제1차 왕자의 난(무인정사)을 일으켰다.

이방원은 정적인 정도전, 남은, 심효생, 이근, 정지화를 죽이고 경복궁으로 들어가 세자인 이방석과 이복동생인 이방번, 누이

경복궁 전경 | 태조 이성계는 개성에서 조선왕조를 개국하고, 무학대사와 정도전을 시켜 한양에 새로운 궁궐을 짓게 했다. 조선의 법궁인 경복궁은 북궐, 또는 정궁이라고 부른다.

경순궁주의 남편인 이제까지 죽였다.

군사 정변에 성공한 이방원은 정치 군사적 실권을 장악하고, 조준을 중심으로 정계 개편을 단행한 뒤 영안대군 이방과를 세자로 추대했다. 자식들의 피비린내 나는 싸움을 지켜본 태조는 분노를 삭이지 못해 9월 5일에 왕위를 정종(이방과 : 1398~1400)에게 양위하고 고향 함흥으로 낙향했다.

정종은 1400년에 이르러 자신과 왕비인 정안왕후 사이에 적자가 없고, 이방원이 왕위에 야심이 있으므로 양위를 준비했다. 이때 태조의 넷째아들인 회안대군 이방간이 공신 책봉 문제로 불만이 가득한 박포의 꼬임에 넘어가 자신이 후계자가 되어야 한다며 개경에서 제2차 왕자의 난을 일으켰다.

그러나 수적으로 우세한 이방원이 승리하여 이방간은 서동에서 체포되어 토산현으로 귀양을 갔고, 주동자 박포는 사형되었다. 정종은 결국 이방원을 왕세제로 책봉하고 11월에 양위했다. 이방원은 개성의 수창궁● 에서 조선의 3대 군왕으로 즉위했다.

● **수창궁**
고려 시대에 도성의 서소문 안에 있던 궁궐이다. 제2차 여요 전쟁 때 정궁이 불타자 이곳이 정궁의 역할을 대신하기도 했다. 여몽 전쟁 때 궁궐이 훼손되었는데, 우왕 시기인 1381년에 공사를 시작해서 1384년에 중건했다. 1388년에 수녕궁으로 바꾸었고, 고려의 마지막 왕인 공양왕과 조선을 개국한 이성계가 이곳에서 즉위했다.

태종, 왕권을 위해 외척을 제거하다

태종(1400~1418)● 은 왕권을 강화하고 중앙집권의 기틀을 마련하고자 신하들의 권력을 분산시키고 국왕 중심으로 업무를 재편했다. 우선 고려 말부터 정치와 군사 업무를 총괄했던 도평의사사를 의정부와 삼군부로 나누어 정치와 군사 업무를 분리했다.

의정부는 의사결정기구가 아닌 국왕의 정책자문조직으로 격

● **태종의 개혁 정책**
국왕 중심의 통치기구, 6조 직할 체제, 의정부의 약화, 사병 혁파, 호패법 실시, 신문고 제도, 경연 폐지(사간원 약화), 승정원 강화, 공거제 축소
(수) 2004, (검) 8-3, (검) 9-초

종묘 정전 | 조선 시대에 왕과 왕비의 위패를 모신 국가의 사당으로, 조선왕조의 역사적 정통성을 상징한다. 이곳에는 제1실 태조부터 제19실 순종까지 모두 19명의 군주가 모셔져 있다.

하되었고, 정책 입안과 집행은 국왕 직속인 6조(이조, 호조, 예조, 병조, 형조, 공조)로 분산시켜 6조 직할 체제●를 만들었다.

의정부 중심제는 재상이 중심이 되어 국정을 논의하고 국왕이 최후로 결정하는 정치 제도로, 왕권보다 신권이 우세하다. 반면 6조 직할 체제는 국왕이 6조를 직접 관장하여 정치를 주도하므로, 의정부는 실권이 없는 자문기관에 머무른다.

조선 개국 초기에는 신권 중심론을 주장하는 정도전과 왕권 중심론을 내세운 이방원의 대결이 벌어졌고, 1398년에 일어난 제1차 왕자의 난으로 이방원이 승리하여 왕권 중심의 6조 직할 체제가 이루어졌다.

태종은 이어서 종친과 공신이 보유한 사병을 중앙군에 편입시

● **6조의 역할**
왕권 강화(6조 직할 체제), 이조(인사), 호조(재정), 예조(의례, 외교), 병조(국방), 형조(형벌), 공조(건설)
(검) 1-4, (검) 3-3, (검) 9-4

※ **조선의 중앙 관청**
의정부(국정 총괄), 6조(행정 집행), 의금부(중죄 재판), 승정원(왕명 출납), 한성부(도성 치안), 사헌부(감찰), 사간원(간쟁), 홍문관(자문), 춘추관(실록 편찬), 성균관(교육)
(검) 1-4, (검) 2-1, (검) 3-2, (검) 3-3, (검) 4-3, (검) 4-4, (검) 5-4, (검) 6-3

영녕전 | 공덕이 높은 불천위는 정전에 모셔져 있고, 연산군과 광해군을 제외한 나머지 군주와 의민황태자(영친왕), 사후에 추존된 5명의 군주, 그리고 태조의 조상인 목조, 익조, 도조, 환조 등 16명의 군주가 모셔져 있다.

키는 사병 혁파를 단행했다. 태종이 즉위하자마자 사병 혁파를 단행한 것은 지난날 정도전의 사병 혁파가 결코 사익을 위한 조치가 아니라 왕권을 강화하고 법과 제도에 의한 통치 질서를 세우기 위한 수단이었음을 보여준다.

또한 왕권을 위협할 수 있는 세력인 외척과 공신을 가차 없이 숙청했다. 1차·2차 왕자의 난에서 결정적인 역할을 했던 처남 민무구, 민무질, 민무휼, 민무회를 제거하고, 일등공신 이숙번을 숙청했으며, 세종의 처가 쪽 식구인 심온, 심정도 죽였다. 심온은 세종(충녕대군)의 장인이었다.

태종은 이처럼 외척의 발호가 의심스러우면 예외 없이 처단했다. 세종이 외척의 간섭 없이 개혁 정치를 펼친 것도 그 배경에

조선의 대외 관계

명	사대 외교	초기 : 요동 정벌, 표전문 → 불편한 관계 태종 이후 : 요동 정벌 보류, 여진 정벌로 관계 호전
여진	교린 정책	강경책 : 4군 6진 개척(세종) → 사민 정책, 토관 제도 실시 회유책 : 귀순 장려, 무역소를 통한 국경무역 허용
일본		강경책 : 이종무의 대마도(쓰시마) 정벌 → 왜구 토벌 회유책 : 3포 개항 – 계해조약 체결(제한적 무역)

아버지의 피 묻은 손이 있었기에 가능했던 것이다.

태종은 민생 안정을 위한 개혁 정책도 실시했다. 노비변정도감●을 설치하여 억울한 노비들을 평민으로 환속시켜 국가의 조세 수입과 병력을 늘렸다. 또 호패법●을 시행하여(1413) 16세 이상의 모든 남자는 호패를 차도록 했는데, 이는 전국의 호구를 정확하게 파악하여 조세, 공납 징수와 군역, 부역 부과에 활용하려는 의도였다.

그리고 백성들의 억울한 사연을 들어주는 신문고●●를 설치했는데, 이것은 꽹과리를 쳐서 억울함을 호소하는 격쟁이나 임금의 가마 앞에서 상소를 올리는 가전 상소, 그리고 오늘날의 국민고충 처리 제도와 같은 것이었다.

태종은 친위 세력과 신진 세력 양성에도 노력했다. 그동안 귀족이나 고관 자제들의 등용문이었던 공거 제도●●●와 좌주문생 제도●●●●를 폐지하고, 학문의 깊이와 실력으로 관리를 선발하는 과거 제도를 강화했다. 이는 젊고 개혁적인 신진 인사를 주요한 관직에 포진시켜 개국공신이나 원로대신, 기득권 세력을 견제하려는 포석이었다. 또한 여러 번의 전위 소동과 양위 교서라는 수단으로 신하들의 충성심을 확인하기도 했다.

1418년에 태종은 장자 세습의 전통을 거부하고, 어진 군왕이

● **노비변정도감**
조선 태조 4년(1395)에 고려 말 공민왕 때 설치한 노비도감을 부활시켜 새롭게 노비 호적을 정리했다. 정종 2년(1400)에 실권을 잡은 이방원은 노비변정도감을 설치해 노비 호적과 노비에 관한 분쟁을 담당하도록 했다.

● **호패의 주요 내용**
1) 1413년(태종 13)에 실시, 신분 증명과 직업, 계급 명시, 2) 16세 이상의 모든 남자(왕실, 관리, 양반, 서민, 노비 등), 3) 목적은 호구 파악, 군역과 요역을 위한 민정(民丁)의 숫자 파악, 4) 호패 수령과 동시에 호적, 군적 등재, 5) 관할 기구는 중앙 한성부, 지방 관찰사, 6) 상시 패용, 차용은 불가, 사후에 반납, 7) 이름 · 출생 연도 · 거주지 · 급제 기록
(검) 1-6, (검) 2-5, (검) 3-4, (검) 5-초

●● **신문고**
대궐 밖 문루에 북을 걸어두고 억울한 일을 당한 백성이 이를 쳐서 직접 고발하게 만든 제도이다. 태종 1년(1401)에 시행했고, 연산군 시기에 폐지되었다가 영조 46년(1771)에 부활되었다.

●●● **공거 제도**
과거제와 같은 공정한 인재 선발 제도가 없던 시기에 지방관이나 제후들이 인재를 중앙에 천거하던 제도이다.

들어서야 한다는 택현론(擇賢論)을 내세워 세자였던 양녕대군을 폐위시킨 뒤, 셋째아들 충녕대군(세종대왕)을 새로운 세자로 책봉하고 2개월 만에 왕위를 넘겨주었다. 신하들에게 반격이나 협의할 여유도 주지 않고 빠르게 밀어붙인 추진력과 정세를 읽는 노련한 정치 감각이 돋보이는 대목이 아닐 수 없다. 세종 시대는 부왕인 태종의 결단에 의해 개막된 것이다.

●●●● **좌주문생 제도**
고려 시대에 시험에 합격한 급제자는 문생이라 했다. 문생은 시험관을 좌주로 받들어 평생 부모처럼 예우한 것이 좌주문생 제도였다. 조선 시대에 들어와 태종 13년(1413)에 폐지되었다.

조선 시대의 지방 행정과 군사 조직

조선의 지방 행정●● 은 전국을 8도로 나누어 그 관할로 도(관찰사)－부(부사)－목(목사)－군(군수)－현(현령 또는 현감)과 특별 행정구역인 유수부(유수)로 이루어졌다. 현의 아래는 면－리－통으로 이어졌다.

조선의 군사 조직은 중앙은 5위, 지방은 지역 단위 방어 체계●●● 인 진관으로 이루어졌다. 중앙군은 1457년에 5위 제도로 개편하고 최고의 군령 기관인 5위 진무소를 두어 5위를 지휘 감독하게 했다. 1466년에 5위 진무소는 5위 도총부로 개칭하여 중위 의흥위, 좌위 용양위, 우위 호분위, 전위 충좌위, 후위 충무위를 관장했다. 5위 체제는 임진왜란 이후에 5군영으로 개편되었다.

조선 초기에는 사민 정책을 실시해 백성들을 북방 지역으로 이주시켰다. 사민 정책의 주요 목적은 1) 북방 영토 개척, 2) 농병일치의 방어 체제, 3) 국토의 균형적 발전 도모, 4) 지역 주민에 의한 방어 체제 구축이었다.

●● **조선 지방 행정 제도**
전국은 8도, 도(관찰사)–부(부사)–목(목사)–군(군수)–현(현령, 현감), 특별 행정인 유수부(유수), 현의 아래는 면–리–통. 유향소(지방 행정 자문기구), 6방(지방 관아)
(검) 3–2, (검) 5–4, (검) 6–3

●●● **조선의 군사 방어 체계**
양인개병제(군역), 봉수 제도, 파발마 제도, 중앙은 5위(1457), 군령기관은 5위 진무소, 1466년에 5위 도총부로 개칭(1466), 5위 도총부(의흥위, 용양위, 호분위, 충좌위, 충무위)는 임진왜란 이후 5군영으로 개편
(검) 1–4, (검) 9–고

※ 조선의 중앙 군사 조직
수도 방위와 궁궐 수비, 전기는 5위(의흥위, 용양위, 호분위, 충좌위, 충무위), 후기는 5군영(훈련도감, 총융청, 수어청, 어영청, 금위영) , 비변사 설치(중기에 3포 왜란, 을묘왜변 등 왜구 방비)
(수) 2002

※ 5군영
훈련도감(선조, 왜군 대비), 총융청(인조, 후금 대비), 수어청(인조, 후금 대비), 어영청(효종, 북벌 추진), 금위영(숙종, 도성 방어), 서인의 집권 기반(5군영 장악)
(수) 2003

역사 지식 플러스

정도전의 조선 개국 프로젝트

고려 말 신진 사대부 세력은 권문세족을 제거하고 체제 개혁을 뛰어넘는 역성혁명을 꿈꾸었다. 혁명파의 수장인 정도전은 명분론, 개혁론, 천명론, 법통론 등 4단계의 조선 개국 프로젝트를 순차적으로 준비했다.

명분론은 우왕과 창왕을 폐위시키고 공양왕을 옹립한 폐가입진론이었다. 이것으로 위화도 회군은 고려 왕실의 혈통을 바로잡기 위한 거사였다는 명분을 얻었으며, 동시에 기득권 세력인 권문세족을 견제하는 데 성공했다. 이어서 권문세족과 불교 사원의 경제적 기반을 무너뜨리기 위해 토지 개혁인 과전법과 사회 개혁인 척불론을 단행하여 유교국가를 세우는 기반을 마련했다.

천명론은 고려의 수명이 다하고 이성계가 새로운 국가를 세운 것은 하늘의 뜻이라는 주장으로, 이를 뒷받침하는 꿈이나 설화가 동원되었다. 이성계가 1) 낡은 기와집(고려)이 무너질 때 등에 서까래 세 개(왕)를 짊어지고 살아나왔다거나, 2) 뿔과 꼬리가 없는 양(왕)을 보았다거나, 3) 점을 보는데 좌우로 임금 군(君)이 되는 물을 문(問)을 짚었다거나, 4) 한양의 오얏나무(李)를 아무리 잘라도 계속 자랐다는 등의 이야기는 모두 이성계가 왕이 될 운명이었음을 백성에게 각인시킨 대표적인 참위설이었다.

정도전은 조선 건국의 법통을 세우는 데에도 치밀했다. 실제로는 왕위를 빼앗은 찬탈이지만 형식은 공양왕으로부터 왕위를 물려받는 선양의 방식을 택했으며, 태조 왕건의 스승인 도선이 한양에 왕십리(往十里)라고 새긴 비석을 묻고 이성계의 한양 천도를 미리 예언했을 뿐 아니라, 명나라로부터 국호인 조선을 승인받아 국제적으로도 정권을 보장받았다. 이처럼 조선 개국은 우연히 진행된 역성혁명이 아니라, 장기간에 걸쳐 계획적으로 진행된 치밀한 개국 프로젝트였다.

논술 생각나무 키우기

고려 말에 최영의 요동 정벌을 반대한 이성계와 정도전이 조선 개국 후 요동 정벌을 재추진한 이유는 무엇이었을까?

Point 1 고려 말과 조선 초의 변화된 국내 정세와 국제 관계를 비교하고, 그것이 각각의 사건과 정책에 어떤 영향을 주었는지 살펴본다.

Point 2 최영이 요동 정벌을 추진한 이유와 이성계가 반대한 이유를 알아내고, 조선을 개국하고 권력을 장악한 이성계와 정도전이 다시 요동 정벌을 추진하는 배경과 의도를 분석한다.

Point 3 조선 초의 요동 정벌이 갖는 역사적 의미와 좌절된 요인, 그리고 그것이 후대의 정치에 미친 영향을 종합적으로 분석한다.

공부를 더 하고 싶다면

✎《**이성계**》(권태문 지음, 파랑새어린이)

역사학자 33인이 추천한 어린이 역사 총서의 하나로, 태조 이성계의 일대기를 쉽고 재미있게 풀어낸다. 함경도의 벽촌에서 태어난 시골뜨기였으나 탁월한 실력과 왜구 토벌로 민중의 지지를 받으며 결국 신진 사대부와 함께 조선을 건국하는 과정을 파노라마처럼 엮었다.

✎《**태종 조선의 길을 열다**》(이한우 지음, 해냄)

태종은 형제를 죽이고 왕위에 오른 비정의 인물인 동시에 왕권을 세워 안정적인 국정 기반을 다진 군주였다. 세종의 르네상스가 태종의 악역이 있었기에 가능했음을 피력하며, 선과 악의 줄타기를 했던 태종의 면모를 새로운 시각으로 바라본다.

✎《**서울은 깊다**》(전우용 지음, 돌베개)

조선 건국부터 현재까지 서울의 변화상을 인문학의 관점에서 살펴본다. 청계천, 종로의 옛 풍경부터 압구정·석파정의 어제와 오늘, 근대의 제중원과 덕수궁 등 서울의 거리, 주거·의료·생활 등 여러 풍경이 생생하게 묘사된다.

2 세종, 유교국가의 체계화

한 줄로 읽는 우리 역사

세종은 유교적 농본과 위민 정치를 위해 집현전에서 젊고 유능한 친위 세력을 양성하고, 이를 바탕으로 훈민정음 창제, 과학 진흥, 세제 개편, 4군 6진 개척 등의 개혁 정책을 추진했다. 말년에는 왕권과 신권의 조화를 위해 의정부서사제를 실시했다.

정몽주를 죽인 조선 개국의 주인공이며 형제들까지 죽이면서 왕위에 오른 태종은 이제 조선왕조가 안정기에 접어들었다고 판단하고, 마상에서 천하를 다스리는 난세의 군왕이 아니라 태평성대를 꾸려나갈 성군 재목으로 충녕대군을 선택했다. 그리하여 조선이 개국한 지 26년 만인 1418년, 세종이 22세의 나이로

세종의 능묘인 영릉 | 세종대왕의 능묘는 본래 양주 배봉산에 있었는데 정통성이 취약했던 수양대군이 이장을 논의했고, 예종이 오늘날의 위치인 여주로 옮겼다.

왕위에 올랐다.●

태종은 정치적인 업무는 세종에게 양위했지만, 여전히 병권을 장악하고 있었다. 세종이 아직 어려서 강한 통치권을 발휘하지 못할 것을 염려했기 때문이다. 태종은 오랜 경험을 통해 병권이 곧 권력임을 누구보다 잘 알고 있었고, 세종은 그런 부왕의 그늘 아래서 착실하게 군주의 길을 닦아나갔다.

● **세종의 개혁 정책**
훈민정음 창제, 공법(전분 6등법, 연분 9등법) 제정, 영토 확장(4군 6진), 과학 증진(측우기, 갑인자, 자격루 등), 집현전 운영
(검) 1-3, (검) 1-6, (검) 4-초, (검) 5-초, (검) 9-초

●● **대마도 정벌**
세종 원년(태종 주도), 이종무 출전, 여말선초 왜구 근거지, 통신사의 숙영지, 3포 개항 후 조선 무역 독점
(검) 2-1, (검) 4-초

●●● **집현전**
학문 연구기관, 훈민정음 창제, 세종 때 조직 확대(1420), 업무는 경연과 서연 주관, 학사들이 계유정난에 비판적, 세조 때 폐지, 성종 때 홍문관이 대행
(검) 2-4, (검) 3-6, (검) 8-3

세종, 훈민정음과 그가 꿈꾼 조선

세종(1418~1450)이 즉위한 지 보름도 안 된 어느 날 병조에서 군무를 신왕인 세종에게만 보고하자 상왕인 태종은 병권을 발동하여 병조참판 강상인과 병조판서 박습을 처형했다.

1419년 6월에는 이종무에게 277척의 병선에 1만 7천 명의 군사를 이끌고 왜구의 소굴인 대마도를 정벌하게 했다.●● 이와 같은 일들은 신하들의 월권이나 도전을 결코 용서하지 않고 정국을 주도하는 상왕 태종의 전략적 승부수였다.

세종은 병권을 장악한 태종이 언제 자신을 왕위에서 내칠지 모르는 불안 속에서 친위 세력을 양성하기 위해 1420년에 집현전●●●●을 설치했다. 보수적 정치 원로인 황희, 맹사성, 허조를 끌어들여 신구 세력을 조화시키고 기득권 세력을 안심시켰다.

한편으로 집현전 출신의 변계량, 신숙주, 정인지, 성삼문, 최항과 같은 신진 학자를 중용하여 의정부와 6조를 장악하고 개혁에 반대하는 태조, 태종 시기에 관직에 나선 원로대신을 견제했다.

● **집현전**
고려부터 조선 초기까지 궁중에 설치되었던 학문 연구기관이다. 1420년에 세종이 학자 양성과 학문 연구를 위해 집현전을 확대했는데, 주요 업무는 경연과 서연이었다. 경연은 왕과 신하들이 경전을 강론하는 자리이고, 서연은 왕세자를 교육하는 일을 말한다. 사육신과 생육신 사건을 겪은 세조(수양대군)가 집현전을 폐지했고, 성종 시기에 홍문관이 그 기능을 대신했다.

훈민정음이 탄생한 집현전(현재 수정전) | 훈민정음은 세종의 인재 양성기관인 집현전에서 연구되고 창제되었다. 원래 집현전 건물은 임진왜란으로 소실되었고, 흥선 대원군이 경복궁을 중건하며 그 자리에 수정전을 세웠다.

세종의 개혁 목표는 유교국가 건설

세종은 유교 이념 확산에도 노력을 기울였다.● 고려 시대에 불교가 민생을 해쳤다는 인식 아래 5교 양종(천태종, 조계종)의 교단을 선종과 교종으로 통합하고 종단 각 18개 총 36개의 사찰만 인정하여 불교를 억제했다.

일반 백성에게는 충효를 장려하기 위해 1432년에 집현전에서 《삼강행실도》●를 저술하여 백성에게 보급했고, 박연에게 아악을 정리하여 국가 행사에서 향악을 대체하도록 했는데, 이는 조선을 유교국가로 만드는 수순이었다.

● **세종의 유교 이념**
집현전 설치, 갑인자 제작, 농업진흥, 과학기기 제작, 《삼강행실도》 간행, 훈민정음 창제, 사가독서제 실시
(검) 1-3, (검) 1-4, (검) 1-5, (검) 2-1, (검) 3-2, (검) 6-고, (검) 7-4, (검) 8-초, (검) 9-초

● **《삼강행실도》**
세종 13년(1431)에 집현전 부제학 설순 등이 왕명에 따라 엮은 3권 1책의 도덕윤리 서책. 군신, 부자, 부부의 관계에서 모범이 될 만한 105명의 사례를 가려 뽑아 그들의 행적을 칭송하는 글을 모아 편집했다.

전주 사고와 《조선왕조실록》 보전 기적비 | 전주 사고는 《조선왕조실록》을 보관하던 사고이다. 조선 초기에 네 곳의 사고에 보관 중이던 실록 가운데 임진왜란 이후 유일하게 남아 세계기록유산으로 등재되었다.

왕조의 정통성을 세우기 위해 《고려사》를 편찬하고(1421), 《조선왕조실록》●●을 보관하는 춘추관과 충주·전주·성주 사고를 세워 역사의 엄정함을 후대에 귀감으로 삼고자 했으며, 《용비어천가》●●●●●를 지어 조선왕조의 개창과 태조, 태종으로 이어지는 정통성을 찬양했다.

세종 시기에 발달한 인쇄 문화는 활자의 개량이 원동력이었다. 1434년(세종 16)에 이천, 장영실 등이 만든 20여만 자의 갑인자는 글자체가 아름답고 선명하며, 중국 서체의 모방이 아닌 우리 고유의 글자체라는 점에서 역사적 가치가 크다.

훈민정음(訓民正音) 창제는 세종이 왕권을 세우고 백성과 직접 소통하고자 하는 소신의 결정체였다. 백성이 글을 몰라 억울한 일을 당하고 윤리를 지키지 않는 까닭은 배움이 없는 데서 기인하며, 그것이 어려운 한자 때문임을 알고, 세종은 읽기 쉽고 쓰기 편한 조선의 문자를 만들고자 했다.

●● **《조선왕조실록》**
태조~철종 시대 기록, 국왕 사후 사초와 시정기를 기초로 작성, 기록은 춘추관, 편찬은 실록청, 보관은 사고
(검) 2-1

●●● **조선 초기 편찬 서적**
《동국사략》(1402, 권근), 《신증동국여지승람》(1530, 이행), 《삼강행실도》(1431, 설순), 《용비어천가》(1447, 정인지), 《고려사》(1451, 김종서), 《고려사절요》(1452, 김종서), 《세종실록지리지》(1454), 《동국통감》(1458, 서거정)
(검) 2-2, (검) 2-3, (검) 5-고

●● **《용비어천가》**
조선의 창업을 노래하는 125장의 서사시로 구성되었다. 최초의 한글 서책으로 서문은 정인지, 발문은 최항이 썼다. 정인지, 안지, 권제 등이 본문을 짓고 성삼문, 박팽년, 이개 등이 주석했다.

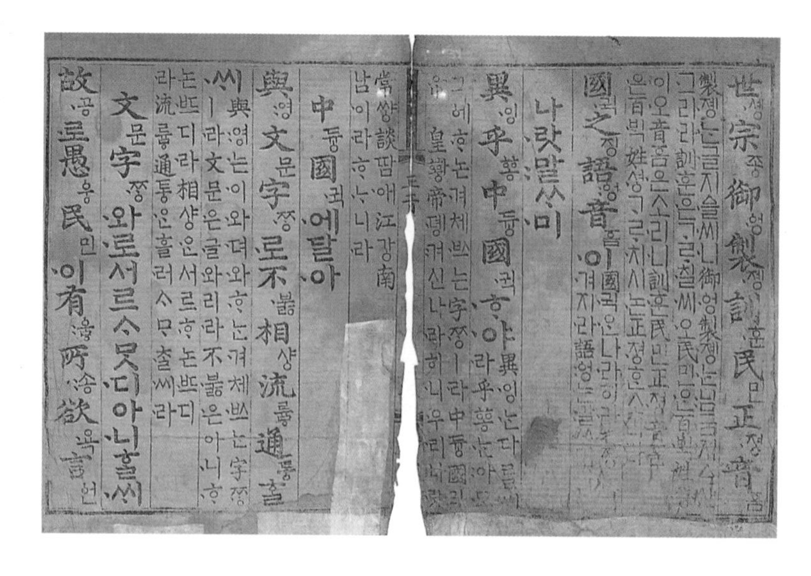

《훈민정음 해례본》
세종 28년(1446)에 창제된 훈민정음의 제자 원리를 기록한 책자로 국보 70호이며 세계기록유산이다. 훈민정음 원본이라고 하는데, 1940년에 안동에서 발견된 안동본과 2008년에 상주에서 발견된 상주본, 그리고 한글 언해본이 전해진다. 주요 내용은 세종의 어제 서문, 본문에 해당되는 예의(例義), 제자 원리를 담은 해례(解例), 정인지가 쓴 서(序)로 구성되어 있다.

이에 최만리●를 비롯한 사대부와 관리들은 오랑캐만이 한자를 버리고 자국의 문자를 사용한다며 반대했다. 그러나 세종은 주변 국가에서 만들었던 문자(거란, 여진, 위구르, 몽골 문자)를 참조하여, 1443년에 소리와 뜻과 표기가 동일한 훈민정음(한글)을 만들고 1446년 10월에 드디어 세상에 반포했다.

세계기록유산으로 지정된 《훈민정음 해례본》에 따르면 한글은 창제 원리와 목적, 과정 등이 기록으로 남은 유일한 문자이며 가장 과학적인 음소 문자로 세계 문자 역사의 혁명이었다.

세종의 국방 정책은 4군 6진●●으로 나타났다. 조선은 유교적 명분인 화이관(華夷觀)에 따라 4군 6진을 개척하여 조선과 오랑캐를 구분했다.

우선 1433년 4월에 중군상장군 최윤덕은 이순몽, 최해산, 이각을 이끌고 압록강변의 여진족을 토벌하고 순차적으로 여연, 자성, 무창, 우예에 4군을 설치했다.

1433년 12월에는 이조우참판 겸 함길도 관찰사 김종서가 하경

● **최만리의 한글 창제 반대**
최만리가 한글 창제를 반대한 이유는 중국 중심의 세계관에서 이탈하는 것이며, 한문의 독점권이 사라지면서 신분 질서가 해체되고, 오랑캐만이 한자가 아닌 다른 문자를 만든다는 것이었다.

●● **4군 6진**
세종 시기에 압록강과 두만강 유역을 개척하고 새롭게 설치한 군진이다. 4군은 1433년 4월에 최윤덕 등이 압록강변의 여진족을 몰아내고 설치한 여연, 자성, 무창, 우예이다. 6진은 12월에 김종서 등이 압록강변을 개척하고 설치한 종성, 온성, 회령, 경원, 경흥, 부령이다.

● **4군 6진**
세종 시기 개척, 김종서(6진)와 최윤덕(4군)의 활약, 조선 초기의 북방 경계, 삼남 지방 백성을 사민, 지역 토호를 토관(장관)으로 임명, 여진족과 무역소 설치
(수) 2006, (검) 3-5, (검) 6-고, (검) 9-초

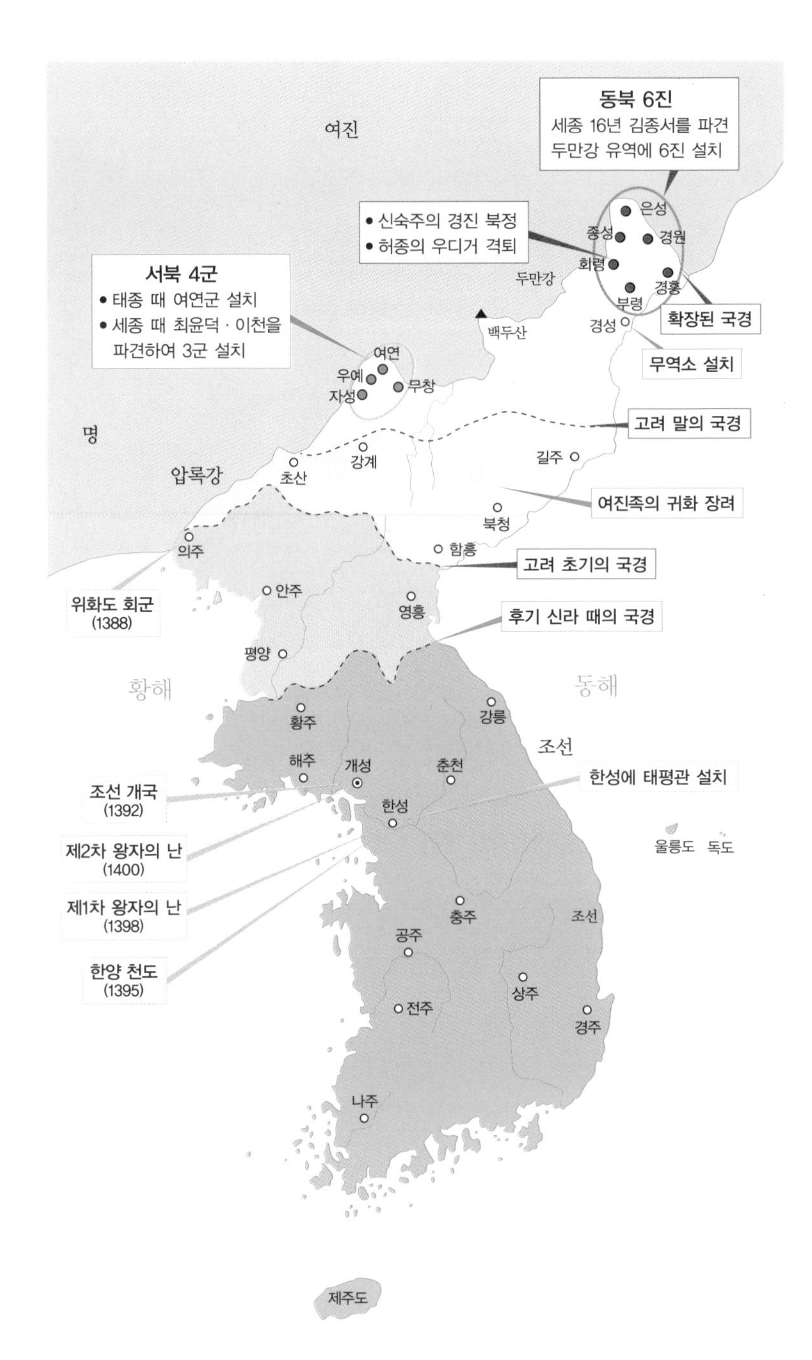

◀ **4군 6진 개척**
세종 시기에 김종서, 최윤덕 등이 개척한 압록강 유역의 4군과 두만강 유역의 6진은 영토 개척의 의미가 크지만, 역으로 우리 역사를 한반도로 축소시키는 무의식의 국경이 되었다.

복, 심도원, 성달생, 송호미, 이징옥을 이끌고 두만강 유역의 종성, 온성, 회령, 경원, 경흥, 부령에 6진을 설치했다. 이때부터 압

수표교 | 청계천의 대표적인 돌다리이다. 내를 건너는 용도 외에 교각에 물의 양을 재는 수표를 새겨 과학적인 수위 측정을 했다. 현재 장충단 공원에 옮겨져 있다.

록강과 두만강을 경계로 조선은 성리학이 지배하는 소중화이고, 건너편에 사는 여진족은 오랑캐로 규정되었다.

세종의 경제 개혁은 공정한 세율을 위한 공법 실시, 농업을 장려하기 위한 《농사직설》● 등의 농서 편찬, 과학적인 영농을 돕기 위한 측우기, 수표, 풍기대와 과학기기 제작으로 실현되었다.

세종에게 있어 농업 중심의 국가 경제는 성리학이 추구하는 민본정치의 실현을 위한 기본적인 경제 정책●이었다. 이른바 농본상말(農本商末)의 성리학적 경제이념이 드디어 조선의 기본 정책으로 자리 잡은 것이다.

● **《농사직설》**
세종 11년(1429)에 정초 등이 왕명을 받아 종자의 선택, 논밭갈이 방법, 벼, 삼, 기장, 조, 수수의 재배법, 농기구 다루는 법 등 10개 항목에 걸쳐 농사짓는 방법을 서술한 책이다. 훗날 《산림경제》 《임원경제지》 등의 농서에 많은 영향을 주었다.

● **조선 전기 경제 정책**
중앙집권적 경제 정책, 과전법 시행, 관영 수공업과 시전 운영, 공무역 중심, 육의전 독점품(종이, 어물, 면포, 모시, 명주, 비단)
(수) 2001, (검) 5-고, (검) 8-고

조선 시대의 수취 제도

조세	전세(田稅) =지세(地稅)	원칙 : 토지 소유자에게 결(結)당 부과 1) 과전법 ●● : 1결당 생산량을 300두로 상정 → 10분의 1세인 30두 부과 2) 공법 : 세종 시기, 전분 6등법과 연분 9등법 → 1결당 4~20두 부과
공납	호세(戶稅)	원칙 : 공물량을 군현에 부과 → 군현에서 각 호에 할당 폐단 : 생산량 감소, 생산지 변동 등으로 타지에서 현물 구입하여 납부
역	신세(身稅) =역세(力稅)	원칙 : 정남(16~60세 양인)에게 부과하되 양반과 서리, 향리는 면제 1) 군역 : 현역병인 정군, 정군의 비용을 부담하는 보인(봉족)으로 구분 2) 요역 : 토목 공사에 노동력 동원 → 8결당 1정 징발, 연 6일 이내(성종 시기)
재정 운용		수입 : 조세, 공물, 역 이외에 염전, 광산, 어장, 수공업자에게 세금 징수 지출 : 군량미와 구휼미, 왕실 경비, 공공 행사비, 녹봉으로 사용

토지 개혁, 전분 6등법과 연분 9등법을 시행하다

고려 시대 이래 토지의 비옥도를 3등급으로 규정한 3등 전품제는 그동안 발전해온 농업생산력을 제대로 반영하지 못하고 수조권의 기준을 잡는 데 많은 문제점을 보였다.

이에 따라 세종은 1436년에 공법상정소를 설치하고 17만 명이 참가한 여론 조사와 투표를 거쳐 공법을 확정했고, 1443년에는 전제상정소를 두어 세법을 논의한 끝에 전분 6등법과 연분 9등법 ●●●●● 을 제정했다.

전분 6등법은 전국 토지의 품질을 6단계로 나누고 등급에 따라 다른 세율을 적용하여 백성들의 부담을 균등하게 하려는 것이 목적이었다. 연분 9등법은 풍년이나 흉년 등 자연 재해로 인한 농작물의 수확이 크게 차이가 나므로 농사의 상태를 9등급으로 분류하여 세율을 조정하는 것이다. 공법은 1450년에 전라도에서 처음 실시되어 점차 전국으로 확대되었다.

●● **과전법**
신진 사대부의 개혁 정책, 조선 개국의 혁명 이념, 정도전과 조준이 주도, 토지를 몰수하여 국가에 귀속, 수조권의 통일, 수조권자에게 수확량의 10% 납부
(수) 2006

●● **전분 6등법과 연분 9등법**
토지의 비옥도를 6등급으로 조정한 조세법을 전분 6등법이라 하고, 그해 농사의 풍흉에 따라 세금을 부과한 조세법을 연분 9등법이라 한다. 인조 12년(1634)에 지역별로 토지의 비옥도를 표준으로 삼아 고정된 세율을 적용하는 영정법이 실시되면서 연분 9등법은 혁파되었다.

●●● **전분 6등법, 연분 9등법**
1) 전분 6등법 : 풍흉에 관계 없이 토지의 비옥도 근거, 6등급 분류 징수, 1결의 기준 면적 축소, 퇴결 수는 증가, 세종 때 제정(1444)
(수) 2008, (검) 3-3, (검) 7-고
2) 연분 9등법 : 풍흉을 근거, 지역 단위로 결정, 수확량도 조사(답험손실법), 9등급 분류 징수, 세종 때 제정(1443), 영정법 실시로 폐지(1634)

조선 전기 토지 제도의 변화

구분	과전법	직전법	관수관급제	녹봉제
시행 시기	고려 공양왕(1391)	세조(1466)	성종(1470)	명종(16세기)
지급 대상	전직, 현직 관료	현직 관료		
주요 내용	• 전직, 현직 관료에 수조권 지급 • 경기에 한정, 수신전과 휼양전 지급	• 현직 관료에게만 수조권 지급 • 수신전과 휼양전 폐지	• 관료수조권을 국가가 대행	• 녹봉만 지급 • 수조권 분급 제도 폐지
실시 배경	• 권문세족과 사원의 토지 독점으로 인한 국가 재정의 궁핍	• 공신, 관료 등의 증가로 경기 지역의 과전 부족 현상	• 관료의 수조권 남용 • 과전에 대한 과도한 수취 발생	• 과전법 체제 붕괴
실시 목적	• 국가 재정 증대 • 사대부 관료의 경제 기반 확보	• 토지 부족 보완 • 세조의 공신 우대	• 토지의 국가지배력 강화	• 사림의 경제 기반 수립(관료제 기반화)
후대 영향	• 경자유전 법칙에 따른 농민 경작권 보장	• 훈구파의 토지 점유 확산	• 소유권 중심의 토지 제도로 이양	• 조선 후기에 농장 보편화 및 지주전호제 일반화

● **조선 전기 농업 정책**
목화 재배 확대, 면포의 화폐화, 밭농사(조, 보리, 콩)의 2년 3모작, 남부의 모내기 활성화(벼와 보리의 2모작), 시비법 발달(휴경지 해소), 직파법(벼농사)이 일반적
(수) 2005, (검) 1-5, (검) 4-고

세종 시기는 조선 전기를 대표하는 문예부흥기였고, 농업•과 과학••이 최고 수준에 이른 시기였다. 태조, 정종, 태종 때 공신 책봉이 많았던 것에 비추어보면 세종 때에는 공신 책봉 사례도 없었다. 이는 세종 치세 기간이 그만큼 변란이 없는 태평성대였

| 세종 시대의 과학기기 |

앙부일구 | 해시계

혼천의 | 천체의 운행과 위치를 관측하던 장비

으며 세종이 뛰어난 정치가이자 경세가였음을 말해준다.

●● 세종 시기의 과학기술
측우기(강우량), 《농사직설》(이앙법), 인쇄술(갑인자), 수표(수량), 풍기대(바람), 자격루(시계), 앙부일구(시간), 의학(《향약집성방》《의방유취》), 국방(신기전기), 천문관측(칠정산), 천문기기(혼천의, 간의, 옥루, 규표)
(수) 2008, (검) 1-3, (검) 1-4, (검) 1-5, (검) 1-6, (검) 2-1, (검) 2-3, (검) 2-6, (검) 3-3, (검) 3-5, (검) 3-6, (검) 4-초, (검) 5-초, (검) 5-4, (검) 5-3, (검) 6-4, (검) 6-3, (검) 6-고, (검) 7-4, (검) 7-고, (검) 8-초, (검) 8-4, (검) 8-3, (검) 8-고, (검) 9-4, (검) 9-3, (검) 9-고

김종서와 황보인, 단종을 대신한 황표정사

세종에게는 뛰어난 자식들이 많았다. 보통의 사대부 가문에 뛰어난 자식이 많으면 가족의 행복이요 번영의 토대가 되었지만 왕실에서는 분란의 씨앗이 되었다.

재능과 학문에 소질이 남달랐던 세종의 장자 문종, 야심이 조부인 태종을 닮았던 둘째아들 수양대군(진양대군), 예술적 감각이 뛰어났던 셋째아들 안평대군, 재능을 숨겨야 했던 넷째아들 임영대군, 수양과 성격이 비슷했던 여섯째아들 금성대군이 훗날 역사의 거센 소용돌이를 일으키는 주역들이다.

문종(1450~1452)은 학문과 무예가 뛰어나고 의욕도 넘치는 군주였다. 그는 세자로 있으면서 20여 년이나 세종을

금속 활자 | 대량 인쇄와 유교의 확산에 기여

측우기 | 비의 양을 측정하던 기구

자격루 | 물의 흐름을 이용해 시간을 알 수 있게 만든 물시계

조선 전기 왕계표

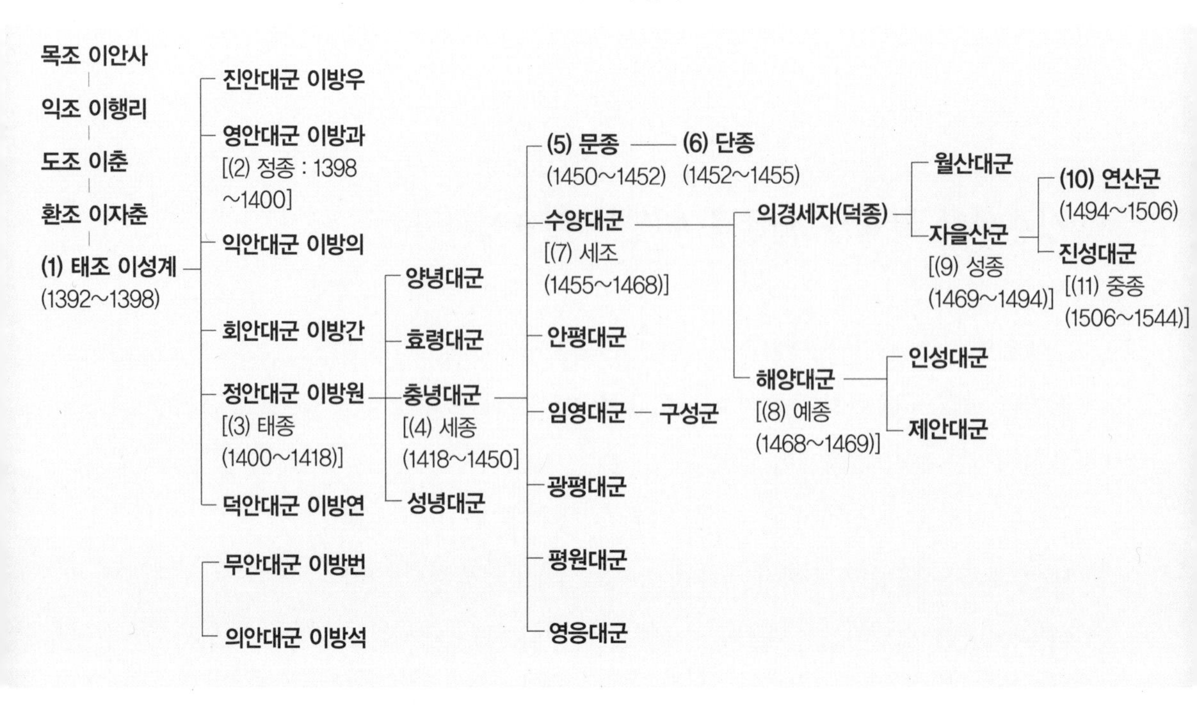

도와 훈민정음 창제, 자격루 제작 등에 참여했고, 1445년에는 병중인 세종을 대신해서 국사를 처리하기도 했다. 재위 기간에 《동국병감》을 편찬하고, 신기전기•와 같은 신무기를 개발했으며, 군제를 5사 체제로 개편했다.

> **● 신기전, 신기전기, 화차**
> 신기전(神機箭)은 고려 말 최무선이 발명한 주화(走火)를 세종 30년(1448)에 개량한 로켓형 화기로 대신기전, 산화신기전, 중신기전, 소신기전 등이 있다. 문종 1년(1451)에 제작한 신기전기(神機箭機)는 동시에 100발의 신기전을 발사할 수 있는 기계이며, 화차(火車)는 신기전기를 싣고 이동하는 수레이다. 신기전을 설명한 《병기도설》은 로켓 병기에 관한 세계에서 가장 오래된 기록이다.

그러나 문종은 건강과 가정사가 좋지 않았다. 아버지를 닮아 비만형에 당뇨가 심했다. 첫째 부인 휘빈 김씨와 둘째 부인 순빈 봉씨는 부왕인 세종에 의해 궁중에서 폐출되었고, 나중에는 세종이 간택한 후궁 세 명을 맞이하여 그중 현덕왕후 권씨에게서 아들 단종(1452~1457)을 얻었다. 문종이 세상을 떠났을 때 단종은 12세에 불과했다.

문종은 세상을 뜨기 직전에 영의정 황보인, 우의정 남지, 좌의

정 김종서를 단종의 고명대신으로 삼고 정치적 야심이 적은 동생 안평대군을 종실의 후견인으로 삼았다.

안평대군은 단종의 숙부이며 수양대군의 동생이다. 시(詩)·서(書)·화(畵)에 능해서 삼절(三絶)이라 불렸는데, 1447년에 세종의 치세를 태평성대로 보고 자신이 꿈속에서 본 복숭아밭(도화원)을 안견에게 그리도록 한 〈몽유도원도〉●●●의 일화가 아직도 전해진다.

단종은 모후 현덕왕후 권씨가 단종을 낳은 뒤 세상을 떠난 데다 문종이 왕비를 책봉하지 않은 채 승하했기 때문에 수렴청정을 할 만한 궁중의 어른이 없었다. 이에 안평대군과 황보인, 김종서가 단종을 보필하며 정사를 도왔는데 그중에서 대표적인 사례가 황표정사(黃標政事)●●●였다.

조선의 관리들에 대한 인사고과는 이조(문신)와 병조(무신)가 담당하여 인사철이 되면 명단을 임금에게 올렸다.●● 그런데 단종은 아직 정치 경험이 부족하여 조정의 복잡한 관직 기구와 신하들의 면모를 제대로 파악하지 못했다. 그래서 고명대신들이 미리 낙점한 관리들의 이름 옆에 노란 점 표시를 해두면 단종은 그것을 보고 그대로 결재하던 것을 황표정사라고 한다.

수양대군은 황표정사를 군사반란의 명분으로 삼았다. 군주의 고유 권한인 인사권을 신하들이 사사롭게 처리했다는 지적이었다. 여러 대군, 왕족, 종친들은 태종, 세종 시대에 약해졌던 신권이 어린 단종을 앞세워 다시 강해지고, 그로 인해 왕실 세력이 약화되면 자칫 제거당할 수도 있다는 위기감을 뼈저리게 느끼며 수양대군에 동조했다. 이때 조선 역사상 처음으로 신하가 군주를 내쫓는 정변의 싹이 움트고 있었다.

● 조선 전기 회화 예술
〈고사관수도〉(강희안), 〈몽유도원도〉(안견), 〈송하보월도〉(이상좌), 사군자(매, 난, 국, 죽), 담백한 백자 유행(유교 문화와 연관, 사대부의 취향, 관청인 분원소 주관)
(수) 2002, (검) 3-1, (검) 3-6, (검) 5-4

●● 〈몽유도원도〉
세종 29년(1447)에 세종의 셋째 아들인 안평대군이 꿈에서 본 복숭아밭의 풍경을 듣고 화가인 안견이 부감법을 구사하여 3일만에 완성했다는 그림으로, 중국의 도연명이 쓴 《도화원기》를 배경으로 한다. 세종대왕의 치세를 태평성대로 묘사하려는 정치적 의도가 깃들어 있다. 현재 일본 천리대에 소장되어 있다.

●●● 황표정사
문종 1년(1451)에 왕족들의 정치적 힘이 강해져서, 이들이 추천하는 사람의 명단이 왕에게 올려지면 인사권자인 왕이 적임자의 난에 노란색 표시를 하여 임명을 허락하던 관행이다. 문종 사후에 어린 단종을 도와 고명대신이 노란 점 표식으로 정사를 대신했는데 수양대군이 계유정난을 일으키며 거사의 명분으로 삼았던 부당한 인사행정의 대표적 사례이다.

●● 조선의 인사 관리 제도
도목정사, 상피제, 향피제, 비삼망(천망), 분경금지법, 서경제, 인사고과
(검) 2-3, (검) 5-3

역사 지식 플러스

세종대왕은 왜 여론 조사를 했을까?

조선은 농본상말(農本商末)을 국시로 삼은 유교국가였다. 농본 정책은 사회 안정과 농민 생활의 보장을 기본으로 한다. 세종은 국가 생산력의 기본 동력인 농민들의 삶과 의식을 유교식으로 바꾸는 데 주력했다. 이를 위한 노력이 바로 과학기기의 발명과 제작, 《농사직설》 편찬, 《삼강행실도》 배포, 훈민정음 창제, 공정한 세법 제정이었다. 이중 세법 제정은 농민 생활에 가장 직접적인 영향을 주었다.

공정 세율의 핵심은 세금 징수의 기준이었다. 이때 문제가 된 것이 지역 수령의 자의적인 수확량 계산(답험손실법)과 엉터리로 기록된 토지대장(양안)의 토지 등급(3등급)으로, 대부분 힘없는 백성에게 불리했다. 이에 세종은 토지의 품질을 6등급으로 나누는 전분 6등급과 1년 단위로 풍흉을 9단계로 계산하는 연분 9등법으로 세액을 정하는 공법을 제안했다. 그러자 숨겨놓은 땅이 있거나 토지 등급 변경을 우려한 기득권 세력의 반발이 심했다. 이에 세종은 다수의 민의를 수렴하는 여론 조사를 제시하여 반대 논리를 민주적으로 해결하려고 했다.

1430년 3월 5일부터 8월 10일까지 실시된 여론 조사는 호조에서 주관하고 해당 지역의 관리들이 농가를 찾아가 직접 세법을 설명하고 찬반을 묻는 대면 방식이었다. 총 17만 2천 806가구가 참여하여 찬성이 9만 8천 657(57%), 반대가 7만 4천 149(43%) 가구였다. 찬성 측은 하급 관리와 전라도 · 경상도의 농민이었고, 반대 측은 고급 관리와 함경도 · 평안도의 농민이었다. 다수의 지지와 공론을 확보한 세종은 다시 토론과 수정을 거듭하며 공법의 문제점을 보완했다. 그리고 14년이 지난 1444년에 전제상정소를 두고 드디어 공법을 제정했으며, 다시 6년이 지난 1450년에 비로소 전라도에서 처음 시행했다.

논술 생각나무 키우기

세종대왕이 훈민정음을 창제한 실제적인 목적은 무엇이었을까?

Point 1 한자를 기본으로 사용하는 동아시아에서 독자적인 문자를 가진 민족을 추려내고, 이들이 문자를 만든 목적은 무엇인지 살펴본다.

Point 2 고조선 이래 고려 말까지 민족 고유 문자를 사용하지 않은 것으로 추정되는 우리나라에서 조선 시대에 들어와 훈민정음을 만들게 된 요인을 알아낸다.

Point 3 훈민정음의 역사적 의미와 그것이 사회에 끼친 영향, 한글 사용이 문화 전반을 변화시킨 내용 등을 체계적이고 종합적으로 구성한다.

공부를 더 하고 싶다면

《세종의 수성 리더십》(박현모 지음, 삼성경제연구소)
세종이란 인물을 통치자라는 관점에서 보고자 했다. 건국 초기의 혼란기를 극복하기 위해 노력한 세종의 실용 외교, 북방 정책, 지식경영, 위민정치, 개혁 방식 등을 여러 각도에서 살핀다.

《청렴결백 명재상 황희》(신동일 지음, 지경사)
세종 시기에 이룩한 정치적 안정과 문예부흥은 황희라는 뛰어난 정치 감각을 지닌 인물이 감독한 작품이라고 말할 수 있다. 초등 고학년의 눈높이에 맞추어 황희의 인간성, 왕성한 지식욕, 뛰어난 식견, 탁월한 정치력을 그리고 있다.

《민족의 얼을 지킨 겨레 과학》(장수하늘소 지음, 푸른나무)
조선 초기는 장영실, 이천과 같은 인물들이 혜성처럼 나타나 천상열차분야지도, 표준 도량형, 활자, 자격루, 측우기, 훈민정음, 《농사직설》 등을 세상에 내놓았다. 조선 시대에 화려하게 꽃피운 겨레 과학을 살펴보기에 훌륭한 지침서이다.

3 세조와 성종, 훈구파의 등장

한 줄로 읽는 우리 역사

세조는 김종서와 황보인의 황표정사를 빌미로 계유정난을 일으켜 조카인 단종을 몰아내고 권력을 장악하자 사육신과 생육신은 사대부의 충절을 들어 저항했다. 세조는 부도덕한 권력을 유지하고자 훈신들을 중용했고 이는 훈구파 형성의 계기가 되었다.

조선 시대에 세조(1455~1468)와 성종(1469~1494)만큼 사대부들을 고민스럽게 만든 군주도 없을 것이다. 그것은 두 군주가 걸은 길이 너무나 대조적으로 달랐기 때문이다.

조선의 역사에서 세조는 최초로 신하의 지위에서 충성을 맹세한 군주를 죽이고 왕위를 찬탈했고, 그의 손자인 성종은 절의와 충효를 최고의 정치 덕목으로 신봉하는 사림파를 등용하여 도덕정치를 부활시켰다.

영월 청령포 | 노산군으로 강등되어 영월로 유배된 단종은 삼면이 강으로 둘러싸인 청령포에 갇혀 지냈다. 아름다운 산하의 속내에는 숙부에게 버림받은 조카의 슬픔과 애환이 서려 있다.

조선 시대 500년을 전기와 후기로 나눌 때 전기를 특징짓는 것은 훈구파와 사림파의 노선 투쟁, 후기는 권력을 장악한 사림파의 붕당정치라 할 수 있다.

조선 전기●에 훈구파와 사림파는 성리학의 이념 실천과 도덕성을 놓고 치열하게 권력 경쟁을 했는데, 훈구파가 세조 시기에 자리를 잡았다면 사림파는 성종 시기에 성장했다. 할아버지와 손자는 이처럼 상반된 역사의 길을 걸었다.

● **조선 전기의 통치 체제**
태조(재상정치, 정도전, 한양 천도), 태종(국왕 중심, 6조 직할), 세종(왕권과 신권 조화, 의정부 서사제), 세조(왕권 강화, 집현전 폐지), 성종(유교 통치, 홍문관, 《경국대전》)
(검) 6-고

※ **조선 전기의 유학 경향**
개국 초(도덕지상주의, 척불론, 도성 사대문 명칭), 세종 시기(중앙집권, 왕권 강화, 유불 병립), 성종 시기(도학정치, 사림파 형성), 사화 시기(서원 교육, 이념 추구), 선조 시기(붕당 형성), 광해군 시기(중립 외교, 사대의리)
(검) 2-1, (검) 2-6, (검) 4-초, (검) 9-초

계유정난(1453), 수양대군의 승부수

세종이 설치한 의정부서사제●에 의해 권력을 장악한 의정부 원로대신과 안평대군이 주도하는 정국 운영에 반기를 든 세력은 신권(臣權)에 위기의식을 느낀 종친, 양녕대군의 지지를 받고 있는 수양대군과 청장년층이 포진한 집현전 출신의 신진 관료들이었다.

수양대군은 조선 초 성리학의 대가인 권근의 손자이며 《역대병요》●●를 편찬할 때 함께 참여했던 권람을 측근에 두고, 권람의 소개로 친교를 맺은 한명회를 책사로 삼아 정변을 일으킬 준비를 착실하게 진행했다. 황보인을 견제하고자 집현전 출신의 원로학자인 정인지와 신숙주를 포섭하고, 무장 세력인 김종서를 제거하기 위해 중간급 무관인 내금위 소속의 홍달손과 양정을 끌어들였다.

1453년(계유년) 10월 10일에 수양대군은 김종서가 자신을 제거

● **의정부서사제**
왕권을 견제하기 위해 정도전이 설계한 신권정치의 대표적인 제도이다. 이 제도에 따르면 6조에서 건의한 업무를 삼정승이 판단하여 왕에게 보고하고, 결정된 사항은 의정부를 거쳐 6조에 다시 내려가는 절차를 거치기 때문에 의정부의 기능이 강화되고 왕권을 대표하는 6조 직할 체제는 견제를 받았다. 태종과 세조는 6조 직할 체제를 시행했고, 세종은 말년에 의정부서사제를 도입했다.

●● **《역대병요》**
세종 32년(1450)에 왕명으로 수양대군이 책임을 지고 집현전의 김담, 권람, 정인지, 하위지 등이 참여하여 주요 전쟁과 병법 등에 관하여 저술하였는데, 단종 1년(1453)에 간행되었다.

할 명분과 기회를 노리고 있다는 사실을 탐지하고 곧바로 반격에 들어갔다. 자신이 직접 홍달손, 양정을 이끌고 서대문 밖에 있는 김종서의 가택을 방문하여 단칼에 김종서를 베고, 궁중으로 돌아와 퇴청한 대신들을 긴급히 소집했다.

영문을 모른 채 궁궐에 들어오던 대신들 가운데 영의정 황보인, 이조판서 조극관, 찬성 이양은 한명회가 작성한 살생부에 의거해 궐문에서 죽었고, 안평대군은 강화도에 유배되었다가 나중에 사약을 받았다.

계유정난● 으로 정권을 장악한 수양대군은 반대파를 모두 숙청하고 내정을 맡는 의정부 영사, 인사권을 담당하는 이조판서와 병조판서를 겸임하고, 반대파의 거사를 막기 위해 내외병마도통사도 맡았다. 좌의정은 정인지, 우의정은 한확이 맡았다. 이제 남은 절차는 단종의 폐위였다.

● **계유정난**
수양대군이 계유년(1453) 10월에 권람, 한명회 등과 함께 군사정변을 일으켜 단종의 고명대신인 영의정 황보인, 우의정 김종서 등을 죽이고 권력을 잡은 사건이다. 정인지, 한확, 홍달손, 권람, 한명회 등 37명이 정난공신이 되었다.

김종서의 당인이었던 함길도 도절제사 이징옥은 두만강 건너 여진족과 연계하여 대금황제(大金皇帝)를 칭하고 수양대군을 반대하는 반란을 일으켰다. 이징옥은 고구려의 역사가 깃든 오국성(국내성)에 도읍을 정하기로 결정하고 두만강을 건너고자 종성에 머물렀다.

이때 종성판관 정종, 호군 이행검이 이징옥을 습격하여 살해했다. 황제를 꿈꾸었던 이징옥의 거사는 실패로 끝났지만 민심은 결코 수양대군에게 우호적이지 않았다. 특히 세종 시기에 개척된 4군 6진의 주민들은 더욱 반감이 컸다. 이것이 이징옥의 반란(1453)으로 드러났고, 나중에 이시애의 난(1467)으로 다시 표출되었다.

사육신, 단종복위운동을 일으키다

수양대군은 1455년 1월에 단종의 혼사를 거행했다. 이것은 선왕인 문종의 국상 중에 어린 단종을 제거할 수 없었기 때문에 국혼을 빙자하여 국상 정국을 국혼 정국으로 바꾸려는 계책이었다.

수양대군은 6월에 정적인 금성대군에게 역모죄를 씌워 삭녕, 광주로 유배시켰다. 그리고 6월 11일, 단종을 상왕으로 추대하고 자신이 조선의 7대 임금인 세조(1455~1468)로 즉위했다.

세종의 은혜를 입은 집현전 학사들은 신하가 군주를 폐위시키고 왕위를 빼앗은 계유정난을 불충의 죄악으로 여기고 세조 폐위와 단종 복위를 꾀했다. 무관인 유응부, 성승과 집현전의 학사 출신인 성삼문, 박팽년, 하위지, 이개, 유성원, 김문기는 1455년 10월에 명나라에서 조선에 책명사(임금의 책명을 전하던 벼슬아

장릉 | 영월에 자리 잡은 단종의 능묘. 단종은 사육신의 단종복위운동이 실패로 끝난 뒤 영월 객사인 관풍헌에서 죽임을 당했다.

관풍헌
영월 객사의 동헌으로 단종이 죽임을 당한 곳이며, 조선 후기에 방랑 시인 김병연(김삿갓)이 향시에서 급제를 한 곳이기도 하다.

치)를 보내자 드디어 거사를 준비했다.

1456년 6월 1일에 창덕궁에서 명나라의 사신을 환송하는 연회가 벌어졌다. 임금을 호위하는 별운검을 맡은 성승과 유응부는 이때 세조의 목을 베기로 했다. 그런데 당일에 한명회는 갑자기 별운검을 세우지 않았고, 거사는 미루어졌다. 김질은 거사가 탄로 날까 두려워서 장인인 정창손에게 비밀을 누설했고, 정창손은 이를 세조에게 고해 단종복위운동(1456)은 실패했다.

세조는 주동자인 성삼문●, 박팽년, 하위지, 이개, 유응부, 김문기 등 70여 명을 처형했다. 유성원은 거사가 실패하자 스스로 목숨을 끊었다. 충절을 중시했던 사림은 후세에 이들을 사육신(이개, 하위지, 유성원, 성삼문, 유응부, 박팽년)으로 받들었고, 세조의 치세에서는 벼슬을 하지 않고 절개를 지킨 김시습, 원호, 이맹전, 조려, 성담수, 남효온을 생육신으로 추앙했다. 세조는 1457년에 상왕인 단종을 노산군으로 강등하여 영월 청령포로 유배시켰다.

1457년 10월에 순흥으로 유배지를 옮긴 금성대군은 이곳에서 순흥부사 이보흠과 함께 영월에 있는 단종을 복위시킬 계획을

● **성삼문의 시조**
이 몸이 주거 가셔
무어시 될꼬 하니
봉래산 제일봉에
낙락장송 되야 이셔
백설이 만건곤할 제
독야청청하리라
(이 몸이 죽은 뒤에
무엇이 될까 생각해 보니
봉래산 제일 높은 봉우리에
우뚝 솟은 소나무가 되어서
흰 눈이 온 세상을 뒤덮을 때
홀로 푸른 빛을 발하리라)

꾸몄으나 관노의 밀고로 실패해 10월 21일에 사사되었다. 세조는 곧바로 복위운동의 근원을 없애고자 10월 24일에 사약을 내려 조카인 단종(노산군)을 죽였다.

세조, 훈신정치의 폐해가 시작되다

세조에 반대하여 연이어 일어난 이징옥의 난, 사육신과 금성대군의 단종복위운동은 세조로 하여금 측근정치, 가신정치, 훈신정치●●를 하도록 만들었다. 세조는 공신들을 주요 관직에 앉히고, 문종의 영향력이 여전히 남아 있는 집현전을 폐지하고 경연을 중지했으며, 자신에게 비판적인 사헌부와 사간원 등 언론 기능을 축소시켰다. 측근정치를 위해 승정원과 6조의 기능을 강화했다. 아울러 1466년에는 관료의 증가와 과전의 부족을 해결하고자 현직 관료에게 수조권을 주는 직전제●●●를 실시했다.

또한 세조는 취약한 정통성을 세우기 위해 여러 차례에 걸쳐 세종대왕의 능묘 이장을 시도했다. 선왕인 단종에게는 불충했지만 부왕인 세종에게는 효자라는 상징성을 부각하려는 의도였다. 당시에는 능묘 이장을 성사시키지 못했으나 아들인 예종이 결국은 여주로 이장했다.

세조는 어머니 소헌왕후에 대한 효성을 표시하기 위해 《월인석보》도 편찬했는데, 이것도 불충을 효성으로 대체하려는 의도였다. 예종이 부왕인 수양대군의 묘호를 세조라고 한 것도 결국 세종의 계승자라는 것을 내세우기 위함이었다. 태종 이방원이 아버지 태조의 묘호를 계승한 선례를 참조한 것이다.

●● **훈신정치**
수양대군이 계유정난(1453)을 일으키고 권력을 장악한 뒤 실시한 훈신정치(원상 제도)는 조선에서 훈구파가 정착하는 절대적인 계기였다.

●●● **직전제**
세조 12년(1466)에 공신과 관료의 증가로 경기 지역의 과전이 부족해지자, 토지 부족을 보완하고 공신들을 우대하기 위해 현직 관리에게만 수조권을 부여하는 제도를 시행했는데 이를 직전제라고 한다. 이 제도의 시행으로 훈구파의 토지 점유가 확대되었다.

여진 정벌도 세종의 북방 개척을 계승한다는 차원에서 정통성을 얻으려는 노력의 일환이었다. 당시 세조에 반대하는 이시애가 1467년 5월 여진으로 넘어가 반란을 일으켰지만 강순, 어소유, 남이가 이끄는 토벌군에게 진압되었다.

이때 명나라는 건주여진(남만주 지방의 여진)의 세력이 급성장하자 정벌군을 일으켜 조선에 협공을 제안했다. 세조는 명나라로부터 확고한 지지를 받고자 북방에 남았던 강순, 남이에게 토벌군을 이끌고 합류하도록 했다. 1만의 조선군은 곧바로 길주에서 북상하여 압록강을 건너 건주여진의 본거지를 초토화시켰다. 남이는 이시애의 난을 평정하고 여진족을 토벌한 공로로 28세에 병조판서가 되었다.

세조는 취약한 정통성을 측근 중용, 대외 정벌, 세종의 계승자 표방 등을 통해 극복했다. 그렇지만 정인지, 신숙주, 한확, 한명회, 권람, 홍달손, 최항, 이사철과 같은 공신 세력을 승정원에 배치하여 가신정치의 틀을 벗어나지 못한 것은 커다란 실책이었다.

측근정치, 가신정치는 결국 권력 독점, 권력 남용, 부정부패로 이어졌고, 이들은 점차 훈구파를 형성•하여 독단적으로 정국 운영을 주도했다. 이에 정국 쇄신을 추구하는 개혁적이고 비판적인 사림들이 훈구파를 공격했고, 이는 4대 사화••로 이어지는 결과를 낳았다.

• **훈구파의 형성**
관학파 계승, 부국강병 추구, 성리학 일변도 탈피, 사장 중심(15세기), 공신의 세력화, 외척의 권세(한명회), 원상 제도, 왕족의 관직 금지(《경국대전》), 수렴청정(인수대비)
(검) 4-고, (검) 7-4

•• **사화의 발생**
무오사화(1498, 김종직의 〈조의제문〉), 갑자사화(1504, 폐비 윤씨, 궁중파가 주도), 기묘사화(1519, 조광조 제거, 위훈 삭제 문제, 기묘삼간이 주도), 을사사화(1545,대윤과 소윤, 봉성군 사건), 정묘사화(1547, 양재역 벽서 사건)
(검) 2-1, (검) 2-2, (검) 8-고

예종, 훈구파의 도전을 받다

세조는 말년에 원활한 국정 운영을 위해 원로대신을 매일 승정원에 출근시켜, 이들이 서로 국정을 논의하고 서무를 의결하면 왕은 형식적인 결재만 하는 원상 제도를 도입했다. 세조가 지목한 원상은 한명회, 신숙주, 구치관이었다. 하지만 측근들의 권한이 비대해지자 병약한 예종의 앞날이 걱정되어 종친들도 관직에 나갈 수 있도록 조치했다.

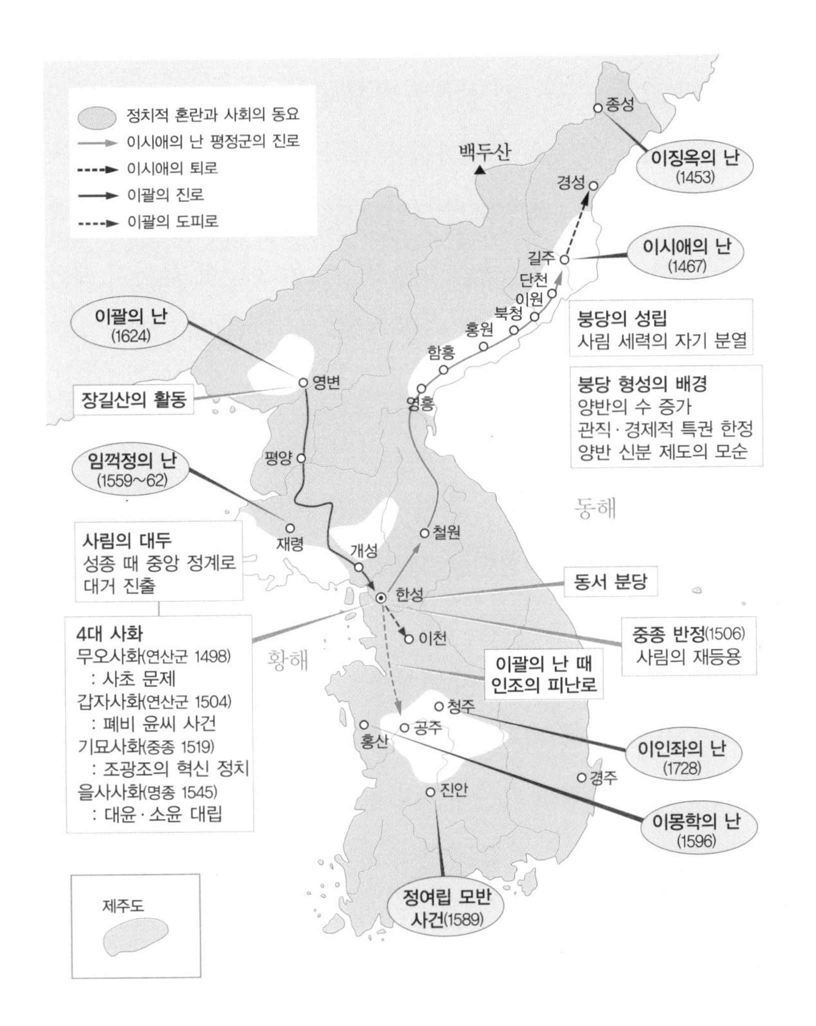

◀ 조선 초·중기 사회적 혼란과 동요
조선 초기, 중기는 왕자의 난, 계유정난, 중종반정과 같은 내정 혼란이 연이어 일어나고, 권력을 남용하고 부정부패한 훈구파와 이에 저항하는 사림파가 충돌하면서 사회적 혼란이 가중되었다.

세조는 말년에 예종을 도와 공신과 측근 세력을 견제할 인물로 고모의 아들인 외사촌 남이와 친조카인 구성군을 주목했다. 1468년에 세조는 전격적으로 남이를 병조판서에, 구성군을 영의정에 임명했다. 남이는 태종의 넷째딸인 정선공주의 아들이었고, 구성군은 세종의 넷째아들인 임영대군의 아들로 대표적인 왕실 세력이었다.

예종(1468~1469)은 세조의 둘째아들이고 한명회의 사위이다. 예종은 병약하고 과단성이 부족하여 어머니인 정희왕후 윤씨가 수렴청정을 했고, 주요 업무는 원상이 처리했다. 훈구대신들은 유자광의 고변을 근거로 병권을 가진 남이를 역모죄로 몰아 거열형에 처했다. 이로써 훈구파들은 남이와 강순 등의 적개공신● 을 제거하고 권력을 독점하게 되었다.

● **적개공신**
세조 13년(1467)에 함경도에서 일어난 이시애의 반란을 평정하는데 공을 세운 이준, 조석문, 어유소 등 44명을 적개공신이라 한다. 적개는 반란을 일으킨 적군에게 기개를 떨쳤다는 뜻이다.

1469년에 예종은 친정을 시작했지만 11월 28일에 갑자기 세상을 떠나고 말았다. 사람들은 예종이 친정을 강화하려 하자 훈구 세력이 독살한 것으로 믿었다.

예종에게는 인순왕후 한씨와의 사이에서 태어난 4세의 제안대군이 있었지만 정희왕후 윤씨, 한명회, 소혜왕후 한씨는 자신들의 입지를 유지하고 권력을 지속적으로 독점하기 위해 예종이 죽은 당일 13세의 자산군을 성종으로 추대했다.

자산군은 세조의 맏아들이자 예종의 형인 의경세자의 둘째아들이다. 제안대군이 나이가 어려 왕위를 잇지 못한다면 의경세자의 맏아들인 16세의 월산대군이 계승하는 것이 원칙이었으나, 훈구대신들은 나이가 들고 강단이 있는 월산대군보다는 효성이 지극하고 품성이 유약한 자산군이 왕위에 있는 것이 자신들의 권력 유지에 유리하다고 판단한 것이다.

훈구파와 사림파 비교

구분	훈구파	사림파
기원	혁명파 사대부(정도전, 권근 등)	온건파 사대부(정몽주, 길재 등)
성격	중앙 정계에 진출해 유학 이념을 실천하는 관료	향촌에 은거하여 수신과 학문에 힘쓰는 유학자
등장 배경	① 공신 세력의 형성 –7왕(태조~성종) 시기 총 8차 400여 명 ② 외척과 수렴청정 –한명회, 정희왕후 윤씨, 소혜왕후 한씨(인목대비) ③ 훈신정치(원상 제도) –구성군(세종의 넷째아들 임영대군의 아들) 견제 ④ 왕족 정치 참여 배제 –1470년에 《경국대전》 편찬하면서 규정	① 고려사수파와 절의파, 향촌은거파 –불사이군(정몽주)과 출사 거부(길재) –두문동 72현과 같이 향촌 은거(향반) ② 사육신과 생육신 –선왕에 대한 충성, 훈구에 대한 저항 ③ 성종의 홍문관 –사림의 성장 : 중앙 정계에 사림파 등장 ④ 서원과 사제 간 학통 –사림의 세력화
이념	중앙집권, 부국강병 추구	향촌 자치와 왕도정치 추구
학풍	사장(詞章) 중심	경학(經學) 중심
사상	성리학 이외의 사상에 관대	성리학 이외의 학문 배척
업적	15세기 민족문화 발전에 기여	16세기 이후 심성론 발전 주도

훈구대신들은 세조와 예종 시기에 드디어 훈구파를 형성하기에 이르렀다. 이들은 여러 차례에 걸친 공신 책봉으로 막대한 공신전을 획득하여 튼튼한 경제력을 확보하고, 수렴청정이란 무기로 왕권을 견제했으며, 원상 제도●●를 통해 국정을 장악했다. 나아가 왕실 세력인 남이를 제거하고, 1470년에는 구성군마저 정계에서 축출했다.

또한 훈구대신들은 성종 시기에 편찬한 《경국대전》에서 왕실 종친의 관리 임용을 금지시키고, 왕실과 혼인하거나 가문끼리 통혼하여 혼맥을 구축했다. 이로써 훈구대신들은 왕권을 능가하는 정치, 경제, 군사적 권력을 장악하고 드디어 훈구파의 토대를 완전하게 굳혔다.

●● **원상 제도**
왕이 죽은 뒤 어린 임금을 보좌하여 정무를 맡아보던 임시 벼슬. 계유정난으로 집권한 세조는 정통성을 보완하기 위해 원로대신을 승정원에 출근시켜 국정을 논의하게 하고 국왕은 형식적으로 결재를 했는데 이것이 원상 제도의 시작이다. 예종이 즉위하자 대비가 수렴청정을 하고, 신숙주, 한명회, 구치관이 공식적으로 원상이 되어 승정원에서 정무를 보좌했는데, 이 제도는 이후 훈신정치의 폐단과 훈구파를 형성하는 계기가 되었다.

성종, 사림파의 형성을 준비

● **성종의 유교 정책**
《경국대전》 편찬, 신진 사림 기용(김종직 등), 훈구파 견제, 홍문관 설치, 유교 제도 정착
(검) 9-4

성종(1469~1494)● 은 13세에 왕위에 올랐지만 궁궐 밖에서 자라 세상 물정에 밝고, 성균관에서 공부하여 유교적 소양이 깊은 유학 군주였다. 즉위 초기에는 대비인 정희왕후 윤씨가 7년간이나 수렴청정을 했다.

● **관수관급제**
세조 때 실시된 직전제 이래 관리들에 의한 토지 세습과 겸병으로 백성 수탈이 심해지자 성종이 1470년에 실시했다. 관료 수조권을 국가에서 대행하여 수조권 남용과 과도한 수취를 막고자 시행한 제도이다. 이 제도는 관료에게는 현물로 녹봉을 지급하고, 토지에 대한 국가의 지배력 강화와 더불어 토지 제도가 소유권 중심으로 전환되는 계기가 되었다.

성종은 즉위년에 국가에서 수조권을 행사하고 관료에게는 급료를 지불하는 관수관급제●를 실시하고, 백성을 수탈하는 제도로 변질된 직전제를 폐지했다. 1474년에는《경국대전》을 편찬하여 법적, 제도적 통치 체제를 갖추었다. 1475년에 성종의 비인 공혜왕후 한씨는 한명회의 넷째딸이었는데 아이를 낳다가 세상을 떠나자 한명회의 권세도 꺾였다.

1476년에 성종의 친정이 시작되었는데 이해에 훈구대신 신숙주와 홍윤성이 세상을 떠나고 이듬해에는 정인지가 죽었다. 성

성종의 태실
항일 전쟁 시기에 일제는 조선 왕실의 맥을 끊고자 전국에 산재해 있는 왕실의 태실을 서오릉에 모았다. 미처 그곳으로 옮기지 못한 성종 태실은 창경궁에 자리 잡았다.

종은 원상 제도를 폐지하고 왕의 자문기관인 홍문관●● 을 설치하여 친위 세력을 양성하고 사림을 등용하는 창구로 삼았다. 홍문관은 국초에 있었던 사헌부, 사간원과 함께 3사(三司)●●●●● 로 불리면서 사림들이 훈구파의 부패와 타락을 비판하는 중심 기관으로 성장했다.

성종은 1480년에 사림들이 이상적인 스승으로 여기던 정몽주, 길재의 후손에게 국록을 내렸으며 정몽주, 길재로 이어지는 사림의 학통을 이어받은 김숙자의 아들인 김종직을 우대하여 경연관으로 삼았다.

또한 1491년에 젊고 유능한 관리들을 선발하여 수양하고 연구하는 호당을 상설 기구로 만들어 '남호독서당'이라고 했는데, 이것도 사림을 우대하는 정책이었다. 세종 8년(1426)에 재주와 덕행이 뛰어난 선비들을 뽑아 '사가독서'라는 휴가를 주고 북한산의 비봉 아래 장의사(藏義寺)에서 공부를 시킨 것이 독서당의 시작이다.

김종직은 성종의 총애를 바탕으로 훈구파들과 대척점을 이루며 자신의 문하생인 정여창, 김굉필, 김일손, 유호인, 남효온을 관직에 등용하여 중앙 정계에 사림파를 형성했다.

본래 유학자는 학문을 닦는 학자이면서 관직에 나아가 나랏일을 맡아보기도 했다. 관직에 나선 사람을 관학파라고 한다면, 향촌에 남아 학문에 힘쓰는 사람들을 사림파●●● 라고 한다.

관학파가 경제적 이득과 정치권력을 장악하고 부패하자 사림들은 이들을 훈구파라고 공격하고, 향촌에서 수양과 충효를 지키며 학문을 익힌 자신들을 사림파라고 칭했다. 이로써 성종 시기에 중앙 정계는 훈구파와 사림파가 양대 세력을 이루게 되었다.

●● 홍문관
궁중의 서책을 관리하고 문서를 처리하며 왕의 자문에 응대하는 관청으로 옥당, 옥서, 영각이라 한다. 1463년에 장서각을 홍문관이라 고쳤고, 성종 9년(1478)에 집현전의 기능을 합하여 학술, 언론기관의 면모를 갖게 되었다.

●●● 3사
조선 시대에 정사를 감시하고 비판하며, 신하들을 탄핵하고 임금에게 간언을 하는 감찰 기능을 갖춘 사헌부, 사간원, 홍문관을 말한다. 고려 시대의 3사는 호부와 함께 곡식의 출납, 회계와 관련된 재정 업무를 담당했으나 조선 시대 3사는 언론 기관의 성격을 지녔다.

●● 3사
군력의 독점과 부패 감시, 사헌부(관리 감찰)와 사간원(간쟁)과 홍문관(국왕 자문, 정책 연구, 경연 참가), 왕권 견제 기능, 왕권(군권)과 신권의 균형에 기여
(수) 2005, (수) 2000, (검) 2-4, (검) 5-3, (검) 7-3

●●● 사림파의 학통
고려절의파(정몽주, 길재), 사육신(도덕성 확보), 향촌은거파(김숙자, 학문 수양), 출사파(홍문관, 김종직), 사화파(김굉필, 김일손, 정창손), 서원파(이황 등, 학통 수립과 후학 양성)
(검) 1-4, (검) 3-3, (검) 4-3, (검) 4-고, (검) 6-4, (검) 7-4

역사 지식 플러스

훈구파 대 사림파

조선 시대는 전기는 사화, 중기는 양란, 후기는 붕당의 시대였다. 사화는 훈구파와 사림파, 왕권과 신권의 대결에서 비롯되었다. 훈구파는 관학파라고도 하는데, 중앙 정계에 진출하여 위민 정치를 주로 하는 정치적 사대부를 말하고, 사림은 향촌에 은거하여 도덕 수양을 우선하는 철학적 사대부를 말한다. 훈구파가 대지주 계층, 고위 관료들로서 경제·치학을 중시했다면, 사림파는 향촌 지배, 언관 출신으로 학문과 도덕·윤리를 중시했다.

훈구파는 공신 세력으로부터 형성된다. 조선 개국과 왕자의 난, 계유정난, 이시애의 난을 거치면서 권력 독점과 경제 이익을 보장받은 공신들은 가문끼리 혼맥을 구축했다. 또한 도덕성이 취약했던 세조 시기에 원상 제도를 통해 권력을 독점하고, 성종 시기에 외척이 되어 수렴청정을 하면서 《경국대전》을 편찬하면서 왕족의 관직 진출을 봉쇄하는 데 성공하고 중앙권력을 완전히 장악했다. 사림파는 이들 관학파들을 고려 말의 권문세족과 다를 바 없다는 뜻에서 '훈구파'라고 불렀다.

사림파는 고려사수파, 고려절의파에 뿌리를 둔다. 이들은 조선이 개국되자 향촌에 은거하여 충효를 제창하고 학문과 도덕 수양에 힘썼다. 세종 때는 집현전에 들어가 훈구파를 견제했고, 세조 때는 단종복위운동을 일으켰다.

성종 시기는 훈구파와 사림파가 세력 균형을 이루었고, 사림파들은 주로 홍문관·사간원·사헌부 등 3사에 있으면서 도덕성을 앞세워 훈구파와 왕권을 비판하고 견제했다. 연산군이 즉위하자 왕당파가 등장하고, 훈구파와 사림파의 균형이 무너졌다. 이로부터 사림파가 주로 화를 당하는 무오사화, 갑자사화, 기묘사화, 을사사화가 일어나게 되었다.

논술 생각나무 키우기

조선 시대에 사림파의 후진 양성기관이었던 서원은 어떤 기능을 했으며, 사림파가 서원을 세우게 되는 요인은 무엇인가?

Point 1 조선 초기에 중앙정치를 장악한 훈구파와 향촌에 은거한 사림파의 형성 과정과 그들이 각각 추구한 가치를 비교하여 분석한다.

Point 2 훈구파와 사림파의 권력 투쟁이 어떤 형태를 거쳐 진행되었는지 알아보고, 사림파가 향촌에 은거하게 된 원인이 무엇인지 생각한다.

Point 3 지방에 세워진 서원에는 어떤 곳이 있으며, 그 기능과 역할이 무엇인지 사림파의 성장에 어떤 기여를 했는지 알아본다.

공부를 더 하고 싶다면

《조선 시대의 명문 사학 서원을 가다》(장영훈 지음, 담디)
조선 시대 향촌에 은거하여 학문과 수양에 힘쓴 사림들은 서원을 세워 후학을 양성했다. 국립 대학인 성균관의 권위를 넘어서는 서원의 힘을 찾고자 소수 서원, 도산 서원, 병산 서원, 덕천 서원 등을 답사하고 그 해답을 독자에게 던져준다.

《김종직, 조선 도학의 분수령》(정성희 지음, 성균관대학교 출판부)
무오사화의 발단이 되었던 김종직의 〈조의제문〉, 그리고 참혹하게 죽임을 당한 그의 제자들, 훈구파와 사림파의 격렬한 대결이 시작되는 4대 사화의 시대에 김종직은 어떤 이념과 학문의 깊이를 가졌는지 집중적으로 밝힌다.

《사화와 반정의 시대》(김범 지음, 역사비평사)
사화의 발단에서 결말에 이르는 성종, 연산군, 중종의 시대를 훈구파와 사림파의 대결로만 보는 인식의 틀에서 벗어나 사화와 반정을 두 가지 축으로 하여 왕, 대신, 3사를 다원 구도로 살펴본다.

4 4대 사화, 사림파의 도전

한 줄로 읽는 우리 역사

훈구파들의 권력 독점에 반대하는 사림파들은 성종이 설치한 홍문관을 통해 중앙 정계에 진출했다. 이에 따라 훈구파와 사림파 간에 네 차례에 걸친 사화가 발생했다. 사화의 발단이 된 김종직, 사화의 희생자인 김일손, 김굉필, 조광조 등은 사림의 사표로 받들어졌다.

사화(士禍)는 사림파와 훈구파의 노선 투쟁에서 '사림파가 당한 재앙(화)'을 말한다. 성종의 지원 아래 사헌부, 사간원, 홍문관 등 3사에 포진한 젊은 선비들은 대의와 도덕성을 무기로 훈구파의 부패와 무능을 공격했다.

그런데 성종이 죽고 폐비 윤씨의 아들인 연산군이 즉위하면서 사림파에게는 위기가 닥쳤다. 연산군은 모후의 죽음을 초래한 원인을 쇠약한 왕권과 비대해

소쇄원 | 전남 담양에 있는 조선 시대의 정원. 기묘사화로 조광조가 화를 당하자 그의 제자인 양산보가 고향으로 돌아와 지었다.

진 신하들의 권력에서 찾았다.

연산군(1494~1506)은 훈구파와 사림파의 대결 구도 아래서 궁중파를 이용해 훈구파•와 사림파••를 동시에 약화시키는 여러 가지 제도적 조치를 취했다. 이런 정국 구도에서 서서히 비극의 싹이 잉태되고 있었다.

● 훈구파
유학자들은 학문과 수양을 기본으로 삼는 학자의 면모와 중앙 정계에 출사하여 정치적 경륜을 펼치는 정치가의 입장을 동시에 지닌 지배 계층이었다. 이중에서 고려 말에 조선 개국에 참여한 이는 공신에 책봉되어 재산과 명예를 차지했다. 나아가 왕족의 정치 참여를 금지시켜 권력마저 장악한 이들을 후대의 사림파들이 고려 말의 권문세족과 다를 바 없다는 뜻으로 훈구파라 불렀다.

●● 사림파
고려 말에 개국을 반대하고 고려 왕실을 지키려는 정몽주, 길재의 학통을 따르는 선비들로, 주로 향촌에 은거하여 학문과 수양에 힘쓴 선비들을 지칭한다. 연산군 시기부터 여러 차례 사화에 희생당한 사림들은 향촌에서 서원을 세우고 제자를 양성하다가 선조 시기에 중앙 정계를 장악했다.

김종직의 〈조의제문〉, 무오사화를 부르다

성종은 한명회의 딸인 공혜왕후가 죽자 따로 왕비를 간택하지 않고 8명의 후궁 가운데 집현전 교리와 판봉상시사를 지낸 윤기견의 딸인 숙의 윤씨를 왕비로 맞이해 연산군을 낳았다.

그런데 윤비는 성종이 숙의 엄씨, 숙용 정씨에게 마음이 기울자 이를 질투하여 궁중에서 많은 문제를 일으켰다. 결국 1479년에 성종과 소혜왕후(인수대비) 한씨는 윤비를 평민으로 강등하여 궁중에서 폐출했다.

1482년(성종 13), 대사헌 채수가 연산군의 어머니 폐비 윤씨•••의 보호를 건의했다. 성종은 원자(연산군)가 성장하여 왕위에 오르면 폐비가 궁중으로 들어와 대비가 되어 피의 보복을 일으킬까 염려되어 좌승지 이세좌를 시켜 윤비에게 사약을 내렸다. 폐비 윤씨의 죽음은 훗날 연산군이 왕위에 올라 일으킨 갑자사화의 발단이 된다.

●●● 폐비 윤씨
폐비 윤씨는 사림의 일원인 판봉상시사 윤기견의 딸이자 연산군의 모후이다. 1474년에 공혜왕후가 죽자 후궁이었던 윤씨는 1476년에 왕비가 되었다. 중앙 조정의 권력다툼 속에서 1479년에 폐비가 되어 궁중에서 쫓겨났고, 1482년에 사약을 받았다. 연산군이 즉위한 뒤 폐비 사건의 진상을 들추어 갑자사화(1504년)를 일으켰다.

연산군은 할머니 인수대비(소혜왕후)와 계모인 정현왕후 윤씨에게 양육되면서 구박과 질시를 받으며 성장했다. 그런데 정현왕후가 1488년에 진성대군을 낳으면서 상황이 급박하게 변했다. 만일 진성대군이 어른이 된다면 연산군은 세자의 지위도 위협받을 수 있는 지경이었다. 이런 가운데 1494년에 성종이 세상을 떠나면서 18세의 연산군이 즉위했다. 당시 진성대군은 겨우 6세에 불과했다.

연산군은 성종이 활성화시킨 경연을 없애고, 왕과 대신들을 견제하는 대간 제도를 약화시켰다. 특히 자신에게 비판의 날을 세운 사헌부, 사간원, 홍문관의 사림들을 싫어했다.

이때 대표적인 철새 정치인이자 사림으로부터 간신으로 지목받고 있던 유자광이 연산군의 의중을 파악하고 사림을 제거할 꼬투리를 찾기 시작했다. 1498년에 춘추관의 당상관에 오른 이극돈은 〈성종실록〉의 사초에 김일손이 자기의 스승인 김종직의 〈조의제문(弔義帝文)〉•을 끼워 넣은 것을 발견하고 유자광을 시켜 무오사화를 일으키게 했다.

● **〈조의제문〉**
김종직이 작성, 김일손이 사초에 기록, 수양대군의 왕위 찬탈 비난, 무오사화의 원인
(검) 2-2, (검) 4-3, (검) 9-3

유자광은 일찍이 함양에 놀러 왔다가 함양의 아름다움에 취해 시를 지어 현판했는데 김종직이 함양군수로 왔을 때 천하의 간신인 유자광의 현판을 함양에 걸 수 없다며 바로 떼어내 소각한 일이 있었다. 사림이 웃음거리로 삼은 함양 현판 소각 사건은 유자광에게 더없는 치욕이었다.

한편 이극돈은 김일손이 성종 시기에 춘추관의 사관으로 있으면서 자신의 비리를 사초에 넣으려고 하자 이에 앙심을 품고 복수할 기회를 노리고 있었다.

〈조의제문〉은 김종직이 초패왕 항우에게 죽임을 당해 빈강(郴江 : 중국 남방의 강)에 던져진 의제(義帝)를 위로하며 지은 제문이지만, 실제로는 세조에 의해 억울하게 죽어 동강에 버려진 단종

4대 사화

	무오사화	갑자사화	기묘사화	을사사화
연도	1498년(연산군)	1504년(연산군)	1519년(중종)	1545년(명종)
원인	김종직의 〈조의제문〉	폐비 윤씨(1479), 궁중파의 야심	사림파의 위훈 삭제	대윤(윤임)과 소윤(윤원형) 대결
과정	훈구파 유자광이 김일손 고변	궁중파(임사홍, 신수근)가 훈구파(윤필상 등)와 사림(정여창, 남효온 등) 공격	기묘삼간(홍경주, 남곤, 심정)이 중종의 지시로 사림(조광조) 공격	윤원형이 윤임 제거(봉성군 사건)
결과	김종직은 부관참시, 김일손 사사, 김굉필 유배	김굉필 사사, 정여창 등 부관참시	대사헌 조광조와 사림파 대거 사사	대윤파 제거와 사림파 공격 : 양재역 벽서 사건(1547) 후속으로 사림파 제거

을 비유하고, 나아가 세조의 왕위 찬탈을 부정하는 내용이었다.

연산군은 이를 왕통을 부정하는 사림을 제거할 명분으로 삼고 대대적인 숙청에 나섰다. 연산군은 김종직을 주동자로 단정하고 이미 세상을 떠난 지 6년이 넘은 그의 시신을 무덤에서 끌어내 철퇴로 박살을 내서 광화문 네거리에 버려두는 부관참시●를 단행했다.

김일손, 권경유를 수괴로 지목해 능지처참●●을 했고 권오복, 이목, 허반은 선왕을 욕보인 죄목으로 죽였다. 또한 정여창, 강겸, 이수공, 정승조, 홍한, 정희랑은 이를 알고도 모른 체했다는 죄를 씌워 죽였다.

김굉필, 이계맹, 이종준, 최부, 이주, 박한주, 임희재, 강백진, 이원, 강혼은 김종직의 제자로서 국법으로 금하고 있는 붕당을 만들어 〈조의제문〉을 사초에 끼워 넣은 일을 방조했다는 죄목으로 귀양을 보냈다. 무오사화는 사림파에 대한 훈구파들의 공세가 시작되었음을 알리는 신호였다.

● **부관참시**
죽은 사람의 죄가 드러났을 때 무덤을 파고 관을 꺼내 시신을 베거나 목을 잘라 거리에 내걸거나 수레로 깔아 뭉개는 형벌이다. 연산군 때 김종직, 한명회, 정여창, 남효온 등이 죽은 뒤 이 형벌을 받았다.

●● **능지처참**
조선 시대에 10가지 죄악 중 가장 무거운 대역죄를 범한 사람에게 시행한 최대의 극형으로, 능지처사라고도 한다. 죄인을 기둥에 묶고 포를 뜨듯이 살점을 베어내 과다 출혈로 죽게 하거나, 죄인의 팔다리를 먼저 자르고 그 후 어깨, 가슴을 베고 나중에 심장을 찌르고 목을 베어 죽이는 방법도 있다. 홍길동의 저자인 허균이 대역죄로 능치처참을 당했다.

폐비 윤씨가 부른 갑자사화

조선의 세법은 수입과 지출을 똑같이 하는 '양입계출(量入計出)'의 원리로 정해진 수입에 맞추어 정부의 재정 지출을 결정했는데, 이는 예산 낭비를 막기 위한 정책이었다.

● **신유공안**
1501년(신유년)에 연산군이 공납 제도를 변경한 사건이다. 이 제도 시행으로 시작된 공납의 폐단은 훗날 대동법 시행의 원인이 되었다.

그런데 연산군은 1501년 4월에 신유공안●을 제정하여 공납 체제를 뒤흔들었다. 신유공안에 따르면 공식적인 국가 행사 이외에 나들이, 잔치 등 왕실의 여러 행사를 위해 상급 기관이 하급 기관의 예산을 전용할 수 있었다. 이때부터 예산이 부족한 하급 기관과 지방 관청은 여러 가지 공납 세목을 만들어 백성들을 수탈하여 공납의 폐단●이 시작되었다.

● **대동법**
공납 폐단 개혁 제도, 토지 면적 기준, 쌀(미곡)과 베(포)로 납세, 한백겸의 제안, 이원익의 재청, 광해군 때 시행(1608), 담당 관청은 선혜청(중앙), 대동청(지방), 경기도에 처음 시행
(검) 2-1, (검) 3-1, (검) 3-2, (검) 3-4, (검) 4-4, (검) 5-3, (검) 5-4, (검) 8-3

무오사화를 일으켜 비판적인 사림을 제거한 연산군은 1504년에 다시 갑자사화를 일으켜 훈구파를 숙청했는데, 이때 또다시 사림들이 연루되었다. 사화의 발단은 연산의 모후인 폐비 윤씨 사건이었다. 왕실의 외척으로 궁중파(왕당파)를 형성한 임사홍은 중앙 정계에서 경쟁 상대인 훈구파를 몰아내고자 폐비 윤씨 사건을 거론했다.

연산군은 윤비와 다투었던 소용 정씨, 숙의 엄씨를 직접 살해하고, 대비인 인수대비를 구타하여 죽게 만들었다. 연산군은 윤필상, 한치형, 한명회, 정창손, 어세겸, 심회, 이파, 김승경, 이세좌, 권주, 이극균, 성준을 폐비 사건의 12간(奸)으로 지목했다. 이미 죽은 한명회, 한치형, 정창손, 어세겸, 심회, 이파는 부관참시를 했고 윤필상, 이극균, 성준, 이세좌, 권주와 가족들은 극형에 처하거나 유배시켰다.

정적인 훈구파를 제거하는 데 성공한 임사홍은 사림이 아직도

세력을 유지하고 있는 이상 권력 독점이 어려울 것으로 판단했다. 이에 임사홍은 사림파가 지난날 폐비 사건에 동조하거나 묵인했고, 지금도 여전히 연산군의 국사를 비난하고 비방하는 일에 앞장선다며 무고했다.

연산군은 이를 빌미로 사림파의 영수인 정여창을 부관참시하고, 남효온을 단종의 어머니인 현덕왕후의 소릉을 복위했다는 죄목으로 역시 부관참시했으며, 유배 중인 김굉필에게 사약을 내렸다. 이로써 궁중파를 대표하는 임사홍과 신수근은 중앙권력을 장악했다.

조광조의 삭훈이 만든 사화, 기묘사화(1519)

연산군은 대간들의 직언을 금지하는 신언패(愼言牌)를 실시했고, 사대부들의 학문의 성지인 성균관●●을 오락 장소로 이용했다. 또한 도성 밖 30리에 있는 민가를 철거하고, 백성들이 쉬운 한글로 연산군을 비판하는 대자보를 붙이자 한글(언문) 사용을 금했다.

●● **조선 시대의 교육기관**
성균관(국립 대학, 생원과 진사 입학), 4학(중앙 중등 교육기관, 한양에 소재, 동서남북에 소재), 향교(지방 중등 교육기관, 중앙에서 교원 파견), 서당(사립 교육, 훈장이 개설), 서원(사립 대학, 교육 및 선현 추모)
(검) 6-4, (검) 7-고, (검) 8-4, (검) 9-고

연산군의 폭정이 점차 심해지고, 민심이 점차 이반되는 가운데 권력의 지위가 불안해진 훈구파 세력 박원종과 성희안은 이조판서 유순정, 군자감부정 신윤무, 수원부사 장정, 군기시첨정 박영문, 사복시첨정 홍경주 등과 함께 1506년 9월 1일에 정변을 일으켰다.

반정 세력은 궁중파인 임사홍, 신수근, 신수영, 임사영을 죽이

고 연산군을 폐위시킨 뒤 강화도 교동으로 유배하고, 9월 2일에 연산군의 아우인 진성대군을 중종(1506~1544)으로 추대했다.

반정공신 세력은 중종의 부인인 단경왕후 신씨가 궁중파인 신수근의 딸이라 왕비로 받들 수 없다며 폐비시켰다. 이처럼 반정공신에 의해 옹립된 중종은 즉위 초기에 부인조차 지킬 수 없는 허수아비 군주였다. 그러나 1510년에 반정공신의 대표인 박원종이 죽고 점차 공신들의 세력이 약화되자 중종은 사림파를 끌어들여 왕권을 강화해나갔다.

중종은 무오사화, 갑자사화 때 희생당한 사림파를 신원시키고, 김굉필의 제자로 사림파의 정통을 계승한 조광조를 끌어들여 훈구파를 견제하고 유교정치의 이상인 도학정치•를 구현하고자 했다.

조광조는 사림들의 향촌 지배 수단••인 향약•••을 실시하고, 유교적 정통주의에 거슬리는 소격서를 폐지했다. 또한 공납의 문제점을 해결하기 위해 대공수미법 같은 경제 개혁을 추진했다.

조광조는 현량과•를 실시하여 사림파를 중앙 정계에 등용시키고, 훈구파를 견제하기 위해 사림들을 집중적으로 사헌부, 사간원, 승정원, 성균관, 홍문관에 포진시켰다. 조광조는 드디어 승부수를 던졌다. 1519년 11월에 중종반정을 일으킨 공신 세력의 도덕성에 치명타를 가하는 위훈 삭제(삭훈)를 제기한 것이다.

그러자 위기에 몰린 훈구파들은 반격에 나섰다. 기묘삼간이라 불리는 심정, 남곤, 홍경주는 중종을 비밀리에 독대하여 사림파의 위훈 삭제는 궁극적으로 중종반정의 정당성을 부정하고 결국은 중종 폐위로 이어진다고 주장했다.

중종은 훈구파의 의견에 동조하여 밀지를 내려 대사헌 조광

• **조광조의 도학정치**
김굉필의 제자. 도덕적 이상 사회 추구, 급진적인 개혁 추진, 현량과 실시, 향약 실시, 소격서 철폐, 삭훈(위훈 삭제)
(검) 1-3, (검) 4-고, (검) 5-3, (검) 5-고, (검) 9-4, (검) 9-3

•• **사림의 향촌 지배 수단**
향약 제정(향촌 규약, 사림의 지배이념), 유향소(자치기구) 운영, 국가는 견제 기관인 경재소 설치, 의례(향사례, 향음주례), 사창제(1436년, 충청감사 정인지 제안, 빈민 구호 제도, 민간에 곡식 대여, 의창의 원곡 감소 방지, 군자곡의 보충, 1451년 처음 시행, 사림의 재정 기반), 보학(족보, 가문, 집성촌), 서원(제사, 학문, 유교이념 전파, 사림 결집), (검) 3-3, (검) 4-4, (검) 5-4, (검) 5-고, (검) 6-, (검) 8-고

••• **향약**
향촌 사회의 자치 규약, 사림의 향촌 지배 수단, 다양한 명칭(향규, 동약, 촌계, 이약 등), 예안향약(이황), 부인동 동약(최흥원), 해주 향약(이이), 4대 덕목(환난상휼, 덕업상권, 과실상규, 예속상교)
(검) 3-2, (검) 3-3, (검) 4-4, (검) 5-3, (검) 8-4

• **현량과**
중종 19년(1519)에 조광조가 제안한 인재 선발 제도로, 지방 관청에서 숨은 인재를 천거하면 예조가 관할하여 국왕이 참석한 가운데 시험을 보고 관리로 선발하는 방식이다. 현량과를 통한 사림의 성장에 위협을 느낀 훈구파는 이것을 하나의 빌미로 삼아 기묘사화를 일으켰다.

신무문 | 신무문은 경복궁의 북문으로 현무문이라고도 한다. 내시부가 관리했고, 군왕이 과거장인 경무대에 갈 때 열던 문이다. (사진 © 연합뉴스)

조, 우참찬 이자, 형조판서 김정, 도승지 유인숙, 좌부승지 박세희, 우부승지 홍언필, 동부승지 박훈, 대사성 김식, 부제학 김구 등 조광조 일파를 숙청했다.●●

조광조 일파의 죄목은 붕당을 만들고, 요직을 독점했으며, 임금을 속이고 국정을 어지럽혔다는 내용이었다. 중종은 화순 능주에 유배한 조광조에게 사약을 내리고 김정, 기준, 한충, 김식은 귀양을 보낸 뒤 나중에 사형시켰다. 김구, 김안국, 김정국 등은 파직되었다.

중종의 배신으로 사림파는 몰락했고, 현량과는 폐지되었으며, 훈구파들은 공신의 지위를 되찾았다. 이로써 조광조를 중심으로 뭉친 사림파의 도학정치는 아쉽게도 좌절되었다.

●● **신무문의 변**
1519년에 기묘사화를 일으킨 기묘삼간(홍경주, 남곤, 심정)은 승정원이 관리하는 경복궁의 3문이 아닌 내시부 관할의 현무문으로 들어가 중종의 밀지를 받고, 조광조 일파를 제거했다. 이를 신무문의 변이라고 한다.

대윤과 소윤의 다툼, 을사사화

기묘사화는 사림파에게 결정적인 타격을 입혔다. 대부분의 사림들은 정계에서 물러나 향촌에 은거하며 후학을 양성하는 교육에 매진했다. 중앙 정계는 기묘삼간인 심정, 남곤, 홍경주를 비롯한 훈구파들이 장악했다.

이런 와중에 남곤과 심정이 세상을 떠나고, 홍경주는 대표적인 권신인 김안로의 탄핵을 받아 물러났다.

1537년에 중종은 윤안임과 양연을 시켜 김안로를 제거했다. 중앙권력은 다시 중종의 계비였던 장경왕후 윤씨와 문정왕후 윤씨를 중심으로 재편되었고, 1544년 11월에 장경왕후의 소생인 세자가 인종으로 즉위했다. 인종의 외삼촌인 윤임(대윤파)은 문정왕후와 윤원형(소윤파)을 견제하고자 사림파인 이언적, 유관, 유인숙, 송인수, 김인후와 연대했다.

인종(1544~1545)은 사림파에 대해 동정적이어서, 기묘사화로 희생당한 조광조와 김정을 복권시키고, 사림의 등용문인 현량과를 재개했다. 사림은 인종의 특혜를 받아 다시 중앙 정계에 진출할 발판을 마련했다. 그러나 병약한 인종은 즉위한 지 9개월 만에 세상을 떠나고 동생인 명종이 왕위를 계승했다.

명종(1545~1567)은 문정왕후의 아들이며 윤원형의 조카였다. 명종은 즉위 시 12세에 불과하여 어머니인 문정왕후가 수렴청정을 했다. 이때부터 다시 외척의 발호가 시작되었다. 윤원형은 문정왕후에 대해 비판적이었던 사림파와 정적인 윤임을 공격했다.

이 무렵은 양주의 백정이었던 임꺽정이 황해도 구월산을 근거지로 의적 활동을 하던 시기이기도 하다. 훗날 실학자 이익은

고석정 | 고석정은 명종 시기에 경기도 칠장사, 황해도 구월산에서 활동했던 의적 임꺽정의 역사가 깃든 곳이다. 수려한 풍광 아래 세상을 바꾸자고 외치던 조선 민초들의 한이 서린 듯하다.

《성호사설》에서 임꺽정, 홍길동, 장길산을 조선의 3대 의적이라고 평가했다.

윤원형은 공작 정치의 일인자답게 1545년에 을사사화를 일으켰다. 윤원형은 대윤과 사이가 좋지 않은 중추부지사 정순붕, 병조판서 이기, 호조판서 임백령, 공조판서 허자, 경기 관찰사 김명윤을 끌어들여 윤임이 그의 조카이자 중종의 8남인 봉성군을 추대하려는 역모를 꾸몄다고 밀고했다.

또한 인종이 승하했을 때 윤임이 성종의 3남인 계림군을 옹립하려고 했는데 이때 사림파인 유관, 유인숙이 동조했다고 무고했다. 문정왕후는 윤임을 사사하고 자신에 대해 비판적이었던 이휘, 나숙, 정희등, 곽순, 박광우, 이중열, 이문건, 나식 등 사림

회암사 터 | 회암사는 무학대사와 이성계가 주석했던 사찰이다. 명종 시기에 문정왕후와 허응당 보우●가 불교 중흥을 꾀하다가 실패한 뒤 유림들이 사찰을 소각하고 파괴했다.

● **보우(普雨)**
보우(1509~1565)는 법호가 허응당, 나암으로 서울의 봉은사에서 불경 간행과 승려 양성에 힘을 기울인 조선 불교 중흥조이다. 중종 시기에 정난정의 추천으로 문정왕후의 지지를 얻어 조선 불교 선종과 교종을 부활시키고 승과를 두어 서산(휴정), 사명(유정) 등을 길러냈다. 1565년에 문정왕후가 죽자 유림의 공격으로 제주에 유배되었다가 그곳에서 죽임을 당했다.

파들을 죽이거나 유배시켰다.

1547년 9월, 양재역에 왕실을 비난하는 벽서(대자보)가 붙었다. 벽서는 문정왕후가 여왕으로 등극해 정권을 잡고, 간신 이기가 권세를 농락하여 나라가 망치려 하니 어찌 이것을 보고만 있을 것이냐 하는 내용이었다.

소윤파에 속한 이기와 정명순은 을사사화에서 살아남은 잔당의 뿌리가 아직도 남아 있는 증거라고 주장했고, 윤원형은 이 벽서 사건을 대윤파의 남은 세력과 사림파를 제거하는 기회로 삼았다. 이에 유배 중인 봉성군, 사림파인 송인수, 이약빙, 임형수를 죽이고 권발과 이언적 등 20여 명을 유배시켰다. 이 사건을 벽서의 옥이라고도 하고 정미사화라고 한다.

사림파는 50여 년 동안 무오사화, 갑자사화, 기묘사화, 을사사화, 정미사화●●를 거치면서 훈구파에게 패하여 중앙 정계에서 모두 물러났다.

명종은 1553년에 친정을 하면서 기대승, 허엽, 윤근수 등 사림들을 다시 중앙 정계에 불러들였다. 1565년에 문정왕후가 세상을 떠나자 사림의 탄핵을 받은 윤원형은 부인 정난정과 함께 강음으로 도망했지만 결국 사약을 받았다. 이로써 훈구파는 공식적으로 무너지고 조선의 중앙 정계는 사림파의 세상이 되었다.

●● **정미사화**
정미년(1547)에 일어난 양재역 벽서 사건과 그 결과 많은 선비들이 화를 당한 사건이다. 문정왕후와 윤원형은 벽서가 윤임 잔당이 벌인 짓이라 단정하고 일파로 지목한 봉성군, 송인수 등은 죽이고 권발, 이언적 등 사림은 유배시켰다.

조선 시대 10대 사건

구분	연대	사건
①	1392년	태조 이성계와 신진 사대부의 조선 건국
②	1446년	세종대왕, 민본과 왕권을 위해 훈민정음 반포
③	1498년	4대 사화의 시작(1498~1545), 사림파의 수난
④	1592년	임진왜란(1592~1598), 해양 세력 일본의 조선 침략
⑤	1623년	인조반정, 대명의리론을 주창한 서인의 집권
⑥	1636년	병자호란 발발, 정묘호란(1627) 뒤 후금의 조선 침략
⑦	1708년	대동법의 전국 실시, 자본주의 맹아와 실학의 발전
⑧	1776년	정조대왕의 즉위와 개혁, 화성 축조(1798)
⑨	1861년	최제우의 동학 창시, 농민이 역사의 주체로서 자각
⑩	1863년	고종 즉위와 흥선 대원군의 섭정, 한국 근대의 시작

역사 지식 플러스

무오사화를 부른 〈조의제문〉

〈조의제문〉은 사림파가 재앙을 당하는 사화의 발단이었다. 정몽주, 길재, 김숙자로 이어지는 사림파의 법통을 계승한 김종직은 신하가 군주를 죽이는 불충과 권력과 재물을 탐하며 부도덕에 저항하지 못하는 나약한 사대부를 비판하는 〈조의제문〉을 썼다.

1457년 김종직은 밀성에서 경산으로 가는 길목인 답계 역에서, 초패왕 항우에게 비참하게 죽은 초나라의 임금인 의제가 나타나 억울함을 호소하는 꿈을 꾸었다. 김종직은 이것을 숙부인 수양대군(세조)에게 죽임을 당한 단종의 일에 비유하여 〈조의제문〉을 쓰고 제자인 김일손에게 넘겨 사초에 올리도록 당부했다.

기원전 208년에 초나라 왕족인 웅심(손심)은 항우의 추대를 받아 초회왕이 되었는데, 기원전 206년에 진나라가 멸망한 뒤 의제로 추대받았다. 하지만 황제의 야심을 가진 항우가 자객을 보내 그를 죽이고 빈강에 버렸다. 김종직은 이 일과 수양대군이 단종을 죽이고 동강에 버린 일을 모두 불충과 부도덕으로 동일시하고 역사의 준엄한 심판으로 기록에 남기고자 했던 것이다.

평소에 사대부로부터 부패한 훈구파로 지목받은 이극돈은 지난날 김종직에게 함양 현판 소각 사건으로 치욕을 당한 유자광을 사주하여 사초에 실린 〈조의제문〉을 연산군에게 밀고했다.

연산군은 군주가 볼 수 없는 사초를 모두 열람하고 사초에 〈조의제문〉 말고도 선왕인 세조의 비행, 단종의 비참한 죽음 등이 기록되어 있는 것을 빌미로 선왕을 욕보이고 왕권을 제약하려는 사림파를 능상죄로 엮어 죽이고 유배시킨 무오사화를 일으켰다.

논술 생각나무 키우기

〈조의제문〉은 어떤 내용이며, 이것이 훈구파와 사림파의 치열한 대결로 이어진 사화의 발단이 된 연유는 무엇일까?

Point 1 사림파의 계보에서 김종직이 차지하는 위치와 비중을 판단하고, 훈구파들이 〈조의제문〉에서 문제 삼은 내용이 무엇인지 찾아낸다.

Point 2 〈조의제문〉에서 언급한 초패왕 항우와 초나라 의제가 누구인지 알아보고, 이들과 대비되는 당시 조선의 역사 인물과 사건을 비교한다.

Point 3 〈조의제문〉과 무오사화의 연관성을 생각하고, 훈구파가 이를 빌미로 사화를 일으킨 실제 요인이 무엇인지 생각한다.

공부를 더 하고 싶다면

《사화로 보는 조선 역사》(이덕일 지음, 석필)
성리학 사회인 조선의 주도 세력은 신진 사대부였으나 권력과 도덕성을 놓고 훈구파와 사림파로 나뉘어 네 차례에 걸쳐 사화를 치렀다. 이 책은 조선 건국부터 사화가 마무리되는 시점까지 사화에 얽힌 다양한 인물과 사건을 쉽고 명확한 관점으로 그려내고 있다.

《조광조》(정두희 지음, 아카넷)
조선 초기에 사림파들은 정몽주에서 조광조로 이어지는 사림파의 도통을 세웠다. 조광조는 중종반정을 일으킨 훈구파들을 공격하는 선봉에 있었다. 조광조가 개혁파의 수장이 되어 도학정치를 펴고자 노력했던 여러 면모를 살펴본다.

《사림 열전》(이종범 지음, 아침이슬)
사림파는 중앙 정계에 출사한 관학파에 대항하여 향촌에서 후학을 기르고 학문에 전념하는 사대부를 말한다. 사림파는 4대 사화를 거치며 강력한 세력으로 성장하고 선조의 즉위와 함께 중앙권력을 장악했는데, 이 책은 바로 그 인물들에 대한 기록이다.

제8장
조선 중기, 양란의 시대

1_ 사림파, 성리학과 집권 세력

2_ 임진왜란, 해상 세력의 시대

3_ 광해군과 인조, 중립 외교와 사대의리

4_ 병자호란, 친명 정책과 명청 교체

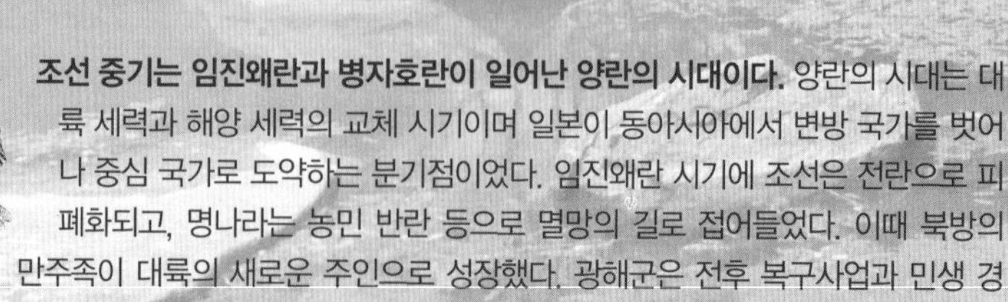

조선 중기는 임진왜란과 병자호란이 일어난 양란의 시대이다. 양란의 시대는 대륙 세력과 해양 세력의 교체 시기이며 일본이 동아시아에서 변방 국가를 벗어나 중심 국가로 도약하는 분기점이었다. 임진왜란 시기에 조선은 전란으로 피폐되고, 명나라는 농민 반란 등으로 멸망의 길로 접어들었다. 이때 북방의 만주족이 대륙의 새로운 주인으로 성장했다. 광해군은 전후 복구사업과 민생 경제를 회복하는 데 중점을 두고, 일본과는 강화 협상을 매듭짓고 여진족이 세운 후금과는 중립 외교를 추진했다. 이에 숭명의리를 받드는 서인들이 반정을 일으켜 인조를 추대하고 친명 정책을 내세웠다. 여진족은 1616년에 후금을 세우고 명나라를 공격하기에 앞서 친명사대를 추구하는 조선을 침략했다. 이것이 정묘호란(1927)과 병자호란(1936)이다. 양란을 초래한 원인은 국제 정세를 제대로 읽지 못한 사대부 집권 세력의 역사적 오판이었다.

역사를 보는 눈

백성을 배신한 사대부의 붕당정치

중화 질서에 충실했던 조선은 세계사적 변화를 읽는 데 실패했다. 임진왜란과 병자호란은 변방의 오랑캐라 부르던 일본과 만주족이 동아시아의 주도권을 장악하는 역사의 전환점이었다. 사대부들은 전쟁을 초래한 책임도 지지 않았다. 도덕적 양심이 무너진 사회는 백성을 이념 독재로 억압한다. 붕당정치는 백성의 미래를 배신한 지배권력의 이념 투쟁이었다.

| 16~17세기경의 세계 |

16~17세기경에 이르러 조선과 명나라의 유교 문화권은 해양 세력인 일본, 티베트 불교권인 만주, 몽골 세력의 거센 도전을 받았다. 만주족은 17세기 중반에 몽골과 연합하여 명나라를 무너뜨리고 만청제국을 세웠으며, 티베트와 동투르키스탄 지역까지 세력을 확대했다.

우즈베크, 카자흐 족은 티무르 제국을 무너뜨리고 부하라칸 국, 히바칸 국을 세워 오늘날 중앙아시아의 주인이 되었으며, 인도에서는 티무르 제국의 후예들이 이슬람 국가인 무굴 제국을 세워 영국에게 멸망당하기 전까지 인도를 지배했다. 아랍은 여전히 오스만 제국이 강성하여 동유럽의 발칸 지역까지 지배했다.

서유럽은 르네상스의 영향으로 종교 개혁과 종교 전쟁이 벌어지고, 국토회복운동인 레콩키스타를 성공시킨 에스파냐는 포르투갈과 함께 대항해 시대를 열어 중남미의 잉카, 마야, 아스텍 제국을 정복했다. 콜럼버스가 발견한 북미는 아직도 인디언의 세계였다.

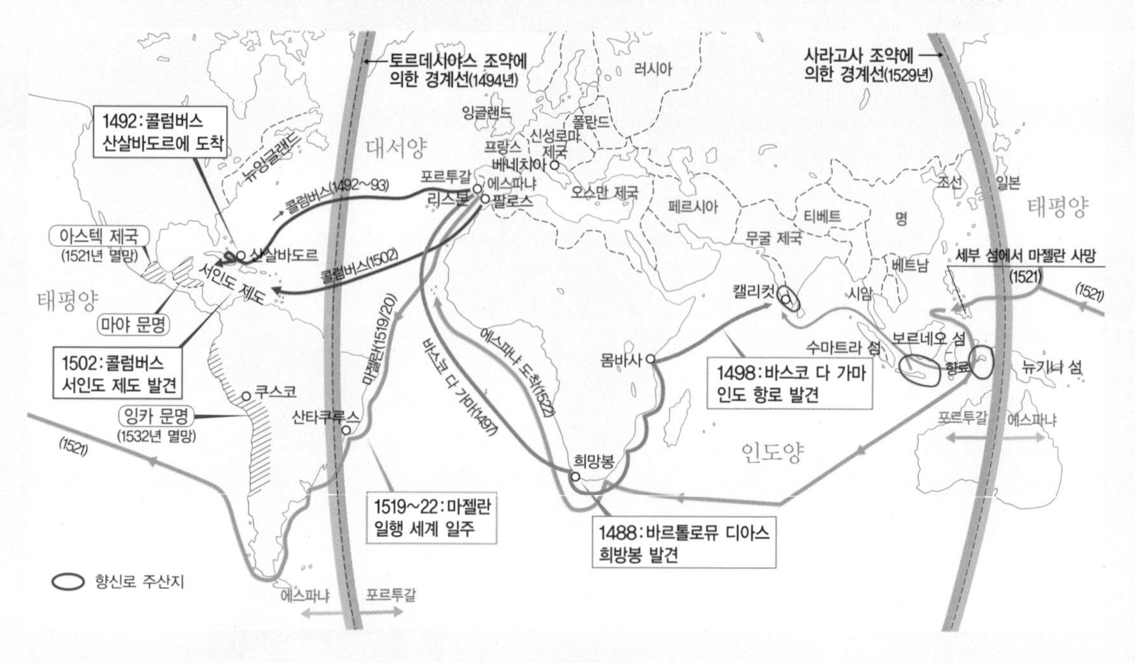

우리나라 ▼	주요 연표	▼ 세계
	1521년	에스파냐 중남미 침공, 아스텍(1521), 마야(1526), 잉카(1532) 멸망
	1531년	미얀마, 퉁구 왕조 성립
명종, 백운동 서원에 소수 서원 사액 하사	1550년	
	1568년	네덜란드 독립전쟁(~1648) 시작
사림이 동인과 서인으로 분당	1575년	
	1589년	프랑스 부르봉 왕조(1589~1792, 1814~1830) 성립
동인이 남인과 북인으로 분당	1591년	
임진왜란 발발, 한산도 대첩	1592년	
행주 대첩	1593년	
정유재란	1596년	
명량 대첩	1597년	
	1598년	프랑스 앙리 4세, 낭트 칙령 발표
	1600년	영국 동인도회사 설립(~1874)
	1603년	일본 도쿠가와 이에야스, 에도 막부 세움
	1609년	네덜란드에 암스테르담 은행 설립, 상업 자본주의 역사의 시작
경기도 대동법 실시	1609년	
《동의보감》 간행	1613년	
	1618년	30년 종교 전쟁(~1648) 발발
	1620년	영국의 청교도들, 미국으로 이주
인조반정, 인조 즉위	1623년	
이괄의 난	1624년	
	1625년	후금, 심양으로 천도
정묘호란 발발	1627년	
	1628년	영국 권리청원
	1631년	명나라 농민반란군 이자성의 난(~1644)
	1636년	후금, 국호를 청(淸)으로 고침
병자호란 발발	1636년	
	1642년	영국 청교도 혁명(~1649)
	1644년	명나라 멸망, 청나라 중국 정복

사림파, 성리학과 집권 세력

한 줄로 읽는 우리 역사

훈구파에게 패배한 사림들은 향촌에 은거하여 서원을 세우고 성리학적 논리를 체계화하며 후학을 양성했고, 결국 선조 즉위와 함께 중앙권력을 장악했다. 하지만 개혁의 속도, 학통의 차이 등으로 사림은 동서 분당이 되었으며, 이후 동인은 남북 분당을 했다.

사림파는 4대 사화를 거치면서 대부분 중앙 정계에서 몰락했다. 살아남은 사림들은 관직에서 물러나 향촌에 은거하여 학문과 교육에 힘쓰며 세상을 개혁할 인물을 키워나갔다. 경제적 여유가 있는 중소지주 계급의 사림들은 향촌에 사립 대학에 해당되는 서원•을 세워 이곳에서 후학을 양성했다.

훈구파는 세조부터 중종 시기까지 세력을 확장했으나 인종, 명종 시기에 이

소수 서원 | 주세붕이 세운 백운동 서원이다. 퇴계가 명종에게 소수 서원이란 친필을 받아 조선 최초의 사액 서원이 되었다.

르러 점차 기세가 꺾이고 축소되어 소수파로 전락했다. 명종 후기에 중앙 정계에 등장한 신진 사림들은 이황, 기대승, 김안국 등을 중심으로 점차 세력을 확장해 훈구파가 거의 몰락하는 선조 시기에 드디어 조선을 이끄는 주체 세력으로 역사의 전면에 화려하게 재등장했다.●●

이때 사림의 존경을 받은 대표적인 인물로는 서경덕, 이언적, 조식, 이황이 있었고, 그 뒤를 이어서 김안국, 성혼, 이이가 있었다. 이들은 4대 사화에서 희생되었던 사림들의 학문을 계승하여 선조 시기에 집권을 일구어냈다.

● **서원**
사립 대학, 교육기관(강당), 선현 제사(사당), 제자 양성(기숙사), 사림 결집(향약), 지방 사족의 영향력 확대, 사림의 집권 기반, 성리학 이념의 융성
(수) 2006, (수) 2008, (검) 2-3, (검) 3-4, (검) 5-4, (검) 6-4, (검) 6-고, (검) 7-고, (검) 8-초, (검) 8-고

●● **사림의 형성**
중소지주층 출신, 서원의 학맥 중심, 3사 진출, 경연에 참가, 경학 중심(16세기), 심성론 발전에 기여, 향촌 자치, 왕도정치 지향
(검) 3-4, (검) 4-3, (검) 6-고, (검) 7-4, (검) 7-4

사림파, 서원을 세워 세력을 키우다

사림의 이념은 김종직의 제자인 정여창, 김일손, 김굉필을 기점으로 실천윤리와 사회 개혁으로 발전했다. 조광조, 이언적, 김안국은 성리학의 정치이념 경전인 《대학(大學)》에서 탈피하여 사대부들의 실천윤리를 강조하는 주자 《소학(小學)》●을 중시했다. 이는 사림들이 윤리적 도덕적으로 훈구파의 권력 독점과 부패를 비판하는 무기가 되었다.

김안국은 조광조와 함께 김굉필의 제자이다. 조선 초기의 관학파들이 사대부의 역할에 대해 《대학연의(大學衍義)》●●를 공부하여 세상에 나아가 백성을 다스리는 것을 중시했다면, 김종직과 김굉필은 실천윤리를 중시하여 주자가 편집한 《소학》을 강조했다.

이들의 후학인 김안국은 향교에 《소학》을 보급해 사림들이 실

● **《소학》**
송나라의 주희가 어린 학동들에게 유교의 기본 이념과 철학을 교육시키고자 만든 책이다. 조선시대 교육기관인 사학, 서원, 향교, 서당에서 기본 교재로 널리 사용되었고, 주자성리학을 받들던 이들은 더욱 중요하게 여기고 경전처럼 공부했다.

●● **《대학연의》**
남송의 성리학자이며 제2의 주자, 또는 작은 주자라고 불린 진덕수가 사서의 하나인 《대학》을 해설한 책. 황제가 반드시 읽어야 하는 책으로 받들어졌고, 그의 다른 저작인 《심경(心經)》과 함께 중국, 조선 성리학자들에게도 깊은 영향을 주었다. 특히 조선에서는 세종 시기에 제작한 갑인자로 간행했다.

천윤리의 지침서로 활용하도록 만들었다. 동문인 조광조가 급진적인 도학정치를 추구했다면 김안국은 실생활에 맞는 생활 개혁을 중시했고, 그의 학문적 전통은 서인에 속하는 이이●와 성혼으로 이어졌다.

● **율곡 이이**
기호학파, 주기론, 이기일원론, 이기겸발설(기발이승일도설), 자운 서원 배향, 《성학집요》 저술, 신권정치, 현실 개혁 중시

조광조는 한양 출신으로 어천찰방인 아버지의 부임지에서 희천에 유배 중인 김굉필을 만나 성리학을 배웠다. 중종이 반정공신을 견제하고자 사림을 등용할 때 성균관 학생이던 조광조는 천거를 받아 정계에 진출했고, 주로 홍문관에서 일했다.

조광조는 사대부를 수양을 실천하는 군자와 이익을 탐하는 소인으로 구분하고 군자가 다스리는 도학정치를 추구했다. 군자는 사림이고 소인은 훈구파였다. 조광조는 군자를 위해 현량과를 제안했고, 소인을 치기 위해 반정공신의 위훈 삭제를 추진한 것이다.

조광조의 도학정치, 지치주의(至治主義)는 군신공치(君臣共治)로 이어졌고 신권과 민생 개혁을 추구한 이이에게 계승되어 서인의 학맥으로 이어졌다.

서경덕은 개성(송도) 출신으로 사물의 내면을 관찰하여 진리를 깨닫는 격물치지를 주장했다. 남명 조식과도 깊은 교류를 했고 노장 사상(도가)을 받아들였다. 그의 유물론적인 현실주의와 기론(氣論)은 이율곡의 주기론(主氣論)에 많은 영향을 주었으며, 제자들인 허엽, 박순, 민순, 박지화, 서기, 한백겸, 이지함으로 연결되어 훗날 북인의 사상으로 이어졌다. 허준의 《동의보감》은 인간과 자연을 하나로 보고 치료하는 최고의 의서로 서경덕의 학맥에서 영향을 받았다.

● **경주 양동마을**
조선 시대 양반 문화를 고스란히 간직한 대표적인 집성촌이다. 동아시아 유교 문화의 전통과 문화가 여전히 살아 있음이 인정되어 2010년 7월에 안동 하회마을과 함께 유네스코 세계문화유산에 등재되었다.

이언적은 사림의 6대손에 해당되며, 경주 양동마을●에서 태

어나 둘째 외숙부인 손중돈에게서 성리학을 배웠다. 셋째 외숙부인 손숙돈은 사림의 4대손인 김종직의 제자로 일찍이 조한보와 태극 논쟁●●을 벌였는데, 이언적이 그것을 계승하여 20년 이상 연상인 조한보와 재차 논쟁을 했다.

조한보가 우주의 작동 원리인 태극을 초월적인 법칙으로 보았다면, 이언적은 현실에 보편적으로 적용되는 것이라고 했다. 이언적이 내세운 태극론은 실천윤리로 발전하여 퇴계 사상의 핵심인 '경(敬)'으로 이어졌다.

●● 태극 논쟁
태극 논쟁(아호 논쟁)은 태극무극 논쟁이라고 하는데 이(理)를 내세운 주희와 심(心)을 주장한 육구연 사이에서 처음 시작했다. 이후 성리학을 받아들인 조선에서도 손숙돈과 조한보가 태극과 무극의 개념을 놓고 논쟁을 했고, 여기에 이언적이 가세하여 조선 성리학 역사에서 최초의 이념 논쟁을 벌어졌다.

이황, 조선 성리학의 이념을 정립

이황●●은 호가 퇴계이며, 안동 사람이다. 그는 사대부들이 청요직(清要職)●●●으로 선망하는 성균관 대사성(1542)과 예문관, 홍문관 대제학(1568)을 지낸 사림파의 영수이다.

1550년 이황이 풍기군수로 있을 때 명종에게 '소수 서원(紹修書院)'●●●●이란 친필 사액을 받아, 우리나라에 성리학을 도입한 안향을 모신 백운동 서원을 최초의 사액 서원으로 만들었다.

이황의 학풍은 양동의 이언적에게서 비롯되었다. 퇴계는 이언적의 사상을 계승하여 실천가치인 '경(敬)'을 중시했다. 퇴계의 경 사상은 기본적으로 사회 문제를 해결하는 데 있어서 제도 개혁, 체제 개혁은 미봉책이며, 사람의 행동과 마음이 '경'을 향해야 궁극적인 해결이 된다는 관점이었다. 이것은 이(理)의 절대성을 강조하는 주희(주자)의 이기이원론(주리론)을 계승한 것이다.

●● 퇴계 이황
영남학파(동인), 주리론, 이기이원론, 소수 서원 사액 받음, 성학십도 저술, 이기호발설, 왕권정치, 수양과 실천 강조
(검) 2-2, (검) 7-4, (검) 8-3, (검) 9-고

●●● 청요직
조선 시대에 가장 인기 있었던 관청은 사헌부, 사간원, 홍문관이다. 이를 청요직이라고 하며, 여기에 승정원, 성균관의 직책을 더하여 5대 청요직이라 했다.

●●●● 소수 서원
중종 37년(1542)에 풍기군수 주세붕이 경상도 영주에 안향의 사당을 세우고 이듬해에 공부방을 옮겨 세운 백운동 서원을 말한다. 명종 5년(1550)에 풍기군수였던 퇴계 이황이 국왕에게 소수서원이란 현판을 하사받아(사액) 이것이 이름으로 굳어졌다. 우리나라 최초의 사액 서원이며 국가에서 공인한 사학(私學 : 사립 대학)이다. 우리나라에서 가장 오래된 초상화인 안향의 원본 영정이 모셔져 있다.

도산 서원 | 경북 안동을 대표하는 서원으로 사림의 사표이자 영남학파의 영수인 퇴계 이황의 학문을 계승하고 연구하는 산실이다. 초입의 오른쪽에 도산 서당이 있다.

퇴계는 제자인 기대승과 사단칠정(四端七情)을 놓고 8년 동안 편지를 주고받으며 대화를 나누었는데, 이것은 이언적과 조한보의 태극 논쟁에 이은 조선 성리학의 두 번째 논쟁이었다.

퇴계는 이 논쟁에서 이의 절대성을 강조한 주리론(主理論)의 입장에서 이와 기를 나누어 보는 이기호발설(理氣互發說)● 을 주장하여 사단은 불변의 원리인 이(理)의 발현으로 보고, 칠정은 변화의 동력인 기(氣)의 작용이라 했다.

이에 반하여 기대승은 이기겸발설(理氣兼發說)●● 을 내세워 기는 발현이고 이는 주재하는 것이라 했다. 이이의 이기일원론(理氣一元論)은 기대승의 영향을 받았다.

● **이기호발설**
이기이원론에 근거하여 이(理)의 발현인 사단과 기(氣)의 표현인 칠정이 각각 따로 나타난다는 퇴계 이황의 주장이다. 퇴계는 제자인 기대승과 사단칠정 논쟁을 벌였고, 이기일원론을 주장한 율곡과도 논쟁을 벌였다. 이기호발설은 후에 왕권 중심의 정치를 주장한 남인의 입장을 대변했다.

●● **이기겸발설**
사단은 칠정에 속하는 것으로 사단과 칠정을 분리할 수 없다는 기대승의 생각에서 비롯되었다. 이와 기는 동시에 발현한다는 율곡의 이기일원론 사상으로 이어졌고 후에 신권정치를 주창한 서인의 정치이념으로 굳어졌다.

정치적 관점에서 퇴계가 주장한 실천윤리인 경(敬), 심성론인 인(仁), 이의 초월성을 강조한 주리론, 사단과 칠정을 구분하는 이기호발설은 국왕의 절대권력를 인정하고 신하들이 변화의 주체라는 왕권 사상의 이념이었다.

이는 조광조와 이이가 주장한 신권 사상과는 다른 것이었다. 퇴계가 선조에게 지어서 바친 《성학십도》●●●는 퇴계의 왕권 사상을 보여주는 대표적 저작이다. 그의 사상과 학맥은 동인으로 계승되었고, 다시 동인이 남인과 북인● 으로 분당하자 남인의 학맥으로 이어졌다.

●●● 《성학십도》
퇴계 이황이 1568년에 선조에게 유교의 이념과 수양의 방법을 설명하기 위해 여러 성리학자들의 저술을 가려 뽑고 자신의 의견을 덧붙여 10개의 그림으로 만든 책이다.

● 북인
집권당(광해군), 현실론(일본과 수교, 중립 외교), 대북과 소북(영창대군 지지) 분당, 영창대군 사사(대북), 인목대비 유폐
(검) 7-4

조식은 경남 합천에서 태어나 산청의 덕천재에서 머물며 평생을 관직에 나아가지 않고 재야의 사림으로 남아 제자를 양성했다. 그의 철학은 이언적의 주리론을 계승했지만 퇴계와는 실천 방법이 달랐다.

퇴계가 경과 인을 중심으로 심성의 수양에 가치를 두었다면, 조식은 실천론으로 '의(義)'를 내세우고, 이에 바탕하여 몸소 농사짓고 공부하고 수양하여 타인의 삶을 바꿀 수 있다는 '수기치인(修己治人)'에 가치를 두었다.

임진왜란이 일어났을 때 그의 후학이 가장 많은 의병을 일으킨 것은 의와 수기치인의 실천이었다. 조식의 사상은 오건, 정인홍, 하항, 김우옹, 최영경, 정구에게 전해져 북인의 사상에 커다란 영향을 주었다.

성혼은 서울에서 태어나 주로 파주에서 자랐다. 조광조의 문인인 성수침, 백인걸에게 학문을 배웠으며 퇴계의 인품과 학문도 수용했다. 율곡과는 같은 마을에서 지내며 교유했으며 기호학파의 영수였다.

화석정
서인들의 우두머리이며 기호학파의 뿌리인 율곡이 파주의 임진강변에 세운 정자이다. 근처에 율곡을 모신 자운 서원과 율곡, 사임당의 묘소가 있다.

정치적인 견해는 이이와 같은 서인에 속했지만, 학문적인 경향은 퇴계의 이기호발설을 지지했다. 그의 사상은 조헌, 황신, 이귀, 정엽, 외손자인 윤선거, 사위 윤증에게 계승되었고, 서인이 노론과 소론으로 분당했을 때 소론의 학맥으로 이어졌다.

이이는 어머니 신사임당의 친가가 있는 강릉의 오죽헌에서 태어났다. 정치이념은 조광조의 현실 개혁과 군신공치(君臣共治)를 받아들이고, 사상적 학맥은 서경덕의 기론과 기대승의 이기겸발설을 계승하여 이기일원론(주기론)을 주장했다. 성혼과 함께 기호학파의 영수로 선조 시기에 개혁 정책을 주도했다.

《동호문답》● 과 《만언봉사》●● 를 지어 성군이 닦아야 할 학문과 왕도정치를 말하고, 선조에게 《성학집요》●●● 를 바쳐 군주도 사대부와 같이 수양과 학문에 정진해야 함을 말했다. 이이의 학통은 김장생, 김집, 송준길, 송시열로 이어져 노론의 뿌리가 되었다.

● **〈동호문답〉**
율곡 이이가 1569년에 바른 군주가 다스리는 왕도정치의 이념을 문답 형식으로 서술하여 선조에게 바친 글이다. 공납의 문제점을 개선하기 위해 대공수미법 실시를 주장한 개혁 정책이 이 책에 수록되어 있다.

●● **〈만언봉사〉**
율곡 이이가 갑술년(1574)에 저술하여 《갑술만언봉사》라고도 한다. 가장 시급한 개혁 정책을 제시한다는 '경장 시무책'의 일종으로 유교의 근본 이념이 백성을 편안하게 하는 것임을 제시하고, 공납·세금·제도·향약·사창 등의 내용을 서술했다.

●●● **〈성학집요〉**
율곡 이이가 1575년에 신권정치의 입장에서 사서의 하나인 《대학》의 정치철학을 바탕으로 군주도 수양과 학문에 힘써야 한다는 논리를 서술한 책이다.

사림의 계보

<table>
<tr><th>단계</th><th>성격</th><th>시대</th><th colspan="12">사림의 도통과 계보</th></tr>
<tr><td>1단계</td><td>고려 사수</td><td>고려 후기</td><td colspan="12">정몽주(1337~1392)</td></tr>
<tr><td>2단계</td><td>고려 절의</td><td>여말선초</td><td colspan="12">길재(1353~1419)</td></tr>
<tr><td>3단계</td><td>향촌 은거</td><td>세종~세조</td><td colspan="12">김숙자(1389~1456)</td></tr>
<tr><td>4단계</td><td>중앙 출사</td><td>세조~성종</td><td colspan="12">김종직(1431~1492)</td></tr>
<tr><td>5단계</td><td>사화 1세대</td><td>연산군</td><td colspan="4">정여창
(1450~1504)</td><td colspan="4">김일손
(1464~1498)</td><td colspan="4">김굉필
(1454~1504)</td></tr>
<tr><td>6단계</td><td>사화 2세대</td><td>중종</td><td colspan="4">이언적
(1491~1553)</td><td colspan="4">김안국
(1478~1543)</td><td colspan="4">조광조
(1482~1519)</td></tr>
<tr><td rowspan="5">7단계</td><td rowspan="5">정계 장악</td><td rowspan="5">선조</td><td colspan="3">이황
(1501~1570)</td><td colspan="3">조식
(1501~1572)</td><td colspan="3">이이
(1536~1584)</td><td colspan="3">성혼
(1535~1598)</td></tr>
<tr><td colspan="6">영남학파(동인)</td><td colspan="6">기호학파(서인)</td></tr>
<tr><td colspan="6">주리론</td><td colspan="6">주기론</td></tr>
<tr><td colspan="3">남인</td><td colspan="3">북인</td><td colspan="3">노론</td><td colspan="3">소론</td></tr>
<tr><td colspan="3">퇴계학파</td><td colspan="3">남명학파</td><td colspan="3">율곡학파</td><td colspan="3">우계학파</td></tr>
</table>

선조, 사림의 집권과 이조전랑

선조(1567~1608)는 퇴계 이황, 고봉 기대승에게 학문을 익혔으며, 사림의 지지를 받아 군주에 오른 유군(儒君)이었다. 또한 조선왕조 건국 이래 처음으로 왕실의 적자인 대군(大君)이 아니라 서자로 왕에 오른 서군(庶君)이었다.

선조는 중종과 청빈 안씨 소생인 7남 덕흥군의 셋째아들(하성군)로 명종의 비인 인순왕후 심씨와 이준경의 도움으로 방계 혈통에서 국왕에 오른 첫 번째 군주이기도 했다.

선조 시기에 사림파는 이미 세력을 확장하고 집권이념을 체계화시켰다. 철학적 사유 체계인 성리학은 조선에서 이미 현실과 생활을 규정하는 정치이념으로 탈바꿈했으며, 사림파는 사회 개혁을 위해 적극적으로 중앙 정계에 뛰어들었다. 사림파는 자신들의 입지를 굳히기 위해서 정통성이 취약한 선조를 선택했다.

선조는 사림의 희망대로 무오사화의 원인이 되었던 김종직을 영의정에 추존하고, 기묘삼간 중 한 사람이었던 남곤의 관작을 삭탈했다. 여러 사화에 희생당한 사림들을 복권시켰고, 많은 사림들을 천거하고자 현량과를 재개했으며, 훈구 세력의 관직과 공훈을 빼앗아 그들의 도덕성에 치명타를 가했다.

그러나 중앙 정계를 장악한 사림들은 명종 시기에 정권에 참여한 기성 사림과 선조 시기에 출사한 신진 사림 간에 선명성을 놓고 첨예하게 대립했다. 이들은 척신 세력의 잔재를 어떻게 처리할 것인가를 놓고 격렬하게 다투었다.

이중에서 이조전랑●을 어느 세력이 맡느냐는 문제가 첨예하게 대두되었다. 이조전랑은 이조에 속한 정5품의 정랑직과 정6품의 좌랑직을 말하며, 정원은 각각 3명이다.

이조전랑이 중요한 이유는 통청권과 천대법을 독점했고, 재야의 청렴한 인사를 추천하는 권한도 있었으며, 대역죄와 같은 중죄가 아니면 탄핵을 받지도 않았기 때문이다.

이중에서 통청권●●은 사헌부, 사간원, 홍문관 등 3사의 대간을 추천하는 권리를 말하며, 천대법(자대낭천권)●●●은 전임자가 후임 이조전랑을 천거하는 제도를 말한다.

조선의 관리들은 《경국대전》의 규정에 의해 문신은 이조에서, 무신은 병조에서 인사를 담당했다. 그런데 이조전랑과 대간의 인사권을 이조판서가 가진다면 엄정하고 매서운 간언이나 탄핵

● **이조전랑**
조선 시대에 관원을 천거하고 심사하는 인사권은 이조전랑이라 부르는 정5품 정랑과 정6품 좌랑에 두었다. 이는 인사권을 당상관에게 두면 권력이 비대해지고 견제가 힘들기 때문이었다. 이조전랑은 권력으로부터 자유로웠고 또한 재상까지 견제할 수 있다는 점에서 붕당을 형성한 사림들이 가장 선망하는 청요직이었다. 훗날 사림이 동서 분당을 하는 연유도 이조전랑의 자리 때문이었다.

●● **통청권**
전랑통청권이라고 하는데 이조전랑이 3사(홍문관, 사헌부, 사간원)에서 간언과 탄핵을 맡는 대간을 선발할 수 있는 독점적인 권리이다. 대간의 탄핵을 받으면 재상일지라도 불명예로 여기는 당시의 도덕률에 비추어 통청권의 중요성을 알 수 있다.

●●● **천대법(자대낭천권)**
자대권, 자대낭청권, 전랑천대법 등 여러 명칭이 있다. 자대권은 이조전랑의 3가지 인사권 가운데 자신의 후임을 결정하는 권리를 말한다. 이 권리 때문에 이조전랑은 재상이나 직속 상관의 견제에서 벗어났고, 청렴하고 강직한 후임을 통해 도학이념을 실천할 수 있었다. 후기에 이르러 붕당의 대결이 심해지면서 당쟁의 요소로 변질되었다.

은 제약을 받을 수밖에 없다. 그래서 이조전랑에게 막강한 권한을 부여하고, 추천받은 대간은 목숨 걸고 간언과 탄핵을 할 수 있었다. 특히 통청권을 행사하는 이조전랑은 대간을 통해 의정부의 삼정승과 6조의 판서까지 견제할 수 있다는 점에서 사림들이 가장 선망하는 요직이었다.

기성 사림은 심의겸을 정5품 이조정랑으로 밀었다. 심의겸은 명종 비 인순왕후의 남동생으로 온건파에 속했으며 선조를 옹립하는 데 결정적인 역할을 했다. 신진 사림은 심의겸이 왕실의 외척으로 공정성을 행사하는 데 문제가 있다고 공격하고, 조식과 이황의 제자인 김효원을 지지했다.

이런 가운데 1574년에 이조정랑 오건이 물러나면서 김효원을 천거했다. 심의겸은 김효원이 지난날 윤원형의 문객으로 지낸 적이 있다며 반대했다. 김효원은 신진 사림의 지지를 받아 이조정랑에 올라 심의겸과 기성 사림을 훈구파와 결탁한 부도덕 세력으로 공격했다.

나중에 김효원이 물러나자 기성 사림은 은근히 심의겸의 동생인 심충겸을 천거해주기를 기대했으나 김효원은 이를 거절하고 후임에 이발을 추천했다.

심의겸과 김효원의 갈등에서 시작된 신구 사림의 대결은 끝내 화해점을 찾지 못하고 1575년에 동인과 서인으로 분당하기에 이르렀다. 이를 을해분당(乙亥分黨)●●●● 이라고 한다.

당시 김효원의 거처가 한양 동쪽의 낙산 아래 건천동에 있었기 때문에 그를 지지한 세력을 동인이라 불렀고, 심의겸의 집은 한양의 서쪽인 정릉동에 있었기 때문에 그를 지지하는 일파를 서인이라 한 것이다.

●●●● **을해분당**
조선 선조 시기에 집권한 사림들은 을해년(1575)에 훈구척신 처리 문제와 함께 통청권, 자대낭천권을 행사하는 이조전랑의 추천 문제로 기성 사림과 신진 사림이 서인과 동인으로 나뉘었다. 이를 을해분당(동서 분당)이라고 한다.

조선 중기 왕계표

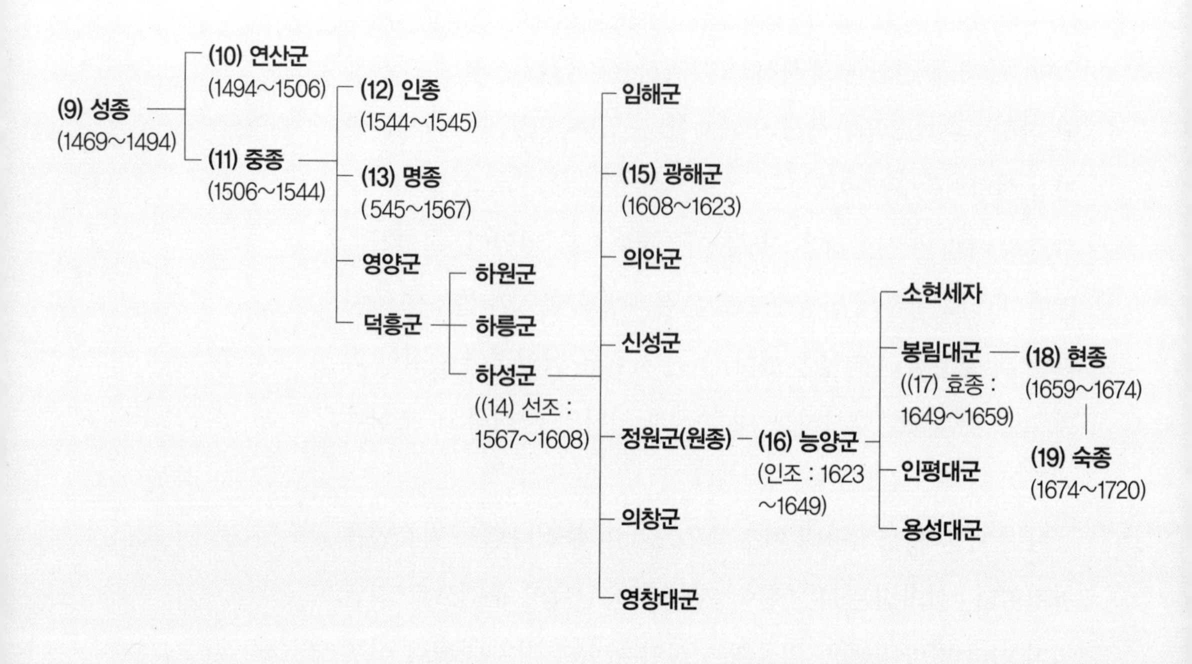

정여립의 난, 사림 분당의 기점이 되다

> ● **동서 분당**
> 을해분당, 동인(퇴계와 남명 학통, 김효원 지지, 기축옥사 당함, 왕권정치 추구), 서인(율곡 학통, 기호학파, 심의겸 지지, 인조반정, 신권정치 추구, 사대의리론(명), 북벌론 주장, 분당 요인(이조전랑 차지, 개혁 속도, 훈구파 처리), 이조전랑(정5품 정랑과 정6품 좌랑, 통청권, 자대권, 낭청권)
> (검) 3-2, (검) 8-고, (검) 9-4

사림의 동서 분당•은 이조전랑 추천 문제를 놓고 기성 사림(심의겸)과 신진 사림(김효원)의 갈등에서 비롯된 것이지만, 근본 원인은 학통의 차이에 있었다.

이이와 성혼의 학통을 받아들인 서인 계열이 주기론적 관점에서 현실과 타협하며 실천 가능한 제도 개혁을 추구하는 정치적 입장을 가졌다면, 이황과 조식의 학통을 이어받은 동인은 주리론적인 입장에서 명분과 의리를 중시했다.

이런 학풍에 따라 이이, 성혼 계열의 서인들은 훈구대신이나 척신들을 수용하는 입장이었고, 동인들은 척신을 비호하는 서인들을 수용하지 못했다.

선조를 옹립했던 이준경은 왕에게 상소를 올려 사림들의 붕당을 예언했으나 이이는 이를 무시했다. 1584년에 이이가 세상을 떠나자 3사를 중심으로 젊은 사림들이 동인으로 몰려들어 그 세력이 급성장했다. 이때 이이와 성혼의 문인이었던 서인 정여립이 당적을 동인으로 옮겼다.

정여립은 천하에 주인이 따로 없다는 천하공물설(天下公物說)● 을 주장하고, 누구라도 임금으로 섬길 수 있다는 '하사비군론(何事非君論)●●'을 내세운 혁신적인 사상가였다. 정여립은 기득권 사림으로 점차 변질되는 서인을 비난하고 스승격인 이이, 성혼, 박순을 비판했다.

당시 '인군위당설(引君爲黨說)'●●● 을 내세워 스스로 이이와 성혼의 당인을 자처한 선조는 정여립을 관직에서 내쫓았다. 그 뒤 정여립은 고향인 진안 죽도로 낙향하여 대동계(大同契)●●●● 를 조직하고 군사 훈련을 시키며 병력을 양성했다.

1587년에는 정여립은 대동계를 이끌고 죽도를 침략한 왜구를 물리치고 황해도 안악의 변숭복, 해주의 지함두, 운봉의 승려인 의연과 연대하여 조직을 전국으로 확대했다. 그러자 1589년에 황해도 관찰사 한준, 안악군수 이축, 자령군수 박충간이 정여립을 모반죄로 고변했다.

선조는 정여립 모반 사건의 해결을 서인의 강경파인 정철에게 맡겼다. 동인에 대해 악감정을 가졌던 정철은 죄 없는 동인들까

● **천하공물설**
율곡과 성혼의 제자로 전주 출신의 성리학자인 정여립이 주장한 대표적인 혁신 사상으로 '천하는 일정한 주인이 없이 모든 이들이 가질 수 있는 공적인 물건'이라는 뜻이다. 이는 현대적인 정치이념의 입장에서 국가의 주인은 국민이라는 국민주권론에 해당되는 민주 사상을 담고 있다.

●● **하사비군론**
정여립이 주장한 정치이념으로 '누구라도 임금으로 섬길 수 있다', 또는 '왕위는 혈통으로 이어갈 것이 아니고 왕의 재목이 되는 인물에게 넘겨야 한다'는 뜻을 지녔다. 이것은 왕권 체제에서는 결코 용납될 수 없는 불온한 주장이었다.

●●● **인군위당설**
사림은 붕당론에 의거하여 사욕에 눈먼 훈구파는 소인당, 도학을 실천한 사림은 군자당으로 규정하고, 신하들의 도학이념이 옳고 그것이 사대부들의 공론이라면 군왕도 이에 따라야 한다는 인군위당설을 내세워 붕당정치를 실현시켰다.

●●●● **대동계**
진안 죽도로 낙향한 정여립은 용감하고 근력 있는 청장년과 노비들을 모집해 대동계를 조직했는데, 목적은 왜구의 침입을 방어하기 위한 것으로 보여진다. 1587년에 전남 여수 손죽도에 침입한 왜구를 물리치며 세력을 전국적으로 확대하자 동료였던 한응인, 박충간이 정여립이 모반을 꾸민다고 조정에 고발했다. 이 사건으로 정여립은 자결하고 대동계원과 동인들 1천여 명은 기축옥사 때 참화를 당했다.

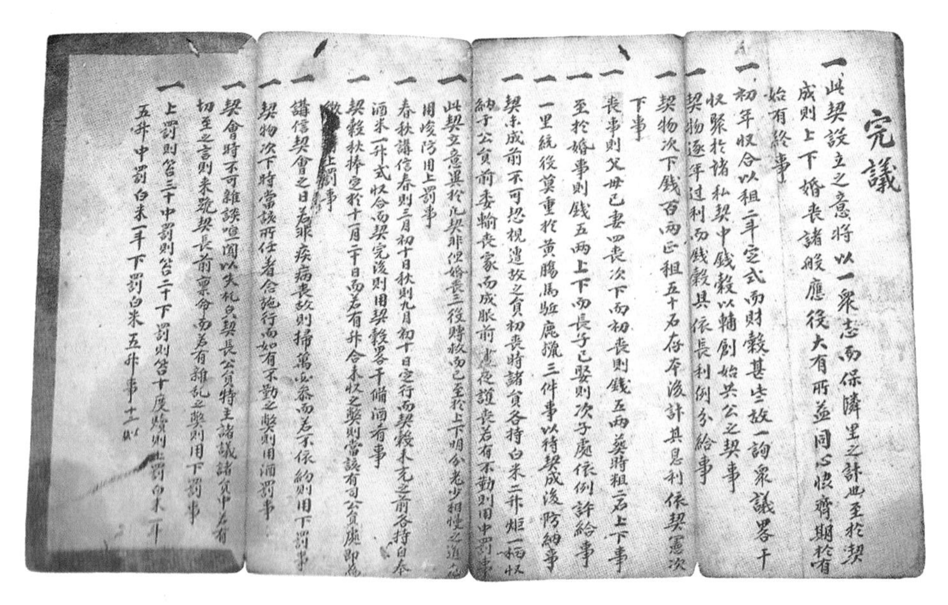

정여립의 대동계 규약 | 서인에서 동인으로 당적을 옮긴 정여립은 대동계를 조직하고 국난을 막고자 했으나 당쟁에 휘말려 끝내 자결했다. 사진은 기축옥사의 발단이 되었던 대동계의 규약이다.

● **기축옥사**
선조 22년 기축년(1589)에 정여립 모반 사건을 조사하면서 옥사를 맡았던 서인 정철이 동인들에게 가혹한 처벌을 내려 1천 명이 화를 당한 사건을 말한다. 이때 전라도는 한시적으로 반역의 땅(반역지향)이라 규정되고 과거 응시와 인재 등용에 제한이 가해졌다.

지 엮어 기축옥사(1589)●를 일으켰다. 정여립과 가까웠던 동인의 이발, 이호, 백유양이 처형되고 많은 동인들이 관직에서 물러나거나 유배되었다.

세력이 약화된 동인은 서인에 대한 반격을 준비했다. 그런 와중에서 1591년에 좌의정 정철이 동인의 영의정 이산해, 우의정 유성룡, 부제학 이성중, 대사간 이해수에게 왕세자 책봉 문제(건저 문제)를 함께 건의하자고 제안했다. 당시 선조에게는 정비가 낳은 적자가 없었고 후궁의 소생이 많았기 때문에 사림들은 자신에게 유리한 인물을 왕위계승자로 올리려고 했다.

이때 동인의 이산해는 인빈 김씨의 오라버니인 김공량과 짜고, 서인이 특정한 왕자를 염두에 두고 왕세자 책봉을 건의한 뒤 나중에 인빈의 소생인 신성군(이후)을 죽일 것이라 모함했다.

정철이 예정대로 세자 책봉을 건의하자 평소에 신성군을 무척

아꼈던 선조는 크게 화내며 서인의 핵심 인물인 정철, 윤두수, 윤근수, 백유성, 유공진 등을 관직에서 내쫓거나 외직으로 내려보냈다. 동인들은 건저(建儲) 문제●●를 발판으로 재기하여 집권당이 되었다.

그런데 동인들은 정철과 서인들의 옥사를 문책하면서 처벌 수위를 놓고 대립했다. 이발, 이산해, 정인홍은 강경론을 주문했고 유성룡, 우성전, 김성일은 온건론을 주장했다. 이로부터 동인은 강경론을 주장하는 북인과 온건론을 주장하는 남인으로 분당되었다.

이중에서 북인은 임진왜란이 일어나자 영남을 기반으로 의병 전쟁●에 나서 많은 희생을 했으며, 광해군을 도와 전쟁을 승리로 이끈 명분을 내세워 광해군 시기에 집권당이 되었다.

선조 시기에 집권을 이룬 사림이 동서 분당, 남북 분당●●으로 이어진 것은 결국 학통 때문이었다. 동서 분당이 이황과 이이의 학통 차이로 인한 분당이었다면, 남북 분당은 이황과 조식의 학통 차이로 인한 것이었다.

원래 동인은 이황, 조식, 서경덕의 학문을 이어받은 사람들이었는데 북인은 주로 조식, 서경덕의 제자들이었고, 남인은 이황의 문인들이었다. 이와 같이 학통은 조선 시대 사림의 성향과 이념을 구분하는 기준이었으며 당파를 결정하는 핵심 요인이었다.

●● 건저 문제
선조 24년(1591)에 왕세자 책봉 문제로 동인과 서인 사이에 일어난 분쟁으로, 건저는 왕세자(저하)를 세운다는 뜻이다. 이때 서인에 속한 정철이 선조의 노여움으로 처벌받고, 기축옥사 때 정철에게 탄압받았던 동인은 이때 정철의 처벌을 놓고 강온 주장이 엇갈려 결국 북인과 남인으로 분당되었다.

● 주요 의병 전쟁
조헌(금산), 곽재우(의령), 고경명(담양), 김천일(나주), 김덕령(담양), 승병장(영규, 사명당, 서산, 처영)
(검) 1-6, (검) 2-6, (검) 3-6, (검) 4-초, (검) 7-4

●● 남북 분당
정여립 사건이 기폭제(1589년 기축옥사, 대동계, 진안 죽도, 천하공물설, 하사비군론), 정철 처리 문제, 학통의 차이(퇴계와 남명), 남인(퇴계 문인, 온건파, 유성룡), 북인(조식 문인, 정인홍, 이발, 이산해, 중립 외교, 광해군 옹립)
(검) 1-3, (검) 2-2, (검) 9-4

역사 지식 플러스

퇴계와 율곡, 어떤 점이 다른가?

오늘날 천원권과 오천원권 지폐의 주인공인 퇴계(이황)와 율곡(이이) 두 사람은 조선 시대를 대표하는 철학자이자 정치가이다. 율곡보다 35년 연상인 퇴계(1501~1570)는 사림파가 화를 당하는 사화의 시대를 살았고, 율곡(1536~1584)은 사화가 끝난 시기에 관직에 나아갔다. 따라서 시대를 대하는 태도와 정치를 보는 관점이 다를 수밖에 없었다.

두 사람은 성리학자이지만 사상적인 차이가 컸다. 퇴계는 인간의 심성인 사단칠정에서 사단은 이(理), 칠정은 기(氣)로 보는 이기이원론(이기호발설)을 내세웠고, 율곡은 칠정인 기의 순수한 것이 사단이라는 이기일원론(이기겸발설)을 말했다.

정치적 측면에서 퇴계의 이기이원론은 왕권을 신권과 구분하는 논리이지만, 율곡의 이기일원론은 신권을 바탕으로 한 왕권을 논한다. 퇴계는 선조가 성군이 되라는 의미에서 성리학의 심법을 요약한 《성학십도》를 저술했으며, 율곡은 군주의 수양과 학문의 자세를 논하는 《성학집요》를 지었다. 두 사람은 책에서도 군주와 성리학을 대하는 견해가 달랐던 것이다.

퇴계는 주리론적인 입장에서 리(왕)의 신성성을, 율곡은 주기론적 관점에서 기(신하)의 능동성을 중시했다. 따라서 퇴계의 주리론은 왕권 중심, 율곡의 주기론은 신권 중심의 정치이론으로 귀결되었다.

한때 율곡이 퇴계를 스승처럼 여기고 도산서원을 찾아가 3일 동안 토론을 했지만 그때는 이미 건널 수 없는 차이점만 확인했을 따름이었다. 이들의 견해차는 집권 세력인 사림의 분당을 결정짓는 핵심적인 요소였고, 결국 선조 시기에 퇴계를 따르는 영남학파(동인)와 율곡을 계승하는 기호학파(서인)로 나뉘었던 것이다.

논술 생각나무 키우기

퇴계의 이기이원론과 율곡의 이기일원론의 내용은 무엇이고, 양자의 주요한 정치적 입장은 무엇인가?

Point 1 주자성리학에서 이와 기의 개념을 알아보고, 주희가 정립한 성리학의 내용을 이해한다. 그리고 주자의 견해를 조선에서는 어떻게 받아들였는지 퇴계와 율곡의 사상을 통해 살펴본다.

Point 2 퇴계와 율곡의 이기이원론과 이기일원론에서 철학적으로 동일한 내용이 있다면 무엇이고, 차이점이 있다면 무엇인지 각각 구분하여 정리한다.

Point 3 조선 초의 왕권중심론과 신권중심론, 훈구파와 사림파가 견지한 정치적 입장은 어떠했는지 알아보고, 퇴계와 율곡의 철학 사상과 연관 지어서 그 해답을 찾아본다.

공부를 더 하고 싶다면

✎《**당쟁으로 보는 조선 역사**》(이덕일 지음, 석필)

당쟁은 사대부들의 정치 투쟁이며 역사에 대한 배신이었다. 도덕성과 수신을 무기로 집권에 성공한 사림은 붕당을 짓고 권력다툼에 몰입했다. 사림들이 어떤 방식으로, 어떤 과정을 거치면서 백성을 배반하게 되는지 역사의 준엄한 기록을 읽는다.

✎《**퇴계와 고봉 편지를 쓰다**》(김영두 지음, 소나무)

퇴계는 주자성리학의 정통을 세우고자 노력한 영남의 유학자이며, 고봉은 서경덕의 기학을 바탕으로 퇴계의 학문을 융합하려던 호남의 사림이다. 사제 간의 엄격한 학통 질서를 넘어 진리를 향해 치열하게 논쟁하는 아름다운 모습을 확인할 수 있다.

✎《**안동 문화권**》(국민대학교 국사학과 지음, 역사공간)

우리나라 역사와 문화를 금강, 지리산, 경주, 탐라, 영산강, 낙동강, 강화 문화권 등 인문지리적 관점으로 여러 권역별로 나누어 조망하는 독특한 시각과 실험정신이 돋보이는 탐사 문화의 꽃으로, 영남학파의 기틀을 세운 안동 문화권의 선비 문화를 볼 수 있다.

2 임진왜란, 해상 세력의 시대

한 줄로 읽는 우리 역사

임진왜란은 해양 세력인 일본이 일으킨 침략전쟁이었다. 조선은 초기에 패전하여 한양까지 점령당하고 군왕인 선조는 의주까지 피난했다. 이순신, 권율, 의병, 승병들이 반격에 나서 한산도, 북관, 진주, 행주 등지에서 승리하고 최후로 일본군을 이 땅에서 몰아냈다.

임진왜란이 발생한 16세기 말은 세계사적인 변화의 시대였다. 유럽은 15세기에 이미 바다로 눈을 돌렸다. 1492년, 콜럼버스는 아메리카 대륙에 처음 발을 내디뎠다. 그것은 유럽의 역사가 세계사로 발전하는 순간이었다.

임진왜란이 끝난 뒤 이순신의 공을 기념하기 위해 지은 세병관 | 경남 통영에 있는 조선 삼도수군 통제영 본영의 중심 건물. 선조 36년(1603)에 완공한 뒤 약 290년 동안 삼도수군을 총지휘했던 곳이다. 경복궁 경회루, 여수 진남관과 더불어 현존하는 목조 고건축 가운데 가장 넓은 건물이다.

세계사의 변두리였던 일본은 포르투갈, 네덜란드 등 서양 세력과 교류를 통해 항구가 있는 지역별로 꾸준히 발전을 모색하며 해양 세력의 후발 주자로 세계사의 전면에 등장하기 시작했다.

그러나 조선은 시대의 변화를 읽지 못했다. 성리학의 명분론과 심성론이 만든 허구의 논리에 빠져서 청렴과 안빈을 좌우명으로 삼던 사대부 관료들은 오히려 수구 세력으로 변질되어 국가의 재부를 탕진하고 민생을 파탄으로 내몰았다. 이때 북방에서 세력이 미미했던 여진족이 주변의 여러 부족을 통일하고 서서히 대륙의 주인으로 역사의 전면에 떠올랐다.

임진왜란●의 서막, 군역 제도의 붕괴

16세기 말에 이르러 일본의 무로마치 막부(1336~1573)가 세력을 잃자 각지에서 봉건영주들이 군사를 일으켰다. 1562년, 기요스 성의 영주였던 오다 노부나가(織田信長 : 1534~1582)가 통일 전쟁에 나서 1573년, 무로마치 막부를 접수했다.

오다 노부나가는 서양에서 도입한 화포와 조총을 앞세워 1582년에 일본의 대부분을 평정했는데, 부하인 아케치 미쓰히데의 습격을 받고 자결했다. 이때 도요토미 히데요시(豊臣秀吉 : 1536~1598)가 군사를 일으켜 미쓰히데를 정벌하고 오다 노부나가를 계승했다.

도요토미 히데요시는 1584년에 최대의 정적인 도쿠가와 이에야스와 협력관계를 맺고, 1585년에 오사카의 앞쪽에 위치한 시

● **임진왜란**
한산도 대첩(이순신, 해상 장악), 이치·웅치 전투(전주 방어), 북관 대첩(우회로 차단), 진주 대첩(김시민, 호남 사수), 행주 대첩(권율, 한양 탈환), 정유재란(귀무덤, 도공 납치)
(검) 1-5, (검) 1-6, (검) 2-3, (검) 4-초, (검) 6-4, (검) 8-4, (검) 9-초

코쿠(사국)를 점령했다. 히데요시는 1586년에 최고의 관직인 태정대신에 임명되고 도요토미(豊臣)라는 성씨를 받았다. 1587년에 규슈(九州)를 평정하고 1590년에 전국 통일을 이룩하여 모모야마(桃山) 시대(1573~1603)의 주인이 되었다.

도요토미 히데요시는 하급 무사 출신으로 관백(關白)이 되었기 때문에 신분에 대한 열등의식을 극복하고자 조선과 명나라를 정벌하려는 계획을 세웠다.● 아울러 충성을 맹세한 다이묘(大名)에 대한 물질적인 보상과 전쟁이 끝나면서 일자리를 잃은 수많은 무사들의 처리를 전쟁이라는 방식으로 해결하고자 했다.

● **일본의 가도벌명**
가도벌명(假道伐明)은 조선에서 길을 빌려 명나라를 치겠다는 일본의 요구 사항으로, 《일본국지》〈조선통대기〉에 따르면 "우리는 조선의 길을 빌려 산과 바다를 건너 곧바로 명나라에 들어갈 것이다"라고 하였다.

이러한 때 마침 명나라와 조선의 내정 불안은 침략의 구실이 되었다. 1585년부터 조선 침략의 뜻을 가진 히데요시는 대마도주 소 요시시게에게 조선 침략의 실현 가능성을 떠보았다. 대마도주는 전쟁이 일어나면 반드시 대마도(쓰시마 섬)가 군사 기지가 되어 가장 많은 피해를 입을 것으로 판단하고 조선 정부에 통신사 파견을 요청했다.

조선은 1590년 3월에 정사 황윤길과 부사 김성일을 일본에 파견했고, 이들은 오사카 성에서 도요토미 히데요시를 만났다. 이

조선 후기 수취 체제의 문란

수취 체제	공납	• 방납의 폐단 : 신유공안이 발단, 농민 부담 과중으로 유망(도망)의 증가 • 수미법 : 공물을 현물 대신 쌀로 징수하는 방안(조광조, 이이, 유성룡 제안)
	군역	• 군역의 요역화 : 군인들을 토목 공사에 동원 → 대립 • 방군수포제 : 군포를 내고 실역을 면제, 사람을 사서 대신 군역에 종사 • 군적수포제 : 양반들은 군역 면제, 양인은 군포징수제 확산 → 군포 부담 과중
	환곡	• 지방 수령과 향리 들이 환곡의 법정 이자보다 많이 거둬 횡령
영향		• 농민 생활 악화로 유민 증가 → 일부 유민의 도적화(명종 시기 임꺽정 등)

듬해인 1591년 3월, 선조에게 보고하는 자리에서 정사 황윤길(서인)은 왜가 반드시 침략할 것이라고 말했고, 부사 김성일(동인)은 왜가 침범하려는 동정이 없다고 말했다.

이때 김성일은 방어 준비가 미비한 상태에서 조선 백성들의 동요를 우려해서 거짓 보고를 했다고 전해지는데, 사실상 가장 중요한 것은 공론을 중시하던 사림이 동서로 분당되어 자신들의 당리를 앞세우느라 국가의 위기를 앞두고 국론을 통일하지 못했다는 점이다. 게다가 조선의 군역 체제가 이미 무너진 상태였다.

조선은 국초에 내 지역의 군사로 내 지역을 지킨다는 자수자방(自守自防)의 원리에 따라 평민과 양반이 모두 군역에 나가는 양인개병제●●를 실시하여 100만의 상비군을 보유했다.

그러나 세종과 세조의 여진족 정벌 이후로 평화 체제가 지속되자 방군수포제와 군적수포제가 시행되면서 양반은 군역에서 면제되고, 평민들도 군포를 바치고 군역을 피하는 일이 일반화되었다. 이러한 군역의 문제점으로 인해 선조 시기에 조선의 방어 체제는 거의 무력화된 단계에 이르렀다.

●● **양인개병제**
조선의 군사 제도는 양인개병의 원칙으로, 16세~60세에 이르는 양반과 평민 등 모든 양인은 정규 군인으로 편입되었으며, 노비 계층인 천인은 병역의 의무가 없었다. 이중에서 현직인 관료와 학생, 종친과 외척, 공신이나 고위 관료의 자제들은 고급 특수군에 편입되었다.

임진왜란, 해양 세력의 도전

1592년 4월 13일 오후 5시경에 대마도의 이즈하라를 출발한 일본 제1군 고니시 유키나가(小西行長)의 선발대 1만 8천 700명이 700여 척의 군선을 타고 부산항에 모습을 드러냈다. 이후 7년간에 걸친 전쟁 임진왜란의 서막이 오른 것이다.

일본은 수군 9천 200명을 독립적으로 편성하고, 육군 15만 7천 명은 9군으로 나누어 조선 침략을 단행했다. 일본군은 14일에 부산진성, 15일에 동래성을 함락하고 한양으로 북상했다. 조선 정부는 4월 17일에 장계를 받고 신립을 삼도순변사로 삼아 일본군의 진격을 막게 했다.

신립은 8천여 명의 관군을 모집하여 4월 28일에 탄금대에서 배수진을 치고 싸웠으나 전멸했다. 4월 30일에 선조는 한양을 떠나 의주로 피난길에 나섰고, 일본군은 5월 3일에 한양을 점령했다. 전쟁이 시작된 지 20일 만이었다. 5월 17일에 김명원이 임진강에서 방어전에 나섰지만 막아내지 못했다.

선조는 6월 14일에 영변에서 왕세자 광해군을 강계로 보내 분조●를 했다. 광해군은 이후 최흥원, 이덕형, 이항복 등과 함께 근왕군을 모집하고 의병을 독려하며 실질적인 전쟁을 수행했다.

● **분조(分朝)**
분조란 국가가 위기를 맞으면 군왕의 조정과 세자의 조정을 나누어 최악의 경우에 대비하는 장치이다. 1592년 부산진에 상륙한 왜군이 20여 일 만에 한양에 이르고 임진강 방어선이 무너져 한양, 개성, 평양이 잇달아 점령당하자 6월 14일 선조는 명나라에 망명할 계획을 세우고 영변에서 세자인 광해에게 분조를 명했다. 이에 따라 의주로 향한 선조의 의주 행재소는 원조정, 강원도 이천에 자리잡은 광해군의 소조정은 분조라 했다.

일본군은 6월 15일에 평양을 점령했고, 선조는 계속 북상하여 22일에 의주에 이르렀다. 조선의 원병 요청을 받은 명나라는 전쟁의 불길이 요동으로 번지는 것을 막고자 원병을 파견했다. 명나라가 전쟁에 개입함으로써 임진왜란은 국제 전쟁으로 확대되었다.

일본군은 각지에서 지리에 익숙한 조선 의병의 기습 공격에 병력 이동이 쉽지 않았고, 전선이 길어져 보급에 어려움을 겪는 한편, 전쟁이 장기화될 것을 고려하여 한양에 주둔 중인 군대 일부를 곡창 지대인 호남으로 보냈다.

6월 5일에 전라감사 이광이 이끄는 5만의 남도근왕군은 용인에서 와키자카가 지휘하는 1천 600명의 일본군에게 반격을 당해 어이없이 대패했다. 호남을 사수할 부대가 전멸한 상태에서 광주목사 권율은 병력을 이끌고 호남으로 들어오는 길목인 웅치와 이치에 배수진을 쳤다.

일본의 수군은 초기에 경상좌수사 박홍, 경상우수사 원균의 부대를 격파하고 부산과 대마도를 연결하는 보급로를 안전하게 확보했다. 1년 전에 전라좌수사에 임명된 이순신은 일본의 침략을 예상하고 지역별로 방비 태세를 점검하고 수시로 군사 훈련을 실시했으며, 해도를 작성하고, 군선과 화포를 제작하여 만반의 준비를 마친 상태였다.

드디어 전라좌수사 이순신은 5월 7일, 1차 출격을 하여 옥포 해전에서 적선 26척을 격침시키고 최초의 승리를 거두었고, 연이어 합포 해전, 적진포 해전에서 승리했다.

5월 29일, 2차 출격을 떠난 이순신 함대는 사천 해전에서 거북선을 처음 출동시켜 적선 12척을 격침시켰고, 6월 2일에는 통영의 당포 해전에서 적선 21척을 격침시켰고, 연이어 당항포, 율포 해전에서 승리하여 일본 수군을 고립시키고 해상 보급로를 위협했다.

해전에서 연패한 일본군은 육군을 움직여 6월 23일에 금산성을 점령하고 이곳을 거점으로 삼아 7월에 전주성으로 향했고, 수군은 한산도로 진격했다.

작열하는 태양이 조선의 땅을 뜨겁게 달군 7월에 조선의 운명을 결정하는 전투가 벌어졌다. 7월 7일, 웅치에서 결사적으로 방어하던 김제군수 정담은 일본군에게 패배하여 전멸했다. 하지만 다음날 벌어진 이치 전투●● 에서 권율은 일본군을 격퇴하여 육전에서 최초의 승리를 거두고 호남을 사수했다.

권율과 합동 작전을 협의한 이순신은 호남 사수를 위해 3차 출

●● **웅치, 이치 전투**
임진왜란 초기인 1592년 7월 8일에 광주목사 권율은 대둔산 기슭의 운주와 진산의 경계인 이치에서, 김제군수 정담과 해남현감 변응정, 나주판관 이복남은 웅치에서 호남을 장악하려는 왜군을 저지했다. 웅치, 이치 전투와 함께 남해 한산도에서도 이순신이 대승을 거두자 호남 사수와 병력 모집이 원활하게 되어 전세를 역전시키는 발판을 마련했다. 권율은 이때 모집한 8천여 명의 전라병을 이끌고 이듬해 행주 대첩을 이루는 계기를 마련했다.

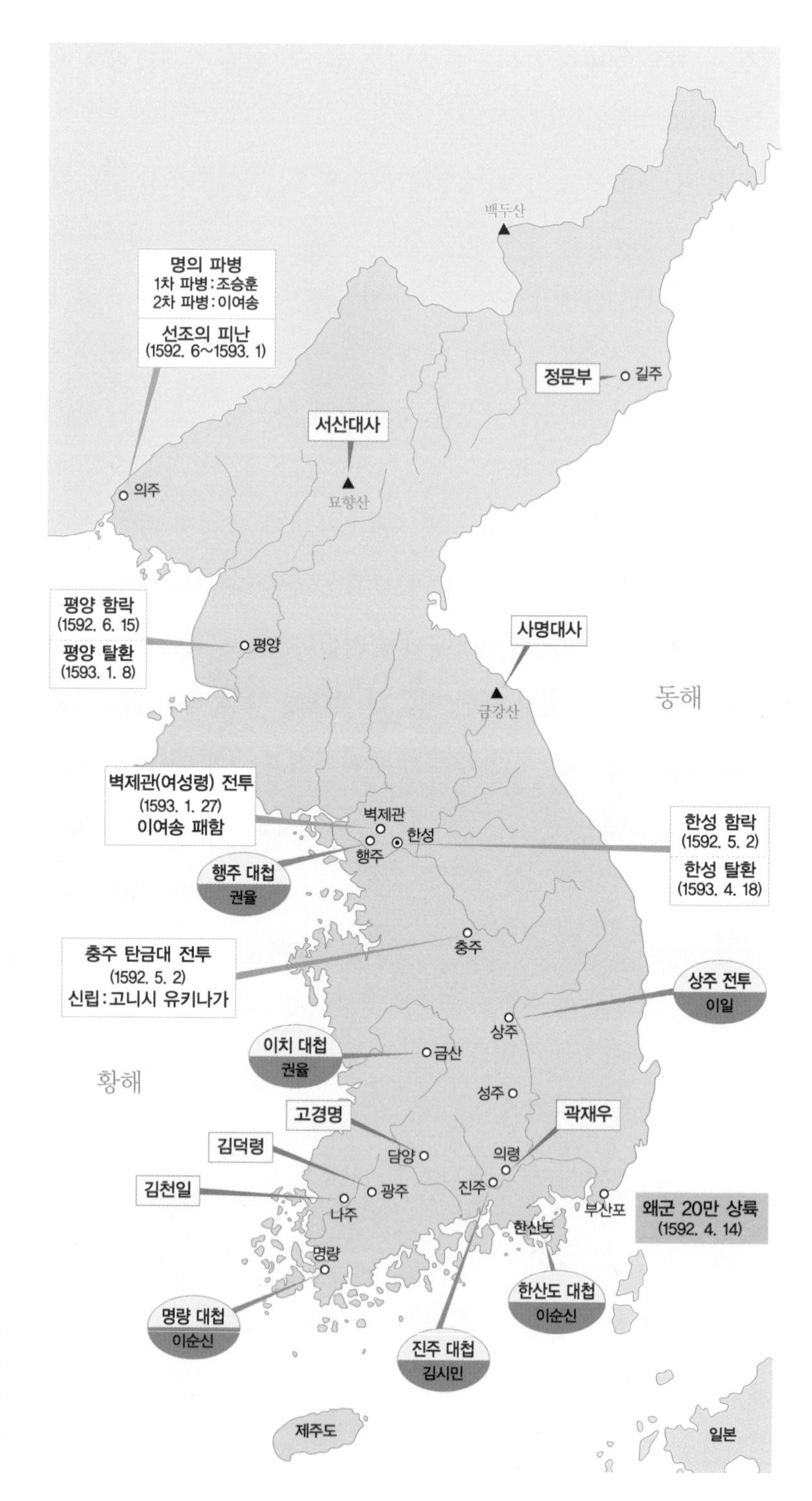

▶ 임진왜란과 의병 활동
임진왜란은 해양 세력인 일본이 일으킨 약탈 전쟁, 문화 전쟁이었다. 친명사대의 노예 근성에 빠져 있던 사대부와 임금은 의주로 피난을 갔고, 정작 나라를 구하고자 나선 것은 백성들이 일으킨 의병이었다.

격에 나서 7월 6일에 이억기, 원균과 함께 56척의 병선을 이끌고 당포로 이동했다. 와키자카, 구키, 가토가 이끄는 병선 103척 가운데 전투선 70여 척이 견내량에 이르렀다는 첩보를 받은 이순신은 일본 수군을 한산도로 유인해 그곳에서 결전으로 치르고자 했다.

한산도 대첩, 호남 사수 전략이 성공하다

1592년 7월 7일, 이른 아침에 이순신은 5척의 척후선을 견내량에 파견하여 적선을 한산도로 유인했다. 70여 척의 적선이 한산도 바다에 들어오자 조선 수군 56척은 학익진을 펼치고 좌우에서 일제히 총통을 발사했다.

일본 수군은 조선 수군에 근접하여 조총을 발사하고 배에 올라 도검을 휘두르는 전통적인 전술을 구사했는데, 이순신은 이를 간파하고 미리 준비한 화포전으로 대응했다. 적선은 접근도 못한 채 한꺼번에 66척이 불타고 그중 47척이 격침되어 수많은 일본 병사가 물에 뛰어들어가 익사하거나 섬으로 달아나 굶주림으로 죽었다.

이순신은 계속 안골포로 진격하여 적선 42척을 격침시키고 3차 출격을 마무리했다. 한산도 대첩●●으로 조선 수군은 일본 수군에게서 남해 제해권을 완전히 되찾고 호남을 방어했다.

보은현감 조헌은 의병 1천 600명을 이끌고 영규의 승군 1천명, 충청도방어사 이옥의 관군 500명과 합세하여 8월 2일에 청주

● **임진왜란의 전세를 역전시킨 3대 대첩**
- 한산도 대첩(이순신)
- 진주 대첩(김시민)
- 행주 대첩(권율)

● **한산도 대첩**
이순신 장군, 조선 수군이 제해권 장악, 호남 사수의 결정적 요인, 조선 수군 승리 요인(지리적인 이점, 좌우 회전이 빠른 배 구조, 현지인 활용, 당파 전략에 맞는 튼튼한 판옥선, 우수한 화포), 이순신(충무공, 전라좌수사, 한산도 대첩, 아산 현충사, 세종로 동상), 명보 극장 앞 건천 생가터, 정조 때 《충무공 전서》 발간
(검) 2-2, (검) 2-5, (검) 2-6, (검) 3-2, (검) 5-초

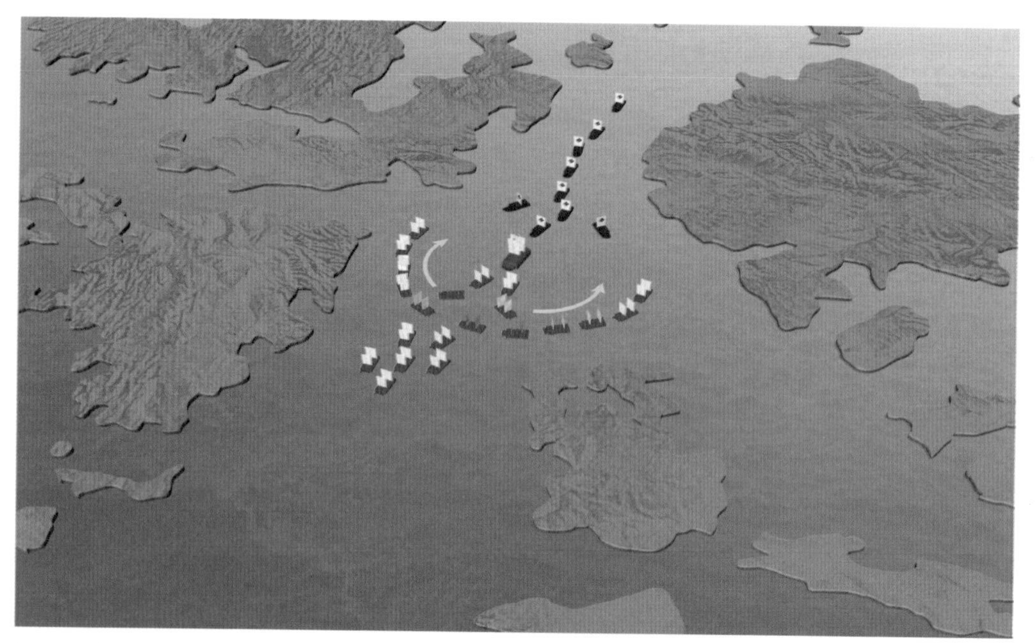

한산도 대첩을 승리로 이끈 학익진 전법 | 한산도 대첩은 지역 사정에 밝은 현지 병사, 지역민과의 협조 체제, 중거리 조선 화포, 복잡한 해안선에 알맞은 함선이 조화를 이룬 전략의 승리였다.

성을 탈환하고, 8월 18일에 금산성을 공격했다.

조헌과 승려 영규를 포함한 700명은 연곤평에서 전사하고 탈환 작전은 실패했다. 하지만 의병들의 공격에 시달린 일본 제6군 고바야가와는 호남 침략을 포기하고 경기도로 북상해서 한양 방어에 치중하는 전략으로 바꾸었다.

9월에 일본군은 부산에 진주한 부대를 움직여 남강의 진주성을 공격했다. 이곳을 거점 삼아 호남으로 다시 진출하려는 전략이었다. 나카오카는 2만 군사를 이끌고 10월 5일에 진주성을 공격했다.

진주목사 김시민이 지휘하는 3천 800여 명의 조선군은 필사적으로 방어했다. 이곳이 뚫리면 호남이 일본군 수중으로 떨어지는 것이었다. 곽재우 의병 부대는 일본군의 배후에서 기습전과

영은사 | 공주 공산성에 있는 사찰로, 임진왜란이 일어났을 때 승병장인 영규가 승군을 이끌던 지휘부였다. 영규는 금산 전투에서 전사하고 금산의 칠백의총에 묻혔다.

시위전을 전개하며 보급로를 위협했다.

일본군은 엿새 동안 막강한 화력과 병력으로 공격하다가 결국 물러났다. 진주 대첩으로 조선군은 경상도 북쪽과 호남을 지킬 수 있게 되었다.

한편 호남 사수 전략을 성공시킨 권율은 한양과 부산으로 이어지는 일본군의 보급로를 차단하기 위해 병력을 이끌고 오산의 독산성에 주둔했다. 일본군은 12월 11일에 독산성을 공격했으나 이기지 못하고 한양으로 퇴각했다. 권율은 한양의 일본군을 측면에서 공격하기 위해 다시 2천 300명의 병력을 이끌고 행주산성에 들어갔다. 권율은 전략가답게 일본군의 약점을 정확히 파악하고 대처했다.

행주 대첩,● 한양 탈환 작전의 전환점을 세우다

● **행주 대첩**
권율 장군, 승병장 처영, 비격진천뢰, 신기전, 한양 탈환의 분기점
(검) 3-5, (검) 3-6, (검) 4-초, (검) 6-3, (검) 9-초

1593년 1월 6일, 조명 연합군은 일본군의 북상을 제압하고 드디어 평양성을 탈환했다. 평양성 전투에서 패하고 한양으로 퇴각한 일본군은 행주산성에 포진한 권율이 측면을 공격할 것으로 여기고 2월 12일에 행주산성을 공격했다.

조선군은 비격진천뢰, 신기전기와 같은 신무기를 총동원하여 우키타, 이시다, 기카와가 이끄는 3만의 일본군을 격퇴했다. 행주 대첩으로 수세에 몰린 일본군은 도요토미 히데요시의 철수 명령에 따라 4월 17일부터 한양을 버리고 낙동강 이남으로 물러났다. 4월 20일에 조명 연합군은 한양을 수복했다.

일본군은 경상도를 거점으로 진주성을 다시 공격했다(제2차 진주성 전투). 그 목적은 진주성을 점령하여 강화 협상에 유리한 고지를 선점하고, 지난날 진주성에서 패한 복수를 하기 위함이었다. 도요토미의 명령에 의해 가토, 고니시, 우키타가 이끄는 7만 명의 일본군은 6월 15일에 진주성에 이르렀다.

진주성에는 창의사 김천일, 경상우병사 최경회, 충청병사 황진, 사천현감 장윤, 의병장 고종후 등 3천 400명의 병력과 7만여 명의 백성이 머물고 있었다. 6월 22일부터 일본군의 공격이 시작되어 29일에 끝내 진주성은 함락되었고, 일본군은 항복한 백성을 포함하여 6만여 명을 학살했다.

당시 경상우병사 최경회의 후처였던 주논개는 촉석루에서 벌어진 승전 축하연에 참석한 기생으로 위장하여 술에 취한 왜장 게야무라 로쿠스케를 끌어안고 의암에서 남강으로 투신하여 조선 백성의 복수를 했다.

경남 진주의 촉석루
제2차 진주 전투에서 조선은 패배했다. 논개는 촉석루에서 벌어진 일본군의 승전 축하연에 기생으로 위장하여 참석했다가 왜장을 끌어안고 남강에 투신했다.

약탈과 살육의 전쟁, 정유재란

일본군은 이순신에게 남해의 제해권을 빼앗기자 언제 후방인 부산이 공격을 받을까 두려워 명나라와 조선을 상대로 1) 명나라의 공주를 일본의 후비로 보낼 것, 2) 조선의 8도 가운데 4도를 할양할 것, 3) 조선은 일본의 속국이 되어 조공을 바칠 것 등을 강화 조건으로 내걸었다.

이때 일본의 주력 부대는 모두 철수하고 부산에 1만 명, 안골포 5천 명, 가덕도 1천 명, 죽도 1천 명, 서생포 3천 명 등 모두 2만여 명이 잔류하고 있었다.

1596년 9월에 일본 오사카 성에서 진행된 강화 회담이 최종적으로 결렬되었다. 일본은 재침공을 준비하고, 조선은 금오성, 동산성, 화왕산성을 수축하고 침략에 대비했다.

도요토미 히데요시는 1596년 12월에 14만 5천 명의 병력을 보내 정유재란을 일으켰다. 고니시 병력이 먼저 부산에 상륙하고 이듬해 1월에 가토 부대가 다대포에 상륙했다. 일본군은 전면전보다는 경상, 전라, 충청도를 장악하고 전주를 사령부로 삼아 천천히 북상한다는 전략을 세웠다.

이순신은 일본 수군의 전략을 탐색하며 공세를 준비하고 있었다. 그런데 선조와 서인들은 이순신이 탁월한 전공을 세우고 백성의 신망을 얻자 이를 시기하고 질투하여 제거할 기회를 노렸다. 이순신이 여러 차례 출전 지시를 이행하지 않고 계속 사태를 관망하고 있을 때 서인들은 이순신이 고의적으로 적장인 가토를 놓쳤다는 죄목을 들어 1597년 2월 26일에 삼도수군통제사에서 해직시키고 그 자리에 원균을 앉혔다.

일본 수군은 이순신이 없는 조선 수군을 겁낼 이유가 없었다. 7월 8일에 700여 척의 일본군 선단이 부산포에 도착했다. 권율은 원균에게 부산포 공격을 명령했다. 원균은 출전을 미루다 권율에게 태장을 맞는 수모를 겪고 결국 7월 15일에 부산포를 공격했

귀무덤
임진왜란과 정유재란 시기에 침략의 원흉인 도요토미 히데요시는 승전 보고를 조선 백성의 귀와 코를 베어 온 숫자로 확인했다. 현재 그 비극의 역사가 교토에 귀무덤으로 남아 있다.

지만 20여 척을 잃고 칠천량으로 회군했다.

이튿날 일본 수군이 기습하여 조선 수군은 130여 척의 판옥선이 격침되고 원균은 전사했다. 경상우수사 배설이 겨우 전선 12척과 120여 명의 군사를 이끌고 탈출했다. 선조는 7월 22일에 이순신을 다시 삼도수군통제사로 임명했다.

조선 수군이 전멸하자 일본군은 호남을 점령하고자 총공세를 펼쳐 8월 7일에 구례를 함락시키고, 8월 15일에는 남원을 점령했다. 8월 19일에는 호남의 중심인 전주성에 무혈 입성하고 일본 우군과 합세한 뒤 부대를 다시 좌우로 나누어 좌군은 정읍, 장성, 강진, 해남으로 남하하고 우군은 9월 3일에 충청도 공주를 점령했다.

9월 7일에 직산 전투에서 조명 연합군은 일본 우군과 여섯 차례에 걸친 접전을 벌여 승리했다. 결국 일본 우군은 북상이 좌절되자 천안, 청주, 보은을 거쳐 경상도로 퇴각했다.

명량 해전, 임진왜란의 분수령이 되다

가토, 와시카가, 구루시마가 이끄는 330여 척의 일본 선단은 하동을 거쳐 9월 7일에 해남의 어란포에 나타났다. 이날은 조명 연합군이 경기도 직산에서 일본 우군을 격파한 날이었다.

9월 16일에 일본 수군이 드디어 진도 앞바다 명량해협에 들어왔다. 울돌목이라 불리는 명량해협은 물살이 거세고 수로의 폭이 좁아 대규모의 선단이 쉽게 통과할 수 없는 지역이었다.

이순신은 주력선 12척과 나중에 합류한 1척을 보태 이곳에 배수진을 쳤다. 그리고 초탐선 32척 등 100여 척의 피난선을 뒤쪽에 배치하여 마치 거대한 규모의 선단인 양 꾸미고, 일본 선단이 유인책에 걸려 해협으로 진입하자 곧바로 공격을 감행했다.

불의의 기습을 받은 데다 마침 조류도 밀물에서 썰물로 바뀌어 일본 수군의 선두에 있던 31척이 순식간에 격침되었다. 서로 엉켜 부서지면서 수로를 통과하지 못한 일본 선단은 결국 퇴각하여 부산포로 달아났다.

조명 연합군은 1597년 12월부터 이듬해인 1월까지 울산 왜성을 공격했으나 함락시키지 못했다. 그러나 일본군은 군량미 부족과 조선 수군의 역공, 조명 연합군의 전면적인 공세로 경상도 지역에 고립되었다.

육전과 해전이 한참 벌어지고 있던 8월 18일, 도요토미 히데요시가 교토의 후시미 성에서 세상을 떠났다. 이는 전쟁이 끝났다는 신호였다. 일본은 8월 29일과 9월 5일에 철군을 결정했고, 모든 일본군은 10월 15일까지 부산에 집결하여 철수하라는 명령서

《조선왕조실록》 수난사

<table>
<tr><th colspan="5">《조선왕조실록》과 관련 있는 기관
담당 : 춘추관, 예문관(편수관, 기사관) / 편찬 : 실록청 / 보관 : 사고</th></tr>
<tr><td colspan="5">조선 초기에 《조선왕조실록》을 보관하던 4곳 사고</td></tr>
<tr><td>춘추관</td><td>청주 사고</td><td>전주 사고</td><td colspan="2">성주 사고</td></tr>
<tr><td colspan="5">전주 사고(임진왜란 후 유일본)
– 전주 사고본으로 다시 편찬하여 보관하던 5곳 사고</td></tr>
<tr><td>춘추관</td><td>태백산</td><td>묘향산</td><td>마니산(전주 사고본)</td><td>오대산</td></tr>
<tr><td>이괄의 난으로 멸실됨</td><td>정부기록보존소로 이송</td><td>6·25 전쟁 때 북한으로 이송</td><td>정족산성 사고로 이송 → 서울대 규장각으로 이송</td><td>동경 제대로 이송, 1923년 동경 대지진으로 대부분 멸실됨</td></tr>
</table>

가 10월 1일 부산에 당도했다.

조명 연합군은 9월부터 10월까지 대공세를 전개하여 순천 왜성(고니시 군), 사천 왜성(시마즈 군), 울산 왜성(가토 군)을 공격했다. 왜교성 전투, 제2차 울산성 전투, 사천 전투에서 일본군에 타격을 주었으나 이기지는 못했다.

이순신은 일본군의 철수를 그냥 두지 않기로 결심하고 11월 18일에 전함을 노량에 주둔시켰다. 명나라 수군 제독 진린과 함께 철수하는 적선 300척과 최후의 결전을 벌여 200여 척을 격파하고, 이순신은 전투가 끝나갈 무렵 유탄에 맞아 전사했다. 일본군이 부산에서 모두 빠져나간 11월 20일, 7년에 걸쳐 벌어졌던 임진왜란은 공식적으로 끝이 났다.

결과만 보면 임진왜란은 조선이 승리한 전쟁이었다. 그러나 국토는 전장으로 변해 초토화되었고, 농토는 170만 결에서 54만 결로 줄었다. 수많은 젊은이들이 전투에 나가서 목숨을 잃었고, 인구는 급속히 감소했다. 게다가 전국적으로 전염병이 돌아 민심은 흉흉했다. 결국 임진왜란은 이기고도 패한 전쟁이었다.

임진왜란은 조선 사회에 너무나도 큰 영향을 끼쳤다.● 전쟁 중에 부족한 전비를 마련하기 위해 공명첩이 발급되고 납속제가 시행되어 신분 질서가 빠르게 무너졌다.

군사적으로 군무기구인 비변사의 기능이 강화되고, 중앙군인 훈련도감●● 과 지방군인 속오군이 신설되었다. 사상적으로 명나라에 대한 사대주의가 심화되었고, 전란의 책임을 모면하기 위해 사대부들은 가부장제 질서를 더욱 강조하고, 주자학을 사상 독재의 도구로 이용하여 당쟁이 심화되었다. 경제적 측면에서는 공납의 폐단을 해결하기 위해 대동법이 시행되었다.

● **조선 중기 사회 변화**
양란으로 인구 감소, 공노비의 면천, 양반의 증가(납속책, 공명첩), 친영례 정착, 양자 제도의 확산, 장자 상속제, 여성 차별 심화(사림 집권)
(수) 1996, (수) 2001, (수) 2007, (검) 2-4, (검) 3-2, (검) 4-고, (검) 5-4, (검) 8-3

●● **훈련도감**
중종 때 설치(여진, 왜구 방어 목적), 선조 때 확대 상설, 일본 조총 부대 대적, 3수병제(포수, 사수, 살수), 후기에 5군영에 편제, 효종때 북벌 추진 중심 기구, 순조 때 노론 벽파가 장악(세도정치)
(검) 3-3

역사 지식 플러스

사림파는 왜 분당했을까?

선조 시기에 이르러 사림파는 훈구파를 누르고 중앙 정계를 장악했다. 그러나 훈구척신 제거에 적극적인 신진 사람과 소극적인 기성 사림으로 입장 차이가 드러나 곧바로 분당했다. 사림파의 분당은 크게 동서 분당, 동인의 남북 분당, 서인의 노소 분당을 들 수 있다. 동서 분당(1575)은 훈구파에 대한 입장 차이, 개혁의 속도, 지역과 학통의 차이, 이조전랑 추천 문제에서 비롯되었다.

기호 지역에서 율곡과 성혼의 학통을 따르는 노장파 사림은 훈척인 심의겸을 이조전랑으로 추천했고, 정치적으로 완만한 개혁과 훈척 처벌에 대해 온건한 입장을 취했다. 반면 퇴계와 조식의 문인이 많았던 영남 지역 소장파 사림은 퇴계의 제자인 김효원을 이조전랑으로 추천했으며, 철저한 개혁과 훈척에 대해 강경한 입장이었다. 이로써 심의겸을 지지하는 사림은 서인, 김효원을 지지하는 사림은 동인이 되었다.

동인의 남북 분당(1591)은 건저 문제로 실각한 정철에 대한 처벌 문제에서 비롯되었다. 동인 가운데 강력한 응징을 주장한 이산해, 정인홍, 우영경, 이이첨 등은 북인, 온건론을 펼친 우성전, 유성룡, 이원익, 이덕형 등은 남인으로 분당했다. 그런데 동인은 학통의 차이가 컸다. 북인은 대부분 남명 조식의 문인이었고, 남인은 퇴계의 학통을 따랐다. 서인의 노소 분당(1683)은 경신환국으로 집권한 서인들이 남인 처벌에 대해 강온파가 대립하면서 시작되었다. 강경파들은 송시열을 중심으로 명분론과 숭명의리, 주자의 절대성을 강조했고, 박세채와 윤증 등이 현실론과 민생 안정을 중시하고 주자의 절대성을 부정했다.

결국 서인은 송시열의 독선을 비판한 윤증을 따르는 소론과 송시열을 지지하는 노론으로 분당했다. 이처럼 도덕적인 명분과 의리를 중시하는 사림들은 권력과 이념을 추종하고 백성을 배신한 채 당쟁의 수렁에 빠져들었다.

논술 생각나무 키우기

임진왜란이 일어난 원인과 조선이 전쟁에서 승리한 요인, 그리고 임진왜란이 조선 사회에 끼친 영향은 무엇일까?

Point 1 전쟁 당사국인 조선과 일본의 국내 상황과 함께 관련국인 명나라와 여진족의 정세를 분석한다. 도요토미 히데요시가 전쟁을 일으킨 개인적 이유와 다른 요인들도 알아본다.

Point 2 일본이 초전에 승리했던 요인과 후반에 조선이 반격에 성공하여 승리하게 된 요인을 알아보고, 임진왜란의 전세를 바꾼 주요 전투도 찾아본다.

Point 3 전쟁이 조선, 명, 후금, 일본 사회에 미친 영향을 살펴본다. 또한 조선과 일본, 명과 후금, 조선과 후금의 국제 관계도 연계하여 알아본다.

공부를 더 하고 싶다면

✎ **《임진왜란은 우리가 이긴 전쟁이었다》**(양재숙 지음, 가람기획)
임진왜란이 시작되는 동래 전투부터 막을 내리는 노량 해전까지 조선과 일본의 7년에 걸친 동아시아 국제 전쟁을 이야기식으로 풀어간다. 읽다보면 막연하게 느껴지던 임진왜란이 살아 있는 현실처럼 생생하게 다가온다.

✎ **《선조 조선의 난세를 넘다》**(이한우 지음, 해냄)
임진왜란 기간 동안 대처에 무기력하고, 의주로 도망했으며, 의병장과 장군들을 의심하던 무능한 군주 선조. 선조에 대한 기존 인식을 뒤집어보고자 실록의 기록을 재해석하려는 저자의 의도가 얼마만큼 역사의 진실을 반영하는지, 판단의 몫은 독자에게 남겨둔다.

✎ **《이순신의 두 얼굴》**(김태훈 지음, 창해)
이순신의 23전 불패 신화가 만들어진 과정과 요소, 이순신의 인간적인 매력, 평범한 인간에서 비범한 영웅으로 받들어진 요인 등을 다루고 있다. 처음부터 끝까지 단숨에 읽게 만드는 마력을 지닌 이순신에 관한 보기 드문 평전이다.

3 광해군과 인조, 중립 외교와 사대의리

한 줄로 읽는 우리 역사

광해군은 전후 복구사업에 전력을 기울였다. 또한 대동법을 시행하고, 일본과 강화조약을 맺었으며 북방의 후금과 중립 외교를 추구했다. 친명사대 세력인 서인들은 광해군의 이런 개혁 정책에 반대하여 명나라를 섬기는 사대의리를 내세우고 인조반정을 일으켰다.

임진왜란을 거치면서 조선과 명나라는 쇠락의 길로 들어섰고, 일본과 여진족은 해양과 대륙에서 부흥의 단초를 열었다. 당시 조선의 당면 과제는 전후 복구사업을 진행하여 민생을 안정시키고, 요동에서 급성장한 여진족의 정세를 파악하고 일본의 향후 동향을 탐지하여 전쟁의 재발을 막는 것이었다.

덕수궁 석어당 | 광해군 시기에 집권당이었던 대북은 영창대군을 증살하고 인목대비를 덕수궁 석어당에 유폐했다. 인조반정이 일어나 광해군이 폐위될 때 인목대비는 이곳에서 광해군의 죄를 물었다.

일본은 도요토미 히데요시의 아들인 도요토미 히데요리와 도쿠가와 이에야스가 천하를 놓고 다시 전투를 벌였다. 1600년에 도쿠가와 이에야스는 세키가하라 전투에서 이시다 미츠나리, 모리 데루토모, 고니시 유키나가, 우키타 히에이에를 중심으로 하는 히데요시 파를 누르고 천하 통일의 발판을 마련했다.

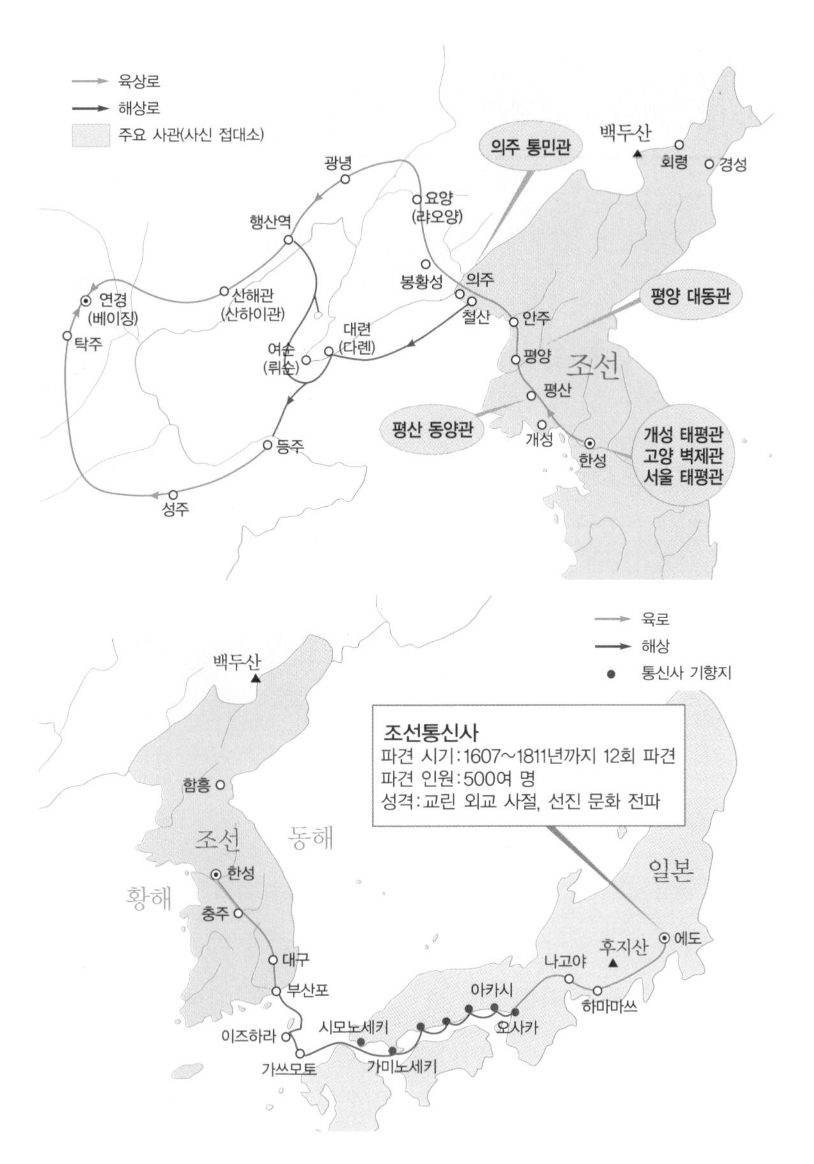

◀ **연경사와 조선통신사의 행로**
연경사 행로는 북쪽 청나라에 대한 사대의 예와 함께 선진 문물을 받아들이는 통로였고, 조선통신사는 남쪽의 일본 에도 막부에 조선이 보낸 문화 교류단이자 외교사절단이었다.

1603년에 정이대장군에 오른 도쿠카와 이에야스는 오늘날 도쿄(동경)인 에도(강호)에 막부를 설치하고 조선과의 화평조약을 추진했다. 임진왜란을 전후하여 여진족의 누르하치는 내부 안정과 부족 통합, 그리고 명나라의 압력을 피하는 일에 집중했다.

광해군은 일본과 여진의 정세를 면밀히 파악한 뒤 전후 복구사업을 위해서는 우선 주변국과 평화적인 관계를 맺어야 한다고 판단했다. 그리하여 일본과 기유약조(己酉約條)• 를 맺고 조선통신사를 파견했으며, 여진족에는 중립 정책을 표방했다.

● **기유약조**
임진왜란이 끝나고 조선과 일본 사이에 기유년(1609)에 맺은 전문 13조의 송사 조약(送使條約)이다. 이 조약으로 국교 재개, 조선에 왜관 설치, 제한 범위에서의 상거래와 정치 교류가 이루어졌고, 조선통신사가 일본에 사절단으로 가게 되었다.

광해군, 전후 복구사업과 대동법을 실시하다

● **광해군 시기의 주요 사건**
기유약조(일본과 수교), 조선통신사 파견, 전후 복구사업, 《동의보감》 편찬(허준), 중립 외교(명과 후금), 경희궁 건축, 영창대군 사사, 인목대비 유폐
(검) 1-4, (검) 1-5, (검) 2-4, (검) 3-4, (검) 3-6, (검) 5-4, (검) 7-4, (검) 9-3

광해군•은 선조와 공빈 김씨의 둘째아들로 서자이다. 임진왜란이 일어나자 선조는 광해군을 세자로 책봉하고 실질적인 전쟁 지휘권을 맡겼다. 광해군은 근왕병을 모집하고 의병을 독려하며 임진왜란을 승리로 이끌어 백성의 지지를 받았으며, 신하들에게는 군왕의 자질을 유감없이 보여주었다.

1606년에 선조와 계비인 인목왕후 김씨 사이에 적자인 영창대군이 태어났다. 선조는 전쟁의 영웅인 광해군을 시기하고 질투했다. 백성들이 의주로 피난 갔던 선조를 더 이상 군왕으로 여기지 않았기 때문이다. 선조는 세자인 광해군을 폐위시키고 적자인 영창대군을 왕위에 올리고 싶어 했으나 임진왜란을 승리로 이끈 광해군의 정치적 지위와 공로를 무시할 수 없었다.

임진왜란 기간에 가장 많은 의병장을 배출한 북인들은 광해군

을 지지했고, 선조를 호종하는 데 가장 많은 공신(호종공신)을 배출하여 정권을 장악한 서인과 북인에서 분당한 소북은 영창대군을 밀었다. 후계자 문제를 처리하지 못한 상태에서 선조가 승하하자 광해군이 왕위에 올랐다.

광해군(1608~1623)은 북인(대북)과 함께 전후 복구사업을 우선으로 시행했다. 전염병을 예방하기 위해 민간인들도 쉽게 처방할 수 있도록 허준에게 《동의보감》을 편찬하게 했으며, 경제 개혁에 착수하여 폐단이 심한 공납의 문제점을 해결하고자 서인과 지주·관청 모리배·지방 향리 등 기득권 세력의 반대를 물리치고 1608년에 이원익의 건의를 받아들여 주무관청인 선혜청●● 을 두고 경기도에 한해 대동법●●● 을 시행했다.

대동법은 조세, 부역, 군역과 함께 백성이 국가에 부담해야 하는 공납의 폐단을 없애기 위한 혁명적인 경제 개혁 조치이자 공평 과세의 실현이었다.

●● **선혜청**
조선 시대 숭례문 근방에 있었던 관청으로 대동법을 시행하면서 설치되었다. 국초에 있었던 상평창과 비변사의 진휼청을 병합했고, 1753년에는 균역청까지 병합했다가 1894년 갑오개혁 때 폐지되었다. 주로 대동미, 대동포, 대동전의 출납을 관장했다.

●●● **대동법**
특산물로 바치던 공물을 쌀(미곡)이나 베(포)로 바치는 납세 제도이다. 한백겸의 제안과 이원익의 재청으로 1608년에 담당관청인 선혜청(중앙)과 대동청(지방)을 두고 경기도에서 시행했고, 100년이 지난 1709년에 전국적으로 실시했다. 이 제도로 백성의 공납 부담이 줄고 공물을 대납하는 공인이 출현하여 상업의 발달을 촉진시켰다.

대동법 시행 관련 주요 내용

세목 : 미곡(쌀), 포(베)	기준 : 토지 면적	제안 : 한백겸 / 재청 : 이원익
원인	• 지역에 일정한 액수의 공납 부과, 이를 가호에 할당 • 토지와 인구를 기준으로 하지 않은 부당한 할당량으로 농민 부담 증가 • 신유공안(1501)으로 공납 체제 파괴, 방납업자의 폭리와 매납 등 발생	
내용	• 조광조가 공납의 폐단을 해결하기 위해 대미법 제안, 기묘사화로 실패 • 1569년 이이가 공물을 미곡으로 대체하는 대공수미법 제안(《동호문답》), 지배층의 반대로 무산 • 1594년 유성룡의 제안으로 대공수미법 시행, 1년 만에 폐지 • 1608년 임진왜란 이후 광해군이 한백겸과 이원익의 제안을 수용해 대동법 실시 : 시행 법령(선혜법), 시행 관청(선혜청, 대동청)을 두고 경기도에 우선 실시	
경과	• 1623년(인조 1) 조익의 건의로 강원도에 실시 • 1651년(효종 2) 김육 등의 건의로 충청도에 확대 • 1658년 전라도, 1666년 함경도, 1677년 경상도에 실시 • 1708년 전국적으로 실시	
영향	• 조세 정의 실현 : 토지 면적을 기준으로 부과하여 세금의 형평성이 유지됨 • 공인 등장 : 관청 물품을 조달하는 새로운 직업, 서양의 부르주아 계급과 유사 • 선대제 출현 : 상인 자본이 수공업을 지배하는 형태로 초기 자본주의 형성	

지역별 특산물을 바치는 기존의 공납 제도는 가호(家戶)를 기준으로 배당했기 때문에 부담이 크고 지방 수령의 이권이 개입되어 백성의 고통이 심했다. 반면 대동법은 토지 면적을 기준으로, 여러 가지 공물 대신 현물화폐이자 물가 변동의 폭이 적은 미곡(쌀)과 베(포)를 바치도록 하여 백성들의 절대적인 지지를 받았다.

중립 외교와 후금의 건국

광해군은 정치 안정을 위해 북인 중심의 권력 구조에 남인이나 서인들을 두루 등용하여 연립 정권을 만들었다. 하지만 주도권을 장악한 강경파인 대북 정권은 소수 정권의 한계를 넘지 못하고 정치적 무리수를 두어 광해군의 발목을 잡았다.

1609년에는 적국인 일본과 포로 송환과 국교 재개를 위한 기유약조를 맺었는데, 이는 일본의 재침을 방지하고 북방에서 성장하는 여진족의 침략을 막기 위한 것이었다. 북방에서는 만주족의 누르하치가 1607년경에 대부분의 여진족을 통일하고 1616년에 혁도아랍(홍경)에 도읍을 정하고 국호를 후금이라 했다.

청태조 누르하치(1616~1626)는 1618년에 명나라가 여진족에게 일곱 가지 잘못을 저질렀다는 '7대한(七大恨)'●을 선포하고 명나라 정벌을 선언했다. 광해군은 만주족이 세운 후금의 정세를 주시하며 명과 후금 사이에서 중립 등거리 외교를 펼쳤다.

1619년, 명나라는 후금을 정벌하기 위해 조선에 원병을 요청했다. 명나라와 후금 가운데 누가 대륙의 주인이 될지 모르는 상

● **7대한(七大恨)**
1618년 4월 13일에 후금의 태조 누르하치가 혁도아랍성(흥경성) 신수(神樹) 아래에서 명나라에 7개의 원한이 있다며 발표한 선전포고문이다. 그 내용은 1) 조부와 부친을 이유 없이 죽인 것, 2) 건주여진을 핍박한 것, 3) 영토 협약 없이 여진족 땅에 들어와 살인을 저지른 것, 4) 엽혁여진에 군대를 보내 건주여진을 노린 것, 5) 엽혁여진이 명나라 앞잡이가 된 것, 6) 명나라가 건주여진에게 땅을 요구한 것, 7) 건주여진의 재산을 빼앗은 것 등이다.

심양고궁 대정전과 십왕정 | 혁도아랍성에서 대칸의 자리에 오른 청태조 누르하치는 1625년에 심양으로 천도하고 대정전(대칸)에서 8기제의 수령인 8패륵(십왕정)과 공동으로 정무를 주관했다.

황에서 민생 안전과 전후 복구사업에 주력하던 광해군은 강홍립에게 1만의 병력을 내주면서 형세를 보아 향배를 정하라는 밀지를 내렸다.

3월 1일에 조선군은 심하에서 후금군과 처음으로 전투를 치렀는데 대패했다. 곧이어 벌어진 싸르후 전투••에서 명나라의 47만 대군이 6만의 후금군에게 전멸하자 강홍립은 후금에 투항했다. 후금은 광해군의 중립 정책을 진정성이 있다고 여겨 조선에 항의하지 않았다.

북인의 정적이던 서인은 성리학적 조공 질서를 정치적인 이념으로 받들고, 광해군의 중립 외교가 임진왜란 때 명나라가 원병을 보낸 재조지은•••과 건국 이래 명나라를 황제국으로 받들었던 사대의리를 배신하는 행위라고 비난했다. 동인에서 북인과 분당했던 남인들도 북인의 권력 독점을 비판하면서 서인을 지지하고 광해군을 반대했다.

•• **싸르후 전투**
후금의 태조 누르하치가 명나라에 7대한을 선포하고 1618년에 무순을 점령하자 위기를 느낀 명나라가 반격을 시도했다. 마침내 1619년 3월 2일에 명나라 47만 병력과 후금의 6만 병력이 오늘날 만주 무순의 싸르후에서 전투를 벌였다. 싸르후 전투에서 대승을 거둔 후금은 여세를 몰아 1621년에 요동을 차지하고 만주의 주인이 되었다.

••• **재조지은**
임진왜란 때 명나라가 원병을 보내 조선이 종묘사직을 보존할 수 있었다는 서인들의 주장을 말한다. 재조는 조선을 다시 만들었다는 뜻이다. 서인들은 대명의리의 명분으로 친명반청을 주장했는데, 이는 정묘호란(1627)과 병자호란(1636)을 초래한 원인이 되기도 했다.

인조반정, 숭명사대와 이괄의 난

광해군과 북인(대북파)의 권력 전횡에 불만을 가진 김류, 김자점, 이귀, 이괄, 최명길 등 이이와 성혼의 문인들과 능양군(인조)은 1623년 3월 12일에 홍제원에서 정변을 일으켰다. 이들은 명에 대한 사대의리 배신, 후금에 대한 중립 외교, 서자들의 모임인 칠서(七庶)●가 영창대군을 옹립하려 했다고 모함하여 왕위계승권을 가진 영창대군을 강화도 교동에 유배시킨 뒤 증살한 죄목(계축옥사)●●, 1618년에 명목상으로 모후에 해당되는 인목대비를 서궁(덕수궁)에 유폐시킨 패륜 등을 반정의 빌미로 거론했다.

능양군은 선조의 5자인 정원군의 아들이다. 형인 능풍군이 일찍 죽어 실질적인 장자였다. 동생으로 능원군, 능창군을 두었는데 능창군이 1615년에 역모죄로 처형당한 데다 1617년에 서대문 안쪽에 왕기가 서린다는 유언비어에 광해군이 이곳에 살던 정원군을 내쫓고 경덕궁(경희궁)을 짓자 숙부인 광해군에게 반감을 갖고 정변에 참여했다.

이괄이 이끄는 반정군은 쉽게 창의문으로 진입하여 궁궐을 점령하고 덕수궁에 유폐된 인목대비의 윤허를 받아 3월 14일에 광해군을 폐위하고 능양군을 인조(1623~1649)로 옹립했다. 이로써 대북파의 집권은 끝나고 남인과 연립한 서인 정권이 탄생했다.

정사공신의 칭호를 받은 반정 세력은 군사지휘권을 독점하고, 후금과 외교 관계를 끊었으며, 1621년에 가도를 점령하고 청나라의 후방을 괴롭히던 모문룡을 지원했다. 그런데 반정의 공이 가장 큰 이괄은 평안도 철주 출신에 서인의 중심 인물이 아니라는 이유로 논공행상에서 이등 공신과 한성부판윤의 관직을 받았다.

● **칠서의 옥(獄)**
광해군 5년(1613)에 《홍길동전》을 지은 허균과 교류하던 박응서, 서양갑, 심우영, 이경준, 박치인, 박치의, 김평손 등 7명이 서자라는 이유로 벼슬길이 막히자 세상을 비판하면서 소양강변에 무륜당(無倫堂)이라는 정자를 세우고 자신들을 강변칠우라 했다. 북인의 모사인 이이첨이 이들과 영창대군을 역모죄로 엮어 모두 죽이니 이를 칠서의 옥, 또는 박응서의 옥이라 하며, 영창대군을 사사한 사건은 계축옥사라 한다.

●● **계축옥사**
계축년(1613)에 강변칠우라고 호칭하던 7명의 서자들이 강도짓을 하다 포도청에 잡혔는데 대북의 영수인 이이첨이 이것을 영창대군의 외조부인 김제남의 역모로 몰아 그를 죽였다. 한편 인목대비는 덕수궁 석어당에 유폐시키고, 강화도 교동으로 보낸 영창대군은 증살한 사건을 말한다. 계축화옥이라고도 한다.

즉조당 | 인조반정으로 광해군이 폐위되고 덕수궁 석어당에 유폐되었던 인목대비는 인조에게 왕위와 옥새를 건넸다. 인조는 즉조당에서 인목대비의 재가를 받아 즉위했다.

1623년 5월, 인조는 여진족의 침입을 우려하여 이괄을 도원수로 삼아 영변으로 좌천시켰다. 그러자 이듬해 1월 22일, 이괄이 안주에서 1만 2천의 군사를 이끌고 반란을 일으켰다. 2월 11일에 한양을 점령한 이괄은 흥안군을 임금으로 추대했으나 이틀 만에 장만의 군대에게 반격을 당해 이천으로 달아났다가 부하인 기익헌에게 죽임을 당했다. 이괄 반란의 선봉장이었던 한명련의 아들 한윤은 압록강을 건너 후금으로 들어가 조선이 실질적으로 명나라와 은밀하게 교류한다는 사실을 털어놓았다. 그리고 이것은 정묘호란의 빌미가 되었다.

누르하치의 뒤를 이어 왕위에 오른 청태종은 명과 일전을 벌이기 위해서 후방의 조선을 복속시키거나 중립을 지키도록 해야 했다. 전쟁의 먹구름이 이미 조선의 하늘을 뒤덮고 있었지만 사대의리와 명분에 치우친 인조 정권은 아무런 대비도 하지 못했다.

역사 지식 플러스

대동법은 무엇인가?

조선 시대에는 백성들의 국가에 대한 의무로, 토지에 대한 조세(租稅), 개인에 대한 부역(賦役), 가호(家戶)에 대한 공납(貢納), 정남(丁男)의 병역인 군역(軍役)의 수취 제도가 있었다. 이중에서 지방민이 국왕에게 특산물을 바치던 공납은 조선 시대 국가 수입의 절반을 차지할 정도로 큰 비중을 차지했다.

공부상정도감에서는 공납의 품목과 수량을 정하고 장부인 공안을 마련하여 수취의 공정성을 꾀했지만 백성의 부담이 컸다. 이에 세조는 중앙 관청의 경비 명세서와 국가 재정의 세출 예산표인 횡간을 만들어 공납의 부담을 줄였다.

그런데 연산군이 공납 제도를 바꾼 신유공안(1501)은 중앙 정부가 부족한 예산을 하급 기관에서 전용할 수 있게 만든 악법으로, 이후 공납의 폐단이 본격화되었다. 율곡은 조광조의 대공수미법 제안을 계승하여 이를 실시할 것을 주장했다. 그러나 토지 결수를 공납액의 기준으로 삼는 대공수미법은 양반 관료들과 전호지주들의 강력한 반대로 실현되지 못했다.

임진왜란으로 국토가 피폐화되고 민생이 도탄에 빠지자 광해군은 1608년에 한백겸과 이원익이 제안한 대동법을 받아들였다. 대동법은 주관부서로 중앙에 선혜청, 지방에 대동청을 세우고, 공납 물목은 물가 변동의 폭이 좁고 쉽게 구할 수 있는 쌀(또는 면포)로 납부하며, 가호에 배당하는 액수도 토지 면적의 다소에 따라 내게 하는 혁명적인 조세 개혁 법안이었다.

하지만 처음에는 지주들과 대신들의 반대가 심하여 우선 경기도에서만 대동법이 실시되었다. 그로부터 100년이 지난 1708년에 전국적으로 확대되어 사회의 불평등과 내부 모순의 완화에 기여했고, 나아가 영조·정조 시대에 문예부흥이 일어나는 원동력이 되었다.

논술 생각나무 키우기

광해군이 명나라와 후금 사이에서 중립 외교를 취한 이유는 무엇일까?

Point 1 명나라의 내분과 후금의 등장이 당시 국제 정세에 어떤 영향을 미쳤는지, 임진왜란 이후 조선의 사대부들은 명나라에 대해 어떤 인식을 갖고 있었는지 알아본다.

Point 2 조선의 대표적 붕당인 서인, 남인, 북인의 세력을 비교하고, 광해군 시기의 집권 세력인 북인과 그 정적인 서인, 남인의 견해를 구분하여 정리한다.

Point 3 광해군의 중립 외교에 대해 긍정적인 요소와 문제점을 찾아내고, 인조반정이 갖는 역사적 의미와 조선에 대한 후금의 정책을 알아본다.

공부를 더 하고 싶다면

《**광해군**》(한명기 지음, 역사비평사)
광해군은 폭군인가에 대한 근본적인 물음부터 시작해서 시대 상황, 전후 복구사업, 일본과의 강화 교섭 과정을 살펴본다. 또 북방의 후금과 중립 외교를 추진한 고독한 군주, 그리고 소수 정권의 한계를 지닌 고립된 군주로서 광해군에 대한 새로운 해석을 보여준다.

《**책문, 시대의 물음에 답하라**》(김태완 지음, 소나무)
조선 시대의 천재적인 지식인들, 날카로운 시대인식을 간직한 반항아들, 당대의 핵심 의제에 대한 장원급제자들의 논술 답안지가 책문이다. 정치적으로 중요한 순간에 벌어진 군주와 신하 간의 첨예한 시대인식, 그리고 과제 해결에 대한 고민을 읽을 수 있다.

《**조선 당쟁사**》(이성무 지음, 아름다운날)
조선 전기가 훈구파와 사림파가 대결한 사화의 시대라면, 후기는 여러 붕당이 권력·정책·이념을 놓고 경쟁하던 당쟁의 시대이다. 흐름을 따라 읽다보면 당쟁의 전모를 한눈에 파악할 수 있다.

4 병자호란, 친명 정책과 명청 교체

한 줄로 읽는 우리 역사

인조는 광해군의 중립 외교를 버리고 친명배금 정책을 표방했다. 이에 후금은 병자호란을 일으켜 남한산성을 포위하고, 인조는 삼전도에서 치욕적인 항복을 했다. 병자호란은 임진왜란의 교훈을 망각한 지배권력이 초래한 국난이었고 그 피해는 백성에게 돌아갔다.

당시 후금은 조선의 중립을 원했다. 1115년에 금나라를 세운 여진족이 부모의 나라인 고려를 침략하지 않고 군신 관계로 매듭지은 선례에 따라 조선과 후금의 충돌은 충분히 피할 수도 있었다. 그러나 조선의 서인들은 명나라에 대한 사대의리와 재조지은의 명분에 치우쳐 전쟁을 자초했다.

조선은 후금이 이미 명나라의 전력을 누를 정도로 막강한 군세를 보유하고 있다는 사실조차 믿지 않았다. 대략 6만여 명으로 구성된 후금의 8기군은 병농일치의 농군이면서 훈련과 보급, 기동력과 전투 경험이 수십만 명의 정규군을

보길도 | 고산 윤선도는 병자호란 시기에 군왕을 구하고자 했으나 실패로 끝난 뒤 보길도에서 은거하며 지냈다. 보길도 곳곳에는 윤선도의 발자취가 서려 있다.

능가하고 있었다.

1619년의 싸르후 전투에서 보여준 후금의 군사력은 조선을 단번에 정복할 수 있을 정도였다. 지난날 거란족이나 몽골족이 고려의 내부 사정을 거의 모른 채 무모한 도발을 했다가 패배한 상황과는 전혀 달랐다. 후금은 이미 조선의 내정과 군비 상황을 파악하고 있었다.

정묘호란, 형제국의 맹약을 맺다

이괄의 난(1624)을 전후하여 후금은 1621년에 요양과 심양을 점령하고 실질적으로 요동의 주인이 되었다. 1621년에는 요양(동경)에 도읍하고, 1625년에는 심양(성경)으로 천도했다. 1626년에 태조 누르하치가 광녕성에서 명나라 대장군 원숭환에게 패해 회군 중인 8월 11일에 세상을 떠나자 그의 여덟째아들인 홍타시(황태극)가 청태종(1626~1643)으로 즉위했다.

청태종은 광해군의 중립 정책이 인조에 이르러 친명 노선으로 변경되자 이를 구실로 삼아 1627년 1월 13일에 압록강을 건너 조선을 공격했다.

후금이 전쟁을 일으킨 명분은 1) 조선이 명나라를 도와 후금을 공격하고, 2) 가도에 있는 모문룡을 지원하고, 3) 명나라와 여진족의 유망민들이 후금에서 노략질을 하는데 조선에서 방관하고, 4) 청태조의 장례에 조선이 조문객을 보내지 않았다는 것이었다. 이때 후금의 실질적인 목적은 조선 점령이 아니라 조선의 중립

병자호란 전후의 국내외 정세

양국의 군왕		주요 사건		
사건명	후금 군주	사건명	연도	내용
선조 (1567~1608)	청태조 누르하치 (1616~1626)	임진왜란	1592년	조선과 일본의 7년 전쟁(1592~1598)
		여진 통일	1607년	누르하치가 호륜 4부를 누르고 여진 통일
		대동법 실시	1608년	광해군, 전후 복구사업으로 대동법 실시
광해군 (1608~1623)		기유약조	1609년	일본(도쿠가와 막부)과 강화조약 성립
		후금 건국	1616년	누르하치가 흥경성에서 후금 건국
		싸르후 전투	1619년	후금과 명의 전쟁, 조선 중립, 후금 승리
인조 (1623~1649)		이괄의 난	1624년	광해군 폐위, 친명파 인조 즉위
	청태종 황태극 (1626~1643)	정묘호란	1627년	청, 몽골을 침략하고자 후방의 조선 견제
		몽골 통합	1635년	몽골 36부를 통합, 원나라의 정통 승계
		황제 즉위	1636년	국호를 청으로 고치고 만주, 몽골의 대칸(황제)으로 즉위

을 확보하는 것이었다.

후금군은 1월 21일에 안주를 점령하고 1월 24일 평양에 무혈 입성했다. 인조는 1월 27일에 강화도로 피난을 갔는데 후금은 평양에서 진격을 멈추고 사신을 보내 강화를 요청했다.

결국 인조는 3월 3일에 후금의 총사령관 아민과 1) 조선과 후금은 형제국이 되고, 2) 조선 왕의 아우를 인질로 보낼 것, 3) 조선은 명과 후금의 연호를 쓰지 않아도 되며, 4) 조선은 후금에 물품을 지원할 것을 결정했다. 이로써 정묘호란은 50일 만에 막을 내리고 동북아시아의 주도권은 후금으로 넘어갔다.

후금, 북원 몽골부를 병합하다

청태종은 조선의 중립을 약속받은 뒤 부왕인 청태조의 복수를 위해 5월 6일에 영원, 금주를 공격했지만 6월 12일에 패배하고 심양으로 돌아왔다. 그 뒤 후금은 먼저 북원(몽골)을 정복하고, 이어서 명나라를 도모하는 전략으로 바꾸어 1635년까지 대부분의 몽골을 정복했다. 1635년 12월에 몽골의 36부족 왕공들이 원 세조의 옥새를 청태종에게 바치고 후금에 합류했다.

후금은 몽골과 혼인동맹을 맺어 두 부족 간의 결속을 다지고, 티베트 불교를 받아들여 원세조 쿠빌라이의 정통성을 승계받았다. 원세조는 1279년에 중국의 남송을 점령하고, 곧이어 티베트 불교 사캬파의 파스파를 대칸의 스승인 제사(帝師)로 받들어 몽골 제국이 다스리는 모든 지역의 종교적 수장으로 추대했다. 몽골 제국의 정치적 지배와 티베트 불교의 종교적 우위가 결합된 정교 일치의 몽골 제국이 탄생한 것이다.

청태종은 이제 명나라 침공이 원나라의 영토를 회복하는 정의로운 전쟁이라는 도덕적 명분을 세울 수 있었다. 또한 북원의 마지막 대칸이었던 린탄칸(林丹汗)의 황후 두 명을 부인으로 맞이하여 실질적으로 만주● 와 몽골의 혈연 동맹을 강화했다.

● **만주의 유래**
만주는 티벳불교를 받아들인 여진족이 숭배 대상인 문수보살을 높여서 만들 족명으로 알려져 있지만, 본래는 고려의 백두산 숭배 의식과 문수보살 신앙이 합해져 여진족에게 전승된 것으로 추측된다.

이로써 청태종은 지난날 몽골 제국이 다스리던 모든 영토의 상징적인 주인이자 대칸이 되었으며 후금은 만몽제국으로 확대되었다. 이후 후금의 모든 공문서와 비문에는 만주어, 몽골어, 티베트 어가 병기되었다.

1636년 2월 24일에 후금은 만몽제국의 이름으로 조선에 대해 형제국의 관계를 군신 관계로 바꿀 것을 요구했다. 그러나 조선은 단호하게 이를 거절했다. 4월 11일에 청태종은 국호를 청(淸), 종족의 명칭을 만주족으로 바꾸고 연호를 숭덕이라 하고 황제의 자리에 올랐다.

조선에서는 만주족의 요구에 대해 주전론(척화파)과 주화론(협상파)이 팽팽하게 맞섰다.• 윤집, 오달제, 홍익한, 김상헌 등 주전파는 숭명의리에 의거하여 청나라와는 사대 관계가 불가능하므로 무력으로 응징해야 한다고 주장했다.

주화파인 최명길은 명분과 실리를 중시하는 양명학자로, 조선은 여전히 전후 복구사업이 중요하고 청나라의 기세가 명나라를

▼ 정묘호란과 병자호란
인조반정으로 집권한 서인은 중립 외교를 버리고 친명 정책을 선택했다. 후금(청)은 병자호란을 일으켜 조선을 굴복시키고, 여세를 몰아 명나라마저 멸하고 천하의 주인이 되었다.

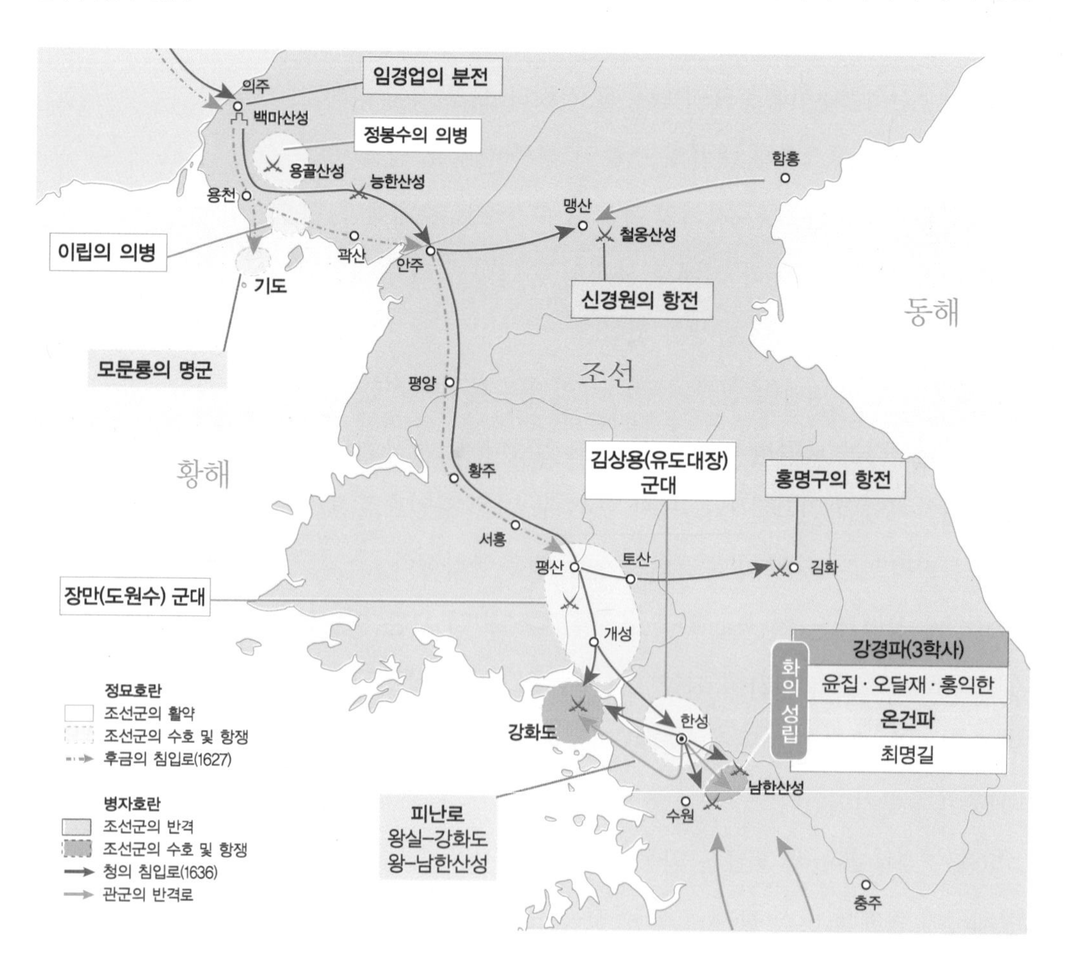

누르고 있으므로, 우선 외교적 협상을 하여 국내 정세를 안정시키고 실력을 양성하여 후에 청나라를 치자고 했다.

● **주전론(척화론)**
주전론자(홍익한, 윤집, 오달제, 김상헌), 친명배금(숭명반청) 의식, 후금에 대한 강경책, 이이 학통의 서인이 주장, 효종 시기 북벌운동의 사상적 배경, 국제 관계를 의리론과 가족론으로 인식, 최명길은 주화론
(수) 2005, (검) 4-3, (검) 5-4

병자호란, 인조 삼전도의 치욕을 겪다

인조는 척화파의 주장에 따라 압록강 하구에 있는 가도에 주둔한 모문룡에게 지속적으로 식량과 무기를 지원하고, 군신 관계를 요구하는 청나라의 압박을 묵살했다.

청태종은 11월 25일에 환구단에서 조선 정벌을 하늘에 고하고, 12월 2일에 만주족 · 몽골족 · 한족으로 이루어진 10만 군을 출병시켰다.

청나라군은 12월 9일에 압록강을 건너 의주를 점령하고 14일에 개성에 이르렀다. 한양이 위험에 처하자 세자비, 원손, 봉림대군, 인평대군은 강화도로 먼저 피신하고, 인조는 강화도로 가는 길이 막히자 소현세자와 함께 14일 저녁에 남한산성으로 피신했다.

12월 16일에 청나라군은 남한산성을 포위하고 인조의 항복을 요구했다. 조선에서는 주전론의 명분만 난무했지 실제적인 전쟁 대비는 부족했다. 남한산성에는 장기전을 치르기 위한 식량과 무기가 부족했고, 많은 병사들이 추위와 굶주림과 죽음의 공포를 이기지 못하고 몰래 성을 탈출했으며, 지방에서는 지원군이 움직이지 않았다.

이런 가운데 1월 26일에 강화도가 함락되고 왕족들은 포로가 되었다. 인조는 결국 1월 30일에 한강변 송파의 삼전도에 나와

《산성 일기》 | 조선 인조 때 쓰여진 작자 미상의 일기체 수필. 병자호란 발발에서 삼전도의 항복까지 50여 일 동안 벌어진 당시의 시대상을 있는 그대로 기록한 사실문학의 결정체이다.

청태종에게 항복했다. 이렇게 해서 1636년 12월 9일부터 1637년 1월 30일까지 50일에 걸쳐 벌어진 병자호란은 청과 조선이 군신 관계를 맺는 것으로 끝났다.

병자호란● 은 조선이 청나라군에 대응할 만한 아무런 준비도 하지 않은 채 의리와 명분만 내세우다 당한 처참한 결과였다. 2월 8일에 소현세자, 봉림대군, 인평대군은 인질이 되어 청나라의 심양으로 끌려갔다. 2월 15일에 청나라군은 조선에서 철수하면서 50만 명에 이르는 조선 백성을 포로로 끌고 갔다. 이는 요동의 농토 개발에 동원하려는 목적이었다.

척화를 주장하던 홍익한, 윤집, 오달제는 3월 5일에 심양에서 처형을 당했다. 병자호란은 임진왜란의 전후 복구사업이 마무리되지 않은 상태에서 이괄의 난, 정묘호란에 이어 백성들에게 말할 수 없는 고통을 안겨준 인조 정권의 역사적 죄악이었다.

● **병자호란**
정묘호란(1627)의 후속, 인조반정, 친명배금 정책, 모문룡(가도), 이괄의 난, 강화도 함락(왕세자), 남한산성(인조 피신), 삼전도비, 주화파(최명길), 척화파(삼학사, 김상헌), 청태종(황태극), 포로(환향녀), 대청 무역(인삼, 담배)
(검) 1-5, (검) 3-4, (검) 3-5, (검) 4-초, (검) 4-3, (검) 5-4, (검) 7-4, (검) 8-4, (검) 9-초

만청제국, 명나라 북경을 점령하다

청태종은 1642년 9월에 명나라의 성산, 금주에서 명군 13만을 전멸시키고 승리했으나 이듬해에 병을 얻어 세상을 떠나고 겨우 6세에 불과한 청태종의 아홉째아들 순치제(1638~1661)가 즉위했다. 그리고 누르하치의 열넷째아들인 예친왕 도르곤● 이 섭정왕이 되어 명나라 정벌을 이끌었다.

이때 명나라에서는 농민반란군 이자성●● 이 세력을 확장하여 1644년에 서안(장안)을 점령하고 3월 19일에 북경을 함락했다.

● **도르곤**
예친왕 도르곤(1612~1650)은 청태조 누르하치의 14자이며, 3대 황제인 순치제의 섭정왕이다. 1644년에 이자성의 농민반란군이 북경을 점령하자 산해관의 명나라 장수인 오삼계의 요청으로 만리장성을 넘어 북경으로 쳐들어가 이자성 군대를 누르고 명나라를 멸망시킨 일등공신이다. 소현세자를 부관으로 삼고 조선의 군왕으로 옹립하려는 구상을 가졌으나 소현세자가 급사하여 무산되었다.

●● **이자성**
이자성은 북중국 연안 출신으로 1629년부터 반란군에 가담했고 1635년에 농민반란군 지도자 13명이 모인 하남의 형양 대회에서 두각을 나타냈다. 1644년에 서안을 점령하고 국호를 대순, 연호를 영창이라 지어 황제가 되었다. 그러나 북경 전투에서 청나라 군에게 패하고 후퇴하던 중 부하에게 피살되었다.

청태종의 능묘인 북릉
정묘호란과 병자호란을 일으킨 청태종의 능묘이다. 누르하치의 여덟째아들인 황태극은 몽골과 조선을 굴복시키고 중국을 정복하려는 꿈을 키웠으나 그 뜻을 이루지 못하고 북릉에 묻혔다.

청나라의 침입을 막기 위해 산해관을 지키던 오삼계는 4월 15일에 오히려 도르곤에게 구원병을 요청했다.

청나라군은 4월 22일에 산해관에서 이자성 군대를 격파하고, 5월 2일에 북경을 차지했다. 도르곤은 패주하는 이자성 농민군을 평정한다는 명분으로 명나라의 대부분을 점령하고, 9월 9일에는 북경으로 도읍을 옮기고 중국의 주인이 되었다.

소현세자는 심양에서 인질 생활을 하면서 조선의 부흥을 위한 경험과 방법을 배우고자 노력했다. 그는 청나라가 조선에 요구하는 지나친 공물과 정치적 압박을 조정하고, 양국의 갈등을 해소하려고 외교적 노력을 기울였다. 1644년에는 도르곤을 수행하여 만주족이 세운 청나라가 중국을 지배하는 과정을 직접 체험했다.

1645년에 북경에 머물던 소현세자는 북경에 위치한 이탈리아 예수회의 대성당을 방문했다. 그것은 야만족이라 멸시받던 만주족의 청나라에게 조선이 무릎을 꿇은 원인을 찾고자 하는 고뇌에 찬 발걸음이었다.

소현세자는 대성당의 신부이며 순치제에 의해 흠천감(천문대장)을 맡아 시헌력(時憲曆)● 을 만든 당대의 최고 과학자 아담 샬(탕약망)●● 을 만나 유럽 세계와 근대 과학에 눈을 떴다.

아담 샬은 지리학, 역법, 천문학에 뛰어났는데 소현세자가 인질에서 풀려나 조선으로 귀국할 때 《천주실의》, 천구의, 망원경, 현미경을 선물로 주었다고 전해진다. 청나라에서 '조선의 어린 군왕'이란 뜻의 '소군(少君)'으로 불리던 소현세자의 귀국은 조선 정계에 일대 파란을 불러일으켰다.

● **시헌력**
청나라에서 흠천관으로 임명된 아담 샬이 1645년에 명나라에서 사용한 숭정역법을 교정하고 서양의 계산법을 채택하여 만든 역법이다. 조선에서는 1653년부터 사용하다가, 근대기인 1894년 갑오개혁으로 태양력이 채택되자 참고 사항에 머물렀고, 1910년에 일제에 의해 조선 역법은 끝이 났다.

●● **아담 샬**
본명은 요한 아담 샬 폰벨, 중국식 이름은 탕약망(湯若望)이다. 1622년에 중국에 들어와 북경 대성당에 있으면서 기독교와 천문, 서양 과학을 전파했다. 청나라가 들어선 1645년에 천문대장인 흠천관이 되었고, 이듬해에 시헌력을 만들었다. 청나라의 볼모로 있던 소현세자는 북경에서 아담 샬을 만나 서양의 학문을 접했고 조선으로 귀국할 때 망원경, 현미경, 지구의, 《천주실의》, 안경 등을 선물로 받아 가지고 왔다.

소현세자가 꿈꾼 조선은 어떤 나라였을까

소현세자의 귀국은 집권 세력인 서인을 두렵게 만들었다. 소현세자는 청나라가 지지하는 미래의 군주였고, 명나라가 망하는 과정을 현장에서 직접 목격한 현실론자였고, 아담 샬에게 서학(예수회)과 천문, 역법, 근대 과학을 배운 개방주의자였기 때문이다.

만주족이 이미 중국의 주인이 되었는데도 여전히 오랑캐라 멸시하고, 멸망한 명나라의 마지막 황제인 숭정제의 위패를 모시면서 사대의리를 고수하던 서인에게 소현세자는 자신들의 지위를 단번에 날려버릴 수 있는 핵폭탄 같은 존재였다.

삼전도의 치욕을 현실적인 부국강병으로 변화시킬 능력이 없는 인조는 소현세자의 배후에 청나라가 있다는 의심을 떨치지 못하고 결국 서인과 결탁하여 소현세자를 제거하는 데 동의했다. 소현세자는 1645년 2월 18일에 귀국하고 두 달이 조금 지난 4월 26일에 갑자기 세상을 떠났다.

역사학자들은 숭명의리를 고수한 인조가 자신이 아끼던 소용 조씨와 내의원 이형익을 시켜 소현세자를 독살했을 것으로 보았다. 〈인조실록〉 6월 27일자에 소현세자의 몸이 흑색이었고 검은 천으로 얼굴을 덮었으나 7공에 피가 맺혔다는 기록을 그 근거로 삼는다.

소현세자의 부인인 강빈도 이듬해 3월 15에 소용 조씨에 대한 저주 사건과 인조 독살설에 연루된 모함을 받고 사사되었으며, 두 명의 아들도 유배지인 제주도에서 의문의 죽음을 당했다.

서인들은 소현세자의 죽음과 강빈 옥사 이후 임진왜란, 병자호란의 양란을 초래한 역사적 책임을 모면하기 위해 더욱 사대의리, 소중화, 북벌론과 같은 명분론을 내세워 학문의 다양성, 민생 경제 우선, 상공업 진흥, 토지 제도 개혁, 청나라를 인정하는 현실론을 공격했다.

소현세자의 죽음은 조선이 서양 문물과 청나라의 발전에 문화적 충격을 받고 실리적 측면에서 부국강병을 할 수 있는 기회를 잃어버리고 성리학● 독재와 붕당으로 빠지게 되는 결정적 계기라는 점에서 뼈아픈 역사적 사건이다.

● **조선 중·후기 유학 경향**
인조 시기(사대의리), 효종 시기(북벌론, 민생론), 현종 시기(산림정치, 예론), 숙종 시기(환국정치), 영·정조 시기(탕평정치), 순조 시기(세도정치, 삼정 문란), 조선 말(위정척사)
(검) 2-1

역사 지식 플러스

만주족, 그들은 누구인가?

만주족은 다종족 연합 국가인 고조선의 주민이었던 숙신이 그 뿌리이다. 여러 부족의 연합체인 숙신족은 백두산을 중심으로 흩어져 살았다. 부여 시기에는 읍루, 고구려와 발해 시기에는 물길, 말갈족으로 불린 우리 역사의 일부였다. 고려 시대에 여진족으로 독립한 이들은 금나라(1115~1234)를 세워 만주와 북중국을 지배했다.

조선 시대에 들어와 여진족은 송화강 유역의 해서여진(호륜 4부), 흑룡강 유역의 야인여진, 두만강 유역의 장백산여진, 그리고 요동 지역의 건주여진으로 나뉘어 명과 조선을 사이에 두고 무역과 수렵, 등거리 외교를 하면서 성장했다. 임진왜란이 일어난 16세기 말에 건주여진의 추장인 누르하치가 주변 여진족을 모두 통합하고 1616년에 만주 신빈의 홍경성(혁도아랍)에서 후금을 세웠다.

1618년에 누르하치는 명나라에 대해 7대한을 내걸고 전쟁을 선포했으며, 이듬해에 싸르후 전투에서 명군을 대파하고 요동을 차지했다. 1625년에 심양으로 천도한 후금은 2년 뒤 정묘호란을 일으켜 조선을 견제하고, 차례대로 요서와 몽골을 정복했다. 1636년에 청태종은 만몽 연합국가의 황제에 올라 국호를 청, 종족명을 만주족으로 고쳤다.

본래 여진이란 족명은 약하고 여리다는 멸시의 칭호였으나 만주는 티베트 불교의 숭배 대상인 문수보살을 뜻한다. 국호인 '청'은 동방(靑 = 백두산)에서 일어났다는 뜻이다. 그런데 음양오행에서 명나라의 불(火)은 후금의 금(金)은 물론이고 새로운 국명인 청(靑 = 나무 목과 같음)도 누르는 기운이므로 여기에 물(水)을 더하여 맑을 청(淸)이라 하고, 족명도 물이 가득찬 만주(滿洲)로 했던 것이다. 국명과 족명이 모두 명나라를 이기겠다는 의지의 표현이었다.

논술 생각나무 키우기

병자호란을 전후하여 조선에서 제기된 척화론과 주화론의 내용은 무엇이며, 각각의 주장에 담긴 타당성과 논리적 모순은 무엇인가?

Point 1 인조반정, 이괄의 난, 명나라의 농민 반란, 정묘호란, 병자호란으로 이어지는 긴박했던 국제 정세를 바탕으로 후금에 대한 조선의 여러 정치적 입장을 가려낸다.

Point 2 척화론의 이념적 성향과 그 내용을 알아내고, 주화파를 주장한 사람들의 분포와 그들의 정치적 입장도 조사하여 양자의 장단점을 해석한다.

Point 3 당대의 입장과 오늘의 입장에서 척화론과 주화론이 갖는 견해와 의미, 타당성을 구분해 비교하고, 각각의 주장에 따른 역사의 결과를 예측한다.

공부를 더 하고 싶다면

《정묘 병자호란과 동아시아》(한명기 지음, 푸른역사)
만주족이 세운 후금을 미개한 오랑캐라는 관점으로 인식하는 순간부터 객관적인 상황 파악은 어려워진다. 다행히 가치중립적인 관점과 국제 정치의 시각에서 정묘호란과 병자호란을 다루고 있기에 당시의 시대 상황에 가까이 다가갈 수 있게 한다.

《산성 일기》(작자 미상, 서해문집)
후금과 조선이 벌인 병자호란에 대한 살아 있는 당대의 관찰 기록이다. 남한산성에 들어가 50여 일을 버티며 전쟁이라는 참혹하고 고통스런 현실 앞에서 패배자가 겪어야 하는 고뇌와 결단, 내부 다툼, 변절과 충절 등의 속내를 가감 없이 기록한 사실문학의 금자탑이다.

《조선의 뒷골목 풍경》(강명관 지음, 푸른역사)
지배권력과 정치사 중심의 조선사에서 언제나 조명받지 못한 비주류, 소외받는 사람들, 약자, 난봉꾼, 뒷골목의 인생을 그려낸다. 딱딱하고 비정한 정치권력의 세계를 벗어나면 어디서나 풋풋한 인간 냄새가 넘친다는 사실을 깨닫게 해준다.

제9장

조선 후기, 붕당의 시대

1_ 붕당정치, 선비들의 배반

2_ 영조, 노론 벽파와 탕평책

3_ 개혁군주 정조와 조선의 르네상스

4_ 세도정치, 망국으로 가는 길

조선 후기는 붕당의 논쟁이 난무하던 시대이다. 양란이 끝나고 서인은 북벌론을 내세운 산당과 민생론을 내세운 한당으로 나뉘어 논쟁했다. 예송 논쟁도 집권 세력인 서인과 그 정적인 남인이 왕권과 신권을 놓고 다투던 붕당 투쟁이었다. 숙종은 환국이라는 방식으로 신권을 제약하고 왕권을 강화했다. 영조는 붕당의 폐해를 없애고자 완론탕평을 실시했다. 정조 시대에는 대동법과 균역법의 시행, 광작의 활성화로 토지 겸병이 촉진되고 자본주의적 상업이 발달했지만 소농들은 토지를 잃고 소작농으로 전락했다. 이때 토지 문제를 제기한 중농학파와 상공업을 중시한 중상학파의 실학 사상이 등장했다. 중농학파와 중상학파의 학문적 성과가 집약된 곳이 정조가 건설한 수원 화성이었다. 그러나 개혁을 주도한 정조가 죽고 특정 가문이 정치와 경제 권력을 장악하고 국정을 농단하는 세도정치가 시작되었다. 역사의 격변기에 변화의 흐름을 읽지 못한 지식인들은 오히려 역사의 반동이 된다는 진리처럼, 세도정치는 조선의 앞날에 드리운 먹구름이었고 그 속에 조선을 수탈하고 식민지화하려는 외세의 총칼이 번득이고 있었다.

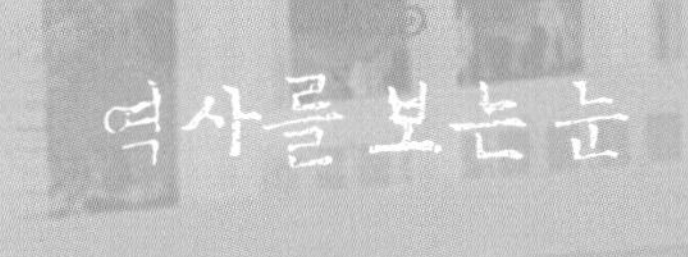

새로운 시대를 꿈꾸는 개혁 세력

조선 후기에 이르러 성리학적 이념 독재와 사회적 모순의 극복을 토지 개혁이나 상공업 진흥에서 구하려는 실학과 서양의 학문, 종교 사상인 서학을 배우려는 움직임이 일어났다. 또한 전통 사상에서 현실의 고통을 이겨내려는 동학도 꿈틀거렸다. 근대 사회를 지향하는 조선의 용틀임은 이처럼 내적 역량을 준비했다. 문제는 조선 내부의 기득권 세력과 외세의 침략이었다.

| 18~19세기경의 세계 |

18~19세기경, 조선과 청나라는 문예부흥에 성공하여 크게 발전했으나 19세기 초에 이르러 내정 개혁에 실패하면서 급격히 쇠퇴했다. 일본은 도쿠가와 막부의 쇄국 정책으로 외국과의 교류를 끊었으나, 하층 무사를 중심으로 막부 체제를 무너뜨리는 명치유신을 성공시켰다.

아랍의 오스만 제국과 인도의 무굴 제국은 성장 동력을 잃고 유럽 열강의 침략에 시달렸다. 서유럽에서는 자본주의와 산업혁명, 부르주아 시민혁명이 일어났고 이를 바탕으로 산업 자본주의, 제국주의가 성장하여 식민지 쟁탈에 나서기 시작했다. 곧 아프리카, 동남아시아, 동북아시아는 제국주의의 각축장이 되었다.

네덜란드, 영국, 미국, 프랑스에서는 계몽 사상의 영향으로 자본가가 주도하는 시민혁명이 일어나 근대 시민국가를 세웠다. 독일과 이탈리아는 여전히 통일국가를 이루지 못했다. 러시아는 유럽식 개혁을 도입하고 북해, 카스피 해, 시베리아, 중앙아시아로 세력 팽창을 시도했다.

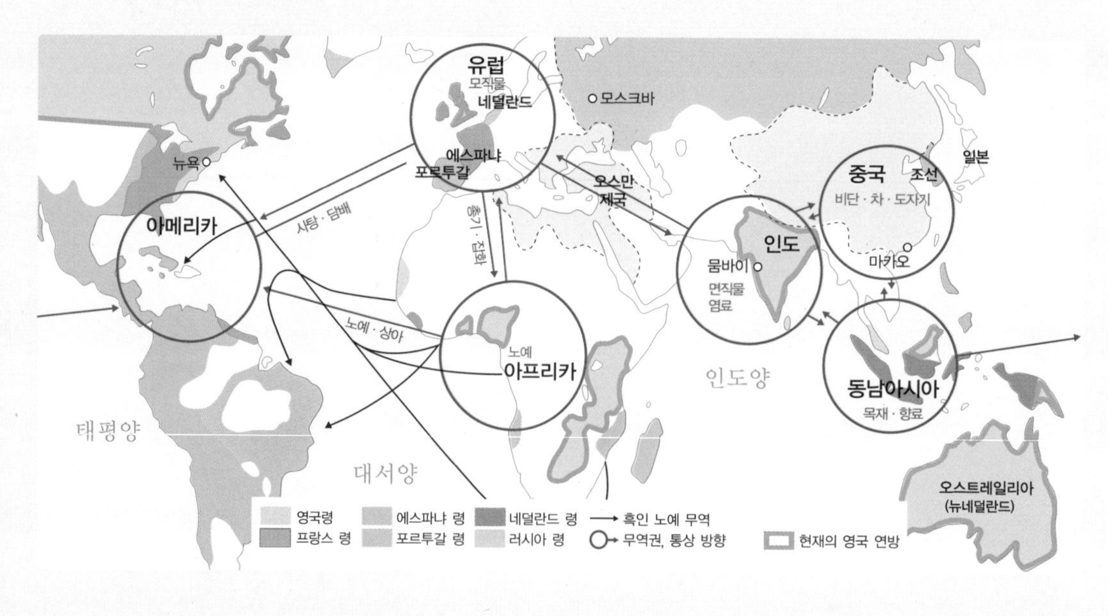

우리나라 ▼	주요 연표	▼ 세계
	1644년	명, 청에게 멸망
하멜 제주도 표착	1653년	
제1차 나선 정벌(1658 제2차 나선 정벌)	1654년	
효종 북벌 좌절	1659년	
이이, 성혼 문묘 종사	1681년	
	1688년	영국 명예혁명
	1689년	영국 권리장전 발표, 청-러시아 네르친스크 조약 체결
기사환국, 남인 집권	1689년	
갑술환국, 서인 집권	1694년	
	1701년	프로이센 왕국 성립
	1703년	러시아 피터 대제 유럽식 근대화 추진
대동법, 전국 시행	1708년	
백두산 정계비 세움	1712년	
을사처분, 노론 집권	1725년	
이인좌의 난	1728년	
영조, 완론탕평 실시	1729년	
균역법 시행	1750년	
	1757년	몽골 최후의 유목 제국 준가르칸국 건륭제에 의해 멸망
	1765년	와트 증기 기관차 발명, 산업 혁명 시작
	1776년	미국 독립 선언(7월 4일)
	1789년	프랑스 대혁명, 인권 선언
정조, 신해통공 실시	1792년	
수원 화성 축조 시작	1794년	
신유박해	1801년	
	1804년	프랑스 나폴레옹이 황제로 즉위
	1806년	신성 로마 제국 해체
홍경래의 난(~1812)	1811년	
	1815년	빈 체체(~1848) 성립
	1821년	그리스, 오스만 제국과 해방 전쟁(~1832)
	1848년	마르크스, 〈공산당 선언〉 발표
	1851년	중국, 태평천국의 봉기
	1853년	크림 전쟁(~1856)
최제우, 동학 창시	1860년	
진주 민란	1862년	

1 붕당정치, 선비들의 배반

한 줄로 읽는 우리 역사

양란의 책임을 회피한 사대부들은 당쟁에 돌입했다. 효종은 북벌을 추진했으나 당시의 과제는 민생 안정이었다. 현종 시기의 예송 논쟁도 권력을 놓고 벌인 이념 투쟁이었다. 숙종은 신권을 누르고자 환국정치를 시도했다. 이때 서인은 노소 분당을 했다.

병자호란이 끝난 뒤 조선의 집권 세력인 서인은 경제 회복과 민생을 우선시하는 한당(漢黨)과 숭명의리와 북벌을 주장하는 산당(山黨)으로 나누어졌다.• 한당은 대동법의 시행을 강력하게 주장했고, 산당은 북벌을 최우선으로 주장했다. 심양에서 인질 생활을 했던 효종의 즉위는 산당에게 호재였다.

북벌론자인 효종은 학문적 스승인 송시열과 함께 북벌을 추진했다. 그러나 부국강병을 바탕으로 하는 효종의 군사적 북벌론과 명분을 중요시하는 송시열의 북벌론은 지향하는 바가 달랐다.

백두산 천지 | 백두산은 조선과 만주족의 성산이다. 숙종 시기인 1712년에 조선과 청나라는 백두산 천지에 국경비인 백두산 정계비를 세웠다.

송시열을 영수로 하는 산당의 북벌론은 멸망한 명나라를 붙들고 숭명의리를 내세우는 이념적 집권 논리에 불과했다. 현실과 명분이 조화를 이루지 못하는 결론은 반드시 비극으로 끝나게 마련이다. 드디어 명분론에 매몰되어 민생을 도외시하는 선비들의 배반이 시작된다.

● **산당과 한당**
효종 시기 이념 논쟁, 산당은 북벌론(사대의리) 주장, 한당은 민생 안정(대동법 실시), 산당은 송시열, 한당은 김육
(검) 1-5

효종, 북벌과 나선 정벌을 추진하다

인조는 소현세자가 죽자 1645년 6월에 귀국한 봉림대군을 서둘러 세자로 책봉했다. 1649년에 인조가 세상을 떠나자 봉림대군이 효종(1649~1659)으로 즉위했다. 국내에 세력 기반이 약한 효종은 호서 산림의 거두인 김장생의 문인들인 김집, 송시열, 송준길, 이유태, 권시, 이경석 등을 정계로 불러들였다.

인조 시기에 서인은 반정공신인 공서파(功西派)와 인조반정에 참여하지 않은 청서파(淸西派)로 양분되었다.●

효종 시기에 이르러 공서파는 김자점, 변사기의 낙당(洛黨)과 원두표, 이행진, 이시해의 원당(原黨)으로 나뉘었고, 청서파는 명분을 중시하는 호서 산림의 산당과 민생 경제 우선을 주창하는 김육, 신면의 한당으로 나뉘었다.●●

효종은 명분론과 사대의리론을 내세우는 산당의 지지를 받아 청나라를 공격하는 북벌을 준비했다. 하지만 민생을 중시하는 정통적인 관료 계층인 한당은 명분을 중시하는 산당의 정국 운영에 반대하고 대동법 실시 등의 현실 문제를 우선해야 한다며

● **인조 시기의 서인**
공서파 : 서인 가운데 인조반정에 참여한 김류, 심기원, 이귀, 김자점, 신경진 중심의 분파. 훈서라고도 하며, 효종 시기에 낙당과 원당으로 나뉘었다.
청서파 : 서인 가운데 인조반정에 가담하지 않았거나 그 정당성에 대해 소극적인 태도를 취한 김상헌 중심의 분파. 효종 시기에 산당과 한당으로 나뉘었다.

●● **효종 시기의 서인**
1) 공서파에서 분파
낙당 : 소현세자를 제거하는 데 앞장선 김자점을 중심으로 형성된 분파. 효종의 즉위와 북벌론이 우세하면서 소멸했다.
원당 : 원두표를 수령으로 공서파에서 분파되었다. 청서파의 산당과 북벌을 추진했고, 남인과 대립했으며, 대동법을 반대했다.
2) 청서파에서 분파
한당 : 김육을 우두머리로 하며 한양의 경화사족 계열이 대다수 참여하여 한당이라 부른다. 북벌 반대, 민생 경제 회복, 대동법 시행을 주장했다.
산당 : 재야 사림이 많이 참여해서 산당이라 한다. 송시열 중심으로 북벌과 대명의리, 예론을 주장했고, 재야 산림을 움직여 공론으로 삼는 산림정치를 실행했다.

● **김육이 건의한 대동법**
우의정 김육이 임금에게 올려 말하기를, 선혜법(대동법)은 예전의 재상이었던 이원익이 건의한 것으로 우선 경기도와 강원도 두 도에서 실시하고 호서는 미처 시행하지 못했습니다. 지금 마땅히 먼저 이 도에서 시험해야 하는데, 삼남(三南)에는 부호(富戶)가 많습니다. 이 법의 시행을 부호들이 좋아하지 않습니다. 국가에서 영(令)을 시행하는 데 있어서 마땅히 여린 백성들의 바람을 따라야 합니다. 부호들을 꺼려서 백성들에게 편리한 법을 시행하지 않아서야 되겠습니까.
–〈효종실록〉 원년

● **송시열**
기호학파(서인), 이이의 학통 계승(주기론), 노론의 영수(산림정치), 친명배금 사상(명분론), 효종 시기 북벌 추진(사대의리), 현종 시기 예송 논쟁 주도(천하동례), 만동묘 축조, 화양 서원 배향
(수) 2008, (검) 9-초, (검) 9-4

●● **북벌론**
효종(봉림대군), 이완(훈련대장), 송시열(서인 노론), 삼전도비(이경석), 사대의리론
(검) 9-초, (검) 2-5, (검) 4-4, (검) 5-3, (검) 9-초, (검) 9-4

●●● **나선 정벌**
북벌 추진(효종)으로 군사력 강화, 청의 출병 요청, 러시아의 남하를 저지, 변급(제1차)과 신유(제2차)가 활약
(수) 2003

북벌을 반대했다.

한당의 중심 인물인 김육은 무오사화에 희생당한 김식의 5세 손으로 사림의 정통을 계승한 서인계 사대부였다. 효종 6년인 1654년에 영의정이 된 김육은 대동법●의 전국적 실시를 강력하게 주장했다.

그러나 산당의 영수인 송시열●이 지주층의 이익을 대변하며 대동법 시행을 강력하게 반대하자 효종은 마지못해 충청도, 전라도에서만 대동법을 실시했다.

효종이 북벌●●을 추진하려던 이유는 청나라에 인질로 끌려갔던 지난날의 치욕을 갚아야 한다는 개인적인 문제와 더불어 북벌군을 양성하여 친위 세력으로 만들고, 이를 바탕으로 신권을 누르고 왕권을 강화하려는 것이었다. 이와 달리 송시열의 북벌론은 사대의리를 실천한다는 명분론을 내세워 민생 경제를 앞세우는 한당을 누르고 정국을 주도하는 것이 목적이었다.

효종은 훈련대장인 이완과 함께 강력하게 북벌을 추진했다. 군비와 훈련이 어느 정도 무르익던 1654년에 청나라는 흑룡강에 나타난 러시아(나선)의 남하를 막기 위해 조선에 원병을 요청했다.

효종은 북벌 계획을 숨기고 이때 양성한 조총 부대의 위력을 시험하기 위해서 함경도 병마우후 변급에게 조총군 100명과 초관 50명을 선발하여 보냈다. 조선군은 송화강변 의란에서 러시아 군과 교전하여 7일 만에 패퇴시키고 제1차 나선 정벌●●●을 승리로 이끌었다.

4년 뒤인 1658년에 청나라가 재차 원병을 요청하자 조선은 혜산진 첨사 신유에게 조총군 200명과 초관 60명을 이끌고 송화강이 흑룡강과 만나는 어라이무청과 하바로프스크 등지에서 러시

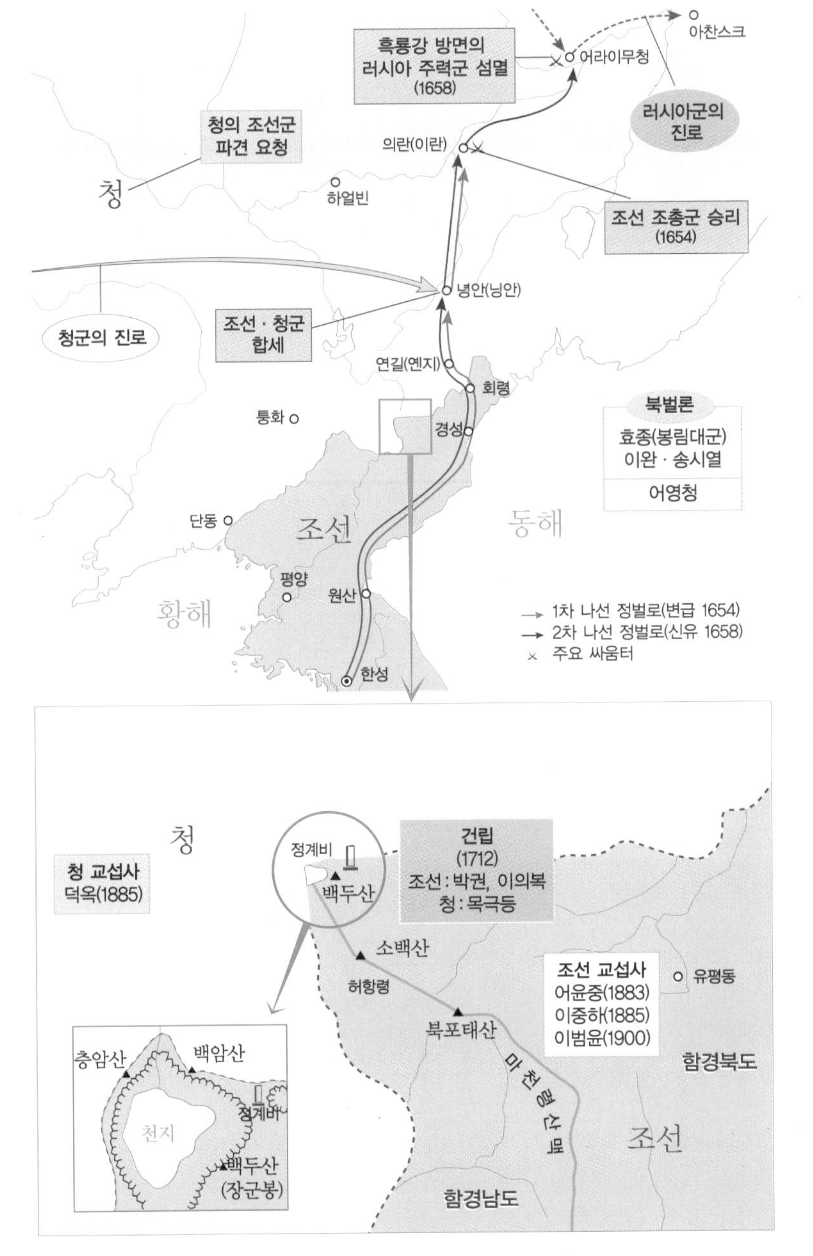

◀ 1 · 2차 나선 정벌과 백두산 정계비
효종의 북벌 시기에 양성된 조총 부대는 청의 요청으로 나선 정벌에 나서 러시아 군대를 격파했다. 이후 청은 발상지인 만주를 지키려고 조선과 국경 조약을 맺고 백두산 정계비를 세웠다.

아 군을 맞아 제2차 나선 정벌을 승리로 이끌었다.

나선 정벌의 승리로 자신감을 얻은 효종은 1659년 4월, 공론을 이끄는 송시열에게 독대를 청하고 북벌 단행을 요구했다.

●● 나선 정벌
효종 시기에 청나라의 원병 요청을 받아들여 연해주, 흑룡강 방면으로 남하하는 러시아 군대와 치른 전쟁. 한자로 러시아를 아라사, 로서아, 나선이라고 하므로 나선 정벌이라고 한다.

붕당 시기의 정치 개요

왕과 정치 현황		재위 연도	주요 사건		
			사건명	연도	내용
인조	사대의리	1623~1649	이괄의 난	1624	인조반정의 논공행상 문제로 이괄의 반란
			정묘호란	1627	조선의 친명 정책으로 후금의 태종 침략
			병자호란	1636	명나라 공격 위해 후방의 조선을 침략
효종	북벌 정국	1649~1659	산당 한당 논쟁	1654	북벌론(산당)과 민생론(한당)의 격돌
			제1차 나선 정벌	1654	변급 조총 부대, 의란에서 러시아 군 격퇴
			제2차 나선 정벌	1658	신유 조총 부대, 흑룡강에서 러시아 군 격퇴
현종	산림정치 예송 논쟁	1659~1674	기해예송	1659	효종 상례에 복상 문제, 남서 논쟁(서인 승리)
			갑인예송	1674	효종 비 상례에 복상 문제, 남서 논쟁(남인 승리)
숙종	군강신약 환국정치	1674~1720	갑인환국	1674	현종 묘지명 사건, 송시열 제거, 남인 집권
			경신환국	1680	삼복의 난, 남인 축출, 서인 집권
			문묘 종사	1681	성혼과 이이 문묘 종사, 서인의 정통성 확인
			노소 분당	1683	서인이 노론(송시열)과 소론(윤증)으로 분당
			기사환국	1689	송시열 사사, 인현왕후 폐비, 남인 집권
			갑술환국	1694	장희빈 폐위, 인현왕후 복위, 서인 집권
			대동법 실시	1708	대동법 전국적으로 실시, 후기 문예부흥의 기반
			백두산 정계비	1712	조청 국경 조약, 압록강과 토문강(송화강)을 국경으로 정함
경종	신임옥사	1721~1724	정유독대	1717	세자인 경종의 대리청정, 1721년 경종 즉위
			신축옥사	1721	연잉군(영조) 대리청정 요구한 노론 정계 축출
			임인옥사	1722	노론의 경종 시해 음모 사건, 노론 4대신 옥사
영조	신임의리 탕평정치	1724~1776	을사처분	1725	노론 4대신 무죄 천명, 노론 집권
			정미환국	1727	노론이 왕에 당론 요구, 이에 소론 집권
			무신당의 난	1728	소론과 남인, 영조에 반대하는 이인좌의 반란
			기유처분	1729	신축옥사 충의, 임인옥사 불의=분등설 채택
			탕평책(완론탕평)	1730	노론과 소론의 당쟁 해소, 탕평책 실시
			신유대훈	1741	경신처분(1740) 후 노론 무죄, 탕평책 무산
			균역법	1751	양역사정청에서 군포를 감하는 균역법 실시
			을해옥사	1755	나주 벽서 사건으로 소론 처벌, 노론 집권
			임오화변	1762	소론에 동정적이던 사도세자를 죽임

당시 남중국에서는 청나라에 저항하는 남명 정부가 세워져 명나라의 부흥운동을 이끌고 있었으며, 동남해 연안의 하문, 금문에서는 해상 군벌 정성공•이 반청운동을 지휘하고 있었다. 효종은 조선이 북벌을 감행하면 남명 정권••과 해상 군벌 정성공이 호응하고 전국에서 민중 봉기가 이루어져 승리할 수 있다고 판단했을 것이다.

그러나 송시열은 효종의 정책에 사사건건 제동을 걸며 반대했고, 이는 효종에게 충격으로 다가왔다. 그리고 두 달 뒤 효종이 갑자기 세상을 떠나면서 북벌은 중단되었다.

• **정성공**
정성공은 일본 나가사키에서 해상 무역을 했던 정지룡과 일본 여인 사이에서 태어났다. 1661년에 네덜란드의 식민지였던 대만(타이완)을 수복하고 항청복명(抗淸復明)의 근거지로 삼았다. 정성공이 죽고 그의 아들과 손자가 항쟁을 지속하여 한때는 오삼계 등이 일으킨 삼번의 난에 합류하여 세력을 일으켰으나 1683년에 청나라에 굴복했다.

•• **남명 정권**
1644년에 명나라가 망한 뒤 일부 왕족과 유신들이 중국 남부에 세운 지방 왕조(1644~1662)로, 명나라 부흥운동을 일으켰으나 실패했다. 효종의 북벌은 조선과 남명이 연합하면 가능성이 있다고 보고 추진한 면이 있었다.

••• **산림정치**
국왕이 재야의 산림을 초청하거나 그들의 의견을 경청하여 국가의 공론으로 삼고, 이를 바탕으로 정국을 운영하는 정치 방식이다. 반정으로 즉위한 인조는 정통성을 강화하고자 산림을 특별히 우대했고, 효종 때는 산림이 북벌을 위해 대명의리론을 앞세워 공론을 만들었다.

현종, 산림정치•••와 예송 논쟁•에 휘말리다

현종(1659~1674)은 봉림대군(효종)이 청나라에 인질로 있던 1641년에 심양에서 태어났다. 부인은 청풍 김씨 김육의 손녀이자 김우명의 딸인 명성왕후이다.

이때 중앙 정계에서는 서인계 산당과 남인의 예송 논쟁이 불붙었다. 표면상으로는 상복의 문제였지만 예송 논쟁의 실상은 사대부와 군주의 예법은 같다는 신권론을 주장하는 서인과, 왕권의 신성한 법통을 앞세워 왕이 어진 신하를 뽑아 정치를 하는 택현론(擇賢論)을 제기하는 남인의 이념 논쟁이었다.

1659년에는 효종의 상례에 어머니인 자의대비의 상복을 삼년복으로 하느냐 일년복으로 하느냐를 놓고 논쟁이 벌어졌다(기해예송).

• **예송 논쟁**
기해 예송 : 현종 시기(1659), 효종 상복 문제, 핵심은 신권론(서인)과 왕권론(남인), 서인(사서례, 군신동례, 일년복), 남인(왕조례, 왕자례부동사서, 삼년복), 일년복 채택, 서인 정권 수립
갑인 예송 : 현종 시기(1674), 효종 비상복 문제, 핵심은 신권론(서인)과 왕권론(남인), 서인(군신동례, 구개월복), 남인(왕조례, 일년복), 일년복 채택, 남인 정권 수립
(검) 3-1, (검) 5-고

서인계 산당(송시열)은 신하들이 군주를 선택할 수 있다는 택군론(擇君論)에 입각하여 효종은 차남에서 선택된 군주이니 사대부의 예법에 따라 차남의 상례에 준거한다는 논리로 일년복을 주장했다.

한편 남인(윤휴, 허목, 윤선도)은 왕권법통설을 바탕으로 왕위를 계승하면 그것이 적장자이므로 효종이 혈통상으로는 차남이지만 왕통으로는 적통이라는 논리로 삼년복을 주장했다.

현종은 송시열의 권위와 산림의 공론을 무시할 수 없어 결국 산당의 손을 들어주고 《경국대전》에 의거하여 일년복으로 결정했다.

1663년 11월, 명분론자들인 서인계 산당에게 일격을 가하는 사건이 일어났다. 청나라 사신을 모화관에서 맞이해야 하는 수찬 김만균이 사대의리에 따라 영접을 거부하자 현실론자들인 서인계 한당이 공직자의 윤리를 들어 김만균을 공격한 것이다.

송시열이 부당함을 강조하며 산림을 충동질하자 여기에 찬성하는 준론파와 반대하는 완론파로 나뉘어 공의와 사의를 놓고 격렬한 다툼이 벌어졌다. 현종은 효종의 법통을 부정한 송시열에게 반감을 갖고 있었기에 공의를 주장한 완론파의 손을 들어주어 김만균을 당일로 파직시켰다.

1674년에는 공교롭게도 효종 비인 인선왕후가 2월 23일에 세상을 떠나고 시어머니인 자의대비가 여전히 생존해 있었다. 이번에는 자의대비가 며느리의 상례에 일년복을 할 것인지, 아홉 달 동안 입는 대공복(大功服)을 할 것인지 논쟁이 벌어졌다(갑인예송).

처음에 예조에서는 일년복을 올렸는데 갑자기 서인의 입장인 대공복으로 바뀌었다. 상례가 진행되던 7월 6일에 남인에서 상례복의 잘못을 건의하는 상소를 올렸다.

현종은 7월 29일에 외척인 김석주와 남인의 허적, 이하진, 이옥, 권대운 등을 끌어들여 일년복으로 결정하고, 서인의 영수인 김수항을 정계에서 축출했다. 남인과 김석주에게 남은 일은 뿌리 깊은 서인 세력을 일망타진하는 것이었다. 그런데 현종이 8월 18일에 갑자기 세상을 떠나면서 그 계획은 숙종 시기로 미루어졌다.

숙종, 환국정치●로 정국을 주도하다

숙종(1674~1720)은 14세의 어린 나이에 왕위에 올랐지만 뚜렷한 주관과 정치 식견이 있는 군주로, 이른바 군약신강의 국면을 뒤바꾸었다.

● **숙종의 환국정치**
갑인환국(1674, 갑인예송, 남인 정권), 경신환국(1680, 허견 역모 사건, 서인 정권), 기사환국(1689, 인현왕후 폐위, 남인 정권), 갑술환국(1694, 숙빈 최씨 독살 사건, 서인 정권)
(검) 9-고

숙종은 태생적으로 송시열을 미워했다. 숙종이 태어났을 때 하례식에 송시열이 오지 않았는데, 그것은 효종의 상중에 숙종이 잉태되어 예법을 지키지 않은 비례(非禮)한 원자라는 이유 때문이었다.

9월에 숙종은 산림의 위세를 무시할 수 없어 현종의 묘지명을 송시열에게 위촉했다. 그러자 진주 유생 곽세건이 효종을 서자라고 해도 좋다는 왕통부정론자인 송시열에 맡기는 것은 부당하다며 상소했다.

숙종은 이를 빌미로 외척인 김석주에게 묘지명을 맡기고, 현종의 행장을 대제학 이단하에게 쓰라 하면서 송시열이 예를 잘못 정했다(오정례)라는 문구를 반드시 기록하라고 지시했다. 이 사건으로 예송 논쟁을 주도한 서인과 송시열은 도덕성에 치명타를 입었다.

12월 13일에 현종의 장례가 끝나자 남천한, 이옥, 목창명 등 남인들이 들고 일어나 군주를 능멸한 송시열과 서인을 공격했다. 서인들은 중앙 정계에서 대거 축출되고 허적, 허목, 윤휴, 권대운, 오시수, 민암, 이하진, 이원정 등 남인들이 중용되어 인조반정 이래 42년 만에 갑인환국(1674)● 으로 서인 정권이 무너지고 남인 정권이 들어섰다.

● **갑인환국**
갑인예송(1674)에서 승리한 남인은 현종의 급사로 권력 탈환에 실패했지만, 갓 즉위한 숙종이 서인(송시열)을 축출하고 남인에게 조정을 넘겼다. 이로부터 남인은 42년 만에 집권 세력이 되었다.

숙종은 1675년 7월에 왕의 권위와 효종의 법통을 부정한 송시열을 함경도 웅천으로 유배를 보냈다. 15세 군주가 75세 산림의 거목을 무너뜨린 것이다.

서인은 숙종의 왕권 강화에 위기의식을 느끼고 이를 돌파하기 위한 방편으로 호론(湖論)과 낙론(洛論)으로 나뉘어 호락 논쟁● 이라고 부르는 인물성동이론(人物性同異論)을 제기했다.

● **호락 논쟁**
인물성동이론, 호론(호서, 인물성이론), 낙론(한양, 인물성동론)
(검) 1-3, (검) 2-2

겉으로 보기에는 사람(인)과 사물(물)의 성품은 같은가(낙론, 성동) 다른가(호론, 성이)를 놓고 벌인 이념 논쟁이지만, 실상은 만주족이 세운 청나라의 중국 지배를 심정적으로 인정하느냐 못하느냐는 문제이자 서인의 당론을 결집하는 수단이었다.

낙론은 사람과 사물, 그리고 오랑캐라 멸시하는 만주족의 청나라도 조선과 마찬가지로 모두 우주의 기운을 받은 동일한 존재라는 인물성동론을 주장한 이간, 김창엽 등의 주장에 동조한 한양 일대(낙하) 학자들의 견해이다.

낙론은 상대적인 관점에서 세상을 보자는 현실을 인정하자는 견해이므로 오랑캐인 만주족도 당연히 중화의 주인이 될 수 있다는 논리로 발전했고, 이러한 흐름은 훗날 청나라의 문물을 수용하자는 북학파, 개화 사상으로 이어졌다.

호론은 사람과 사물이 각기 다르게 우주의 기운(이)을 받는 존재라는 인물성이론을 주장한 한원진, 윤봉구를 따르는 호서(충청) 지역 학자들의 견해이다. 이는 북벌론의 연장선에서 청나라는 오랑캐, 금수와 같은 존재여서 조선과 다르다는 관점으로, 조선만이 중화를 계승한다는 소중화의 논리로 굳어졌고, 훗날 위정척사 사상으로 이어졌다.

숙종은 호락 논쟁과 같은 서인들의 내부 투쟁, 서인과 남인의 당쟁 등을 적절하게 이용하여 군약신강을 군강신약의 국면으로 바꾸는 노련하고 고단수인 환국정치●● 를 운영했다.

1680년에는 경신환국●●● 이 일어나 집권 세력이 남인에서 서인으로 바뀌었다. 이때 남인은 허적, 권대운을 영수로 민희, 민암, 오시복, 김덕원 등의 탁남과 허목, 윤휴, 오정창, 오시수, 이원정, 이하진 등의 청남으로 나뉘어 내부 투쟁을 벌였다.

노련한 정치가였던 외척 김석주는 강력했던 산당(송시열)을 몰락시킨 경험을 살려 이번에는 비대해진 남인 세력의 성장을 막고자 서인과 결탁했다. 영의정 허적이 사사로이 왕실의 천막을 사용했다는 기름 천막 사건과, 허적의 서자인 허견이 인조의 셋째아들 인평대군의 세 아들(복창군, 복선군, 복평군)과 역모를 꾸몄다는 허견 역모 사건을 일으켜 남인계 탁남의 영수인 영의정 허적을 제거하고 남인을 정계에서 축출했다.

●● 환국정치
인조에서 효종, 현종에 이르는 시기는 집권세력인 서인들이 붕당과 산림정치를 통해 신권을 강화하여 이른바 군주의 힘이 약하고 신하들의 입김이 강해지는 군약신강(君弱臣强)의 국면이었다. 숙종은 노론과 남인 등 붕당의 대립을 이용하여 집권세력의 교체를 단행하여 군강신약의 국면으로 바꾸었다. 이를 환국정치라고 한다.

※ 숙종의 교체탕평
서인과 남인의 세력을 교체하며 신하들의 권력을 견제하는 환국정치를 교체탕평이라 한다. 숙종의 교체탕평은 환국을 빌미로 정당 간의 치열한 당파 분쟁을 낳은 원인이 되었다. 이에 영조는 붕당을 넘는 완론탕평을 추구했고, 정조는 붕당의 논리를 제압하는 준론탕평을 실시했다.

●●● 경신환국
숙종 6년(1680)에 허견 역모 사건을 빌미로 남인 정권을 서인 정권으로 바꾼 사건으로 경신대출척이라고 한다. 숙종의 모후인 서인 계통의 명성왕후가 배후에서 주도했다.

장희빈 묘소 | 서오릉에 자리 잡은 장희빈의 묘소이다. 장희빈은 남인에 속한 중인 여자로 궁녀에서 왕비까지 오른 입지전적인 인물이다. 숙종의 환국정치와 당파에 희생당했지만 아들 경종은 왕위를 이었다.

송시열과 윤증, 노론과 소론으로 분당●하다

서인들은 이런 와중인 1681년 9월에 이이와 성혼의 문묘 종사를 성공시켰다. 사림에게 문묘 종사는 자신들의 학문적 정통성을 보장받는 일이었다. 또한 송시열은 사대의리의 명분을 세우고자 효종 세실의 불천위(不遷位)●와 태조 이성계의 존호가상(尊號加上)●●을 제기했다. 이를 계기로 서인들은 오히려 현실 문제를 놓고 크게 분열하기 시작했다.

송시열의 인식 논리에 반대한 사람들은 같은 서인 계열이면서 송시열의 주자(주희) 교조화에 반대한 윤휴, 윤휴를 사문난적으

● **서인의 노소 분당**
삼전도 비문(이경석), 사서집주 문제(윤휴), 윤선거 비문, 효종 세실 문제, 노론(송시열, 명분론), 소론(윤증, 실리론)
(검) 4-고, (검) 5-고, (검) 8-고

● **불천위**
사대부나 왕실의 예법에 따르면 4대를 제사 지내는 4대 봉사(四代奉祀)가 원칙인데, 공훈이 높거나 학문, 도덕이 뛰어난 인물은 신주를 사당에 두고 계속 제사를 모신다. 이를 불천위라고 하며, 불천위를 모시는 사당은 부조묘라고 한다.

통명전 영천 | 창경궁 통명전 뒤쪽에 있는 우물로, 숙종과 숙빈 최씨가 운명적으로 만난 곳으로 알려져 있다.

로 몰아가는 송시열의 견해에 동조하지 않은 윤선거, 태조의 존호가상에 반대한 박세채, 송시열과 동반 출사를 거부한 윤증이 있었다.

급기야 윤증은 1) 서인과 남인의 화해, 2) 외척인 광산 김씨, 청풍 김씨, 여흥 민씨 정권 축출, 3) 탕평 실시를 요구하는 신유의서를 작성하고 스승인 송시열과 결별했다. 드디어 서인은 송시열을 지지하는 노론과 윤증을 변호하는 소론으로 나뉘었다.

숙종은 정국이 서인들의 다툼과 분쟁으로 쏠리자 1689년에 기사환국●●●을 단행하여 서인들을 정계에서 축출하고 남인 정권을 세웠다.

사건의 발단은 남인계의 장희빈이 1688년 10월 27일에 아들(경종, 이윤)을 낳자 숙종이 이듬해 1월에 서인들의 반대를 무릅

●● **존호가상**
군왕에게는 묘호, 능호, 연호, 시호와 함께 왕의 업적을 찬양하기 위해 신하들이 올리는 존호가 있는데 보통 4자로 구성되어 있다. 이중에서 후대에 특별한 사건이나 평가가 달리지면 4자씩 존호를 계속해서 덧붙여나가는데 이를 가상(加上)이라 한다. 태조 이성계의 존호는 지인계운성문신무(至仁啓運聖文神武)이다.

●●● **기사환국**
숙종 15년(1689)에 서인(송시열)이 장희빈의 아들을 원자로 책봉하는 것에 반대하자 서인을 축출한 사건이다. 이때 남인이 권력을 탈환했고 서인 계통인 인현왕후가 폐비되고, 희빈이 왕비가 되었다.

백두산 장백 폭포 | 백두산 정계비에 따르면 천지에서 유일하게 흐르는 송화강은 조청 국경의 경계이다. 장백 폭포에서 흐르는 물은 이도백하가 되고, 이 강이 송화강의 원류이다.

쓰고 원자로 삼은 것이었다. 그런데 송시열이 2월 1일에 상소를 올려 이를 지적하자 숙종은 2월 8일에 송시열을 제주도로 유배하고 6월 7일에는 정읍에서 사약을 내렸다.

그리고 서인의 영수인 김수항, 김수홍을 내치고 남인인 민암, 권대운, 김덕원, 목래선, 민종도, 유명현, 여성제를 끌어들여 남인 정권을 세웠다. 3월 18일에 성혼과 이이가 문묘에서 축출되고, 4월 23일에 인현왕후 민씨가 폐비되었다.

1694년에는 다시 서인 정권이 들어서는 갑술환국• 이 단행되었다. 3월 23일에 서인계 노론의 김춘택, 한중혁, 유복기가 폐비복위운동을 하다 적발되자, 남인 우의정 민암은 서인 제거를 위해 가혹하게 옥사를 처리했다.

• **갑술환국**
숙종 20년(1694)에 숙빈 최씨의 독살설을 계기로 남인이 퇴출당하고 서인이 재집권한 사건이다. 왕비 장씨는 희빈으로 강등되고, 인현이 왕비로 복권되었다.

위기를 느낀 서인들은 3월 29일에 김인에게 숙빈 최씨 독살설을 고변토록 했다. 당시 인현왕후의 궁녀였던 숙빈 최씨가 숙종의 아이를 임신하고 있었는데 이를 시기한 왕비 장씨가 독살을 꾸몄다는 내용이었다.

숙종은 4월 1일에 갑자기 비망기를 내려 남인인 민암을 죽이고, 권대운, 목내선, 김덕원을 유배했다. 그리고 남구만, 박세채, 윤지완을 등용하여 서인 정권을 세웠다. 왕비 장씨는 희빈으로 강등되었고, 인현왕후는 복위되어 궁궐로 입궁했으며, 숙빈 최씨는 연잉군(영조)을 낳았다.

숙종은 1708년에 함경도와 평안도를 제외한 조선 전역에 대동법을 실시했다. 대동법은 광해군 원년인 1608년부터 무려 100년이 걸린 경제 개혁과 사회 개혁의 완성으로, 민생 안정을 도모하는 정책임과 동시에 왕과 민의 직접적인 소통을 통한 신권 제약의 성과였다.

또한 숙종은 1712년에 만주족의 청나라와 국경 조약을 맺고 백두산 정계비●●●를 세워 간도를 조선의 영토로 만드는 성과도 이루어냈다.

● **백두산 정계비**
1712년(숙종)에 설립, 동쪽은 토문강, 서쪽은 압록강 경계, 목극등(청나라 대표), 박권(접반사), 간도 영유권 근거, 간도 협약으로 영토 상실(1909)
(수) 2007, (검) 3-1, (검) 3-5, (검) 4-4, (검) 5-4, (검) 6-고

●● **백두산 정계비**
1712년에 세워진 백두산 정계비는 조선과 청나라의 국경 조약에 의해 세운 비로, 비문에 의하면 서쪽은 압록강, 동쪽은 토문강(송화강)을 경계로 하고 있다. 이에 따르면 오늘날 간도 지방은 조선의 영토가 된다. 당시 청나라 대표(오랍총관)는 목극등, 조선 대표(접반사)는 박권이었고, 백두산에 오른 사람은 목극등, 이의복, 조태상, 김응헌이었다.

역사 지식 플러스

호락 논쟁은 무엇을 말하는가?

호락 논쟁은 효종 때의 북벌론과 민생론, 현종 때의 예송 논쟁에 뒤이어 노론에 속한 사대부들이 인간과 사물의 본성은 같은가 다른가를 두고 벌인 논쟁이지만 실상은 만주족을 어떻게 보느냐 하는 문제였다. 호론은 여전히 만주족은 오랑캐에 불과하다는 입장이었고, 낙론은 그들의 실체를 인정하자는 견해였다.

숙종(1674~1720) 시기에 만주족의 청나라는 강희제(1661~1722)라는 걸출한 군주에 의해 문예부흥을 이룩하고 완전하게 중국의 정복자가 되었다. 이에 숭명의리를 고수하던 집권 서인들은 오랑캐라 업신여기며 심정적으로 거부하던 만주족에 대한 이념적인 재정립이 필요하게 되었고, 이로써 호락 논쟁이 시작되었다.

호론은 사람과 사물이 각기 다르게 우주의 기운을 받는 존재라는 인물성이론(人物性異論)을 주장한 한원진의 의견을 따르는 호서(충청도) 학자들의 견해이다. 호론은 청나라가 오랑캐나 금수와 같은 존재로, 중국을 정복했다 할지라도 결코 중화로 받아들일 수 없는 수 없는 대상이며, 중화 계승은 조선만이 가능하다는 것이었다. 이러한 견해는 훗날 위정척사파의 사상으로 이어졌다.

낙론은 사람과 사물의 본성은 같으므로 만주족의 청나라도 조선과 마찬가지로 모두 우주의 기운을 받은 존재이며, 따라서 그 실체를 인정하자는 인물성동론(人物性同論)이었다. 낙론이라 칭하는 것은 이를 주장한 이간의 견해에 동조하는 학자들이 주로 한양 일대(낙하)에 살았기 때문이다. 낙론의 견해는 훗날 청나라의 문물을 수용하자는 북학파의 사상으로 이어졌다.

논술 생각나무 키우기

효종의 북벌 정책은 현실적으로 실현 가능성이 있었을까? 북벌에 담긴 정치적 의도는 무엇이었을까?

Point 1 병자호란 이후 조선의 정국을 살펴본다. 청나라에서 귀국한 소현세자가 갑자기 죽음을 맞은 이유도 알아본다. 또한 사대부들이 느끼는 현실 문제의 우선순위도 점검한다.

Point 2 산림을 대표하는 송시열과 효종의 북벌론에서 차이점과 같은 점을 찾아보고, 어떤 이들이 민생 경제 회복을 우선시했는지 생각해본다.

Point 3 현실적으로 북벌이 가능했는지, 아니면 어떤 정치적인 의도가 있었는지 분석한다. 후대에 북학파의 영수였던 박지원이 《허생전》을 통해 북벌을 비판한 이유도 비교한다.

공부를 더 하고 싶다면

《조선 성리학 지식권력의 탄생》(김용헌 지음, 프로네시스)
주자학의 나라, 백성의 이익을 위해 목숨 걸기보다 자신이 추구하는 가치와 이념에 몰두했던 사대부들. 이들 사대부들이 정도전, 정몽주, 조광조, 이황, 조식, 이이 등 여섯 명을 말머리로 삼아 문묘 종사라는 명분을 앞세워 지식권력을 추구하는 과정이 생생하게 그려진다.

《송시열과 그들의 나라》(이덕일 지음, 김영사)
《조선왕조실록》에 3천 번 이상 이름이 거론되는 노론의 우두머리, 산림의 영수, 사림의 신화로 자리 잡은 송시열의 가치와 이념을 쾌도난마의 시각으로 분석했다. 송시열이 꿈꾸었던 조선은 진정 백성의 나라였던가, 아니면 권력을 독점한 사대부의 나라였던가.

《열녀의 탄생》(강명관 지음, 돌베개)
도덕과 충효의 윤리를 내세운 가부장제의 나라 조선에서 지배권력은 열녀라는 여성상을 만들어낸다. 그리고 타인에게 귀감이 되는 삶과 가치라는 상징 조작이 가해지고 열녀가 탄생한다. 이런 과정을 보노라면 마치 당대로 돌아가 한 편의 연극을 만난 듯하다.

2 영조, 노론 벽파와 탕평책

한 줄로 읽는 우리 역사

경종은 신임옥사를 단행하고 소론 정국을 세웠다. 경종이 급사하고 노론의 지지를 받아 즉위한 영조는 탕평책● 을 시도했으나 집권 노론들은 신임의리를 내세워 결국 탕평책을 무력화시켰다. 이때 소론에 동정적이던 사도세자가 임오화변으로 죽임을 당했다.

경종(1720~1724)과 영조(1724~1776)가 재위했던 18세기 중반, 세계는 정치·경제·문화가 가장 융성한 문예부흥의 전성기였다. 이 무렵 청나라는 농업생산력이 급속하게 성장하여 동아시아의 강국으로서 최대 전성기를 누렸다.

실질적인 중화제국으로 정착시킨 강희제(1661~1722), 공포 정치와 숙청을 통해 전제왕권을 수립한 옹정제(1722~1735), 만주족 르네상스를 이룩한 건륭제

임오화변의 현장 창경궁 통명전 | 임오화변은 사도세자가 아버지인 영조에게 죽임을 당한 사건으로, 창경궁 통명전은 그때의 역사 현장이다. (사진 ⓒ 연합뉴스)

(1735~1795)로 이어진 청나라는 세계에서 가장 부유한 경제 대국이었고 문화 대국이었으며 군사 대국이었다.

서양에서는 유럽사의 변방에 속하던 여러 나라가 신흥 강국으로 등장했다. 영국의 식민지였던 미국이 자유·평등·박애의 정신을 바탕으로 독립국을 세웠고(1776), 유럽의 후진국이라 멸시받던 러시아는 네바 강 하구에 상트페테르부르크를 건설하고 유럽 문화를 받아들이는 창구로 삼아 동유럽의 최강국으로 발전했다. 신성 로마 제국에 속한 작은 공국이었던 프로이센은 프리드리히 빌헬름의 치세에 힘입어 독일을 통일하는 세력으로 급성장했다.

영국은 증기 기관이 발명되고 산업 혁명이 일어나(1779) 세계의 공장이 되었으며, 프랑스에서는 루소의 혁명 사상에 영향을 받아 프랑스 대혁명이 일어나(1789) 세계 역사상 처음으로 시민이 역사의 주체가 되는 민주공화국이 등장했다.

17세기에 해상을 제패한 네덜란드는 100여 년에 걸쳐 해상 교역이 꾸준히 발전하여 18세기에는 은행, 보험, 주식회사, 증권거래소 등을 갖춘 세계에서 가장 체계적인 상업 자본주의를 꽃피웠다.

● **탕평책(蕩平策)**
붕당정치는 상대를 인정하고 비판과 견제를 통해 정국을 운영하는 정당정치의 일환이었다. 그러나 양란 이후 붕당의 대결이 격화되자 영조 시기에 이를 해결하기 위해 내놓은 정책을 탕평책이라 한다.

소론 정국의 경종, 신임옥사를 일으키다

경종(1720~1724)은 장희빈의 소생으로, 소론의 지지를 받은 군주였다. 3세 때인 1690년에 세자가 되었으나 노론인 송시열이 반대했다. 갑술환국으로 남인 정권이 몰락하고 서인(노론)이 집권하고 연잉군이 탄생한 일련의 사건은 경종에게 위기였다.

1701년 8월 14일에 인현왕후가 병마에 시달리다 세상을 떠났는데 그것이 장희빈의 저주 때문이라는 숙빈 최씨의 고변으로 10월 8일에 장희빈은 숙종의 명에 의해 죽임을 당했다. 세자에게 더 이상 보호막이 없어진 때에 노론의 정적인 소론이 세자의 후견인으로 등장했다.

숙종은 정유독대(1717)를 통해 노론의 이이명에게 병약한 세자의 후사는 연잉군으로 할 것을 부탁하고, 독대 직후에 세자에게 대리청정을 시켰다. 이것은 대리청정을 빌미로 세자의 무능을 부각시켜 폐세자를 시키려는 숙종의 음모였다. 하지만 세자는 무리수를 두지 않으며 3년을 버티고 숙종이 세상을 떠나자 왕위에 올랐다(경종).

1721년에 노론은 숙빈 최씨의 아들인 연잉군을 왕세제(王世弟)로 책봉하는 데 성공했다. 그런데 10월에 이르러 노론 조성복이 왕세제의 대리청정을 주문했다.

경종은 소론과 노론의 정쟁을 지켜보면서 대리청정을 하교했다 거두는 일을 수차례 반복했다. 12월 6일에 소론 강경파 김일경이 대리청정을 제기한 조성복과 이를 강행한 노론 4대신을 불경, 불충의 역모죄로 공격했다.

경종은 이에 신축옥사(1721)를 일으켜 노론의 영의정 김창집, 좌의정 이건명, 판중추부사 조태채, 영중추부사 민진원을 축출하고, 소론인 김일경을 이조참판으로 임명하여 소론 정권을 수립했다.

1722년 3월 27일에 소론 목호룡이, 김창집의 손자인 김성행 등 노론의 자제들이 궁궐의 내시, 궁녀와 결탁하여 3급수로 경종을 죽이려는 음모를 고변했다.

3급수란 자객을 보내는 대급수, 독약을 타는 소급수, 숙종의 전교를 위조해 경종을 폐위시키는 평교수를 말한다. 경종은 임인옥사(1722)를 일으켜 170여 명에 이르는 노론 인사를 죽이거나 유배했다.

신축옥사와 임인옥사를 합해 신임옥사라 하는데 노론 4대신이 모두 죽임을 당해 노론은 엄청난 타격을 입었다. 하지만 노론의 희망인 연잉군(영조)이 여전히 왕세제로 건재하고 있었기에 노론에게는 단지 봄을 준비하는 겨울일 뿐이었다.

1724년 8월, 병약한 경종이 자리에 눕자 왕세제 연잉군이 게장과 생감을 보냈는데 그것을 먹은 경종이 복통을 일으켜 닷새 만에 세상을 떠났다. 그리고 마침내 노론의 군주인 연잉군이 죽음의 고비를 넘기고 왕위에 올랐다.

하지만 소론들은 경종이 연잉군에게 독살당했다고 여기고 영조의 군주권에 도전했다. 사림들의 붕당과 정쟁은 이제 당파의 문제를 넘어 왕위 계승 문제에 생사를 건 전쟁으로 비화되었다.

영조, 노소 정쟁의 틈에서 완론탕평을 시도하다

세계사의 도도한 변화의 물결은 영조와 정조가 지배하는 조선에도 불어왔다. 조선의 영조(1724~1776)•는 어머니가 궁중에서 잡일을 하는 무수리 출신인 숙빈 최씨이다.

> **● 영조의 개혁 정책**
> 탕평책, 산림 부정, 서원 정리, 이조전랑 개혁, 균역법, 삼심제, 《속대전》 편찬
> (검) 2-4, (검) 4-4, (검) 6-3, (검) 9-4

숭문당 | 영조가 과거에 급제한 선비들과 담소를 나누거나 여러 신하들과 국정을 논하던 역사적인 건물이다. 현판의 글씨는 영조의 친필이다.

모계의 낮은 신분과 혈통으로 인한 지나친 자괴감은 영조를 고집스러운 외골수의 성격으로 만들었다. 결코 신하들에게 휘둘리지 않겠다는 군주로서의 자존심도 강했다.

영조는 즉위와 함께 당쟁을 막기 위해 탕평책을 제시했지만 노론은 받아들이지 않았다. 1724년 11월에 노론의 영수 민진원이 유배에서 풀리고, 1725년에 1월에 소론의 이세최, 주원명이 축출되고 노론의 정호, 민진원, 이관명이 삼정승에 발탁되어 노론 정권이 세워졌다.

3월에는 신임옥사로 죽은 노론 4대신은 죄가 없다는 처분이 내려져(을사처분), 노론은 무죄의 명분을 얻고 영조는 왕통의 합법성을 얻었다.

영조는 노론의 끈질긴 소론 공격을 무마하려고 노력했으나 노론은 영조에게 당론 선택을 강요했다. 1727년 4월에 영조는 노론과의 타협을 거부하고 소론 유봉휘, 조태구, 최석항을 끌어들여 환국을 단행하고 소론 정권을 세웠다(정미환국).

이런 가운데 오히려 소론 강경파인 호남 박필현과 남인 강경파인 호서 이인좌, 영남 정희량이 연합하여 경종의 복수를 거사의 명분으로 무신당을 결성하고 1728년 3월 15일, 소현세자의 증손인 밀풍군(이탄)을 왕으로 추대하며 반란을 일으켰다.

무신란(이인좌의 난)은 비록 총사령관 오명항이 이끄는 토벌군에게 진위에서 대패하여 진압되었으나 영조는 군왕의 정통성을 부정하는 반란에 충격을 받고 어느 당파도 믿을 수 없다는 판단 아래 탕평책을 강력하게 추진했다.

1729년 8월 18일, 영조는 홍치중이 제안한 분등설(分等說)● 을 받아들이는 처분을 내렸다(기유처분). 분등설이란 신축옥사(건저대리)는 충의(忠義)이고, 임인옥사(삼수역옥)는 불의(不義)라는 구분으로, 이를 바탕으로 노론과 소론 모두에게 출사의 명분을 준 것이다.

이에 따라 영조는 조문명, 송인명, 조현명, 박사수, 이광덕과 같은 탕평파를 기용하여 1) 노소 정당의 화해, 2) 서원 건립 제한, 3) 이조전랑의 통천권 폐지, 4) 전랑의 당파별 순번제, 5) 같은 당파의 혼인을 금하는 동색금혼법, 6) 당파별로 인사를 뽑는 탕평과 실시, 7) 당파별로 관리를 균등하게 등용하는 쌍거호대, 8) 죄를 함께 묻는 양치양해를 실시했다.

그러나 영조의 탕평책●● 은 신축옥사와 임인옥사가 정당하다는 신임의리를 고수하는 노론의 반대와 신하들의 당색을 조정하

● **분등설**
경종의 죽음과 영조의 즉위를 둘러싼 붕당 간 대결이 심해지자 노론과 소론의 과거 행위를 충(忠)과 역(逆)으로 나누어 이들 붕당에게 모두 출사의 명분을 주고 관직을 공평하게 분배하려는 탕평 논리이다. 이에 따라 기유처분이 내려졌다.

●● **영조의 완론탕평 정책**
붕당 간의 극심한 대결을 완화하고, 붕당 간의 타협과 공존을 모색하는 탕평 정책으로 쌍거호대, 동색금혼법, 양치양해와 같은 정책이 시행되었다.
쌍거호대 : 인재를 등용할 때 한쪽의 붕당이 관직을 독점하지 못하도록 양쪽의 인물을 각각 천거하여 붕당 간 견제와 균형을 맞추려는 정책.
동색금혼법 : 붕당 간의 혼맥을 막고자 같은 당파끼리 혼인을 금지하는 정책.
양치양해 : 붕당 간에 처벌을 받거나 상훈을 받는 일이 생기면 공평성을 유지하기 위해 양쪽에게 모두 주는 정책.

● **영조의 완론탕평**
노론과 소론을 조정, 산림의 공론 불인정, 서원정리, 이조전랑 혁파, 군제개혁(균역법), 정치개혁(쌍거호대, 양치양해, 동색금혼법), 탕평채 유행, 성균관 앞에 탕평비 설립
(수) 2000, (검) 3-4, (검) 5-3, (검) 6-4

는 느슨한 선에 그친 완론탕평●에 불과하여 성공할 수 없었다.

1739년에 영조는 노론계 유척기, 김재로, 조상경을 등용하고, 1740년 6월 13일에 김창집과 이이명을 신원시켜 결국 임인옥사가 잘못된 옥사임을 천명하는 경신처분(1740)을 내렸다. 1741년 9월 24일에는 1) 건저대리는 경종의 하교이며, 2) 임인옥사는 무죄로 수사 자료(국안)는 소각한다는 신유대훈(1741)을 내렸다.

이로써 노론은 도덕성을 회복하고 영조는 정통성에 하자가 없다는 판정을 받았다. 결국 탕평책은 영조와 노론의 노련한 정치에 소론, 남인 탕평파가 면죄부를 주는 선에서 실패의 길로 갈 수밖에 없었다.

사도세자, 임오화변으로 당쟁의 희생이 되다

● **전랑통천권**
이조전랑이 홍문관, 사헌부, 사간원 등 3사에서 왕에게 간쟁하거나 신하들을 탄핵할 수 있는, 대간을 선발할 수 있는 통청권(通淸權)을 말한다.

●● **한림회천권**
실록의 사초를 담당하는 예문관의 한림들이 투표로 후임을 뽑아 사초의 비밀을 유지하려는 제도이다. 한림은 정9품으로 직급은 낮으나 역사 기록을 다루는 사관을 겸하기 때문에 붕당 간에 서로 차지하려고 했다. 이것의 혁파는 탕평 정책의 일환이며 국왕과 재상 중심의 위계 질서를 세우려는 의도였다.

영조는 1741년부터 노론의 정치적 우위를 바탕으로 탕평책을 강하게 추진했다. 서원의 증설이 불허되고, 전랑통천권●과 한림회천권●●이 혁파되었다.

1750년에는 공납의 폐단과 함께 백성들의 원망이 되는 군역법(軍役法)의 개정에 나서 농민들의 군포 부담을 2필에서 1필로 줄여주는 대신, 반감된 군포 수입은 결작미, 어염선세, 은여결세, 선무군관포로 보충하게 하는 균역법(均役法)●●을 시행했다.

1755년 1월에 소론 강경파의 벽서 사건이 일어나 탕평정치는 위기에 처했다. 나주에서 지평을 지낸 윤지가 필묵계를 조직하고, 나주 객사인 망화루에 영조의 치세를 부정하고 군사를 일으

킨다는 벽서를 붙인 것이다. 2월에 영조는 윤지를 친히 심문하고 관련자인 소론 박사집, 박찬신, 유수원, 신치운 등을 사형에 처했다(을해옥사).

영조는 3월에 종묘에 나가 선왕들에게 경종의 즉위 이래 발생한 사건들은 모두 소론에서 비롯되었다고 선언했다. 이로써 정국은 완벽하게 노론의 세상이 되었고 탕평책은 공식적으로 무너졌다. 영조는 이때부터 노론, 소론, 탕평당을 멀리하고 정국 안정

●● **균역법**
영조 때(1742) 시행, 군역 제도 개혁, 4개 대안(유포론, 호포론, 구전론, 결포론), 호포론과 결포론으로 군제 개혁, 특징(군포 감면, 결작미 징수, 부족분은 어염선세 등으로 보충), 선무군관포(일부 양반) 부과
(검) 1-3, (검) 2-2, (검) 2-3, (검) 5-3, (검) 6-고, (검) 9-3

군역의 폐단을 해소하기 위한 4대 방법론

유포론(遊布論)	호포론(戶布論)	구전론(口錢論)	결포론(結布論)
• 군역 기피자 색출 • 타협적 개혁론	• 가호－양반의 군포 • 약한 개혁론	• 개인－양반의 군포 • 강한 개혁론	• 토지 결수의 군포 • 중도적 개혁론

형성	• 조선 초기, 향촌은 지방군을 편제하여 스스로 지키는 자수자방, 수도는 중앙군을 편제 • 양인개병제로 양반과 평민이 모두 군역을 부담, 노비들만 잡역에 봉직함 • 조선 중기에 이르러 방군수포제(대병제), 군적수포제(양반의 군역 면제) 등 폐단 발생
원인	• 임진왜란 시기인 1593년에 납속책과 공명첩을 발행, 양반의 군역 면제 증가 • 신분제의 변동에 따라 양반의 증가, 평민들의 군역과 군포 부담 증가 • 임진왜란 이후 5군영 체제로 평민들은 납포군이 되어 군포 부담 증가
경과	• 인조, 효종 시기에 군역의 폐단을 해소하기 위한 군역변통론 제시 • 1702년(숙종 28) 군영의 숫자를 줄이는 군제변통론(소변통) 실시 • 1742년(영조 18) 양역사정청을 설치하여 호포론과 결포론으로 군역 개혁 • 1751년 균역청 설치, 농민들의 군포를 2필에서 1필로 감하는 균역법 실시
특징	• 군포 경감 : 농민들은 군포를 2필에서 1필로 감면 • 결작미 징수 : 황해도, 평안도를 제외한 전국 토지에 1결당 미곡 2두 부과 • 나머지 세수 부족분은 어염선세, 은여결세, 선무군관포로 보충
영향	• 결작미 문제 : 양반과 전주는 부과액을 소작인에게 전가, 군포 감면의 효과가 소멸 • 선무군관포 문제 : 재산이 많은 양인들은 선무군관이 되어 병역 기피의 수단 • 고종 시기에 흥선 대원군이 모든 양반들에게 군포를 받는 호포법 실시

융릉 | 사도세자의 능묘이다. 정조 시기에는 현륭원이라 했는데 훗날 고종이 사도세자를 장조로 추존하면서 능호를 융릉으로 바꾸었다.

을 외척에 기대었다.

이중에서 사도세자의 부인인 혜경궁 홍씨의 부친 홍봉한 가문과 영조의 계비로 들어온 정순왕후의 집안인 김한구 가문이 노론계 척신으로 부상했다. 이런 가운데 1762년 5월 22일에 역모를 고변한 나경언의 품에서 사도세자의 비행을 기록한 문서가 발견되었다.

영조의 유일한 아들이었던 사도세자(장조)•는 영조와 영빈 이씨의 소생이다. 영조와 정빈 이씨 사이에는 효장세자(진종)••가 있었으나 10세에 요절했다.

사도세자는 영조가 16년 만에 다시 낳은 아들이었는데 어려서부터 경종을 받들던 소론계 나인들에게 길러졌다. 성장하면서 아버지 연잉군(영조)이 경종을 독살했다는 의심을 가졌으며 탕

• **사도세자**
아들 정조가 즉위한 뒤 장헌세자로 추존했고, 1899년에 고종이 다시 장조(莊祖)로 추존했다.

•• **효장세자**
사도세자가 즉위하지 못하고 죽은 뒤, 사도세자의 아들 정조가 효장세자의 양자가 되어 즉위함에 따라 진종(眞宗)으로 추존되었다.

평당보다는 경종을 지지한 강경 소론파의 견해에 동조했다.

영조는 이때부터 사도세자의 정치적 색채(당색)와 타협이 어렵다고 느꼈으며 부자의 감정은 더욱 나빠졌다. 노론은 사도세자가 즉위하면 소론이 집권할 것을 경계했다.

영조는 노론의 대대적인 상소가 빗발치자 드디어 임오화변(1762)을 일으켰다. 사도세자를 7일 동안 뒤주에 가둬 아사시킨 것이다. 이는 아버지가 아들을 죽이는 권력의 비정함과 정치의 냉혹함을 보여준 조선 최대의 비극이었다.

이때 모후인 영빈 이씨는 영조에게 적극적으로 동조했고, 혜경궁 홍씨는 남편을 적극적으로 변호하지 않았다. 11세였던 세손 이산(정조)이 할아버지 영조에게 부친의 구명을 간청했으나 받아들여지지 않았다.

혜경궁 홍씨는 자신의 출생과 시집온 일, 사도세자의 사건에 홍씨 가문은 죄가 없다는 변명을 기록한 일기체 궁중문학인 《한중록》(1795)을 남겼다.

《한중록》 | 혜경궁 홍씨는 서인 노론에 속한 가문의 여자로 소론에 동정적인 사도세자에게 시집왔다. 남편인 사도세자의 죽음을 비롯해 궁중에 얽힌 이야기를 기록한 대표적인 한글체 궁중 문학이다.

영조와 정조의 탕평책 비교

	영조의 완론탕평책	정조의 준론탕평책
국왕의 역할	간접적인 조정자이자 관리자	직접적인 중재자이자 통제자
시행 목적	당파의 대결과 정쟁 완화	당파를 초월한 인재 등용으로 붕당 타파
시행 내용	–동색금혼법 –탕평과 설치 –쌍거호대 : 여러 당파의 인재 등용 –양치양해 : 쌍벌제	–계몽군주론(만천명월주인옹) –초당적 정국 운영 –남인 독상제(채제공 건의) –오회연교(1800. 5. 30)

역사 지식 플러스

균역법이란 무엇인가?

조선 초기에 군역은 양반과 평민이 모두 책임지는 양인개병제였다. 그런데 중기에 이르러 큰 전쟁이 없자 병역을 대납하는 방군수포제가 실시되었고, 1541년에는 중앙 정부가 군포를 받아 지방에 분배하여 군사를 고용하는 군적수포제로 바뀌었다. 이때 양반은 군역이 면제되었고 평민도 재력이 있으면 군역을 피할 수 있게 되었다. 병역의 비리와 군포의 폐단은 이때부터 시작되었다.

이후 임진왜란이 일어나 국가 재정이 부족해지자 정부가 일정한 곡물을 바치면 양반이 되는 납속책과 공명책을 대량으로 발행하여 양반의 비율이 급증하고 병력 수는 감소했으며 군포를 납부하는 양민들의 고통이 가중되었다. 이러한 군역의 폐단을 해소하고자 인조와 효종은 유포론, 호포론, 구전론, 결포론과 같은 군역변통론을, 숙종은 군영의 숫자를 줄이는 군제변통론을 시행하려 했지만 양반의 반대로 무산되었다.

영조 때인 1751년에 이르러 군역 기피자를 색출하여 군포를 받는 유포론이나 양반 개인을 기준으로 군포를 받는 구전론은 제외하고, 가호를 단위로 양반에게 군포를 받는 호포론과 토지 면적에 따라 양반에게 군포를 받는 결포론을 절충한 균역법이 시행되었다. 이에 따르면 양반은 여전히 군역이 면제되었고, 평민은 군포가 2필에서 1필로 줄었고, 지주에게는 황해도와 평안도를 제외한 전국의 토지에 1결당 미곡 2두를 부과하는 결작미가 징수되었다. 또한 부족한 세수는 어염선세, 은여결세, 선무군관포 등으로 채웠다.

하지만 지주전호제의 토지 제도에서 결작미나 평민 지주의 군포는 대부분 소작농에게 전가되어 군역의 문제는 여전히 삼정 문란의 하나로 위력을 떨쳤고, 결국 철종 시대에 민란이 일어나는 원인이 된다.

논술 생각나무 키우기

조선 시대의 붕당정치에 대해 오늘날의 정당정치와 비슷하다는 주장과 내부의 극심한 권력 투쟁이었다는 부정적 인식이 공존한다. 그렇다면 영조와 정조는 왜 탕평책을 실시했을까?

Point 1 선조 시기에 붕당이 발생한 역사적 배경을 알아보고, 임진왜란 전후로 동서 분당, 동인의 남북 분당, 그리고 서인의 노소 분당이 일어난 요인도 알아본다.

Point 2 선조 이후의 붕당의 주요 논쟁을 열거하고, 이들 논쟁의 과정과 결과, 그리고 영향 등을 알아본다. 그리고 긍정적 요인과 부정적 요인을 찾아본다.

Point 3 영조와 정조의 탕평책을 비교하고, 각각의 특징을 당시의 시대 상황과 연결하여 분석한다. 그리고 탕평책의 성공 여부도 고찰한다.

공부를 더 하고 싶다면

《**선비의 배반**》(박성순 지음, 고즈윈)
한국을 대표한다는 선비 문화는 정말로 아름다운 전통인가. 수신과 도덕을 가치의 으뜸으로 삼은 사대부의 인상은 청렴과 강직이지만, 현실은 이와 반대로 도덕적 해이와 권력욕으로 가득 찼다며 이를 선비의 배반이라고 말하는 저자의 내공과 깊이가 남다르다.

《**사도세자의 고백**》(이덕일 지음, 휴머니스트)
영조와 정조 시대에 이룩한 문예부흥의 이면에는 불행했던 사람들의 삶과 눈물이 있다. 당쟁의 희생물로 역사에 기록된 사도세자는 왜 아버지 영조에게 죽임을 당해야 했는가. 실증적 추리 기법으로 역사 속에 일그러진 사도세자의 진면목을 되살려놓고 있다.

《**왕을 낳은 후궁들**》(최선경 지음, 김영사)
조선의 정치권력에서 왕과 신하의 양자 구도를 깨는 것이 있다면 차기 왕이 될 왕자를 낳은 후궁의 존재일 것이다. 단종, 광해군, 경종, 영조, 사도세자, 순조의 어머니가 바로 후궁이었다. 이들의 삶과 존재를 통해 조선의 역사를 맛깔스럽게 전개시키고 있다.

3 개혁군주 정조와 조선의 르네상스

한 줄로 읽는 우리 역사

사도세자의 아들인 정조는 규장각에서 정약용, 박제가 등 친위 세력을 양성하고, 물류와 유통의 중심 도시인 수원에 화성을 축조했다. 육의전을 제외한 시전 상인의 독점 판매를 폐지하는 신해통공을 단행하고 상공업을 진흥시켰으며, 군왕이 정국을 주도하는 준론탕평책을 실시했다.

정조의 시대는 문예부흥의 시대였고 실학의 시대였다. 53년간 왕위에 있었던 할아버지 영조의 노련한 정치를 배우며 성장한 정조는 강력한 신권을 행사하는 노론 벽파에 맞서, 군주가 신하를 가르치고 이끈다는 준론탕평책• 을 실시하여 정국의 주도권을 장악했다.

이 시기에는 경제적으로 숙종이 전국적으로 실시한 대동법의 영향과 혜택을 누렸고, 생산물의 물동량이 늘어나고 상업 활동이 어느 때보다 활성화되면서

수원 화성 장안문 | 수원 화성은 반계 유형원이 처음 제안하고, 정조대왕이 기획했으며, 감독 채제공, 설계 정약용의 합작으로 실학 사상이 집대성된 군사과학 성곽이다.

사실에 근거한 학문적 풍토가 널리 유행했다.

실학의 '경세치용·실사구시' 정신은 토지 문제를 해결하여 국가를 부유하게 만들자는 중농학파와, 상공업을 진흥시켜 청나라의 발전을 따라야 한다는 북학파로 발전했다.

사상적으로는 소중화(小中華)●● 이론이 점차 조선적인 내용으로 변모했는데, 동아시아에서 명나라가 멸망하고 성리학의 전통을 유지하는 땅은 조선이 유일하다는 자부심의 표현이었다. 정선은 소중화의 조선을 화폭에 담아내는 진경산수의 기풍을 탄생시켰으며, 이광사는 서체에서 중국 명필의 모방을 벗어난 동국진체(원교체)●●●를 완성했다.

● **준론탕평책**
국왕이 붕당의 중심 인물을 장악하고, 우열론에 입각하여 당파를 벗어나 인재를 고루 등용하여 붕당의 폐해를 없애려는 정조의 탕평 정책이다.

●● **소중화 의식**
소중화는 청나라에 몸을 굽혔지만 마음은 굴복하지 않았으며, 명나라가 망했으니 이제 조선만이 남아 성리학을 지킨다는 의식이다. 이에 따라 사대부들은 망한 명나라의 연호인 숭정과 임진왜란 때 조선에 원병을 보낸 만력제를 기리는 만동묘를 세워 숭배했다.

●●● **동국진체**
원교 이광사가 완성한 서체로 원교체라고도 한다. 이서–허목–윤두서–윤순–이광사로 이어지는 서체의 전통이 동국진체로 완성되었다. 이 서체는 자획이 씩씩하고 웅장하며, 전체적인 유려함과 조선의 자연에 잘 어울리는 단아함을 특징으로 한다. 《연려실기술》을 저술한 이긍익은 이광사의 아들이다. 아래 사진은 원교 이광사의 동국진체인 대흥사 대웅보전 현판이다.

성왕론, 정조가 선택한 계몽군주론

정조(1776~1800)는 영조의 손자이고 사도세자의 아들이다. 1759년(8세)에 왕세손에 책봉되고, 1762년에는 아버지인 사도세자가 임오화변으로 죽자 영조의 장자로서 일찍 세상을 떠난 효장세자의 양자로 입적되었다. 영조는 세손(정조)을 노론의 공격으로부터 보호하기 위해 대리청정을 주문했다.

노론 외척 가문인 풍산 홍씨(홍봉한)의 부홍파(시파)와 경주 김씨(김구주)의 공홍파(벽파)는 세손의 대리청정을 반대했다. 세손의 외종조부인 홍인한은 1) 동궁은 노론이나 소론을 알 필요가 없으며, 2) 동궁은 이조판서나 병조판서를 알 필요가 없으며, 3) 동궁은 조정의 일들을 알 필요가 없다는 삼불필지설을 제기했다.

홍인한의 정조에 대한 삼불필지설(1775)

내용	의미
1. 동궁은 노론이나 소론을 알 필요 없다	당인으로 불인정
2. 동궁은 이조판서나 병조판서를 알 필요 없다	인사권의 불관여
3. 동궁은 조정의 일들을 알 필요 없다	통치권의 불인정

이때 소론계 서명선, 노론계 홍국영, 정민시, 김종수는 동덕회를 만들고 세손의 정치적 입장을 지지했다. 1775년 12월에 대리청정이 결정되고 영조는 이듬해 3월에 세상을 떠났다.

정조는 당파 대결을 왕이 간접적으로 조정하는 완론탕평을 지양하고 군주가 정국을 주도하여 당파의 시비를 명백히 가리는 준론탕평•을 시도했다.

집권 세력인 노론(벽파)은 군주와 신하는 조선을 함께 통치하는 사대부라는 군신동치(君臣同治)•의 논리, 군주와 신하는 동일하게 유교의 예의를 실천하는 사대부라는 천하동례(天下同禮)••를 주장했다. 이를 바탕으로 군주는 도덕적 이상을 유지하고 정치는 신하들에게 위임하는 것이 마땅하다는 성학론을 내세웠다.

이에 대해 정조는 노론의 예학적 군주론(천하동례)을 배제하고 학식과 덕망을 갖춘 군주가 민과 직접 소통하며 정치를 이끄는 성왕론(聖王論)•••을 내세웠다. 스스로가 성왕(聖王)을 자처하고 백성의 군사(軍師)임을 천명하며, 성왕은 폭넓은 재량권을 가진 능동적인 개혁정치가라고 했다.

즉위 초의 국정 운영 방침에서 개혁의 필요성을 강조한 뒤 신하들의 반대를 물리치고 재위 기간 내내 여러 분야의 개혁을 추진한 것은 바로 이 같은 맥락으로 이해할 수 있다.

• **정조의 준론탕평**
성왕론 제시, 군주가 정국 주도권 행사, 척신과 환관 제거, 소론과 남인 등용, 초계 문신 제도, 각신 선발, 장용영 설치, 문체반정, 서얼 등용
(검) 6-고, (검) 9-고

• **군신동치**
조선은 사대부의 나라이고 군주는 사대부의 대표이므로, 국가는 군주와 사대부가 동시에 통치해야 한다는 서인 노론의 주장이다. 택군론(擇君論), 천하동례와 함께 율곡의 신권정치 이념을 상징한다.

•• **천하동례**
국왕과 사대부는 예법이 같은 동격이라는 논리이다. 현종 시기의 예송 논쟁에서 서인이 주장한 예론이기도 하다.

••• **성왕론**
정조의 자작 호 가운데 하나인 '만천명월주인옹(萬川明月主人翁)'은 '수많은 냇물에 비친 밝은 달의 주인 늙은이'라는 뜻이다. 명월은 임금의 덕이고 만천은 백성이다. 따라서 백성을 위한 군주라는 자신의 성왕론을 상징한다.

정조는 1777년 9월에 외척 세력인 부홍파(북당)와 공홍파(남당)를 제거하고, 1779년 9월에 최측근으로 세도 가문을 형성한 홍국영을 축출했다. 또한 준론탕평을 위해 노론계 청명당(보수파), 소론계 준론파(중도파), 남인계 청남파(진보파)를 끌어들여 탕평당을 만들고 왕권 중심의 시대를 만들었다. 이제 정조의 권위에 도전할 수 있는 세력은 노론 벽파와 정순왕후만 남았다.

준론탕평, 정조가 정국의 주도권을 잡다

정조는 조선의 시급한 문제를 농업 발전과 상공업 진흥에 두고 개혁적인 중농학파와 중상학파를 두루 기용했다.

1776년에 왕실의 도서관인 규장각을 친위 세력 양성기관으로 삼고 중농학파인 채제공, 정약용과 같은 개혁적인 인물을 발탁했고, 1779년에는 서얼들도 벼슬을 할 수 있게 입법화한 '서류소통절목'을 마련하여 서얼 출신의 박제가, 유득공●●, 이덕무, 서이수 4명을 규장각 검서관에 임명했다. 이들은 박지원을 영수로 하는 중상학파(이용후생파)의 실학자들로, 상공업 진흥을 통한 민생 안정에 중점을 두었다.

또한 1781년에는 각신(閣臣)●●●● 을 선발하고 초계문신(抄啓文臣)●●●●● 제도를 통해 발탁한 138명에 이르는 인물들을 중앙 정계에 포진시켰다. 1785년에는 왕 직속 친위 부대인 장용영을 설치하여 왕실의 무장력을 강화했다.

정조는 사회 개혁에도 착수해 1778년에 도망간 노비를 끝까지

●● **유득공**
《발해고》와 《경도잡지》 저술, 노론 서얼 출신, 북학파, 남북국 시대 주장, 규장각 검서관
(검) 1-4, (검) 9-초, (검) 2-3, (검) 9-초

●●●● **각신**
조선 시대에 학술과 문서를 담당한 홍문관, 예문관, 규장각의 고위직 관리를 말한다. 각신은 대학사로 존경을 받고 승진을 보장받는 청요직이었다. 정조는 각신을 통해 왕권 강화와 친위 세력 구축, 개혁이념을 수혈받았다.

●●●●● **초계문신**
정조가 정약용, 홍석주 등 당하관 문신 가운데 학문과 인품이 뛰어난 인재를 규장각에 소속시켜 직무를 면제시키고 학문을 연마시킨 제도이다. 조선 전기의 사가독서제를 계승했다.

창덕궁 부용지 주변에 세워진 규장각(2층 건물의 1층)
규장각은 왕실 도서관의 성격을 지닌 관청으로, 역대 국왕의 글씨와 책을 수집하고 보관하였는데, 정조가 이를 개혁기구로 개편하여 학문 연구와 도서 편찬을 맡기고, 실력 있는 관리들의 공부를 배려하여 친위 세력으로 양성했다. 이곳 출신들은 세종의 집현전, 성종의 홍문관처럼 정조의 개혁을 뒷받침했다.

추적하는 노비추쇄법을 폐지하고, 1791년에는 북학파(백탑파)와 남인의 영수인 채제공의 건의를 받아들여 육의전•을 제외한 시전 상인의 독점판매권인 금난전권을 폐지하는 신해통공••을 발표했다.

● **육의전**
경시서(감독청), 한양 종로에 소재, 독점판매권(금난전권), 구한말 황국중앙총상회 결성
(수) 2004

●● **신해통공**
남인 채제공이 시행, 시장통제권 완화, 금난전권 폐지, 시장독점권(도고 상인)의 약화, 사무역의 증가, 민영 수공업 발달, 사상의 활동(경상, 래상, 송상, 유상, 만상)
(수) 2006, (검) 1-3, (검) 2-3, (검) 3-2, (검) 3-3, (검) 6-3, (검) 9-3

●●● **조선 후기 농사법**
논농사는 이앙법(직파법 탈피), 밭농사는 고랑 파종 견종법(이랑 파종 농종법 지양), 수리 시설 확충, 시비법 개선, 노동집합체(두레) 등장, 농기구 개종
(수) 1999, (검) 6-고 , (검) 7-3

선대제와 장시, 근대적 자본주의의 싹이 움트다

정조 시대는 자본주의의 싹(맹아)이 움트는 시대였다. 1708년(숙종 34)에 전국적으로 실시된 대동법과 1750년(영조 26)에 군포의 문제를 해결하기 위해 실시한 균역법은 조선 사회의 안정에 크게 기여했고, 관청은 필요한 물품을 공납이 아닌 입찰제로 바꾸어 수공업의 발달을 촉진시켰다.

농사법•••에서도 이앙법이 널리 보급되어 생산력이 급증했으

며, 부농층인 지주들에 의해 광작(廣作)● 이 확대되어 곡물을 상품화하여 이윤을 추구하는 기업농이 나타났다.

상업이 발달하는 과정에서 매점매석을 하거나 유통을 장악하여 자본과 이윤을 독점하는 거대 상단이 형성되기도 했다. 만상을 대표하는 임상옥과 제주도 여성 상인인 김만덕, 경주의 최부자와 같은 부상, 부농의 출현은 역사적인 우연이 아니었다.

신해통공(1791) 이후에는 한양 시전 상인들의 독과점이 해제되면서 한양으로 향하는 상단들이 크게 증가했다. 특히 만상(의주 상인), 유상(평양 상인), 송상(개성 상인), 경상(한양 상인), 래상(동래 상인), 그리고 보부상단 등의 성장이 두드러졌다.

이때 실용적인 지도가 만들어져 교통을 이용하기가 편해졌고, 주요 길목과 나루에는 주막이 들어섰다. 각지의 읍촌에서는 정기적인 장시(場市)●●●● 가 활성화되어 농산물과 수공업 제품이 거래되었다.

도시에서는 품삯 노동자가 출현하고, 연희를 전문으로 하는 광대패(사당패)가 전국적으로 형성되었다. 수공업과 농업에서 재부를 획득한 소비층이 늘어나면서 한글 소설, 민화, 도자기의 수요도 급증했다.

또한 공납을 대신하는 공인(貢人)들은 입찰제 실시에 따라 우수한 제품을 납품하여 막대한 이익을 창출하고, 이때 축적된 자본으로 상품의 원료를 미리 사서 공장에 제공하고 노동과 상품을 지배하는 선대제를 실시했다.

선대제는 유럽의 자본주의가 형성되는 시기에 나타난 대표적인 노동과 상품의 지배 방식으로, 조선도 이미 자본주의의 맹아(싹)가 들어섰음을 보여주는 사례이다.

● **광작**
조선 후기에 부농들이 토지를 사들이고 넓은 경작지를 운영하던 방식을 말한다. 광작의 확대로 소농이 몰락하고 지주와 소작인의 관계도 사회적 예속 관계에서 자본에 의해 규정되는 대립 관계로 전환되었다.

●●●● **장시**
자본주의 맹아, 소도시에 개설, 지역 상단(사상)의 발달, 농업생산력의 확대, 보부상의 증가, 상품경제의 발달, 오일장 활성, 예인 집단(사당패)의 활동, 상업 중심지 형성
(수) 1998, (검) 2-1, (검) 4-3, (검) 5-고, (검) 9-3

조선의 지배층이 아직 농업에 기반한 성리학적 질서에 머물러 있었다면 이미 농민들은 새로운 사회로 나아가는 변화를 주도하고 있었다.

수원 화성, 정조 개혁의 꽃인 실학의 도시

● **정약용**
경기 출신 남인 실학자, 서학에 관심, 토지 개혁 주장(여전제), 서양 과학 수용(성제, 수원 화성), 신유박해(강진 유배), 《마과회통》(종두법), 실학 완성(《경세유표》 《목민심서》 《흠흠신서》)
(수) 2006, (검) 2-4, (검) 2-5, (검) 8-3, (검) 9-4

정조는 수원을 조선의 물류 중심으로 만들어 새로운 도읍으로 삼아야 한다는 주장이 담긴 유형원의 《반계수록》을 바탕으로, 조선의 농업과 상업이 결합되어 물류가 활성화되는 새로운 유통 도시를 준비했다.

《반계수록》은 이익의 손자인 이가원을 거쳐, 동지이자 벗인 정약용● 에게 넘어가고, 결국에는 정조의 손에 이르러 화려한 꽃

건축 실명제
수원 화성은 모든 공정이 기록으로 남겨졌다. 특히 구간마다 책임을 지는 건축 실명제를 실시했다. 모든 과정은 《화성성역의궤》에 남겨졌다.

화성행궁 봉수당 | 봉수당은 정조가 돌아가신 사도세자와 어머니 혜경궁 홍씨의 회갑연을 치른 곳이다. 정조는 화성 능행과 회갑연을 통해 억울하게 세상을 떠난 사도세자를 복권시켰다.

을 피운 것이다. 정약용에게 화성의 설계를 준비시키고 채제공에게는 축조의 감독을 맡기면서 계몽군주의 도시는 역사 앞에 모습을 드러냈다.

정조는 자신의 구상을 구체화하기 위해 1794년 노론의 영수인 김종수를 은퇴시키고, 예학의 의리를 주도하는 주체는 산림이나 당론이 아니라 군주가 되어야 한다는 군주도통론(君主道統論)● 을 선언했다. 이는 명분과 의리를 독점한 노론 벽파에게 충격이었다.

● **군주도통론**
학식과 덕망이 있는 군주가 붕당을 주도한다는 준론탕평의 주요 이념이다. 조선 후기에 집권 세력이었던 서인은 재야의 공론을 모아 정치에 반영하는 산림정치를 추구하고 이를 바탕으로 천하동례, 군신동치의 이념을 주장했는데 정조는 산림무용론을 내세워 붕당의 의리는 사욕이며 당리라고 폄하했다.

정조는 성왕론과 군주도통론을 현실에서 구현하기 위해 정통성에 걸림돌이 되었던 사도세자의 명예 회복에 나서서 1789년에 양주에 있던 사도세자의 능묘를 수원으로 이장했다.

1794년에는 새로운 농업과 상공업의 중심지이자 정조의 이상

건릉 | 건릉은 정조의 능묘이다. 부친인 사도세자의 능묘를 이곳 수원으로 옮기고 정조는 사후에 그 곁에 묻히고 싶은 소망을 이루었다.

(계몽군주)을 실현하는 신흥 도시인 수원 화성•을 축조하기 시작했고, 1796년 9월 10일에 어머니 혜경궁 홍씨의 회갑연을 화성행궁 봉수당에서 거행했다.

정조의 수원 능행차는 겉으로는 어머니의 잔치였지만, 사실상 억울하게 죽은 아버지의 회갑연이었고, 아들이 아버지에게 바치는 명예 회복의 다른 방식이었다.

정조는 이곳에서 자신이 노론계 신하들이 죽인 사도세자의 아들임을 천명하고, 이제 조선은 신하들의 나라가 아닌 군민(君民)의 나라임을 표방한 폭탄선언을 했다. 능행 중에 자유롭게 거행된 격쟁(擊錚)•과 가전상소(駕前上疏)••는 태종의 신문고 제도를 이어받은 제도로, 국왕이 백성과 직접 소통하는 장치였다.

정조는 1800년 5월 30일에 신하들에게 오회연교(五晦筵敎)•••

• 수원 화성 축조
실학 사상에 따른 농업과 수공업을 결합한 신흥도시 건설, 유형원이 《반계수록》에서 수원 유통도시 건설을 제시, 채제공과 정약용(성제)이 활약, 사도세자의 신원, 집권 세력인 노론의 경제권력을 견제하는 목적, 전통(석축)과 서양 기술(전축) 접목, 《화성성역의궤》 제작, 세계문화유산 등재, 거중기 사용
(수) 2005, (검) 1-4, (검) 2-1, (검) 2-2, (검) 2-6, (검) 4-4

• 격쟁
백성이 임금이 지나는 길에서 징이나 꽹과리를 치며 억울한 사연을 호소하는 일.

•• 가전상소
국왕이 행차할 때 가마 앞에서 직접 올리는 상소문.

를 선포했다. 이는 노골적으로 임오년에 사도세자를 죽인 죄를 시인하라는 항복요청서였다. 노론 벽파에게 사도세자의 죽음은 임오의리였지만 정조에게는 임오화변이었다.

그러나 6월 28일, 정조는 갑자기 병이 나서 세상을 떠나고 말았다. 이에 11세에 불과한 순조(1800~1834)가 즉위하고, 노론 벽

●●● **오회연교**
군주가 5월 그믐날의 경연에서 신하들에게 내리는 명령.

실학의 발생과 발전

실학의 발생	**발생 배경**	① 유학(주자성리학)의 공리공론과 권위의 실추 ② 양란으로 인한 생활 경제의 빈궁 ③ 신분 질서의 변화 ④ 서학과 북학의 전래 ⑤ 청대 고증학의 발달		
	실학의 3대 특성	① 근대성 : 근대 지향의 성격 ② 민중성 : 민본주의적 경향 ③ 민족성 : 주체적인 자각		
실학의 발전	**분야**	중농주의 실학	중상주의 실학	고증주의 실학
	학파	경세치용학파	이용후생학파	역사문화학파
	연구 목적	유교적 이상국가 실현	복지국가 실현	사실 고증 추구
	대표 인물	유형원, 이익, 정약용	유수원, 홍대용, 박지원, 박제가, 이덕무	김정희, 이규경, 김정호, 지석영
	중점 사항	–토지 제도 개혁 중시 –농촌 경제 안정	–부국강병 –상공업 진흥 중시	–역사, 문화, 지리에 대한 실증적 연구 중시 –전통문화, 민족문화 경향
	특징 및 발전 과정	–17세기 말에 형성 –이념적으로 복고(또는 상고)주의 경향 –토지 제도(농민)의 개혁에 치중 –토지의 분배(자영농, 국유제)에 관심	–18세기 말에 형성 –이념적으로 근대주의, 미래 지향 –상공업 진흥을 통한 민생 안정 –생산력의 증대(농업의 전문화, 기술화)	–19세기 중엽에 형성 –이념적으로 고증, 경험, 사실주의 경향 –실증적인 학문 기풍을 지향 –애국, 애족, 민족문화 자긍심 높임
	공통점	① 성리학을 허학이라 비판하고 사실을 추구함 ② 민족의 역사, 문화에 대한 자긍심이 강함 ③ 정치적 야당, 비주류, 소수 세력에 속함 ④ 조선 사회의 변화에 대한 대안을 추구함		

파의 후견인인 정순왕후가 수렴청정을 하면서 일부의 소론과 남인을 완전히 숙청하고 노론 벽파와 시파의 세상을 만들었다. 이로써 정조가 추구했던 개혁의 꿈은 물거품이 되고 말았다.

중농학파와 중상학파, 실학이 가는 길

정조 개혁●의 바탕에는 실학이 있었다. 실학은 주자성리학의 공론(空論)에 반대하는 학문적인 경향을 일컫는 용어이다. 주자성리학이 우주와 인간의 심성 등을 연구하여 실제로 백성들의 삶을 윤택하게 하는 데 별다른 효용이 없는 허학(虛學)이라면, 실학이란 사실적인 일에서 옳음을 구하고, 이로움을 만들어 백성들의 생활을 두텁게 해야 한다는 '실사구시(實事求是) 이용후생(利用厚生)'의 참다운 학문이란 견해이다.

실학은 임진왜란이 끝나고 폐허로 변한 조선 사회의 문제를 해결하려는 학문적 기풍에서 시작되었다.●● 역사 지리를 실증적으로 연구하여 《동국지리지》를 지은 한백겸, 백과사전 지식을 집대성한 《지봉유설》의 저자 이수광은 실학의 선구자에 해당된다.

17세기 중반에서 18세기까지는 실학이 꽃을 피운 시기였다. 토지 개혁●●●과 유통의 중요성을 내세운 유형원의 《반계수록》은 중농학파●●●●의 뿌리를 형성했고, 유수원의 《우서》는 중상학파●●●●●의 기원이 되었다.

중농학파는 경세치용학파로 분류하며, 유형원에서 기원하여

● 정조의 개혁 정책
규장각 설치, 각신과 초계문신 제도 운영, 준론탕평 시행, 소론과 남인 중용, 친위 군대인 장용영 신설, 신해통공, 수원 화성 건설, 화성 능행차, 《대전통편》 편찬, 《충무공 전서》 편찬, 노비추쇄법 폐지, 언로 확대(격쟁과 가전상소), 《무예도보통지》 발간
(수) 2007, (검) 2-3, (검) 4-고, (검) 5-3, (검) 6-4, (검) 7-4, (검) 7-고, (검) 8-3, (검) 9-고

●● 실학의 형성 과정
주자성리학의 독재 이념, 양란 이후 민생 파탄, 붕당 분쟁에 대한 회의, 청나라의 문물 발전, 새로운 시대 이념 제시, 백과전서 유행(이수광 《지봉유설》, 이익 《성호사설》, 이덕무 《청장관전서》, 서유구 《임원경제지》, 이규경 《오주연문장전산고》)
(검) 1-5, (검) 2-2, (검) 2-5, (검) 3-5, (검) 4-4

●●● 중농학파 토지 개혁
남인 실학자 중심, 경세치용학의 이념, 균전제(유형원), 한전제(이익), 여전제(정약용)
(수) 1998, (수) 2002, (검) 4-고, (검) 8-4, (검) 9-3

이익과 정약용에 이르러 완성되었다. 이들은 주로 경기 지방에서 농촌 생활을 하던 경험이 풍부한 남인계 실학자들로, 지주전호제●에 따라 자영농의 몰락을 사회 모순의 기본으로 인식하여 토지 제도의 개혁을 부르짖었다.

유형원은 《반계수록》에서 균전론을 주장했고, 《성호사설》을 지은 이익은 한전론을 내세웠고, 정약용은 《경세유표》에서 여전론을 발표했다. 하지만 중농학파가 주장한 토지 개혁은 막대한 토지를 소유한 지주와 사대부들의 반대로 성공할 수 없었다.

중상학파는 이용후생학파라고 하며 백탑파로도 부른다. 소론 강경파에 속하는 유수원이 이론적인 시원을 밝혔으며, 청나라를 왕래하던 박지원, 홍대용, 박제가 등 서인 노론계들이 주축을 이루었다.

하지만 이들은 서인 노론에서 배척된 야인들이거나 차별 받은 서자 출신이 대부분이란 점에서 노론의 당론이나 정책과는 전혀 관계가 없는 인물들이었다.

●●●● **중농학파**
남인의 개혁 사상, 토지 제도에 중점, 정치 개혁 주장, 중심 인물(유형원, 이익, 정약용 등), 신서파를 형성, 천주교(내세 신앙, 인간 평등)
(검) 1-4, (검) 3-4, (검) 3-6, (검) 7-3

●●●●● **중상학파**
북학파의 개혁 사상, 청나라 문물 수용, 《우서》(유수원)가 기원, 박지원이 중심 인물, 규장각 검서관(박제가 등), 연행사(박지원, 박제가, 홍대용, 이덕무)
(수) 1995, (검) 2-3, (검) 4-초, (검) 5-초, (검) 8-고

● **지주전호제**
민전을 소유한 농민이 농사를 짓지 않고 소작인에게 대여하여 생산량을 분배하는 제도이다. 이때 토지 소유자는 지주, 소작인은 전호라고 하며, 분배는 반씩 나눠 갖는 병작반수제였다.

중농학파를 대표하는 3인의 토지 개혁론

균전론(유형원)	①《반계수록》에서 주창 ② 신분에 따라 차등 있게 토지를 재분배, 조세와 병역도 재조정 • 토지의 차등 분배, 한계는 신분제 인정
한전론(이익)	①《성호사설》에서 주창 ② 일가의 생활 유지 가능한 영업전을 주고 매매는 금지 • 나머지 토지는 매매가 가능, 토지 매매 허용
여전론(정약용)	①《경세유표》, 촌락을 일여로 삼고, 여를 단위로 토지 분배 ② 집단농장 제도의 성격(정전제로 완화됨) • 급진적 개혁론으로 당시 조선의 현실에서는 한계
공통점	① 중농주의적 제도 개혁 ② 사회 문제 해결을 토지 개혁에 둠

▼ 학술 활동과 실학의 발전
양란을 겪은 뒤 성리학의 관념을 벗어나 실사구시를 강조하는 실학이 등장했다. 중농학파는 토지 개혁, 중상학파는 상공업 진흥, 고증학파는 실증적 연구를 중요시했다.

북학파들은 상공업과 기술 발달의 부진을 사회 모순의 근본 원인으로 보고 청나라 문물의 수용과 상공업의 발전,• 기술의 혁신을 주장했다.

특히 북학파의 영수였던 박지원은 기행문인 《열하일기》와 《허

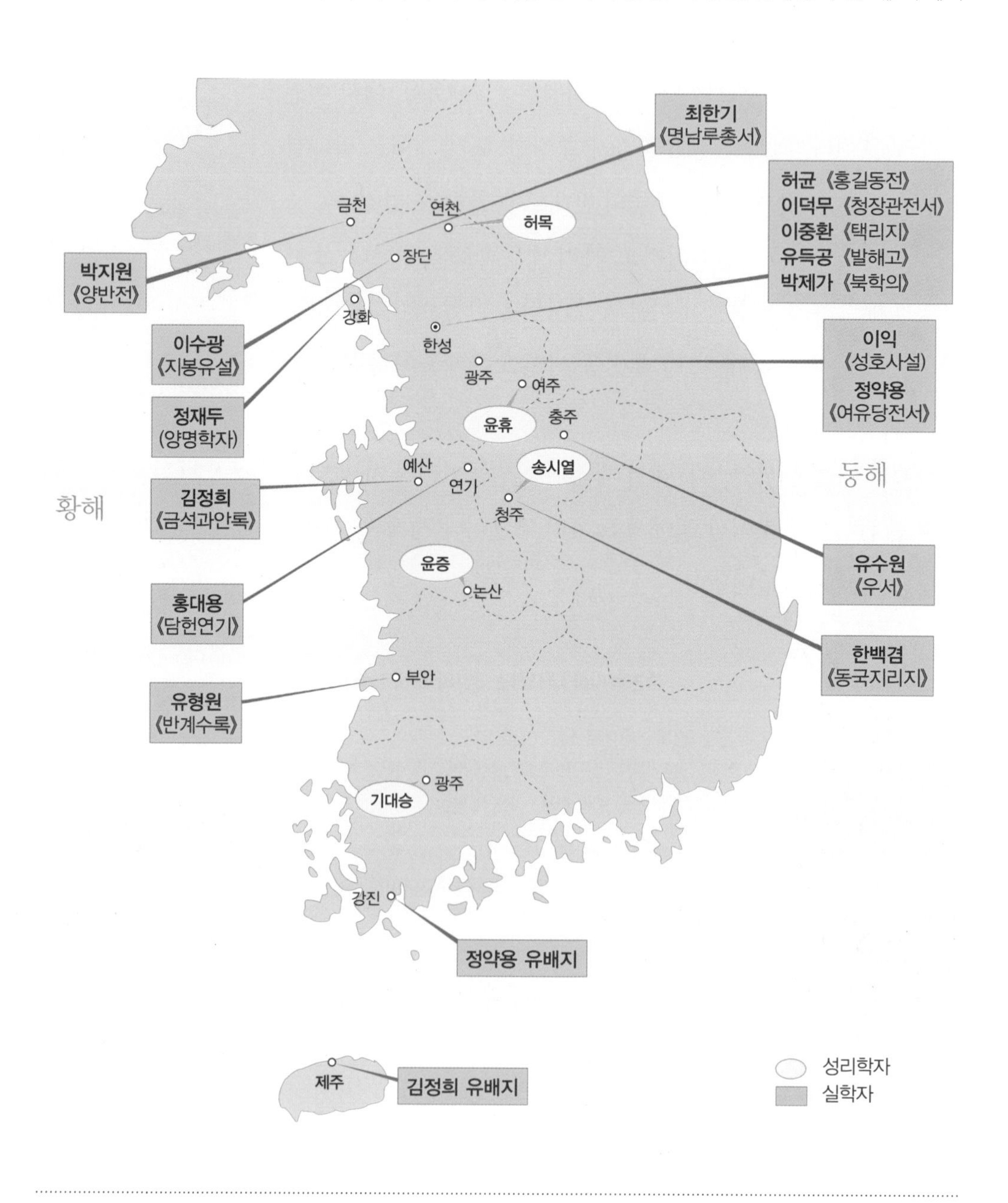

전동 성당과 윤지충 순교상 | 남인에 속한 윤지충은 천주교를 받아들이고 제사를 거부했다. 조선 최초로 순교한 윤지충을 기념하여 전동 성당이 세워졌다. 역설적으로 맞은편에는 이성계의 영정을 모신 경기전이 있다.

생전》《호질》《양반전》과 같은 풍자소설을 통해 사대부의 허구와 부패를 비판하고 상공업의 진흥을 부르짖었다. 박제가는 《북학의》를 지어 북학파의 중상 이론을 체계화했다.

정조의 죽음과 개혁의 좌절은 중농학파와 중상학파로 대별되는 실학의 몰락을 가져왔다. 세도정치 아래서 실학파의 사회 개혁 요구는 극심한 탄압을 받고 지배층으로부터 배제되었다.

이때부터 이념적인 문제에서 탈피하여 사실적인 방법으로 학문을 연구하는 기풍이 퍼지기 시작했다. 이를 고증학파(考證學派)• 라고 하는데 대표적인 인물은 김정희이다.

실학은 비록 현실적인 혁명 이론으로 발전하지 못해서 조선을 바꾸는 단계에는 이르지 않았지만, 봉건제 사회의 문제점을 해결하려는 구체적인 실천과 더불어 민족적, 민중적 경향성을 형성하여 근대의식을 지향했다는 점에서 중요한 역사적 의의를 가진다.

● 조선 후기 무역 발달
실학 사상(북학파, 상공업 중시), 장시(18세기, 5일장), 포구 상업(세곡, 소작료 운송), 대청 무역(개시 무역, 후시 무역), 대일 무역(왜관 무역, 은과 구리), 화폐 유통(상평통보 전국 유통, 동전 발행 지연으로 전황 발생)
(검) 2-2, (검) 5-3, (검) 5-고

● 고증학파
고증학파는 역사문화학파라고도 한다. 역사, 문화, 지리에 대한 실증적 연구를 중시하는 실학자들로 김정희, 이규경, 김정호, 지석영 등을 꼽을 수 있다. 사회 모순과 현실 개혁을 외면하는 학문적 경향에 치우친 역사적 한계를 지녔다.

역사 지식 플러스

중농학파의 토지 개혁론

중농학파는 경세치용학파로, 임진왜란과 병자호란 이후에 광작과 지주전호제의 확산에 따른 자영농의 몰락을 사회 모순의 기본으로 인식하여 토지 제도의 개혁을 주장한 실학파이다. 이들은 주로 유형원, 이익, 정약용 등 농촌 생활 경험이 풍부한 남인계 실학자들이었다.

유형원(1622~1673)은 《반계수록》에서 균전제를 주장했다. 균전제는 토지를 모두 국가의 소유인 공전(公田)으로 삼고 실제로 경작할 수 있는 농민들에게는 신분에 따라 차등 있게 토지를 재분배하여 경제적 몰락을 막고, 이를 바탕으로 조세와 병역도 재조정하자는 내용이었다.

이익(1681~1763)은 《성호사설》에서 농민 일가(一家)를 기준으로 생활 유지와 세습이 가능하고 매매는 불허하는 영업전을 일정하게 배당하고, 나머지 토지는 매매를 허용하는 한전제를 주장했다. 영업전 지급을 핵심으로 하는 한전제는 일시에 토지의 균형을 맞추기보다는 점진적으로 토지 균등 분배를 추구한 온건한 방식의 토지 개혁 이념이었다.

정약용(1762~1836)은 《경세유표》에서 촌락을 1여(一閭)로 삼아 토지의 공동 소유, 농사의 공동 생산, 수확의 공동 분배를 추구하는 여전제를 주장했다. 집단농장 제도 성격의 이 토지 개혁은 개인이 토지를 임의대로 매매할 수 없어 집단소유권이 보장되고, 노동량에 따라 수확량이 분배되므로 노동 의욕을 북돋는 장점이 있으나 당시에는 급진적 정책이었다.

중농학파 3인의 토지 개혁론은 비록 당대에 실현되지는 않았지만, 임술민란과 갑오농민전쟁을 통해 농민들이 요구하는 반봉건 토지 개혁으로 수용되었다. 나아가 정약용의 여전제는 100여 년이 지나서 북한의 협동농장, 중국의 인민공사에 지대한 영향을 끼쳤다.

논술 생각나무 키우기

정조가 실학과 개혁의 상징으로 수원 화성을 축조한 까닭은 무엇일까?

Point 1 먼저 성리학의 주의 주장을 고찰하고, 조선이 갖는 문제점의 해답을 토지 개혁, 상공업 진흥, 실증적 인식에서 구하려는 실학이 왜 등장하게 되었는지 알아본다.

Point 2 정조 즉위 전후의 정국은 어떠했는지 생각하고, 반계 유형원이 수원 화성을 유통도시로 기획하게 된 역사적 요인과 철학적 이념이 무엇인지 살펴본다.

Point 3 정조가 수원 화성을 축조하며 얻을 수 있는 정치적 포석, 경제적 실리, 사회 문화적 의도가 무엇인지 꼼꼼하게 정리하고, 수원 화성의 문화사적 가치도 되새겨본다.

공부를 더 하고 싶다면

《정조의 화성 행차 그 8일》(한영우 지음, 효형출판)
정조대왕의 화성 행차는 임오화변으로 죽은 사도세자를 복권시키고자 하는 정조의 정치적 승부수였다. 8일 동안에 벌어진 정조의 화성 행차를 의궤에 근거하여 절차, 행렬, 여러 행사, 인물, 의복 등 당시 조선의 문화 그대로 재현하고 있다.

《박제가와 젊은 그들》(박성순 지음, 고즈윈)
서울 종로 한복판에 위치한 탑골의 백탑은 대표적인 서민 문화 공간이자 지식인들의 모임 장소였다. 이곳에서 상공업의 진흥을 통한 조선의 개혁을 꿈꾸었던 북학파가 탄생했다. 박제가와 그의 젊은 친구, 선배, 스승 등 여러 인간 군상의 멋과 생각을 지면에 펼쳐놓는다.

《조선 사람들 혜원의 그림 밖으로 걸어 나오다》(강명관 지음, 푸른역사)
혜원의 그림이 세상의 눈을 휘둥그렇게 만든 조선 후기는 신분 질서가 무너지고 민중이 성장하는, 그야말로 변혁의 시대였다. 단원, 오원, 관아재(조영석)와 함께 조선을 대표하는 혜원의 그림을 통해 살아 숨 쉬는 민중의 삶과 정서를 느낄 수 있다.

4 세도정치, 망국으로 가는 길

한 줄로 읽는 우리 역사

노론은 신유박해를 일으켜 개혁적 실학파를 제거하고, 비변사를 중심으로 세도정치를 시작했다. 탐관오리와 삼정의 문란으로 백성의 고통은 가중되고, 진주 민란과 같은 백성의 저항이 거세졌다. 최제우는 동학을 창시하고 인내천 사상을 내세워 차별 없는 세상을 부르짖었다.

계몽군주를 꿈꾸었던 정조의 죽음은 조선에서 위로부터의 개혁이 좌절되었다는 것을 의미한다. 주자성리학이 관념적인 이념 논쟁과 당파 이익으로 민생을 도외시하고 자신들의 정권 이익에 빠졌을 때 실사구시, 이용후생의 학풍을 주도한 실학도 학통의 미비, 지지 기반의 부족으로 시대를 이끄는 이념으로 발전하지 못했다.

다산 초당 | 정약용은 1801년에 신유박해로 18년의 유배 생활을 시작했는데, 특히 강진에 다산 초당을 짓고 초의선사와 교유했고, 이곳에서 구상한 생각은 《목민심서》《경세유표》《흠흠신서》로 집약되었다.

영조와 정조 시대에 상공업이 발달하고 신분 질서가 해체되었지만 농민들이 역사를 이끌어가는 주체 세력이 되기에는 아직 경제력과 정치적 각성이 부족했다.

정조가 죽고 나서 노론 세력은 남인, 소론, 시파 세력에 대한 공격에 나섰다. 공서파인 노론은 급진, 온건 개혁 세력이 천주교를 믿거나 긍정한다는 이른바 신서파라고 몰아세우고 정계에서 축출했다. 견제 세력이 사라진 중앙 정계는 수구 세력이 세도정치●●를 하는 결정적인 계기가 되었다.

● **세도정치**
세도정치는 조선 순조-헌종-철종 3대 60여 년간 안동 권씨, 풍양 조씨, 안동 김씨 등 특정한 가문이 비변사를 중심으로 군권을 장악하고 권력과 이권을 독점한 정치를 말한다. 세도정치의 가장 큰 폐해는 매관매직이었다. 매관매직이란 관직을 사고파는 부정 행위이다.

●● **세도정치**
비변사 장악, 유력 가문의 권력 독점, 삼정의 문란, 천주교 박해, 이양선 출몰, 전국적 농민 반란, 풍수비기 유행, 동학 출현, 홍경래의 난(서북 차별 반대)
(수) 2006, (검) 2-4, (검) 5-3, (검) 6-고, (검) 9-초, (검) 9-4

순조 시대, 세도정치에 도전하는 홍경래

순조(1800~1834)는 정조와 수빈 박씨 사이에서 1790년에 태어났다. 정조가 세상을 떠나자 11세에 즉위했으며, 영조의 왕후였던 증조할머니 대왕대비 정순왕후가 수렴청정을 했다.

1800년 10월에 정조의 국상이 끝나자 정국을 주도한 노론 벽파의 김한구, 김관주, 심환지는 정순왕후와 함께 정적인 남인, 소론, 그리고 노론 시파(서유린)를 정계에서 내쫓았다.

노론 벽파는 1801년에 천주교를 신봉한다는 구실로 남인들을 제거하는 신유박해(신유사옥)●●를 일으켰다. 이때 남인의 이가환, 권철신, 홍낙민, 정약전 등 실학파들이 사형을 당했고, 정약용은 강진으로 유배되었다. 이때 남인들은 중앙 정계에서 완전히 축출되고 말았다.

순조는 1803년부터 친정에 들어가 점차 왕권을 세우고 민생을

●● **천주교 박해 사건**
신해박해(1791, 진산사건), 신유박해(1801, 신서파), 기해박해(1839, 세도정치), 병인박해(1866, 대원군)
(검) 4-3, (검) 7-고, (검) 8-초, (검) 9-4, (검) 9-고

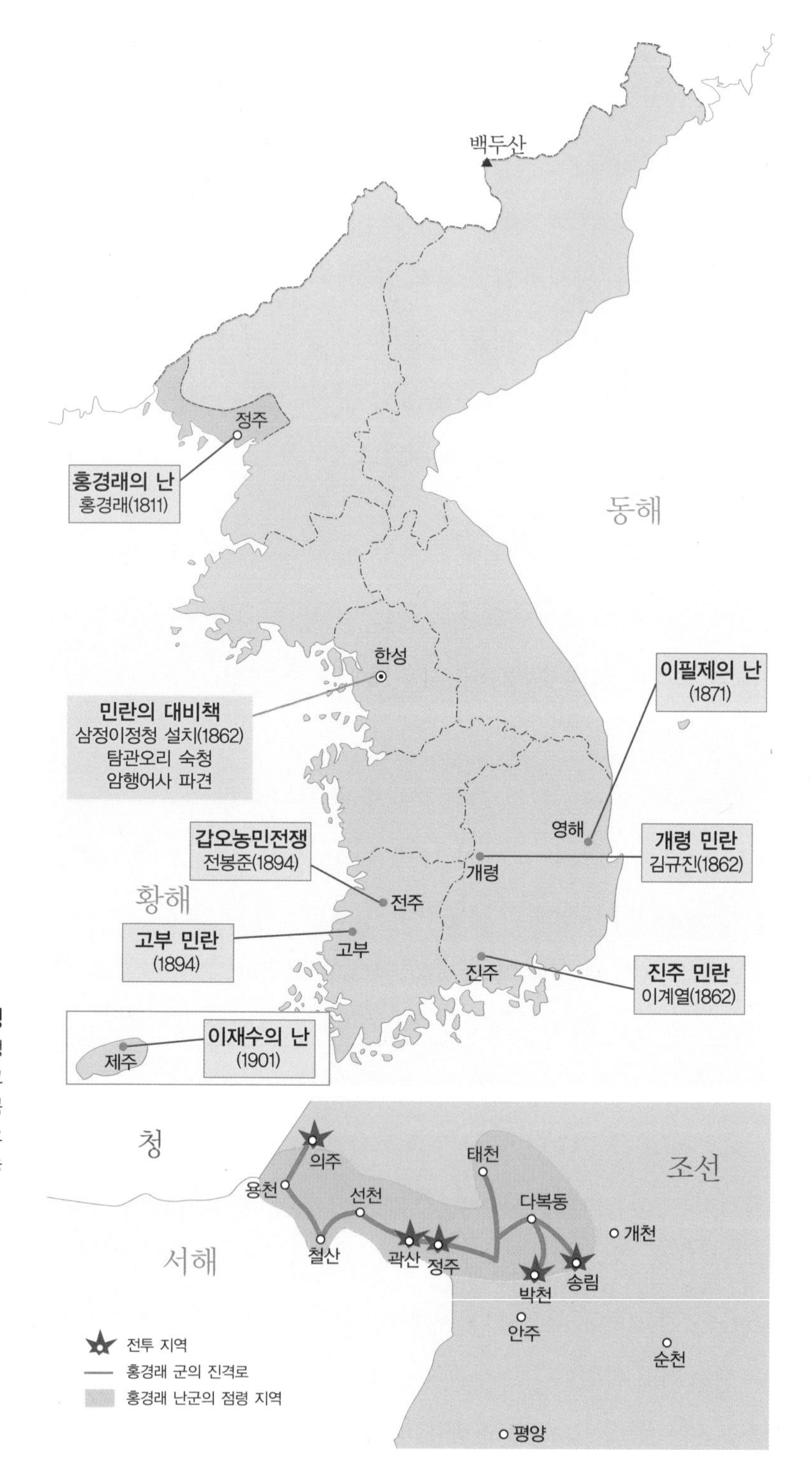

▶ 홍경래의 난과 농민 항쟁
정조의 개혁이 무산되고 세도정치와 삼정의 문란으로 백성의 고통은 가중되었다. 홍경래는 서북인의 차별에 반발하여 난을 일으켰고, 이를 계기로 전국적인 농민 항쟁이 줄을 이었다.

돌보는 일에 집중했다. 1807년부터 재상 김재찬의 보좌를 받아 지방에 암행어사를 자주 파견하여 민정을 살피고, 《만기요람》을 편찬하여 통치의 기본을 세우고, 젊은 친위 세력을 양성하여 왕권을 강화하는 작업을 주도했다. 하지만 1809년에 일어난 대기근은 국가 재정과 농민들의 삶을 뿌리째 흔들었다.

그 와중에 1811년 12월 18일, 평안도를 기반으로 홍경래•가 서북인에 대한 차별 철폐와 안동 김씨 정권 타도, 그리고 도참설에 근거한 진짜 군왕의 추대를 명분으로 농민 반란을 일으켰다. 1812년 4월 19일, 본거지인 정주성이 함락되면서 홍경래의 난은 비록 실패로 끝났지만 왕권에 가한 타격은 엄청났다.

• **홍경래의 난 평가**
홍경래 난은 1) 서북 지역 차별의 해소, 2) 10여 년에 걸친 치밀한 준비, 3) 체계적인 지휘부의 구성, 4) 토착 관리의 비리 고발 등 정치 구호는 있었지만 1) 토지 분배, 2) 신분 해방, 3) 새로운 국가 건설과 같은 사회 개혁 구호가 부족한 것이 한계였다.

초의선사의 부도탑 | 초의선사는 대흥사와 백련사를 무대로 다산 정약용, 추사 김정희와 함께 조선 후기의 문화계와 호남 예술계를 주도했다. 오늘날 녹차의 부흥은 초의선사의 공이 크다. 부도탑은 대흥사에 있다.

순조는 결국 처가인 안동 김씨(김조순) 세도 가문에게 정국의 주도권을 넘기고 말았다. 순조의 장인인 김조순과 이조판서 박종경 등 노론 시파가 집권하면서 이른바 60년 세도정치가 시작되었다.

세도정치는 법 제도와 절차에 의한 공적인 통치를 부정하고, 특정 가문이 권력을 독점하고 인사권과 병권을 장악한 현상을 말한다. 조선 후기의 세도정치는 의정부의 권한을 약화시키고 비변사•를 중심으로 행정, 언론, 군사를 장악했다.

● **비변사**
중종 때 설치(여진, 왜구 대비), 왜란으로 강화(3포 왜란, 을묘왜변), 임진왜란 때 상설 기구, 초기에 군사 문제, 후기에 국정 중심(의정부 대체), 의정부와 6조의 약화, 왕권 제한에 결정적 역할, 세도정치의 집권 기반
(검) 3-2, (검) 9-고

순조는 1827년에 과단성 있고 똑똑한 효명세자•에게 대리청정을 시켜 세도정치의 국면을 바꾸려고 노력했다. 효명세자는 북학파의 영수인 박지원의 손자 박규수와 친하게 지내며 홍석주, 김정희 등을 중용하여 개혁에 대한 의지를 굳건히 세우고 외조부인 김조순 일파를 견제했다. 그러나 대리청정을 한 지 4년 만에 세상을 떠나 그의 개혁은 물거품이 되었다.

● **효명세자**
조선 제23대 왕 순조의 세자. 1812년 왕세자에 책봉되었으며, 조만영의 딸을 맞아 혼인을 하고 헌종을 낳았다. 1827년부터 대리청정을 한 지 4년 만에 죽었다. 헌종이 즉위한 뒤에 익종(翼宗)으로 추존되었고, 대한제국이 출범한 뒤 고종에 의해 다시 문조 익황제(文祖翼皇帝)로 추존되었다.

삼정의 문란과 이양선의 출현, 헌종의 선택

헌종(1834~1849)은 순조의 손자이고, 효명세자(문조)와 신정왕후(조대비)의 아들이다. 4세 때인 1830년에 왕세손이 되었으며, 8세 때인 1834년에 헌종으로 즉위했다. 나이가 어려 할머니인 순원왕후 김씨가 수렴청정을 했다.

이때 벽파인 풍양 조씨 세력은 시파인 안동 김씨의 김유근이 천주교를 믿고 세례를 받은 사실을 빌미로 세도권력을 빼앗고자

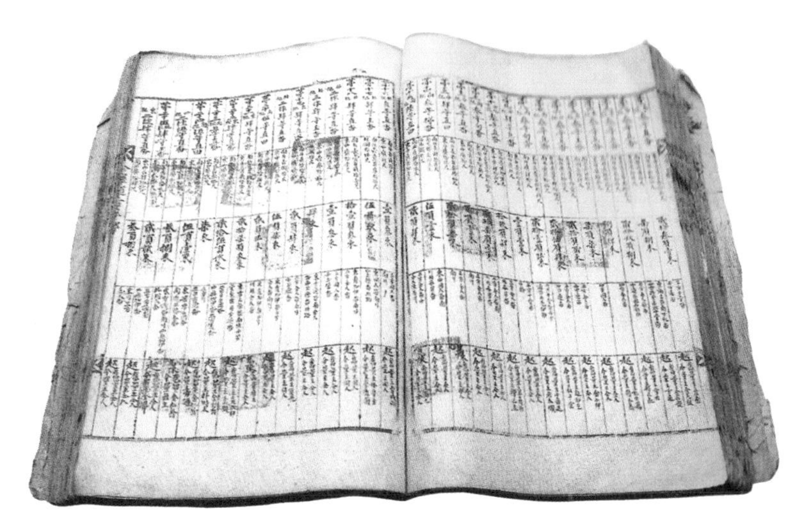

조선 시대의 양안(토지대장)

기유박해(1839)를 일으켰다. 이때 정하상, 유진길 등 118명이 순교했다. 세도권력은 안동 김씨에서 조대비 가문인 풍양 조씨로 넘어갔다.

헌종은 1841년에 이르러 친정을 시작했으나 세도정치 아래서 전정(田政), 군정(軍政), 환정(還政)이라 부르는 삼정(三政)●● 의 문란은 더욱 심해졌다.

전정은 조세를 부과하는 수취 행정인데, 세금의 기준이 되는 양안(토지대장)이 엉터리로 작성되고, 삼수미와 공미 등의 여러

●● **삼정의 문란**
세도정치에 기인, 양반 수 증가로 세수 감소, 평민의 군역과 세금 부담, 군정 폐단(백골징포, 황구첨정, 족징, 인징 등), 환곡 폐단(늑대, 탄정, 반작 등), 전정 폐단(은결, 진결, 도결 등)
(수) 1999, (수) 2003, (수) 2008, (검) 1-4, (검) 5-3, (검) 5-고

조선 후기 삼정의 문란

국가 재정 수입	제도의 내용	문란의 내용
전정 (田政)	• 1444년(세종 26) 제정된 공법(貢法)에 의해 전분 6등법과 연분 9등법에 준한 전세를 부과하여 징수하는 수취 행정	• 불공정한 양전과 연분 • 삼수미, 공미 등 세목 증가
군정 (軍政)	• 군적에 따라 번상병을 뽑고 보포를 정급하여 주는 병무 행정 • 15세기 말부터 번상병들이 보포를 내고 군역을 면제받는 관례가 생겨난 뒤 군포를 부과하여 거두는 수취 제도로 변질	• 군역 면제 증가로 군포 부족 • 황구첨정, 백골징포 등
환정 (還政)	• 춘궁기에 농민에게 식량과 씨앗을 빌려주었다가 추수한 뒤에 돌려받는 구빈과 비축을 겸한 행정	• 환곡미의 환수율 저하 • 십일취모법 시행

천주교도 순교 터, 해미읍성 | 조선 후기에 천주교는 아산, 서산 등을 중심으로 충청도에서 크게 퍼져나갔다. 해미읍성은 이순신이 청년 장교 시절에 근무했던 곳이고, 조선 후기에 많은 천주교도들이 순교한 곳이다.

세목이 만들어져 백성을 수탈했다.

군정은 군포를 국가에 바치는 병무행정인데, 죽은 사람도 내고(백골징포), 달아난 이웃의 것을 대신하고(인징), 어린 아이에게도 부과하고(황구첨정), 친척이나 가족에게 떠넘기는(족징) 등의 문제가 심했다.

환정(환곡)은 춘궁기에 농민에게 식량과 씨앗을 빌려주었다가 추수한 뒤에 돌려받는 빈민구제법인데, 원곡의 양을 속이거나 원곡 손실을 보전한다며 십일취모법(什一取耗法)• 을 시행하여 여러 이자를 붙여 돌려받는 등의 폐단이 속출했다.

• **십일취모법**
환곡은 본래 이자를 받지 않고 대여한 원곡(모곡)만 받는 제도였다. 그러나 후기에 자연감소분을 보충하고자 원곡의 10%를 이자로 받는 십일취모법이 시행되었는데, 이는 환정이 문란해지는 계기가 되었다.

또한 순조 시기에 특히 황해도, 충청도, 전라도 등 여러 곳에 이양선(異樣船)•• 이 출몰하여 민심이 동요하고 정국이 매우 불안했다. 헌종 12년(1846)에 당시 세도를 쥐고 있던 헌종의 외조부

조만영은 이양선의 출몰에 따른 사회 불안을 잠재우고자 6월 5일부터 9월 20일까지 천주교도들에게 서양 선박을 불러들였다는 죄목을 씌워 탄압했다(병오박해).

이 사건으로 우리나라 최초의 김대건 신부를 비롯하여 천주교도 9명이 순교했다. 그해에 조만영이 세상을 떠나고, 3년 뒤 헌종이 후사 없이 세상을 떠나자 풍양 조씨의 세도는 다시 안동 김씨에게 넘어갔다.

●● **이양선**
조선의 배와 형태가 다르다 하여 이양선, 또는 이단선(異團船), 황당선(荒唐船)이라 한다. 일본이나 중국으로 가던 중에 표류해 오기도 하고, 통상을 목적으로 접근해 오기도 했다.

철종, 임술민란과 동학의 출현

철종(1849~1863) 이원범은 전계 대원군 이광의 셋째아들이다. 조부 은언군은 사도세자와 숙빈 임씨의 둘째아들로 정조의 이복동생이다. 헌종은 본래 덕흥 대원군의 손자인 이하전을 후사로 정했으나, 그의 주변에 노론 벽파가 많은 것을 꺼린 노론 시파 계열의 안동 김씨가 이원범을 낙점한 것이다.

철종은 왕위에 올라 안동의 명문가인 김문근의 여식인 철인왕후와 혼인했다. 자연스럽게 세도권력은 안동 김씨에게 돌아갔고 김문근은 안동 김씨의 제2기 세도정치를 이끌었다.

세도정치 아래서 현실을 비판하고 조선의 운명을 바꾸려는 지식인의 노력은 현저하게 줄어들었다. 다만 실학의 한 흐름인 고증학이 추사 김정희● 에 의해 개화되었다.

추사는 24세 때인 1809년에 청나라 연경에 가서 고증학파인 완원, 옹방강, 조강과 교유하여 실사구시의 학풍을 조선에 심고

● **추사 김정희**
추사(완당), 〈세한도〉, 추사체, 북한산 진흥왕비(고증), 문무왕릉비 잔편(고증), 흥선 대원군의 스승, 고증학파 형성(김정호의 〈대동여지도〉, 이제마의 사상의학, 지석영의 종두법)
(검) 2-1, (검) 6-고, (검) 7-3, (검) 7-고

용흥궁 | 조선의 26대 임금인 철종이 생활하던 곳으로 강화도에 있다. 임금이 되기 전의 거처를 잠저라고 하며, 즉위했으므로 용흥궁이라 했다.

자 노력했다. 하지만 효명세자가 죽고 곧이어 제주도에 유배된 추사의 꿈은 좌절될 수밖에 없었다.

다만 조선 특유의 서체인 추사체가 이루어지고, 황초령비의 고증, 북한산비의 증명 등 사실에 입각한 실증적 학문은 최한기, 흥선 대원군, 김정호, 이제마로 이어졌다.

최한기●는 《기측체의》와 《인정》을 저술하여 현실을 비판하고 사회 개혁을 부르짖었으며, 경험주의적 인식론을 확립하여 근대적 합리주의와 개화 사상을 싹트게 했다.

고산자 김정호는 최한기에게 많은 영향을 받아 사실에 입각하여 〈청구도〉 〈동여도〉 〈대동여지도〉●● 〈수선전도〉를 그렸고, 지리서인 《대동지지》를 펴냈다.

● **최한기**
최한기는 황해도 개성 출신으로 1825년에 사마시에 급제했으나 벼슬에 나아가지 않고 학문에 전념했다. 북학파인 박지원의 영향으로 서학을 수용하고 김정호와 교유하며 〈대동여지도〉를 그리도록 지원했다. 저서로 《기측체의》 《기학》 《인정》 등이 있다.

조선 후기 왕계표

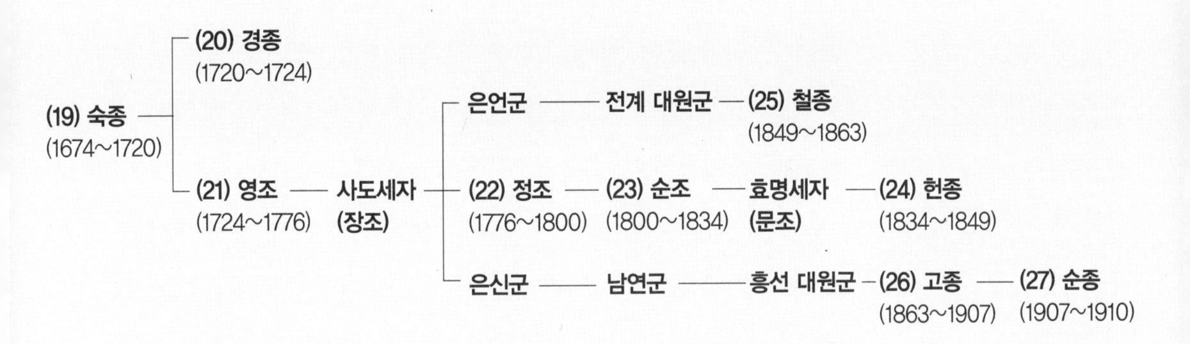

또한 사람의 체질과 성질에 따라 다르게 치료해야 한다는 사상의학서인 《동의수세보원》●●●을 지은 이제마도 대표적인 고증학자의 한 명이었다.

하지만 고증학은 현실을 제대로 인식하는 방법론은 되지만 잘못된 세상을 바꾸는 변혁 사상이 될 수는 없었다. 출구가 없는 농민들에게 고증학은 그저 지식인의 배부른 학문적 사실 추구일 뿐이었다.

세도정치 아래서 농민들의 삶은 황폐해졌다. 삼정의 폐단과 지주들의 횡포로 극심한 고통에 시달리던 농민들은 수십 명, 수백 명이 연명하여 관아에 등소(等訴)를 했으나 받아들여지지 않았다. 결국 농민들이 선택한 것은 죽창을 들고 관아로 달려가 무력으로 호소하는 것이었다. 1862년 1월에 경상도 단성에서 환곡의 폐단 시정을 요구하는 농민 항쟁이 시작되었다(단성 민란).

단성 민란은 곧바로 진주로 이어져 23개 면이 동참하여 진주 민란으로 발전했다. 안핵사 박규수가 내려와 겨우 수습되었으나

●● 〈대동여지도〉
김정호가 1861년에 실측과 기존의 지도를 참고하여 만들었다. 휴대가 편리하도록 22장으로 나누었고, 축적과 거리, 경위선을 표시했으며 기호를 사용한 근대식 전국 지도이다. 1985년에 광우당에서 최초로 원본 크기를 발행했다.

●●● 〈동의수세보원〉
이제마의 사상 의학이 체계적으로 서술된 4권 2책의 의학서이다. 태양인, 소양인, 태음인, 소음인으로 분류한 사상 체질은 후대에 동의학 역사에서 질병 치료와 식생활 등에 획기적인 변화와 영향을 끼쳤다.

여파는 주변으로 퍼져나가 경상도 단성·진주·상주 등 20개 군현, 전라도 장흥·익산·함평 등 37개 군현, 충청도 공주·은진·회덕 등 12개 군현, 함경도 함흥, 황해도 황주, 경기도 광주 등 모두 72개 군현에서 임술민란(1862)• 이라 부르는 농민 항쟁이 벌어졌다.

● **임술민란**
세도정치에 기인, 지역 토호의 수탈, 초기에 소극적 항거(벽서, 소청), 몰락 양반도 참여, 진주와 단성이 극심(1862), 환곡 폐단의 폐지, 군포의 균등 주장
(수) 2004, (수) 2005, (검) 4-3, (검) 7-고

그러나 여전히 해결책은 보이지 않았다. 사라진 것은 항쟁으로 죽어간 백성의 목숨이었고, 남은 것은 여전히 탐관오리의 수탈과 압박이었다. 이때 농민들에게 구원의 빛으로 다가온 것이 동학(천도교)이었다.

동학의 발생과 사건 전개 일지

시기	사건 전개
1860	최제우가 경주 용담에서 동학 창시
1864	최제우가 사도난정(邪道亂正)의 죄목으로 순교
1871	동학교도 이필제의 난, 교조 신원을 제기
1892. 1	동학교도들이 삼례에서 교조신원운동 전개(삼례 집회)
1893. 2	동학교도들이 광화문에서 교조신원운동(상소 투쟁)
1893. 3	보은 장내리 집회에서 교조신원운동(척왜양 창의)
1894. 1	동학농민이 고부에서 봉기를 일으킴(1. 10~1. 22)
1894. 2	제1차 갑오농민전쟁 발발(2. 25~5. 8) : 반봉건 투쟁
1894. 5	갑오농민군과 정부군의 전주 화약(5. 8), 집강소 설치
1894. 6	일본군이 경복궁 점령(6. 21), 제1차 김홍집 내각 출범
1894. 6	청일 전쟁 발발(1894. 6~1895. 4. 17)
1894. 10	제2차 갑오농민전쟁 발발(1894. 10. 21~1895. 3. 9) : 반외세 투쟁
1895. 10	을미사변 : 명성황후 시해(10. 11)

1860년에 경주 출신의 최제우(崔濟愚)[●]가 경주 용담정에서 동양의 전통적인 유·불·선 사상과 기독교를 융합하여 사람은 모두 존귀하다는 시천주(侍天主)와, 사람은 모두 평등하다는 인내천(人乃天)을 표방하며 동학[●●]을 창시했다.

동학은 급속하게 퍼져나가 1862년에 이르면 지역별로 접주 제도가 마련되고 1863년에는 교인이 3천여 명에 이르렀다. 농민들은 드디어 동학을 매개로 세상을 바꾸는 변혁의 주체로 역사에 등장하기 시작했다.

순조, 헌종, 철종이 다스리던 조선은 거센 풍랑 위에 방향을 잃은 나룻배가 떠다니는 형국이었다. 서양 세력과 자본주의 물결은 이미 중국의 남부와 일본에 충격을 주고 있었다.

조선도 외국 열강의 존재를 어렴풋이 알고는 있었지만 그것이 조선의 유교 체계는 물론이고 종묘사직까지 무너뜨리는 폭풍이 될 줄은 그 누구도 예상하지 못했다. 이것이 세도정치 아래 조선이 안고 있었던 비극의 일단이다.

● **최제우**
수운 최제우는 1859년에 용담정에서 사람은 모두 한울님을 모시고 산다는 시천주(侍天主)와 사람은 하늘처럼 존귀한다는 인내천(人乃天) 사상을 바탕으로 기독교, 유교, 불교, 전통 사상을 융합한 동학을 창시했다. 1862년에 《권학가》《동학론》을 저술하고 각지에 접소와 접주를 내세워 포교에 나섰다. 1864년에 조정은 동학을 사학(邪學)으로 규정하고 수운을 처형했다.

●● **동학**
최제우가 창시(1860), 시천주와 인내천 주장, 반봉건(토지 개혁, 신분 해방), 반외세(동학 명칭, 항일), 유불선 장점 수용, 몰락 양반과 농민층 신앙, 주요 경전은 《용담유사》《동경대전》
(수) 1997, (수) 2004, (검) 6-고, (검) 7-4

역사 지식 플러스

세도정치란 무엇인가?

세도정치는 순조(1800~1834) 때 김조순, 헌종(1834~1849) 때 조만영과 김좌근, 철종(1849~1863) 때 김문근 등을 중심으로 안동 김씨, 풍양 조씨 같은 특정 가문이 60여 년 동안 비변사를 중심으로 군권을 장악하고 중앙권력과 경제적 이권을 독점한 정치 현상을 일컫는다.

세도정치의 권력 기반은 비변사였다. 국초에 국정의 중심은 의정부였으나 임진왜란 이후에는 문무 대신 합의기구인 비변사가 권능을 대체했다. 세도가들은 바로 군권과 비변사를 장악하고 인사권을 마음대로 행사했다. 유능한 인재는 아예 벼슬을 포기하거나 중요한 관직에서 배제되었으며, 관리 선발 제도인 과거도 무력화되었다. 김구가 《백범일지》에서 묘사한 과거장 대리시험 등의 난맥상은 세도정치가 낳은 한 폭의 부패상이었다.

세도정치 아래서 인사권의 공정성은 사라지고 관직을 사고파는 매관매직이 일반화되었다. 무능하고 부패한 관리들이 돈으로 관직을 사고 출세와 요직을 차지했다. 그러고는 관리 재임 기간에 매관 비용을 충당하기 위해 갖은 명목으로 백성에게서 세금을 강탈했던 것이다.

이러한 탐관오리의 수탈은 곧바로 삼정의 문란으로 이어졌다. 삼정은 토지세에 관한 전정, 군포에 대한 군역, 빈민구제책인 환곡을 말하는데 세도정치 아래서 폐단이 더욱 심해졌다. 농민들은 고향을 버리고 도망가거나 새로운 세상을 갈망하며 천주교나 도참 사상에 의탁했다.

세도정치 기간에 일어난 홍경래의 난(1811)과 임술민란(1862)은 농민들의 분노와 저항이 얼마나 거셌는지를 보여주는 증거이다. 1863년에 섭정에 오른 홍선 대원군이 비변사 축소, 서원 철폐, 호포제 실시, 토지 조사, 환곡제 폐지, 문벌 타파 등 강도 높은 개혁을 단행한 것은 세도정치에 대한 응징이었다.

논술 생각나무 키우기

삼정의 문란과 세도정치의 연관성은 무엇이며, 이것이 조선 후기에 끼친 영향은 무엇인가?

Point 1 조선 시대의 토지 제도, 수취 제도 등 여러 경제 정책이 어떠했는지 찾아본다. 특히 조선 후기에 어떤 분야의 제도가 심각한 문제가 되었는지 생각한다.

Point 2 삼정의 내용과 문란의 내용은 무엇인지 점검한다. 그리고 이것이 세도정치와 어떤 연관성이 있는지도 분석한다.

Point 3 삼정의 문란과 세도정치의 폐해가 조선 후기의 사회와 역사에 끼친 영향이 무엇인지 알아보고, 조선 말기에 자주적인 근대화가 좌절되는 요인도 비교한다.

공부를 더 하고 싶다면

《조선의 르네상스인 중인》(허경진 지음, 랜덤하우스코리아)
오늘날 한국 사회에서 가장 각광받는 의료, 법률, 금융, 외교, 언론 등은 조선 시대에 반쪽 양반이라 천대받던 중인의 활동 무대였다. 조선 후기에 이르러 중인은 실학과 서학의 충격을 받으며 근대로 가는 선구자로 변화했는데, 이들 중인의 삶과 문화와 시대정신을 담았다.

《조선 최대 갑부 역관》(이덕일 지음, 김영사)
조선 시대 역관은 외교관이자 첩보원이며 금융업에 국제무역도 하는 선진적 사상가이기도 했다. 역관이 보는 세상, 그들이 추구한 가치, 근대기에 그들의 역사적인 역할 등 이제껏 조명하지 못한 역관에 대한 새로운 접근 방식이 돋보인다.

《고산자》(박범신 지음, 문학동네)
고증학의 계보를 잇는 김정호는 당대의 최고 학문을 자랑하는 최한기와 더불어 조선 후기의 학술계와 문화계를 이끌었다. 근대적인 수준의 〈대동여지도〉를 제작한 고산자 김정호의 삶과 역정을 소설이라는 멋들어진 문체와 이야기로 그려낸다.

제10장
근대 시기, 반봉건 반외세

1_ 흥선 대원군, 내정 개혁과 외세 침탈

2_ 갑신정변과 갑오농민전쟁

3_ 대한제국, 독립협회와 광무개혁

4_ 을사늑약과 경술국치, 항일의 시대

한국사에서 근대는 흥선 대원군의 집권과 함께 시작되었다. 흥선 대원군은 우선 내정 개혁을 하고 나중에 문호를 개방하려는 정책을 실시했다. 위정척사파는 개화를 반대하고 조선의 가치를 지키려고 했고, 농민은 토지 개혁과 신분 해방, 나아가 외세의 침략을 반대하는 반봉건 반외세 운동을 지향했으며, 북학파를 계승한 개화당은 청나라의 양무개혁과 일본의 명치유신을 본받아 조선의 개혁을 추진했다. 조선의 근대는 이들 세력의 경쟁과 대결, 그리고 서구 열강, 러시아, 일본, 청나라가 긴밀하게 연계된 격동의 시기였다. 대한제국은 정신적으로 숭명사대의 굴레를 벗어던지고, 정치적으로 청나라의 예속을 탈피한 자주국의 등장이었다. 하지만 힘없는 황제국가의 운명은 주변 열강들의 이해 관계에 의해 좌우되었다. 황제권을 수립한 고종은 광무개혁을 통해 국가의 주권을 유지하고자 했으나, 한반도와 동아시아의 이권에 눈독을 들인 일본·미국·러시아·영국 등은 각자의 속셈에 따라 동맹과 대결을 했다. 대한제국 시기는 조선의 운명과 향방이 결정되는 중대한 격변기였다.

역사를 보는 눈

한국의 근대는 반봉건 반침략 투쟁사이다

한국의 근대는 봉건 기득권과 외세 침략을 막아내는 반봉건 반외세 투쟁에서 시작한다. 농민들은 동학의 깃발을 들고 봉건 유습과 일본 제국에 맞서 역사의 주체로 일어났고, 기득권층인 위정척사파도 의병전쟁에 동참했다. 오히려 근대 사회를 꿈꾸었던 개화파는 친일파로 변신하며 민족을 배신했다. 이로써 의병운동은 도덕성을 무기 삼아 항일 무장투쟁으로 발전했다.

| 19세기 말의 세계 |

19세기 말은 약소국들에게 내부의 봉건제와 외부의 제국주의 침략에 맞서 싸우는 반봉건 반외세 투쟁의 시대였다. 중국의 청나라는 내부의 군벌들이 세력을 키웠고 외세의 침략이 본격화되었다. 동남아시아는 유럽 열강의 식민지 쟁탈 지역으로 변했다.

일본은 유럽식 근대화에 성공하여 제국주의로 발전했고, 노쇠한 강대국인 아랍의 오스만 제국, 인도의 무굴 제국, 중앙아시아는 점차 쇠퇴하여 반식민지로 전락했다. 발칸 지역의 슬라브 민족은 독일, 오스트리아, 러시아, 서유럽의 각축장이 되어 세계의 화약고로 불렸다.

유럽은 제국주의 침략전쟁에 나서 아시아, 아프리카, 오세아니아를 식민지 수탈 시장으로 만들었다. 자본 시장의 팽창과 함께 노동자들의 정치적 각성과 해방투쟁이 세계적으로 일어났다. 프랑스 파리에서는 노동자들이 세계 최초의 노동자 해방구인 파리 코뮌을 세웠다.

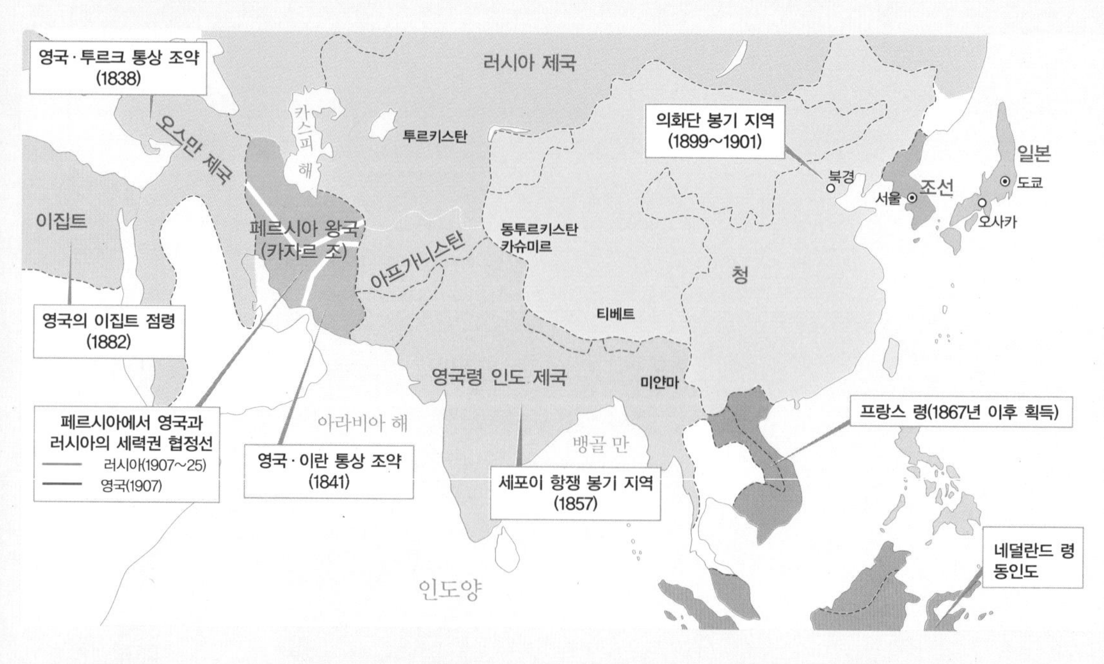

우리나라 ▼	주요 연표	▼ 세계
	1861년	미국, 남북 전쟁(~1865) 중국, 양무운동(~1894)
흥선 대원군 개혁	1863년	
병인양요	1866년	
	1868년	일본, 명치유신
신미양요	1871년	
	1871년	프랑스, 파리 코뮌(3. 18~5. 28)
	1874년	러시아, 나로드니키 운동(~1902)
강화도 조약 체결	1876년	
임오군란	1882년	
보빙사 미국 파견	1883년	
갑신정변	1884년	
	1884년	청프 전쟁, 프랑스가 베트남을 보호국화
	1885년	중국-일본, 천진 조약 체결
거문도 사건	1885년	
방곡령 사건	1889년	
동학교도 보은 집회	1893년	
갑오농민전쟁	1894년	
	1894년	청일 전쟁(~1895) 프랑스, 드레퓌스 사건
을미사변, 을미의병	1895년	
고종의 아관파천 독립협회 조직	1896년	
대한제국 수립	1897년	
	1898년	중국, 강유위 무술변법 실패
	1899년	중국, 의화단의 난
	1904년	러일 전쟁
	1905년	러시아, 1월 혁명
을사늑약, 을사의병	1905년	
	1906년	인도 국민회의(간디)의 캘커타 대회
헤이그 특사 파견 고종 퇴위, 정미의병 국채보상운동 비밀결사 신민회 조직	1907년	
전명운, 장인환 의거	1908년	
안중근, 하얼빈 의거	1909년	
경술국치	1910년	
	1911년	청나라 멸망, 중화민국 탄생
	1912년	제1차 발칸 전쟁(1913년 제2차 발칸 전쟁)

1 흥선 대원군, 내정 개혁과 외세 침탈

한 줄로 읽는 우리 역사

대원군은 내정 개혁을 위해 쇄국을 단행했다. 외세는 병인양요, 신미양요를 일으켜 조선을 침략했다. 고종이 친정에 들어가자 개화파는 일본과 강화도 조약을 맺고 일본식 개혁을 시도했다. 조선 군대인 2군영은 임오군란을 일으켰으나 청나라의 개입으로 실패했다.

1860년대는 한국사에서 근대이다. 유럽에서 시작된 근대는 휴머니즘(인본주의)의 시대이며, 과학 혁명의 시대이다. 상업자본을 기반으로 새롭게 대두된 자본가(부르주아)들이 주도하는 시민사회의 시대이며, 전제왕정을 부정하고 의회가 정부를 대표하는 입헌군주제나 의원내각제, 또는 국가 수반을 직접 선출하는 대통령중심제와 같은 민주공화정을 실시하는 시대이기도 하다.

한국사에서 근대는 이런 면에서 서유럽에서 시작된 근대와는 상당 부분 다르

초지진 | 병인양요, 신미양요의 역사 현장으로, 서해에서 한강으로 거슬러올 때 반드시 통과하는 곳이다. 당시 치열했던 전투 흔적이 성벽 곳곳에 남아 있다.

다. 정치 제도는 군주가 모든 권력의 상위에 있는 전제군주제였고, 사회 변혁을 주도할 시민사회도 형성되지 못했다. 하지만 역사의 변화를 이끌 주체로 평민이 성장하고, 당시 세계사를 주도한 서유럽의 종교 사상인 기독교가 조선에 퍼지기 시작했으며, 근대의 표지인 자본주의의 맹아(싹)가 형성되고 있었다는 점에서 조선 후기가 근대화로 들어서는 기점이란 사실은 분명하다.

이제까지 우리 역사에서 근대의 기점에 대해서는 4가지 견해가 제기되었다. 서구 열강이 조선의 문호를 두드리는 흥선 대원군의 집권기, 위로부터의 시민혁명을 추구한 갑신정변, 민중이 역사의 주체로 일어선 갑오농민전쟁, 황제권을 세우고 청나라에서 독립한 대한제국 수립이 그것이다.

이중에서 널리 받아들이는 통설은 외세가 조선에 출현•하는 흥선 대원군 집권기이다. 그 이유는 이때를 한국사가 동아시아 역사의 틀에서 벗어나 진정한 의미에서 세계사의 무대에 등장한 것으로 보기 때문이다.

● **서구 열강 침략과 통상수교**
프랑스(병인양요), 미국(제너럴셔먼 호, 신미양요), 독일(남연군묘 도굴 사건), 영국(거문도 점령, 영일 동맹), 청나라(임오군란, 동학혁명), 일본(운요 호 사건, 강화도 조약, 임오군란, 갑신정변, 동학혁명, 경복궁 점거, 을미사변), 영국과 수교(1882), 독일과 수교(1882), 러시아와 수교(1884), 프랑스와 수교(1886), 영사재판권 허용, 최혜국 대우
(근) 2010, (검) 1-4, (검) 2-1, (검) 2-2, (검) 4-3, (검) 6-초, (검) 6-고, (검) 8-4

흥선 대원군, 내정 개혁과 쇄국의 갈림길

> ● **흥선 대원군의 주요 정책**
> 왕권 강화(비변사 폐지, 경복궁 중건, 의정부 강화), 세도정치 폐해 제거(안동 김씨 축출, 능력에 따른 인재 등용, 당파에 관계 없이 관직 중용), 민생 안정(양전 실시, 환곡 폐지, 호포제, 사창제), 사회 개혁(노비 세습 금지, 서원철폐), 체제 정비(《대전회통》 편찬, 《육전조례》 편찬)
> (검) 2-3, (검) 2-5, (검) 3-1, (검) 3-4, (검) 7-초, (검) 7-3

흥선 대원군● 이하응은 철종과 6촌간이며 사도세자의 후손이다. 그는 고증학파의 거두인 추사 김정희의 제자로, 실학과 고증학에 대해 학문적 소양을 쌓은 지식인이자 왕손이며, 사군자와 서예에 능한 예술가였다.

철종이 후사 없이 세상을 떠나자 순조의 아들인 효명세자의 부인이며 풍양 조씨 가문의 세도가 조만영의 딸인 신정왕후 조대비는 안동 김씨의 세도정치를 무너뜨리고자 이하응과 손을 잡고 그의 차남인 12세의 이명복을 26대 임금인 고종(1863~1907)으로 추대했다. 명목상으로 왕실의 어른인 조대비는 대왕대비로서 수렴청정을 하면서 이하응에게 섭정이란 형식으로 실질적인 권력을 위임했다.

이때 조선에 당면한 문제는 국제적으로는 제국주의 외세의 침탈을 막아내고, 청나라의 간섭에서 벗어나 자주독립국가의 위상을 수립하는 것이었다. 국내적으로는 60여 년에 걸친 세도정치

흥선 대원군의 개혁

정치 개혁	• 세도정치 폐단 정리 : 안동 김씨 축출, 부패 관리 제거, 능력 있는 인재 등용 • 정치 기구 정비 : 비변사 기능 축소, 의정부와 삼군부의 기능 부활 • 통치 체제 재정비 : 《대전회통》《육전조례》 등 법전 편찬
삼정 개혁	• 목적 : 민생 안정, 국가 재정 확충 → 농민 봉기 원인 해소, 왕권 안정 추구 – 전정 개혁 : 양전 실시로 토지대장 재정비(은결 색출), 토지 겸병 금지 – 군정 개혁 : 호포제(양반 군포 징수) – 환곡 폐지, 사창제 실시
서원 정리	• 전국 47개소만 남기고 서원 철폐 : 서원 소속 노비, 토지 몰수
왕권 강화	• 경복궁 중건(당백전 발행 등으로 물가 폭등, 백성의 원성을 낳음)

를 끝내고, 삼정의 문란으로 피폐해진 민생을 도탄에서 건지는 일이었다.

홍선 대원군은 섭정의 직무를 통해 세도정치의 통치 기반이었던 비변사를 축소시키고, 의정부와 삼군부의 기능을 환원하여 국정의 중심 기구로 삼았다.

또한 세도 가문인 안동 김씨를 정계에서 축출하고 재야에 있던 남인계, 북인계, 서얼 출신, 서북 지방의 인재를 등용하는 탕평을 실시했다. 그러면서도 합리적이고 능력이 인정된 김병국은 좌의정, 김병기는 좌찬성으로 기용하는 등 일부의 안동 김씨는 중용했다.

한편 법치의 기능을 살리고 시대의 변화에 맞추어 조선 시대 법전인 《경국대전》(1485), 《속대전》(1746), 《대전통편》(1785)을 종합하여 《대전회통》•(1865)을 편찬했다.

홍선 대원군은 국가의 체통을 세우고 왕실의 권위를 높이고자 임진왜란 때 불타서 없어진 경복궁을 중건(1865~1868)••했다. 그러나 당시 국가 재정이 빈약하여 건축비를 마련하고자 당백전을 발행하고 원납전을 징수하여, 물가가 오르고 백성의 고통이 가중되는 폐단을 낳기도 했다.

사회 개혁에도 박차를 가하여 환곡의 폐단을 막기 위해 곡물 대여 기관인 사창을 세웠으며, 세제를 개혁하여 귀족과 평민으로부터 공평하게 세금을 징수했고, 가호를 단위로 양반에게도 군포를 부과하는 호포제••를 실시했다. 또한 당파의 근원지이고 부패의 온상으로 백성의 지탄을 받고 있던 서원을 철폐하여 전국에 있는 600개소 가운데 47개소만 남겼다.

• **《대전회통》**
홍선 대원군이 주도하여 조두순, 김병학 등이 편찬한 6권 5책의 법전이다. 《경국대전》 《속대전》 《대전통편》을 계승한 조선 시대 최후의 법전이다.

•• **경복궁 중건**
홍선 대원군이 주도, 왕실 권위 회복 목적, 세금 징수(당백전, 원납전, 결두전)로 민심 이반, 민속(정선 아리랑, 경복궁 타령)
(검) 4-초, (검) 5-4, (검) 6-3, (검) 7-초

•• **호포제**
조선 시대에 군역을 담당한 양인은 의무적으로 군포를 부담했다. 반면 박문수, 정약용 등이 실시를 주장한 호포제는 양반과 평민의 구분 없이 가호를 기준으로 군포를 평등하게 징수하는 제도였으나 양반들의 거부로 시행되지 못하고 고종 때 흥선 대원군이 시행했다.

병인양요와 신미양요, 외세의 침략이 시작되다

홍선 대원군은 제국주의 외세의 침탈에 맞서기 위해 가장 시급한 것이 내치를 다지는 일이라 생각했다. 그래서 나중에 외세의 문제를 처리하려는 '선내치(先內治) 후개방(後開放)' 정책●을 견지했다. 일제 식민사학은 조선의 패망 원인을 흥선 대원군의 쇄국에서 찾고 일본의 제국주의 침략을 덮으려고 했는데 이는 역사적 사실을 왜곡하는 것이다.

● **흥선 대원군의 통상수교 거부 정책**
원인 : 서양 세력 침투, 내부 체제 불안, 열강의 통상 요구, 병인박해(1866), 병인양요(1866), 제너럴 셔먼 호 사건(1866), 독일 오페르트 남연군 묘 도굴 사건(1868), 신미양요(1871), 척화비 건립, 운요 호 사건(1875), 척화비 건립(제너럴 셔먼 호 사건 이후)
(근) 2006, (검) 2-5, (검) 3-4, (검) 7-고, (검) 8-4, (검) 8-3

1866년 1월 5일, 흥선 대원군은 천주교도들이 러시아의 남하를 빌미로 프랑스 세력을 끌어들이는 혼란을 조장한다며 프랑스 선교사 9명과 국내의 천주교도 8천여 명을 처형했다(병인박해).

조선을 탈출한 리델 신부는 중국의 천진으로 가서 프랑스 해

갑곶 돈대 | 김포에서 강화도로 건너는 길목에 위치한 돈대이다. 건너편 문수산성과 짝을 이루어 방어를 하는데, 병인양요 때 프랑스 군대에게 함락되었다.

외규장각 | 외규장각은 강화 유수부에 위치한 왕실 도서관으로, 창덕궁 규장각에 있던 귀중본을 보관하던 곳이다. 병인양요 때 프랑스 군대가 이곳에 보관 중인 많은 의궤들을 약탈했다.

군 사령관 로즈 제독에게 이 사실을 알렸다. 로즈 제독이 이끄는 프랑스 군함 3척은 조선의 동향을 살피기 위해 9월 18일에 인천을 거쳐 한강의 양화진을 통과하여 서강에 이르렀다.

조선은 어영중군 이용희를 시켜 프랑스 군함의 동정을 살피도록 했다. 조선군의 경비가 삼엄하자 프랑스 군함은 9월 25일에 한강에서 물러났다.

10월 초, 로즈 제독은 7척의 군함에 600여 명의 해병대를 이끌고 병인양요를 일으켰다. 14일에 강화도●● 갑곶진을 점령하고, 16일에는 강화성을 약탈했다. 19일에 조선 정부는 프랑스 군의 철군을 요구했다. 로즈 제독은 조선과 협상의 유리한 고지를 얻고자 26일에 염하를 건너 문수산성을 공격했으나 한성근의 부대에게 퇴각당했다.

●● 강화도 역사 유적
주요 역사(여몽 전쟁, 병자호란, 병인양요, 신미양요, 강화도 조약), 고인돌(세계문화유산), 국방 유적(갑곶 돈대, 초지진, 광성보, 덕진진), 고려궁 터, 참성단, 선원사 터(팔만대장경 조판), 강화 성당(성공회), 전등사, 정족산성, 연무당(강화도 조약)
(검) 2-1, (검) 2-5, (검) 2-6, (검) 3-6, (검) 4-4, (검) 5-초, (검) 6-4, (검) 7-초, (검) 8-초, (검) 9-4, (검) 9-3, (검) 9-고

11월 17일, 프랑스 해병 160여 명이 정족산성으로 접근했다. 수성장 양헌수는 500여 명의 조총수를 미리 매복시켜 놓고 기습하여 프랑스 군을 갑곶으로 패주시켰다. 프랑스 군은 조선군의 완강한 저항을 받자 결국 승산이 없다 여기고 11월 18일에 강화성에서 물러가면서 병인양요●는 조선군의 승리로 끝났다.

조선이 외세의 침탈로 부심하고 있던 1867년에 일본에서는 에도 막부가 천황에게 통치권을 반납하는 왕정복고가 이루어졌으며, 1868년에 명치 천황은 봉건 영주의 해체, 근대식 학제, 징병령 실시 등 서구식 근대화와 부국강병을 지향하는 명치유신(明治維新)●을 단행했다.

이러한 가운데 1868년 3월과 8월에 독일인 오페르트는 조선 정부에 통상 교섭을 요청했다가 실패하자, 어둠을 이용해 충남 예산에 위치한 홍선 대원군의 아버지 남연군의 묘를 파헤쳤다.

● **병인양요**
프랑스와 전쟁(1866), 병인박해가 원인, 전투지(갑곶, 문수산성, 정족산성), 외규장각 도서 탈취, 양헌수 부대의 승리
(근) 2007, (검) 2-4, (검) 2-5, (검) 3-2

● **명치유신**
1868년에 일본에서 막번 체제가 무너지고 정부 권력을 회복한 명치 천황이 추진한 일본식 근대화를 말한다. 이후 일본은 정한론에 기반한 제국주의를 지향하며 청일 전쟁, 러일 전쟁, 중일 전쟁을 일으켰다.

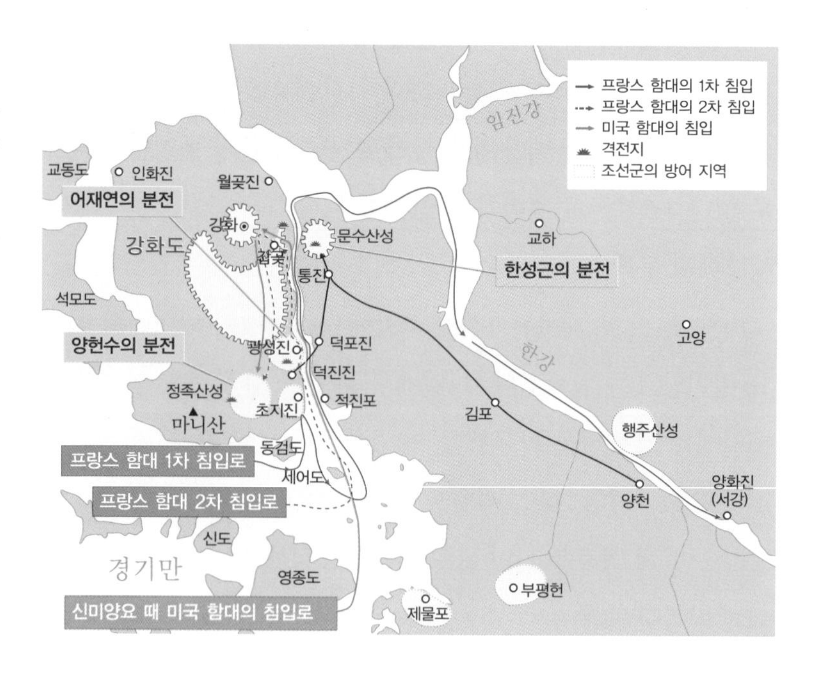

▶ **병인양요와 신미양요**
흥선 대원군은 개화보다 내정 개혁을 중요하게 여겼다. 프랑스와 미국은 강제로 조선의 문호를 열고자 병인양요와 신미양요를 일으켰으나 실패했고, 조선은 결국 일본과의 강화도 조약으로 문호를 개방하게 되었다.

시신을 담보로 통상을 요구하려는 의도였다. 그러나 날이 밝아오면서 도굴에 실패하고 달아났다. 홍선 대원군은 서양인의 야만성을 증오하고 통상수교 거부 의지를 더욱 확고히 굳혔다.

1871년 6월 10일에는 미국의 아시아 함대 사령관 로저스 제독이 군함 5척과 1천 200여 명의 병력을 이끌고 신미양요••를 일으켰다. 신미양요는 1866년 7월에 대동강에서 미국 상선 제너럴 셔먼 호가 불태워진 사건의 책임자 처벌과 조선 측의 사과를 받아내고, 아울러 이를 빌미로 조선과 통상 교섭을 하려는 목적으로 침략했다.

•• **신미양요**
미국과 전쟁(1871), 제너럴 셔먼 호 사건(1866)이 원인, 전투지(광성보, 갑곶), 어재연 장군의 순절, 수자기 상실
(근) 2008, (검) 4-초, (검) 7-초

6월 11일, 미국군은 85문의 대포를 앞세워 초지진과 덕진진을 맹폭하여 쉽게 점령했다. 이튿날 미국군은 광성보를 공격했다가 조선군의 격렬한 반격을 받았다. 비록 진무장군 어재연과 600여 명의 조선군은 무기와 병력의 열세 때문에 패하고 말았지만 미국군의 지속적인 침략 의지를 꺾어놓았다.

결국 미국군은 조선 정부의 단호한 통상 거부와 쇄국 의지에 확전을 포기하고 7월 3일에 철수했다. 병인양요와 신미양요를 겪은 홍선 대원군은 전국 각지에 척화비를 세워 외세 침탈에 단호하게 대처했다.

외세의 침략

	병인양요(1866)	신미양요(1871)	강화도 조약(1876)
발생 요인	병인박해(1866)	제너럴 셔먼 호 사건(1866)	운요 호 사건(1875)
전개 과정	프랑스 군 강화도 침략 문수산성, 정족산성 전투	초지진, 덕진진 점령 광성보 공격	대원군 하야(1873) 통상개화론(박규수)
사건 결과	외규장각 문화재 약탈	어재연 분전, 척화비 건립	조선의 개항

강화도 조약, 개화파와 위정척사파의 등장

홍선 대원군의 개혁 정책과 통상수교 거부 정책은 보수적인 유생과 개화파들의 반발을 불러일으켰다. 대원군의 경복궁 중건과 서원 철폐를 비난했던 최익현은 1873년 10월 25일에 홍선 대원군의 하야와 고종의 친정을 요구했다.

재야 유생과 민씨 세력, 개화파들의 줄기찬 하야 요구에 대원군은 11월 5일에 끝내 물러났다. 이로써 10년에 걸친 대원군의 섭정(1863~1873)이 끝나고 고종이 친정을 하게 되었다.

그러나 친위 세력이 없는 고종이 민왕후●와 민씨 외척에게 의지하는 바람에 또다시 외척에 의한 세도정치(척족정치)가 부활되었다. 민왕후의 척족인 민승호, 민태호, 민규호, 민겸호, 민영목은 본래 노론 북학파에 속하는 당색으로 통상교역과 개화 정책에 우호적이었다. 대원군이 물러나자 영의정 이유원●●이 1874년 6월 29일에 고종과의 면담에서 개항의 필요성을 개진했다.

일본은 척화파인 대원군이 실각하자 1875년 9월 20일 근대식

● **민왕후**
1897년 10월 12일에 고종은 황제 즉위식을 거행하고 국호를 조선에서 대한제국으로 바꾸었으며, 다음날 민왕후를 명성황후로 추존했다.

●● **이유원**
이유원은 《대전회통》 편찬에 참여했고, 제물포(인천)의 개방을 주장했다. 홍선 대원군 실각 뒤 고종에게 개화의 필요성을 제시했고, 1876년 강화도 조약에 서명한 조선 측 대표이다. 저서에 조선의 마지막 백과사전이라고 하는 《임하필기》가 있다.

● **대외 문호 개방**
이유원 상소, 홍선 대원군 하야(1873), 통상개화론 대두(박규수), 일본의 통상강요(강화도 조약), 조선책략(러시아 남하, 미국과 수교), 각국에 사절단(수신사, 영선사, 보빙사)
(검) 4-3, (검) 7-3

개화파와 위정척사파 비교

<table>
<tr><th colspan="2">개화파</th><th>위정척사파</th></tr>
<tr><td>온건개화파(사대당)</td><td>급진개화파(개화당)</td><td>• 성리학 이외의 모든 종교, 사상 배격</td></tr>
<tr><td colspan="2">배경 : 박규수 지도
인물 : 김옥균, 박영효, 유길준 등</td><td rowspan="2">• 1단계(1860) : 통상 반대, 척화주전론
• 2단계(1870) : 개항 반대, 왜양일체론
• 3단계(1880) : 개화 반대, 만인소 등
• 4단계(1890) : 항일 의병운동(을미의병)</td></tr>
<tr><td rowspan="2">• 양무운동 모델, 점진 개혁 추구
• 전통 유교 사상 수호
• 서양 과학, 기술 수용
• 김홍집, 김윤식, 어윤중</td><td rowspan="2">• 명치유신 모델, 급진 개혁 추구
• 서양 사상, 제도 수용
• 청의 내정 간섭 반대
• 김옥균, 홍영식, 서광범</td></tr>
<tr><td>한계 : 봉건 지배 체제 고수, 개화 반대</td></tr>
</table>

함선인 운요 호(雲揚號)를 강화도에 보내 해안 측량을 한다며 조선 수군의 반격을 유도했다. 그리고 운요 호 사건을 구실로 조선 정부에 문호 개방과 통상을 요구했다.

고종은 개화당의 요구를 수용하여 1876년 2월 26일, 강화도 연무당에서 불평등 조약인 강화도 조약(조일 통상조약)●● 을 체결하고 조선의 문호를 열었다.

조선 측 신헌과 일본 측 구로다 기요타카(黑田淸隆) 사이에 체결한 강화도 조약의 주요 내용은 1) 조선은 자주국, 2) 부산 등 3개 항구 개방, 3) 조선 해안의 자유로운 측량, 4) 일본 상인의 자유 무역, 5) 치외법권 등이었다.

조선 정부는 강화도 조약에 의거하여 1876년 4월부터 6월까지 예조참의 김기수를 대장으로 하는 제1차 수신사를 파견하여 일본군 시설과 훈련 상황 등을 시찰했다.

이후 일본이 원산, 인천의 개항을 요구하고, 양국 간에 관세와 미곡 문제가 발생하자 이를 해결하기 위해 1880년에 김홍집이 제2차 수신사로 일본에 갔다.

이때 김홍집은 주일 청국 참사관 황준헌(황준셴)이 외교 전략에 관해 저술한 《조선책략(朝鮮策略)》●●●과 중국의 개화론자이며 상업자본가였던 정관응이 저술한 《이언(易言)》을 갖고 귀국하여, 청국의 양무운동이나 일본의 명치유신을 본받은 개화를 주장했다. 고종은 이에 따라 《조선책략》을 인쇄하여 지방의 관리들에게도 배포했고, 개화의 필요성을 홍보하는 한편 개화 정책을 다루는 통리기무아문을 설치했다. 1881년 5월에는 신식 군대인 별기군을 창설하여 신식 무기로 무장하고 일본 교관에게 훈련을 받게 했다.

●● 강화도 조약
1876년 일본과 체결, 운요 호(운양호)사건 빌미, 조선의 자주국 명시, 청나라 종주권 부정, 부산 이외 2개 항구 개방, 조선 연해 자유 측량, 치외법권 명시, 조선의 자주권 침해, 대표적 불평등 조약, 조일 수호조규(부속 조약, 부산 지역 거류지 무역, 조선인 통한 중개 무역, 내륙 통상은 불가능) 조일 통상장정(부속 조약, 일본 수출입 상품 무관세, 조선 양곡의 무제한 유출, 일본의 경제적 침략 발판)
(근) 2009, (근) 2010, (검) 1-4, (검) 1-6, (검) 2-4, (검) 3-3, (검) 3-4, (검) 4-고, (검) 5-초, (검) 7-초, (검) 9-초

●●● 《조선책략》
주일 청국 참사관 황준헌이 외교 전략에 관해 저술한 책. 러시아의 남하를 막기 위해 조선, 청, 일본, 미국의 우호를 주장했다.

연무당 터
연무당은 1876년에 조선과 일본이 불평등 조약인 강화도 조약을 맺은 곳이다. 건물은 불타서 없어지고 터에는 안내 표석만 남아 있다.

● **《조선책략》**
주일 청국 참사관 황준헌, 수신사 김홍집이 휴대, 반러시아 표방, 친중국 결일본 연미국, 보빙사의 계기, 친러파 성장의 계기, 영남 만인소, 위정척사운동의 기폭제
(검) 1-3, (검) 3-4, (검) 4-3, (검) 6-고, (검) 8-고

《조선책략》●은 1880년 4월부터 전국적으로 소개되었는데 러시아의 남하를 막기 위해 조선이 청국, 일본, 미국과 연합해야 한다는 내용을 담고 있었다. 친중(親中), 결일(結日), 연미(聯美), 반로(反露)의 주장 가운데 일본과 맺어야 한다는 결일(結日)이 가뜩이나 민씨 척족의 개화 정책에 반발하던 유생들을 자극했다.

1880년 11월에 유원식이 척사 상소를 올리고, 이듬해인 1881년 2월에 이만손을 소두(대표)로 하는 영남 만인소가 제출되어 일본과의 결맹을 반대하고 개화당을 축출하라는 위정척사운동이 불꽃처럼 일어났다. 《조선책략》이 위정척사운동의 기폭제가 된 것이다.

● **통리기무아문**
청나라의 제도를 모방하여 설치한 근대식 국무회의 기구. 총리대신 아래로 12사를 두어 군사 및 국가 업무를 총괄했다. 영선사, 신사유람단, 별기군의 창설을 주도했고, 임오군란으로 재집권한 흥선 대원군이 폐지했다.

조선 정부는 통리기무아문●의 운영에 대한 노하우를 배우고, 지속적인 개화를 추진하고자 위정척사운동의 불꽃을 피해 은밀하게 조사시찰단(신사유람단)과 영선사를 각각 일본과 청나라에 파견했다.

조사시찰단은 박정양, 어윤중, 조준영, 엄세영, 홍영식, 개화승 이동인 등으로 구성되었고, 1881년 4월부터 4개월에 걸쳐 조선

측 경비 부담으로 일본에 건너가 육군, 세관, 포병공창, 도서관, 박물관, 산업 시설을 둘러보았다.

영선사는 김홍집을 단장으로 38명의 학생과 31명의 사신단으로 구성되었고, 1881년 9월부터 이듬해 11월까지 청나라에서 활동했다. 학생들은 청나라의 화약, 탄약 제조법, 전기, 화학, 지도 제작과 같은 군사 지식을 배웠고, 이는 나중에 한양 삼청동에 근대식 무기 제조 공장인 기기창의 설립으로 이어졌다.

사신단을 이끈 김홍집은 《조선책략》의 내용에 따라 청나라의 도움으로 미국과 수교를 하기 위해 북양 군벌 이홍장과 접촉했다. 조선 정부는 청나라의 알선으로 1882년 5월에 미국과 조미 수호통상조약●● 을 체결했다. 이는 조선 정부가 서양 세력과 맺은 첫 번째 외교 관계였다.

●● 조미 수호통상조약
《조선책략》의 영향, 서양과 맺은 최초의 조약(1882), 러시아 견제가 목적, 친중국 결일본 연미국, 최혜국 대우, 외세의 이권 침탈 계기
(근) 2009, (근) 2010, (검) 4-고, (검) 6-고

조선식 군대 차별 대우, 임오군란이 일어나다

임오군란●●● 은 조선식 군대인 2군영이 개화파가 양성한 일본식 군대인 별기군과의 차별 대우에 항의하여 일으킨 반란이다. 1882년에 조선 정부는 전통적 군대 편제인 5군영을 무위영과 장어영으로 통합하여 2군영 체제로 만들었다.

홍선 대원군이 섭정하던 시기에는 군량미가 넉넉해 군인에 대한 대우가 좋았으나, 별기군이 생기고 민씨 정권이 들어선 다음부터는 1년분 이상의 급료가 밀리는 등 처우가 나빠졌다.

2군영의 군인들은 그 원인이 궁중 비용의 낭비와 급료를 담당

●●● 임오군란
조선식 군대 차별, 별기군 우대, 개화 정책 반발, 외세 침략 증오, 흥선 대원군 옹립, 명성황후 피신(장호원), 민중 참가(곡물가 상승), 청나라 개입 대원군 납치
(근) 2005, (근) 2009, (검) 1-4, (검) 4-고, (검) 6-고, (검) 7-4, (검) 7-3, (검) 8-4

하는 관료들의 부패라고 인식하고 민씨 정권의 핵심 실세인 병조판서 민겸호에게 모든 원망을 쏟았다.

6월 초에 전라도에서 조운미가 도착하여 급료를 지급하는 도봉소에서 무위영 소속의 군인들에게 1개월분의 급료를 우선으로 지급했는데, 쌀에 모래와 겨가 섞이고 지급량도 부족했다. 이에 병사들이 급료 수령을 거부하고 도봉소에 난입하여 항의하자, 병조판서 민겸호가 주동자들을 혹독하게 다루고, 6월 8일에는 별파진을 동원하여 진압한다는 소문이 퍼졌다.

6월 9일에 무위영 병사들이 무위대장 이경하에게 호소했으나 민겸호를 찾아가 해결하라는 답변만 들었다. 마침 민겸호의 집에서 2군영에게 지불하는 급료를 담당하는 도봉소 소속의 고직(庫直 : 창고지기)을 발견한 병사들은 흥분하여 가재도구를 부수고 난동을 부렸다. 사태가 수습하지 못할 정도로 커지자 무위영의 김장손, 유춘만은 흥선 대원군을 찾아가 도움을 청했다.

흥선 대원군은 이것을 재집권의 기회로 여기고 개화파를 정권에서 축출하고자 심복인 허욱을 군복으로 변장시켜 병사들을 지휘하도록 하고, 김장손과 유춘만에게 밀명을 내려 이날 군란을 일으키게 했다.

무위영과 장어영의 병사들이 길에 나서자 그동안 민씨 정권에 불만이 가득했던 많은 백성들도 합류했다. 반란 시위대는 곧바로 훈련도감의 본영인 동별영을 습격하여 무기를 탈취하고 포도청에 구금되었던 병사들을 풀어주었다. 또한 의금부를 공격하여 대표적인 척사론자인 백낙관을 구출했다.

다른 반란 시위대는 경기 감영에 난입하여 무기를 빼앗고, 민씨 척족과 개화파를 공격했다. 저녁에는 일본 공사관을 포위했

임오군란부터 갑신정변 시기의 주요 사건

사건	발생 연도	주요 내용
수신사	제1차 : 1876 제2차 : 1880	• 제1차 : 김기수, 일본 근대 문물, 세계정세 시찰 • 제2차 : 김홍집, 《조선책략》 수입하여 유포
《조선책략》	1880. 4 조선 유입	• 주일 청국 참사관 황준헌(황준셴)의 《사의조선책략》의 약칭 • 핵심 주장 : 친중(親中), 결일(結日), 연미(聯美), 반로(反露)
영남 만인소	1880. 11 1881. 2	• 1880. 11. 유원식의 척사 상소 • 1881. 2. 이만손의 영남 만인소 • 보수 유생 중심, 위정척사운동 기폭제가 됨
조사시찰단 (신사유람단)	1881. 4~ 윤7월 (4개월)	• 위정척사운동을 피해 암행 형식, 조선 측 경비 부담 비밀 파견 • 핵심 인물 : 박정양, 어윤중, 조준영, 엄세영, 홍영식 등 • 의미 : 정부(고종) 의지, 선진 일본 문물 인식, 개화 여론 확대
영선사	1881. 9~ 1882. 11	• 목적 : 중국 선진 문물(무기 제조법) 견학, 미국과 수교 사전 조율 • 인물 : 영선사 김윤식(《조선책략》 영향, 연미론 여론 긍정) • 영향 : 조미 수호통상조약 체결(1882. 4), 기기창(근대 무기) 설치
보빙사	1883. 7	• 목적 : 미국 첫 외교관 파견, 조미 수호 1주년 기념 답방 • 인물 : 정사 민영익, 부사 홍영식 • 영향 : 전기 도입, 신식 우편 제도 창시, 육영공원 설치 • 유학 : 사절단 일원 유길준은 최초 미국 유학 체류
《서유견문》	1895년 출간	• 저술 : 유길준이 1885년 미국에서 돌아와 집필, 1889년에 완성 • 특징 : 최초 국한문 혼용서, 정치적 중립화론 주장 • 영향 : 1) 갑오개혁의 사상적 배경 2) 계몽 사상 형성에 영향 3) 국문학이나 신소설에도 큰 영향
임오군란	1882. 6	• 조선식 군대 차별 대우, 일본 경제 침탈, 도시빈민 생활고 • 별기군 공격, 민씨 측근 세력 살해, 일본 공사관 습격 • 제물포 조약 : 일본에 배상금, 일본 공사관 경비병 주둔 • 청 내정 간섭 : 한양 청나라군 주둔, 정치 고문, 조청 상민 수륙무역장정 체결
갑신정변	1884. 10	• 주도 세력 : 급진개화파 • 주도 인물 : 김옥균, 박영효, 서광범, 홍영식, 서재필 등 • 발생 배경 : 청·프 전쟁으로 청나라군 철수, 일본의 개화당 지원 약속 • 발생 경과 : 우정국 낙성식 → 개화당 정부 수립, 청나라군 개입으로 3일 만에 실패 • 주장 내용 : 청 종속 탈피, 평등권, 내각제 주장, 인재 등용, 지조법, 호조 재정 관할 • 역사 의의 : 내각제–근대 국민국가, 신분제 타파–평등권 • 역사 한계 : 청나라군 개입, 일본 의존, 국민 지지의 부족

다. 일본 공사 하나부사 요시타다와 공사관의 관원은 모두 인천으로 달아났다. 반란 시위대는 별기군 병영인 하도감을 습격하여 일본 교관 공병 소위 호리모토 레이조와 일본인 13명을 죽였다.

이튿날 아침에 시위대는 돈녕부 영사 이최응, 호군 민창식을 죽이고, 창덕궁 돈화문을 지나 궐내에 난입하여 선혜청 당상관 민겸호, 경기도 관찰사 김보현을 살해했다.

민왕후는 궁녀복으로 갈아입고 무예별감 홍재희의 도움으로 궁궐을 빠져나와 장호원으로 피신하고 충주목사 민응식의 보호를 받았다.

고종은 자책교지(自責敎旨)를 내려 군란의 정당성을 인정하고, 흥선 대원군을 궁궐로 불러 사태 수습을 맡겼다. 이로써 흥선 대원군은 실각한 지 9년 만에 재집권에 성공했다.

흥선 대원군은 5군영을 복구하고 통리기무아문을 혁파했으며, 삼군부를 설치하고 병사들에게는 급료 지급을 약속했다. 그러나 민왕후는 6월 19일에 온건개화파인 김윤식과 어윤중을 청나라 진영에 보내 병력을 요청했다.

청나라 군대는 조선에 상륙하여 곧바로 한양으로 들어와 7월 12일에 군란의 책임을 물어 흥선 대원군을 체포하고 청나라로 압송했다. 저항하는 군민들은 7월 16일에 모두 진압되어 임오군란은 흥선 대원군의 실각으로 끝났다. 일본 병력은 6월 29일에 한양에 들어왔지만 이미 청나라군이 사태를 장악하고 있었기 때문에 군란 진압에 개입하지 못했다.

이에 일본은 조선 정부에게 일본 공관이 불타고 일본 교관 호리모토와 일본인이 살해당한 데 대한 피해 보상을 요구했다. 7월 17일에 조선 정부의 전권대사 이유원, 부사 김홍집이 일본의 전권대사 하나부사와 제물포 조약을 체결했다. 이 조약에 따라 일본군 1개 대대가 한양에 주둔하고 조선 정부는 사죄사를 일본에 파견했다. 제3차 수신사란 이름으로 일본에 파견된 사죄사는 개화파인 박영효, 민영익, 김옥균이었다. 이때 박영효는 처음으로 태극기를 국기로 사용했다.

임오군란 이후에는 민태호, 김병시, 김병국을 중심으로 하는 친청 수구파들이 민씨 정권을 이끌었고, 일본을 통한 개화 정책은 일정한 제약을 받았다. 청나라는 3천 명의 군대를 조선에 주둔시키고, 묄렌도르프를 고문으로 파견하여 내정에 간섭했다.

청나라는 조선의 이권에도 개입하여 1882년 8월 23일에 조청 상민 수륙무역장정●●을 체결했다. 무역장정은 청나라가 조선의 종주국이란 사실이 명기되고, 치외법권, 한양 양화진에 청국인의 점포를 개설할 권리, 여권을 지닌 청국인에게 개항장 이외에도 내륙 통상권과 연안 무역권을 보장하는 불평등 조약이었다.

● **조청 상민 수륙무역장정**
고종 19년(1882)에 조선과 청나라가 맺은 통상 규정으로, 임오군란으로 조선 내정을 장악한 청나라의 종주권, 치외법권과 함께 개항장 밖의 내륙 통상권과 연안 무역권까지 인정한 대표적 불평등 경제협약이었다.

● **조청 상민 수륙무역장정**
임오군란 영향으로 체결, 청나라에 최혜국 대우, 조선은 청의 속국 명시, 내륙 통상권 허용, 거류지 무역의 소멸, 개항장 객주 쇠퇴, 보부상 위축, 청나라의 입지 강화
(근) 2007, (근) 2009, (근) 2010, (검) 2-1, (검) 3-1, (검) 8-3

근대 10대 사건

구분	시기	사건
①	1863. 12	고종 즉위, 한국사의 근대 시작
②	1866~1876	병인양요, 신미양요, 운요 호 사건, 강화도 조약
③	1882. 6.	임오군란, 조선식 군대가 별기군과 민씨 정권에 대항
④	1884. 10.	갑신정변, 급진개화파가 추진한 위로부터의 혁명
⑤	1894. 2.	갑오농민전쟁, 농민 주도의 반봉건 반외세 운동
⑥	1895. 8.	명성황후 시해 사건(을미사변)과 위정척사파의 을미의병
⑦	1896. 2.	고종의 아관파천, 친러파의 권력 장악
⑧	1897. 10.	고종의 황제 즉위, 대한제국 수립과 광무개혁
⑨	1905. 11.	을사늑약, 일제가 강제로 조선의 외교권 강탈
⑩	1910. 8. 29.	경술국치, 일제의 국권 침탈에 맞서 항일 독립전쟁

한국 근대사의 기점은 언제인가?

한국사에서 시대 구분은 보통 선사(구석기, 신석기 시대), 상고(고조선, 부여), 고대(삼국, 남북국), 중세(고려, 조선), 근대, 현대로 나눈다. 이중에서 근대와 현대를 구분하는 기준과 기점은 역사를 보는 시각에 따라 다를 수밖에 없다. 현대는 1945년 해방 이후를 시작으로 보는 주장과 이보다 앞서 3·1 운동과 민주공화정인 상해 정부가 들어서는 1919년을 기점으로 보는 시각도 있다.

근대는 본래 서양에서 만든 시대 구분으로, 문예부흥(르네상스)이 일어난 시기를 기점으로 본다. 이때는 봉건제가 무너지고 자본주의가 확산되었으며, 산업혁명으로 대량 생산 체제가 등장하고, 자본가 계급이 정치 주도권을 장악하여 근대 시민국가를 세웠으며, 종교에서 벗어난 근대 과학 사상이 지배하는 시대였다.

조선 후기는 서양의 근대 개념에 근접한 사회였다. 봉건 체제의 개혁을 추진한 실학 사상, 광작의 확대, 장시와 수공업의 발달 등 자본주의의 초기 형태가 뚜렷하게 나타나고, 자각한 농민들이 역사의 주체로 일어섰으며, 우리 민족이 중국 중심의 질서에서 벗어나 세계사의 무대에 등장하는 시기였기 때문이다.

이런 인식을 바탕으로 근대의 기점을 보는 네 가지 견해가 등장했다. 첫째는 외세의 침략으로 조선이 세계사의 영향권에 들어서는 흥선 대원군 집권기이다. 둘째는 부르주아 계급이 추진한 위로부터의 혁명이자 입헌군주제를 꾀한 갑신정변이다. 셋째는 농민이 역사의 주체로 일어선 갑오농민전쟁이다. 넷째는 황제군주정을 선포한 대한제국이다. 이중에서 세계사를 주도하는 유럽 열강이 조선에 개입하는 흥선 대원군의 시기가 가장 근대에 합당하다는 견해에 따라 이때를 근대의 기점으로 보고 있다.

논술 생각나무 키우기

흥선 대원군이 추진한 개혁의 내용은 무엇이고, 역사에 어떤 영향을 미쳤나?

Point 1 세도정치 아래서 고종이 즉위하게 되는 요인을 알아보고, 흥선 대원군이 섭정하는 동안 추진한 개혁의 내용을 분야별로 분류한다.

Point 2 흥선 대원군이 추진한 개혁 가운데 기득권 세력과 개화를 추진하는 신진 세력, 그리고 농민들의 찬성과 반발을 불러일으킨 개혁의 내용은 어떤 것인지 알아본다.

Point 3 흥선 대원군의 내정 개혁과 쇄국을 찬성과 반대의 입장, 긍정과 부정의 차원에서 비교하고, 이것이 우리나라 근대에 끼친 영향을 조사한다.

공부를 더 하고 싶다면

《김정희》(유홍준 지음, 학고재)
김정희는 〈세한도〉를 그린 예술가이며 추사체를 창조한 명필가이다. 청나라 북경에서 고증학자들과 교유하며 세상에 눈을 뜨고, 실증적이고 과학적인 조선의 미래를 꿈꾸었다. 시대가 비록 추사를 외면했으나 그의 사상과 예술정신은 오늘도 책 속에서 살아 숨 쉰다.

《운현궁의 봄》(김동인 지음, 일신서적)
파란만장하고 극적이며 가치지향적인 삶을 살았던 흥선 대원군 이하응은 세도정치의 압제에서 살아남아 근대 시기에 뚝심 있게 내정 개혁을 추진했다. 그의 쇄국 정책이 망국의 원인이라는 식민사관의 왜곡된 시각을 벗어던지면 소설 속에 그려진 대원군이 제대로 보일 것이다.

《조선책략》(황준헌 지음, 김승일 옮김, 범우사)
조선의 완고한 유학자들이 왜양일체론을 내세워 항일 의병을 선도하는 위정척사파로 결집한 계기는 《조선책략》이었다. 중국의 중체서용과 변법운동의 핵심이었던 황준헌이 보는 국제 정세와 조선의 선택에 관한 그의 기록은 오늘도 반면교사가 되고 있다.

2 갑신정변과 갑오농민전쟁

한 줄로 읽는 우리 역사

친일적 급진개화파는 일본과 결탁하여 갑신정변을 일으켰으나 3일 만에 실패했다. 동학교도들은 보은 집회에서 반봉건 반외세의 깃발을 올렸고, 고부에서 갑오농민전쟁을 일으켰다. 일본군의 개입으로 혁명은 실패했으나 농민들은 우리 역사의 주체 세력으로 등장했다.

한국의 근대사는 봉건적 수탈의 잔존, 외세의 침략과 일제의 지배, 이에 굴하지 않은 민중의 항일 독립투쟁과 무력 항쟁의 시대이다. 이런 점에서 한국 근대사는 피침략과 피지배의 역사이지만 그 속에서 인류의 보편적 가치인 불의에 대한 저항, 봉건제와 전제정치를 탈피하고 민주공화정을 수립하기 위한 고난의 시간을 거치면서 인류 평화와 진보에 기여한 민족 대중들의 투쟁의 역사라는 관점으로도 볼 수 있다.

보은 동학 취회지 | 충북 보은군 외속리면 장재리. 동학농민 수천 명이 반봉건 반외세 투쟁의 깃발을 올린 현장이다.

보수적 유생이나 집권 세력이 조선 말의 사회 변화를 주도해 나가지 못하고 있을 때, 개화 지식인들은 일본의 발전상을 보고 그들에게서 혁명의 경험을 배우고자 했다. 농민들은 지배 계급의 수탈과 외세(일본)의 침탈로 불만과 적개심이 고조되었다.

급진개화파는 일본의 힘을 빌어 갑신정변을 일으켰으나 3일 천하로 끝났다. 농민들은 동학을 통해 의식적 각성을 하고 갑오년(1894)에 이르러 근대적인 개혁과 반봉건 반외세 자주적 민족 운동을 일으켰다.

● 개화 사상의 형성
북학파 계승, 청나라 양무운동, 일본의 문명개화론, 명치유신의 성공, 박규수의 지도(김옥균, 박영효, 홍영식 등), 대원군 실각 후 정계 진출, 외국 시찰(일본 수신사, 청국 영선사, 미국 보빙사), 개화 정책(통리기무아문, 12사, 2군영 체제, 기기청 설치)
(검) 3-2, (검) 4-3, (검) 6-고, (검) 7-4, (검) 7-고, (검) 8-고

갑신정변, 일본에 기댄 3일 천하의 종이 혁명

조선에서 개화파●는 노론 북학파와 역관 출신의 중인들을 뿌리로 하고 있다.● 박지원의 손자인 박규수는 1872년에 청나라에 사신으로 갔다가 중체서용(中體西用)●●의 방식으로 내정 개혁과 자강운동을 추구하는 양무운동에서 자극을 받고 김옥균, 홍영식, 서광범, 박영효, 서재필 등 젊은 유학자들을 집으로 불러 모아 《연암집》을 읽으며 개화파들을 양성했다.

그 뒤 박규수의 수행원이었던 역관 출신의 오경석, 의관 출신의 유홍기(유대치), 개화승 이동인이 박규수의 뒤를 이어 개화 사상을 이끌었다.

강화도 조약 이래 개화 정책은 고종의 지원을 받으며 꾸준히 진행되었는데, 임오군란 때 청나라군의 개입으로 홍선 대원군이 실각하고 권력을 다시 잡은 민씨 정권은 부분적인 개화 정책만

● 개화파
1860년대에 북학파의 실학 사상을 이어받은 박규수, 오경석이 지도한 김옥균, 박영효, 홍영식, 서광범, 유길준, 김윤식 등을 말한다. 개화파는 중국의 양무운동을 본받아 점진적으로 개혁을 추진하자는 김홍집, 김윤식,어윤중 등의 온건개화파와 일본의 명치유신을 표본 삼아 급진적으로 개혁을 하자는 김옥균, 박영효, 홍영식, 서광범 등의 급진개화파로 나눈다.

●● 중체서용
아편 전쟁, 태평천국운동을 겪은 중국 청나라에서 전통 사상과 문화(중체)를 기반으로 서양의 학문과 과학기술(서용)을 받아들여 부국강병을 추진하자는 양무운동의 표어이다.

● 언론과 신문

박문국 설립, 〈한성순보〉(1883, 최초 신문, 한문), 〈한성주보〉(1886, 국한문, 최초 상업 광고), 〈독립신문〉(1896, 한글 신문), 〈제국신문〉(순한글, 부녀자 대상), 〈황성신문〉(국한문), 〈대한매일신보〉(1904, 베델과 양기탁, 국채보상운동), 〈만세보〉(1906, 천도교 기관지, 여성 교육)
(근) 2008, (검) 3-3, (검) 5-4, (검) 5-고, (검) 9-초, (검) 9-고

● 〈한성순보〉

고종 20년(1883)에 수신사로 일본에 갔다가 귀국한 한성부 판윤 박영효의 제안으로 박문국을 세우고 10일에 1회, 순한문으로 발행한 우리나라 최초의 근대 신문이다. 갑신정변(1884)으로 폐간되었으나 1886년에 〈한성주보〉로 제호가 변경되어 재발간되었다.

●● 동도서기

조선에서 중국의 양무운동과 같이 조선의 유학 전통(동도)을 바탕으로, 서양의 기술 과학(서기)을 도입하자는 개화운동의 구호이다.

추진했다.

개화파들은 근대식 군대를 양성하고자 일본 군사학교와 경응의숙에 청년들을 유학 보내고, 외무부에 박문국을 두어 〈한성순보〉● 를 발행했고, 한성부에 근대 경찰 제도인 순경국을 두었다.

그런데 민씨 정권은 동도서기(東道西器)●● 를 지향하는 온건개화파와 보수적인 친청파들을 끌어들이고, 일본이나 미국과 같은 문명국가를 세우려는 급진적인 개화 정책을 방해했다. 이를 계기로 개화파는 청과 사대 관계를 유지하고 민씨 정권과 협력해야 한다는 온건개화파와, 청과 사대 관계를 끊고 자주독립적으로 개화해야 한다는 급진개화파로 분열되었다.●●●

청나라의 양무운동을 본보기로 전통 유교를 유지하면서 서양의 과학기술을 점진적으로 들여와서 개화하자는 온건개화파는 김홍집·김윤식·어윤중이 중심이었고, 일본의 명치유신을 따라 서양의 사상·종교·제도를 받아들이고 청나라의 내정 간섭을 벗어나자는 급진개화파는 김옥균·박영효·서광범·홍영식이 중심이었다. 급진개화파는 자신들을 개화당·독립당이라 부르고, 온건개화파를 수구당·사대당이라고 비난했다.

1883년 7월에 조선 정부는 조미 수호통상조약 1주년을 기념하고 미국의 발전상을 살피기 위해 정사 민영익, 부사 홍영식을 대표로 하는 보빙사를 미국에 보냈다. 일행이었던 유길준은 미국에 남아 우리나라 최초의 유학생이 되었고, 이때의 경험을 살려 조선의 중립국 이념을 담은 《서유견문》을 저술했다.

민영익의 종사관으로 갔던 홍영식은 미국의 우편 제도를 도입했는데, 이것이 훗날 갑신정변의 현장인 우정국으로 이어졌다.

1884년, 베트남에 진주한 프랑스 군과 전쟁(청프 전쟁)을 치르

우정국
고종 21년(1884)에 보빙사로 미국에 갔다 돌아온 병조참판 홍영식의 제안으로 역참제를 혁파하고 설립한 근대식 통신우편 사무기구이다. 급진개화파는 이곳 우정국 낙성식에서 갑신정변을 일으켰다.

면서 청나라는 조선 주둔 병사 3천 명 가운데 1천 5백 명을 차출했다. 급진개화파는 이때를 정변의 호기로 여기고 1884년 9월 17일, 김옥균, 박영효, 홍영식, 서재필, 서광범과 일본 공사관 시마무라 서기관이 박영효의 집에 모여서 김옥균의 제안으로 민씨 정권을 타도하고 입헌군주제를 기본으로 하는 개혁 정권을 수립하는 거사(갑신정변)를 계획했다.

거사일은 우정국의 낙성식이 있는 10월 17일 저녁 6시. 남아 있는 청나라군의 공격은 일본군 대대가 맡고, 철종의 사위인 박영효가 고종을 호위하고 왕의 승인을 얻기로 했다.

갑신정변 첫째 날, 우정국 낙성식에 초대 총판 홍영식은 수구파 대신들과 각국의 공사를 초청했다. 김옥균이 일본 서기관 시마무라에게 "그대는 하늘을 아는가?" 하고 물었다. 그러고 잠시 뒤 담장 밖에서 불길이 치솟았다. 거사의 신호였다.

●● 동도서기론
개화 사상, 중체서용론과 양무운동 수용, 근대 기술 도입(수신사, 영선사), 기관 설치(박문국, 기기창, 전환국), 근대 시설(전신, 전등, 전화, 철도, 병원, 서양식 건물, 우편)
(검) 3-2, (검) 5-초

●●● 개화파의 분열
- 온건개화파 : 동도서기론 주장, 사대당 호칭, 청의 양무운동 수용, 성리학 지지, 서양 종교 반대, 청의 내정 간섭 용인, 온건한 개화(김홍집, 김윤식 등)
- 급진개화파 : 문명개화론 주장, 일본 명치유신 수용, 서양 기술과 종교 수용, 청의 내정 간섭 반대, 급진적 개화(김옥균, 박영효 등)

(검) 2-3, (검) 3-2, (검) 6-고

그러나 혁명 세력은 민영익에게 중상만 입히고 안규직, 지조연 등 대신들은 놓치고 말았다. 박영효와 김옥균은 창덕궁으로 들어가 고종과 민왕후를 경우궁으로 피신시켰다. 우정국에서 급히 창덕궁으로 들어오던 한규직, 윤태준, 이조연, 민영목, 조영하, 유재현 등 사대당 요인들은 모두 참살되었다.

갑신정변 둘째 날, 정변파는 고종을 앞세워 창덕궁에서 신정부 내각을 발표했다. 좌의정 이재선, 우의정 홍영식, 전후영사 좌포장 박영효, 호조참판 김옥균, 한성판윤 박영효, 외무독판 겸 우포장 서광범, 병조판서 이재완, 병조참판 서재필, 도승지 박영교. 그리고 고종을 움직여서 일본군이 창덕궁으로 와서 황제를 보호하라는 밀지를 내렸다. 이때까지만 해도 정변의 성공은 기정사실로 믿었다. 그러나 청나라군에는 정치적 야심이 가득한 원세개(위안스카이)가 있었다. 민왕후는 이때 원세개에게 서신을 보내 청나라군의 출동을 요청했다.

갑신정변 셋째 날, 신정부는 1) 홍선 대원군을 청국에서 소환하고, 2) 청과의 사대를 끊고, 3) 인민평등권을 제정하고, 4) 토지제도를 개혁하고, 5) 환곡을 폐지하고, 6) 국가 재정은 호조로 일원화하고, 7) 근위대와 경찰을 설치하는 내용의 개혁 정강 14조●를 발표했다.

● **평등권 개혁**
갑신정변 개혁 정강 14개조(문벌 폐지, 인민 평등권), 동학혁명 폐정개혁 12개조(신분제 타파), 갑오개혁(신분 해방), 광무개혁(호적 개혁)
(근) 2008

고종은 이를 승인하는 대정유신조서를 내렸다. 그러나 반포도 하기 전인 오후 3시에 청나라군이 창덕궁을 포위하고 정변파를 공격했다. 화력과 숫자에 밀린 일본 공사 다케조에는 일본 군대를 철수시켰다.

혁명의 주역인 김옥균, 박영효, 서광범, 서재필은 일본군과 함께 인천으로 달아나 결국 일본으로 망명했다. 혁명 동지인 홍영식, 박영교, 서재창, 이희정, 김봉균 등은 역모죄로 처형당했다. 이로써 급진개화파의 갑신정변은 3일 천하로 막을 내렸다.

한성 조약과 천진 조약, 외국 군대의 내정 간섭이 시작되다

갑신정변●●은 봉건 시대에서 근대화로 나아가는 중요한 역사적 분기점에서 일어난 위로부터의 혁명이었다. 근대성을 보여주는 국민 주권의 정치, 자주독립과 국민 평등의 추구, 민주공화제에 앞서 입헌군주제를 지향했다는 점에서 역사적 의의가 있는 사건이었다.

그러나 시기를 무시한 채 성급하게 결행하고, 청국의 빠른 개입과 무력을 얕잡아 보았으며, 일본의 배신을 예상하지 못해 '철부지의 종이 혁명'이라는 비아냥을 받아야 했다. 나아가 일본군과 결탁하는 잘못을 저질러 가뜩이나 일본의 경제 침탈로 적개심에 불타는 조선 백성에게 혁명의 도덕성을 부정당했다.

토지 개혁에서도 지주전호제를 폐지하지 못하고 지조법의 개정에 역점을 두어 농민을 우호 세력으로 끌어들이지 못했다. 급진개화파들은 역사의 주체인 농민 계급의 혁명성과 폭발력을 발견하지 못했고, 여전히 머릿속에는 농민들이 계몽 대상에 불과한 우매한 민중이란 생각뿐이었다.

갑신정변이 끝나고 일본 정부는 모든 책임을 조선 정부에 덮어씌우고, 1884년 11월 24일에 전쟁 배상금과 공사관 신축비를

●● 갑신정변
1884년 급진개화파 주도, 우정국 낙성식 때 거사, 일본군에 지원 요청, 개혁 정강 14개조 발표(인민평등권, 입헌군주제, 청과의 사대 관계 단절 등), 청의 개입으로 실패, 한성 조약과 천진 조약 체결됨
(근) 2005, (근) 2006, (근) 2007, (근) 2008, (근) 2010, (검) 1-4, (검) 2-5, (검) 3-6, (검) 5-4, (검) 6-4, (검) 7-고, (검) 9-3, (검) 9-고

부담하는 한성 조약을 강제로 체결했다.

일본은 조선에서 청국의 영향력이 커지는 것을 막기 위해 베트남 문제가 아직 해결되지 않은 청국을 움직여서 1885년 4월 18일에 이홍장과 이토 히로부미(伊藤博文)를 전권대사로 삼아 천진 조약을 체결했다.

천진 조약의 내용은 1) 조선에서 청나라군과 일본군의 철수, 2) 조선군의 훈련에 제3국인 무관을 고용, 3) 조선에 변고가 일어나 파병하면 서로에게 통보하고 사태가 해결되면 동시에 철수하는 것이었다. 이 조약으로 청일 양국은 조선에 대한 파병권을 얻었으며, 이를 근거로 10년 뒤 갑오농민전쟁(1894) 때 일본이 조선에 파병을 한 것이다.

청국은 천진 조약에서 일본에 양보는 했지만, 여전히 조선에서 우월적인 지위를 유지했고 내정 간섭은 더욱 심해졌다. 1885년 10월에 이홍장의 측근 세력인 원세개는 주차 조선총리 교섭통상사의라는 직책을 갖고 중국 하북성 보정부에서 연금 생활을 하던 흥선 대원군을 대동하고 조선에 들어왔다. 이제 조선의 실세는 원세개였다. 각국의 공사들은 원세개를 조선을 감독하는 대신이란 의미로 '감국대신'이라 불렀다.

고종은 동도서기파인 심순택, 김홍집을 내각 수반으로 하는 사대당 정권을 수립하고 청나라의 간섭을 받으면서 점진적인 개혁과 부국강병을 추진했다. 개화의 필요성을 홍보하는 국한문 혼용체인 〈한성주보〉● 를 발행하고, 근대 교육기관● 인 육영공원과 근대식 병원인 광혜원을 세웠다. 종교의 자유가 허용되어 미국계 기독교가 전파되고 배재학당(1885), 이화학당(1886), 경신학교(1886) 등 많은 학교가 생겨났다.

● 〈한성주보〉
고종 23년(1886)에 박문국에서 주간으로 발행한 조선 정부의 관보이다. 국한문과 일부 한글을 사용하여 1888년에 박문국의 폐쇄와 함께 폐간되기까지 106호를 발행했다.

각국과 통상 교섭이 이루어져 1884년 10월에 독일과 조독 수호통상조약, 1885년 5월에 러시아와 조로 수호통상조약, 1886년 5월에 프랑스와 조불 통상조약을 체결했다.

고종이 청나라를 견제하기 위해 미국과 일본에 공사관을 설치하자, 청나라는 미국과 조선에 압력을 넣어 초대 주미 공사 박정양을 소환하는 등 조선의 다원 외교를 견제했다.

고종은 러시아를 끌어들여 비밀 협약을 추진했는데, 이번에는 영국이 러시아의 영향력이 조선에 미치는 것을 막고자 1885년 4월 15일에 거문도를 점거하고 영국기를 게양했다(거문도 사건). 그러나 조선 정부의 항의와 청나라의 중재로 영국군은 1887년 2월 27일에 물러났다.

나중에 영국과 일본은 러시아의 남하를 막기 위해 영일 동맹을 맺고 일본의 조선 지배를 용인했다. 거문도 사건은 당시의 문제가 아니라 미래의 현실이었던 것이다.

● **근대 교육기관 설립**
- 관립학교 : 동문학(1883), 육영공원(1886)
- 사립학교 : 원산학사(1893), 보성학교, 양정의숙, 휘문의숙, 진명여학교, 숙명여학교, 양규의숙, 중동학교, 서전서숙, 대성학교, 오산학교, 기호학교
- 외국 선교사 : 배재학당(1885), 이화학당(1886), 경신학교(1886), 정신여학교(1890), 숭실학교(1897)

(근) 2005, (근) 2009, (검) 2-5, (검) 8-3, (검) 9-4

농민 계급, 역사 변혁의 주체로 등장

청나라의 원세개는 1887년 8월에 영약 3단이란 의견서를 제출하고 1) 조선의 외교 대표는 주재국에 오면 청국 공사관에 먼저 보고할 것, 2) 외교 의전 행사에는 청국 흠차대신의 뒤에 있을 것, 3) 조선의 긴급 사안은 청국 흠차대신과 토의할 것을 요구했다.

고종과 민씨 정권은 청국의 정치 간섭을 무시하고 독자적으로

9월 28일에 조신희를 유럽 공사로, 11월 26일에 박정양을 주미 공사로 보내 조선과 청국의 갈등은 점차로 고조되었다.

일본은 청국의 정치 간섭과는 달리 경제 침탈에 치중했다. 특히 쌀과 콩의 80%를 일본에 수출하여 조선의 식량 사정은 극도로 악화되었다. 함경도 관찰사 조병식은 함경도 백성의 빗발치는 원성에, 1889년 9월 원산항으로 수출되는 쌀과 콩의 수출을 전면 금지시키는 방곡령을 발표했다(방곡령 사건)●. 일본 정부의 강력한 항의에 결국 수출 금지는 풀렸으나 조선 백성들의 일본에 대한 불만은 더욱 들끓었다.

● **방곡령 사건**
개항 후 곡물의 일본 유출, 곡물 가격 상승, 지역별 방곡령 선포, 일본은 통상장정 규정으로 철회 요구, 황해도 조병철(1889), 함경도 조병식(1889), 황해도 오준영(1890)
(근) 2008

방곡령 사건의 주역이었던 조병식은 본래가 수구적인 이념을 가진 인물이었다. 충청감사로 부임한 조병식은 동학교도를 대대적으로 탄압했다. 1892년에 동학농민들은 교조인 최제우의 억울한 죄를 씻어달라는 교조신원운동을 일으켰다.

1893년 새해 1일부터 9일까지 전주 삼례에 모인 수천 명의 동학교도들은 호서(충청)와 호남(전라)의 감사에게 교조신원운동의 목적이 보국안민(애국 충정)과 포덕천하(종교 자유)에 있음을 밝혔다. 호서, 호남의 감사들이 동학교도의 탄압을 중지한다고 약속하자 동학교도들은 해산했다.

1893년 2월 8일, 동학교도를 대표하는 40명의 상소단은 한양에 올라가 상소 투쟁을 벌였다. 호서와 호남의 감사들이 약속을 저버리고 동학교도에 대한 탄압을 계속했기 때문이다. 상소단은 경복궁 광화문 앞에 엎드려 고종에게 교조신원을 호소했다. 고종이 상소문을 접수하자 2월 11일에 상소단은 목적을 달성했다고 믿고 해산했다. 그러나 약속은 지켜지지 않았다.

1893년 3월 10일, 충북 보은 장내리에서 동학농민 수천 명이 모여 항쟁 조직을 결성하고 교조신원운동과 더불어 일본과 서양의 오랑캐를 무찔러 의를 일으킨다는 뜻의 '척왜양(斥倭洋) 창의(倡義)'의 깃발을 올렸다. 이제 동학농민들은 반봉건 투쟁과 함께 반외세 투쟁에도 나서게 되었다.

조선 정부는 3월 19일에 충청감사 조병식을 파직하고 사태를 무마시키려 했으나, 3월 26일에 보은으로 밀려드는 동학농민의 숫자는 7만으로 불어났다. 조선 정부는 다급하게 보은 출신의 양지부 대신 어윤중을 양호선무사로 삼아 보은에 내려보냈다. 어윤중은 500명의 토벌군을 이끌고 내려와 동학교도들에게 3일 안에 해산하라고 종용했다.

무장 봉기에 대한 준비 없이 종교운동에 그쳤던 동학 지도부는 유혈 사태를 피하고자 일단 해산하기로 결의했다. 지도부의 해산 소식에 분기한 교도들은 근본적인 문제 해결을 위해서는 무장 봉기가 필요하다는 정서가 급격하게 퍼져나갔다. 특히 호남 지역 출신의 젊은 접주들이 이런 분위기를 주도했다.

보은 집회는 비록 목적을 이루지 못하고 지도부의 결정에 따라 해산했지만 동학의 반봉건운동이 반외세운동으로 전환하는 결정적인 분기점이었다.

제1차 갑오농민전쟁, 반봉건 투쟁의 깃발

갑오농민전쟁●● 은 1차와 2차에 걸쳐 일어났다. 제1차 갑오농민전쟁(1894. 2. 25~5. 8)은 신분 차별과 토지 개혁을 외치며 일어

●● **갑오농민전쟁**
동학혁명(최시형), 토지 개혁, 신분 해방, 고부 농민이 도화선, 폐정개혁 12조, 반봉건(제1차 봉기, 갑오개혁에 영향), 반외세운동(제2차 봉기, 의병운동에 영향), 보국안민·광제창생 주장, 자치기구인 집강소 설치, 활빈당(잔여 세력)
(근) 2005, (근) 2006, (근) 2009, (검) 1-3, (검) 1-6, (검) 2-2, (검) 2-4, (검) 2-5, (검) 3-1, (검) 3-2, (검) 5-고, (검) 6-초, (검) 6-3, (검) 7-4, (검) 8-초, (검) 8-4, (검) 9-초, (검) 9-3

갑오농민전쟁과 갑오개혁 시기의 주요 사건

구분	사건	시기	사건 전개
갑오농민전쟁 시기의 사건	고부 봉기	1894. 1	• 삼례 집회(1893. 1. 1~9), 교조신원운동 전개 • 상소 투쟁(1893. 2. 8~11), 경복궁 광화문에서 상소 • 보은 집회(1893. 3. 10~29), 척왜양 제기 • 고부 봉기(1894. 1. 10~22), 고부군수 조병학 징치
	제1차 농민 봉기	1894. 2	• 원인 : 삼정 문란, 외세 침탈 • 경과 : 전주성 점령(4. 27), 전주 화약(5. 8) • 의의 : 집강소 설치, 반봉건 기치
	청일 전쟁	1894. 6	• 일본군의 조선 입성(1894. 5. 6) • 고종 개혁 교서(1894. 6. 6) • 일본군의 경복궁 점령(1894. 6. 21) • 청일 전쟁(1894. 6. 23~1895. 4. 17)
	갑오개혁 (제1차 개혁)	1894. 6	• 주관 : 제1차 김홍집 내각 • 군국기무처 설치(6. 25), 동학농민군의 의견 반영 • 갑오개혁(연호 : 조선 개국, 계급 타파, 금납제, 도량형 통일)
	제2차 농민 봉기	1894. 10	• 원인 : 일본군의 내정 간섭 심화, 자주적 개혁의 위기 • 경과 : 우금치 전투에서 일본군에게 패전(1894. 11. 12) • 의의 : 반외세(축멸왜적)의 구호
	갑오개혁 (제2차 개혁)	1894. 12	• 주관 : 제2차 김홍집 내각 • 20개조 개혁안, 일본 우에노가 고종에게 제시(10. 23) • 군국기무처 폐지(11. 21), 내각제 시행 등 • 고종 홍범 14조 발표(12. 13, 조선과 청의 사대 관계 단절)
을미사변 시기의 사건	삼국 간섭	1895. 4	• 시모노세키 조약(1895. 4. 17), 청일 전쟁 종결 • 러시아의 삼국 간섭(5. 5), 요동 반도를 러시아에 할양 • 김홍집-박영효 친일 내각 붕괴, 갑오개혁 종결
	을미사변	1895. 8	• 제3차 김홍집 친일 내각(1895. 5), 정동 구락부(박정양) 주축 • 을미사변(8. 20), 명성황후 시해 사건, 친일파 재집권
	을미개혁 (제3차 개혁)	1895. 11	• 주관 : 제4차 김홍집 친일 내각(1895. 8~1896. 2) • 건양 연호, 단발령, 태양력, 종두법 실시
	을미의병	1895. 12	• 위정척사파 유생이 주도(화서학파 유인석 주축) • 단발령, 국모 시해, 태양력 사용에 반대
	서재필 귀국	1895. 12	• 중추원 고문 자격으로 미국에서 귀국 • 〈독립신문〉 창간 준비
아관파천 시기의 사건	아관파천	1896. 2	• 춘생문 사건(1895. 8. 12), 고종 경복궁 탈출 미수 사건 • 아관파천(2. 11), 고종 러시아 공사관으로 피신 • 친러 내각(이완용, 이범진 등) 수립, 친일파 척살(김홍집 등)
	독립협회	1896. 7	• 〈독립신문〉 발행(4. 7), 독립협회 창립(7. 2), 독립문 건설(11. 21)

대한제국 시기의 사건	대한제국	1897. 10	• 고종의 덕수궁 환궁(2. 20), 광무 연호 제정(8. 16) • 황제 즉위(10. 12), 대한제국 선포(10. 12)
	만민공동회	1898. 3	• 제1차 만민공동회(3. 10), 시민이 참가한 시국 강연 • 보부상의 황국협회 창립(6. 30), 만민공동회 공격 목적 • 박정양 내각(9월), 의회제도 방식의 정치 개혁 추진 • 제2차 만민공동회(10. 28) '헌의 6조' 제시 • 독립협회 해산(11. 4), 황국협회가 독립협회 공격 • 제3차 만민공동회(11. 5), 황국협회 공격으로 해산됨
	광무개혁	1897. 10	• 구본신참의 이념에 따른 광무개혁(1897~1904) • 황제 군주권에 입각한 비정치 분야의 개혁에 주력 • 을사늑약(1905)으로 무력화되고, 고종 퇴위(1907)로 소멸

선 반봉건 투쟁이었다. 조선 정부가 청나라군과 일본군을 불러들여 동학농민을 토벌하려고 하자 이에 저항하여 일어난 제2차 갑오농민전쟁(1894. 10. 21~1895. 3. 29)은 반외세 투쟁이었다.

1894년 1월 10일, 동학의 고부접주인 전봉준●이 지휘하는 1천여 명의 동학농민군이 고부군수 조병학의 학정에 저항하여 고부 관아를 습격했다. 고부군수 조병갑은 백성을 무고하게 죄를 물어 방면하는 조건으로 무려 2만 냥을 수취하고, 백성들에게 부친의 송덕비를 세운다며 2천 냥을 강제로 거둬들였으며, 저수지인 만석보를 쌓는 데 노동력을 강제로 징발하는가 하면, 가을에는 쓰지도 않은 수세를 거둬 백성의 원망이 자자했다.

● **전봉준**
고부 봉기, 녹두장군, 노래(새야 새야 파랑새야), 사발통문(봉기의 이념, 고부성 격파, 탐관오리 문책, 토지 균등 분배), 갑오농민전쟁 주도(김개남, 손화중)
(검) 2-6, (검) 4-4, (검) 6-4, (검) 7-3, (검) 9-초, (검) 9-고

동학농민군은 전운사와 균전사의 폐지, 미곡과 밀 수출 금지, 외국 상인의 내륙 활동 금지, 포구의 어염세와 수세 폐지, 탐관오리 제거와 수령의 학정을 근절시키라는 폐정개혁을 내걸고 봉기를 일으켰다.

고부 봉기(1894. 1. 10~22)가 일어나자 조병갑은 진주로 도망쳤고, 관아를 점령한 농민군은 숫자가 불어나 1만여 명에 이르렀다. 농민군은 탐관오리를 적발하고 악질 관리를 처단했다. 미곡

만석보 유지비
갑오농민전쟁의 원인이 된 만석보가 있던 자리에 세워졌다.

창에 있는 쌀을 백성에게 나누어 주고, 감옥을 부수어 죄수를 풀어주고, 악명 높았던 만석보●를 허물고 22일경에 해산했다.

새로 부임한 고부군수 박원명은 온건하게 사태를 수습했으나 뒤이어 내려온 안핵사 이용태는 고부 봉기에 참가한 동학농민군을 색출하고 동학교도를 탄압했다.

2월 25일, 드디어 제1차 갑오농민전쟁의 깃발이 올랐다. 동학농민군은 다시 봉기를 일으켜 고부 관아를 습격하여 무기고를 탈취하고, 3월 1일에는 줄포에 있는 양곡창을 털어 군량미로 삼았다.

전봉준은 3월경에 동진강이 흐르는 백산에 군영을 설치하고 고창, 무장, 홍덕, 정읍, 태인, 금구, 김제에 격문을 보내 농민들의 참여를 독려했다. 드디어 1만여 명에 이른 동학농민군은 호남창의대장소를 조직하고 대장에 전봉준, 부대장인 총관령에 손화중과 김개남을 추대하고 1) 인명과 재산을 손상하지 말 것, 2) 제

● **만석보**
1892년에 고부군수 조병갑이 전북 정읍에 축조한 저수지이다. 백성에게 노임을 지불하지 않고, 농민들에게 관개용 수세(水稅)를 과하게 징수한 것이 갑오농민전쟁의 발단이 되었다.

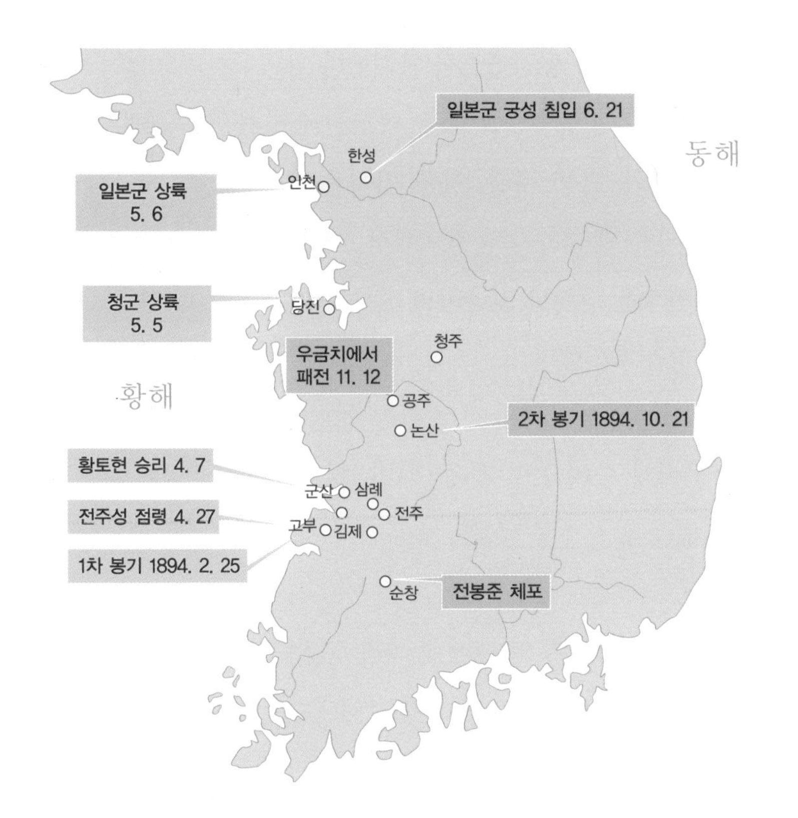

◀ **갑오농민전쟁**
동학농민들은 제1차 봉기에서 토지 개혁과 신분 해방의 반봉건을 부르짖었고, 일본군이 경복궁을 점령하고 국권을 유린하자 제2차 봉기를 일으켜 반외세의 깃발을 올렸다.

세안민의 대의를 밝힐 것, 3) 왜적과 서양 오랑캐를 몰아낼 것, 4) 한양으로 올라가 부패 권력을 몰아낼 것을 결의하고, 이를 4대 행동 방침으로 삼았다.

4월 3일, 동학농민군은 백산에서 정부군에 매수당한 1천 명의 보부상단과 전투를 치러 첫 번째 승리를 거두었다. 4월 4일에 부안 관아를 접수하고, 6일에 부안의 도교산으로 이동했다.

정부는 농민군의 기세에 당황하여 전라병사 홍계훈에게 800명의 병력을 주고 양호초토사로 임명했다. 홍계훈은 4월 5일에 군산포로 상륙하여 7일에 전주성에 입성했다.

4월 6일, 전라감사 김문현이 이끄는 250명의 병력과 보부상단 수천 명은 홍계훈의 부대가 지원을 온다는 소식에 기세를 올리며 동학농민군을 공격했으나 참패했다.

4월 7일, 동학농민군은 정읍 황토현에서 관군을 크게 이기고, 이어서 흥덕, 고창, 무장, 영광, 함평을 점령했다. 황토현 전투에서 농민군이 승리하자 충청도에서 호응하여 일어난 농민군들은 회덕, 진잠을 점령하고 곧바로 공주, 청산, 옥천, 문의, 보은, 목천, 노성을 차지했다.

4월 23일에 농민군은 장성 황룡 월평리에서 홍계훈이 이끄는 정부군에게 승리하고, 정읍·태인·원평을 지나 27일 전주성에 무혈 입성했다. 전주성에는 초토사가 토벌군을 이끌고 나간 상태였다.

정부는 장성 전투의 패배에 놀라 양호순변사 이원희에게 1천 명의 군대를 증원하여 전주성에 보냈다. 홍계훈은 4월 28일에 전주성이 내려다보이는 완산에 진을 치고 성내로 포격을 했다. 5월 1일과 3일에 농민군은 성문을 열고 반격에 나섰지만 결정적인 승리를 얻지 못하고 전투는 대치 국면으로 바뀌었다.

민씨 정권의 민영준은 전주성의 공방이 길어지자 4월 30일에 청국의 원세개에게 파병을 요청했다. 5월 5일에 청나라군 1천 500명이 아산만에 도착했다.

일본도 4월 30일에 내각회의를 열고 군사 개입을 결정했다. 5월 6일에 7천 명의 일본군은 인천항에 도착했다. 갑오농민전쟁은 농민군과 정부군의 대치 국면에서 외국 군대가 개입하는 사태로 급변했다.

5월 6일에 초토사 홍계훈은 농민군의 해산을 조건으로 화의를 제안했다. 양호순변사 이원희도 청국과 일본국의 출병으로 자칫하면 국권이 위험하다며 농민군을 설득했다.

폐정개혁안(14개조)
동학농민군이 전주 화약의 조건으로 정부에 제시한 14조의 정치개혁안으로, 주요한 내용은 탐관오리 처벌, 노비 문서 소각, 백정 해방, 과부의 재가 허용, 토지의 균등 분배 등이다.

전주성 풍남문 | 전주 읍성의 남쪽 문으로, 당시 농민군은 풍남문을 통해 전주에 무혈 입성했다.

전봉준은 농민군에게 죄를 묻지 않을 것과 폐정개혁안(14개조)● 의 실행을 화의 조건으로 내걸고, 5월 8일 정부군과 전주화약(全州和約)●● 을 체결했다.

농민군은 화약에 따라 폐정개혁안을 실행하고 감독하는 집강소●●● 를 호남(전라) 53주에 설치했다. 전라감사 김학진은 전봉준에게 전주 관아의 중심 건물인 선화당을 내주는 호의를 베풀었다. 집강소는 역사 이래 최초로 농민들이 권력을 장악한 자치기구였다.

●● **전주 화약**
동학혁명 와중인 1894년 5월 8일에 농민군과 정부군이 전주에서 맺은 휴전 조약이다. 농민군은 정부에 폐정개혁안 14개조를 제안했고, 이를 실천하기 위해 호남 53주에 농민 자치기구인 집강소를 설치했다.

●●● **집강소**
전주 화약을 맺은 농민군이 전주성에 총본부인 대도소를 설치하고, 군현의 부도덕한 지주나 부패한 관리 처벌을 실질적으로 주도한 계급적 성격을 지닌 혁명기구였다.

제2차 갑오농민전쟁, 반외세의 함성

전봉준은 일본군이 경복궁을 점령하고 동학농민군에 대한 토벌을 시작하자 10월에 '축멸왜적'의 구호를 내걸고 봉기를 촉구했다.

10월 20일에 호남과 호서의 농민군이 충남 논산에 집결했다. 호남 농민군은 16만 7천여 명, 호서 농민군은 6만 명으로 총병력이 22만 7천여 명에 이르렀다. 동학농민군은 정부군에게 힘을 합쳐 왜군과 싸울 것을 호소했으나 거절당했다.

이때 갑오농민전쟁은 반봉건 투쟁의 성격과 함께 제국주의 침략을 물리치려는 반외세 투쟁으로 변모하고 있었던 것이다. 10월 21일에 논산을 출발한 동학농민군은 드디어 제2차 갑오농민전쟁의 횃불을 들었다.

동학농민군의 김복영 부대는 목천 세성산에서 일본군과 격전을 치렀으나 패전했다. 농민군은 10월 23일에 공주를 치기 위해 이인으로 이동했다. 일본군과 정부군이 이인의 동학농민군을 공격했으나 패전하고 공주로 퇴각했다. 동학농민군은 여세를 몰아 10월 24일에 공주가 내려다보이는 봉황산으로 진격했다.

10월 25일부터 동학농민군은 우금치에 진지를 구축한 일본군을 공격했다. 우금치 전투의 피어린 공방전이 시작되었다. 대포와 신식 무기로 무장하고 체계적인 군사 훈련을 받은 일본군은 농민군을 쉽게 저지했다.

11월 8일경에 5천여 명의 김개남의 부대가 합류하자 사기가 오른 농민군은 이튿날 총공세를 가했다. 그러나 3일에 걸친 공방전에서 농민군은 결정적인 패배를 당하고, 11일에 우금치에서 10리 이상이나 뒤로 물러났다. 12일에는 마지막으로 정부군에게

체포되어 끌려가는 전봉준
녹두장군의 죽음으로 갑오농민 전쟁은 끝났으나, 농민들은 역사의 주체로 일어서는 계기가 되었다.

합류를 호소했으나 받아들여지지 않았다.

전봉준•은 할 수 없이 뒷날을 기약하고 농민군을 해산시켰다. 전봉준은 측근과 함께 11월 29일경에 순창에 이르러 농민 봉기를 다시 일으키고자 회의를 하던 중, 12월 2일에 어느 배신자의 밀고로 체포되었다.

김개남은 12월 27일에 태인에서 생포되어 이듬해인 1895년 1월 8일에 효수형에 처해졌고, 손화중은 1895년 1월 6일에 재실직(齋室直)이었던 이봉우의 밀고로 잡혔다.

1895년 3월 29일에 전봉준과 손화중, 최경선, 성두환, 김덕명 등 농민군 지휘자들은 한양으로 압송되어 재판에서 사형을 선고받고 일본군에게 학살당했다. 이로써 제2차 갑오농민전쟁은 실패로 끝났다.

동학농민군은 비록 일본군의 무력 앞에 무릎을 꿇었지만 농민 세력은 그 뒤 민권의 성장, 민중의 각성을 불러일으켜 훗날 의병 전쟁, 독립전쟁으로 계승되었다.

• **전봉준의 시 〈위국단심(爲國丹心)〉**
시래천지개동력
(時來天地皆同力)
운거영웅불자모
(運去英雄不自謀)
애민정의아무실
(愛民正義我無失)
위국단심수유지
(爲國丹心誰有知)

때가 오매 천지가 함께 힘이 되더니 / 운이 다하니 영웅도 꾀할 길 없도다 / 백성을 사랑하고 바른 의리 밝혔으나 / 나라 위한 충성심을 그 누가 알아줄까

제1차 갑오개혁●, 자주적 개혁 정책

● **제1차 갑오개혁**
제1차 김홍집 내각, 흥선 대원군 섭정, 왕실과 행정 분리, 군국기무처 설치, 8아문 제도, 개국 연호, 과거제 폐지, 재정 일원화(탁지아문), 은본위 제도, 금납제, 도량형, 신분제 철폐
(검) 1-3

농민군과 정부군 사이에 전주 화약을 맺은 1895년 5월 8일에 외무독판 조병직은 조선에 주둔할 명분이 없는 일본군에게 철수를 요청했다. 그러자 오토리 일본 공사는 5월 23일, 조선에 대한 내정 개혁 방안을 제출하고 군대를 한양과 제물포에 집결시켰다. 조선이 일본식 개혁에 착수하지 않으면 병력을 동원하겠다는 협박이었다.

6월 8일에 내무독판 신정희, 협판 김가진, 조인승은 남산의 노인정에서 오토리와 협상(노인정 회담●)을 벌여 일본의 요구를 거절했다. 이틀전인 6월 6일에 독자적인 개혁에 착수한다는 고종의 결정이 내려졌기 때문이었다. 6월 12일에 개혁을 담당할 교정청●● 이 설치되었다.

● **노인정 회담**
전주 화약으로 조선 출병의 명분을 잃은 일본이 고종 31년(1894) 7월에 조선의 내정 개혁에 참견하며 민영준의 별장인 노인정에서 협상한 회담이다. 조선은 교정청을 설립하고 개혁에 착수한 상태라 회담에서 일본이 제시한 내정개혁안을 거절했다. 그러자 일본군은 6월 21일에 경복궁을 점령하고, 곧이어 청일 전쟁을 일으켰다.

●● **교정청**
갑오농민전쟁 시기, 자주적 개혁 기관, 일제의 경복궁 점령으로 해산, 탐관오리 처벌, 노비 문서 소각, 친일파 처단, 과거 제도 폐지
(검) 5-3, (검) 9-고

6월 12일에 민씨 정권의 핵심이었던 민영준이 물러나고 온건 개화파인 외무총리 김홍집, 교정청 당상 어윤중이 권력 실세로 떠올랐다. 일본은 조선의 독자적인 개혁 추진에 불안을 느끼고 6월 21일 새벽에 1개 연대 1천 500여 명의 병력을 이끌고 경복궁을 기습하여 점령하고 교정청을 혁파했다.

일본은 친청파인 민씨 정권을 견제하기 위해 청나라에서 돌아온 홍선 대원군을 끌어들였다. 청나라에 끌려가서 갖은 고초를 겪은 홍선 대원군은 반청파로 변해 있었던 것이다.

고종은 홍선 대원군에게 권력을 위임했고, 민씨 정권이 축출되어 김병시가 영의정에 올라 과도 정부를 이끌었다. 홍선 대원군은 3차 집권을 했지만 일본군이 꼭두각시로 세운 실권 없는 상징적인 후견인의 위치에 불과했다.

6월 25일에 개혁을 전담할 기구로 교정청 대신 군국기무처가 설립되고 판중추부사 김홍집을 영의정으로 하는 제1차 김홍집 내각이 형성되었다.

군국기무처●●●●● 는 형식상으로는 의정부 예속 기관이지만 실제로는 정치·군사·행정을 담당하는 초정부적인 최고 주권기구였다. 군국기무처에는 김홍집, 박정양, 김윤식, 유길준 등 17명이 위원으로 참여했다.

●● 군국기무처
갑오농민전쟁 기간 중에 경복궁을 침입한 일본군이 개혁기구인 교정청을 혁파하고 새롭게 설치한 기구이다. 김홍집, 박정양, 김윤식 등이 이곳에서 제1차 갑오개혁을 추진했다.

●●● 군국기무처
청일 전쟁 때 설치, 1894년 실행, 중앙 관제 개혁을 위한 임시 관청, 청과의 조약 일체 폐기, 문벌·노비·과거제 폐지
(검) 1-3

6월 28일에 정부기구가 심의되어 의정부와 궁내부가 중앙 행정을 맡고 그 아래 8아문(내무, 외무, 탁지, 법무, 학무, 공무, 군무, 농상)을 두어 조선 행정기구가 500년 만에 근대적 정부기구로 전환되었다.

궁내부의 설치로 국왕의 일상 업무와 정치 업무가 구분되고, 국왕의 인사권·재정권·군사권은 의정부로 넘어가 의정부가 조선의 국가 사무를 전담하는 체제가 되었다.

갑오경장(甲午更張)이라고 부르는 제1차 갑오개혁은 동학농민군의 요구를 일정하게 반영한 사회 개혁으로, 핵심 내용은 1) 연호는 '조선 개국'으로 하며, 2) 청나라와 맺은 조약을 개정하고 외국에 특명전권공사를 파견하며, 3) 신분적 차별인 계급을 없애고 인재를 균등히 등용하며, 4) 과부의 재가를 허용하고, 5) 노비법을 폐지하는 것이었다.

그 밖에 모든 조세를 금납제(화폐)로 변경했으며, 세금은 농지세로 일원화하고 잡세를 폐지했다. 은본위제에 의한 화폐를 발행했고, 도량형을 통일했다. 갑오개혁은 온건개화파에 의해 추진되었는데 일본군의 의도를 비켜 간 자주적인 측면이 있었다.

청일 전쟁, 조선에서 벌인 남의 전쟁

1894년 6월 23일, 일본은 청일 전쟁(1894~1895)을 일으켰다. 먼저 아산만 풍도 해상에 있는 청국 군함을 기습적으로 공격하고, 6월 27일에 충청도 성환에서 청나라군을 공격했다. 8월 16일에는 4천여 명의 일본군이 3천 500여 명의 청나라군을 평양 전투에서 격파하여 청나라군을 조선에서 물러나게 만들었다.

같은 날 청국의 북양 함대는 황해 해전에서 일본 해군에게 패하여 제해권을 상실했다. 일본 육군은 압록강을 건너 요동 반도

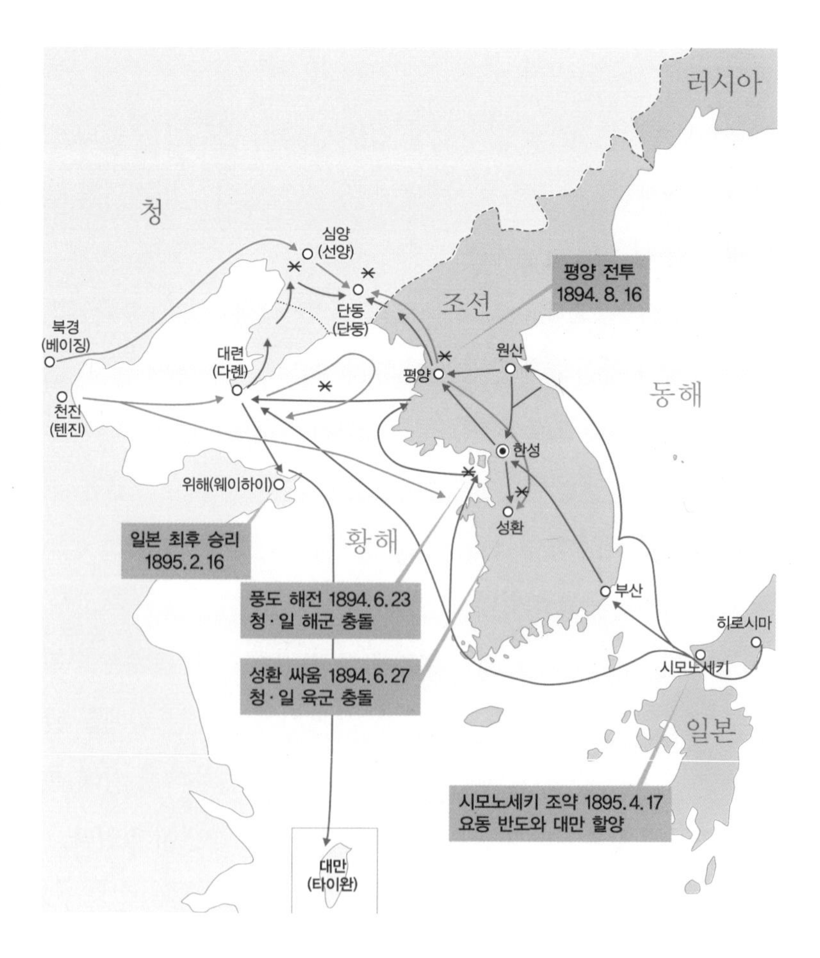

▶ 청일 전쟁
동학농민군을 물리친 일본군은 조선 지배에 걸림돌이 되는 청나라군을 몰아내고자 청일 전쟁을 일으켰다. 승리한 일본은 대만, 요동 반도를 차지했고, 러시아는 이에 삼국 간섭을 했다.

로 진격했고, 일본 해군은 여순항을 공격하여 9월 24일에 드디어 여순을 점령하고 요동 반도에 상륙했다.

동학농민군은 청일 전쟁에서 일본이 승리하면 조선의 멸망은 자명하다고 판단하고 '축멸왜적'의 구호를 내세워 제2차 갑오농민전쟁을 일으켰다. 그러나 동학농민군은 10월에 공주 우금치 전투에서 일본군에게 결정적인 타격을 받고 반외세 농민운동은 좌절되었다.

고종과 홍선 대원군은 청나라의 승리를 믿고 평양 감영에 있는 청나라군에 비밀 편지를 보냈다가 나중에 일본군에게 압수당하는 바람에 일본이 조선을 압박하는 수단으로 이용되었다.

일본군은 청일 전쟁의 승리가 기정사실로 다가오고, 가장 강력한 저항 세력인 동학농민군을 격파하자 노골적으로 제1차 김홍집 내각을 무력화시켰다.

우금치 전투가 한창이던 10월 23일, 일본의 특명정권공사 이노우에(井上馨)는 고종에게 20개조 개혁안을 강요했다. 핵심 내용은 제1조의 '모든 권력을 국왕으로 환원시킨다'는 조항으로, 사실상 개혁의 주체인 군국기무처를 국왕의 자문기구로 만들어 자주적인 개혁을 중단시키려는 의도였다. 11월 21일에 군국기무처가 폐지되고 국왕의 전제왕권이 회복되어 제1차 갑오개혁은 좌절되었으며, 대원군의 3차 집권(1895. 6. 21~11. 21)도 종결되었다.

일본은 박영효를 끌어들여 친일적인 제2차 김홍집-박영효 연립내각을 출범시키고, 일본식의 제2차 갑오개혁●을 진행시켰다. 박영효는 갑신정변이 실패했을 때 일본으로 망명하여 이미 친일파로 변신했다.

이노우에는 박영효를 시켜 고종에게 홍범 14조를 강요했다.

● **제2차 갑오개혁**
제2차 김홍집 내각, 동학농민전쟁 실패, 청일 전쟁 일본 승세, 홍범 14조 발표, 군국기무처 폐지, 군주제로 환원, 지방을 23부로 개편, 청나라와 사대 관계 단절
(검) 6-고

● 홍범 14조의 일부 조항
1) 청에 의존하는 생각을 버리고, 자주독립의 기초를 세운다.
3) 임금은 각 대신과 의논하여 정사를 행하고, 종실, 외척의 내정 간섭을 용납하지 않는다.
7) 조세의 징수와 경비 지출은 모두 탁지아문의 관할에 속한다.
14) 문벌을 가리지 않고 인재 등용의 길을 넓힌다.

1894년 12월 13일에 고종은 종묘에 가서 홍범 14조●를 반포했다. 제1조는 조선과 청나라의 사대 관계를 공식적으로 끊는 것으로, 일본이 조선 내정을 간섭하겠다는 의도였다.

또한 의정부를 내각으로 바꾸고, 지방 관리의 사법권과 군사권을 중앙 정부에 귀속시켜 근대적 관료 체계와 군 통수권의 체계를 세웠다. 사법권을 행정권에서 독립시켜 재판소가 설립되고, 한성에 경무청을 두어 경찰 제도를 도입했다.

일본군은 12월 말에 이르러 청나라의 북양 함대를 누르고 산동 반도의 위해를 장악했고, 이듬해인 1895년 2월에는 대만을 점령했다. 외국 열강들의 예견과는 달리 청일 전쟁은 일본의 일방적인 승리였다.

수세에 몰린 청나라는 일본에 강화를 요청했다. 4월 17일에 일본의 이토 히로부미와 청국의 이홍장은 1) 조선이 완전 자주독립국임을 인정, 2) 요동·대만·팽호도 할양, 3) 배상금 2억 냥, 4) 중국 4개 항구 개방을 내용으로 하는 시모노세키 조약을 체결했다. 이 조약의 핵심은 조선과 청나라의 사대 관계를 종결시키고 국제적으로 일본의 조선에 대한 내정 간섭을 공인받았다는 점이다.

●● 위정척사파
위정척사파는 성리학을 중심으로 외세와 외래 사상 등을 배격하는 사람들로, 이항로, 기정진, 유인석, 최익현 등 서인 노론이 중심을 이룬다.

● 위정척사파
화서학파(이항로, 최익현, 유인석)가 중심, 천주교 탄압 지지, 1860년대(통상수교 거부, 척화주전론), 1870년대(개항 불가론, 왜양일체론), 1880년대(개화 정책 반대, 《조선책략》 거부, 영남만인소 상소), 1890년대(갑오개혁 반대, 을미의병 주도)
(근) 2005, (근) 2008, (근) 2010, (검) 1-3, (검) 3-2, (검) 4-3

을미사변, 위정척사파●●● 가 을미의병을 일으키다

만주와 한반도에 진출하려는 야심이 있었던 러시아는 청일 전쟁에서 일본이 승리하자 독일과 프랑스를 끌어들여 1895년 4월

장충단 | 임오군란과 갑신정변, 을미사변과 춘생문 사건으로 희생당한 조선의 장병들을 위로하고 그 뜻을 기리고자 세운 추모단이다. 경내에 유관순 동상이 있고, 수표교가 옮겨져 있다.

23일, 삼국 공동으로 일본 정부에 요동 반도를 청국에 반환하라고 요구했다(삼국 간섭).

일본은 영국과 미국의 지지를 얻고자 했으나 미국과 영국은 엄정 중립을 선언했다. 동아시아에서 외국 열강과 전면적인 대결은 시기상조라 판단한 일본 정부는 5월 5일에 요동 반도를 청국에 반환했다.

삼국 간섭으로 러시아의 영향력이 커지자 박영효는 친러파를 견제하고자 궁궐 호위병을 자파로 교체하려다 고종과 민왕후에게 축출되어 일본으로 망명했다. 이로써 제2차 김홍집-박영효 연립내각은 무너지고 갑오개혁은 공식적으로 막을 내렸다.

● 정동 구락부
서소문 근방의 정동을 중심으로 1894년에 결성된 유럽인들의 사교 모임. 참여한 인사들은 미국 공사실, 프랑스 영사 플랑시, 선교사인 언더우드, 아펜젤러, 조선의 민영환, 윤치호, 이상재, 이완용 등이다. 구락부는 클럽(Club)의 한자식 표현이다. 이들이 1896년의 춘생문 사건, 1897년의 아관파천을 주도했고, 건양협회와 독립협회를 조직했다.

고종은 미국과 러시아에 가까운 정동 구락부●(정동파)의 김윤식, 이범진, 박정양, 이완용을 끌어들여 제3차 김홍집 친러 내각을 출범시켰다. 다급해진 일본은 8월에 이노우에를 귀국시키고 육군 중장 출신의 강경파인 미우라(삼포오루)를 일본 공사로 파견하여 민왕후 제거 작전을 준비시켰다.

8월 19일(양력 10월 7일)에 경복궁에서는 민왕후의 주재로 궁내부 대신에 임명된 친청파 민영준을 축하하는 연회가 벌어졌다. 그리고 같은 시각, 진고개(충무로)의 파성관에서는 암호명 '여우사냥'이라 부르는 민왕후 시해 출정식이 있었다.

연회가 끝난 경복궁은 어수선한 분위기였고 피곤에 지친 궁녀와 내시들은 깊은 잠에 빠져 있었다. 아직 동이 트지 않은 8월 20일 새벽, 일본 낭인들은 경복궁 건청궁에 기습 난입하여 조선의 국모인 민왕후를 시해했다(을미사변).●

● 을미사변
청일 전쟁 승리, 명성황후 시해 사건, 대한제국 수립 후 복권(홍릉, 황후 추존), 일본 미우라 공사가 주도, 을미의병의 도화선
(검) 2-6, (검) 3-1, (검) 3-4, (검) 6-3, (검) 7-3, (검) 8-고

고종은 경복궁을 장악한 일본의 강요로 김홍집을 수반으로 하는 제4차 김홍집 친일 내각(1895. 8~1896. 2)을 구성했다. 8월 26일에 친일 내각은 안동 김씨의 규수를 새 왕후로 간택했다. 민왕후 시해 사건을 조기에 수습하려는 의도였다.

1895년 10월 11일에 왕실 친위대가 주둔하고 있는 동별영에 긴급 전갈이 왔다. 12일 새벽에 새 왕후를 모시고 궁궐에 들어오라는 것이었다. 동별영 군사 800명이 경복궁 건춘문에 이르렀을 때 갑자기 밀지가 내려와 입궐하여 고종을 모시라는 친위 쿠데타 명령이 떨어졌다. 김홍륙, 임최수, 안경수가 이끄는 친위대 병사들은 경복궁의 북동쪽 협문인 춘생문에서 궁궐 호위병과 전투를 치렀으나 궁궐을 돌파하지는 못했다.

●● 춘생문 사건
1895년 10월 12일에 이범진 등 친러파 세력이 김홍집 친일 내각을 무력화시키고자, 경복궁을 장악한 일본군의 감시망을 피해 춘생문으로 병력을 진입시켜 고종을 미국 공사관으로 피신시키려 한 사건이다.

일본은 고종의 친위 쿠데타인 춘생문 사건●●이 외국 열강과

고종이 꾸민 자작극으로 몰아붙이며, 을미사변을 무혐의 처리하고 친일 내각을 강요하여 일본식 개혁을 추진했다.

일본은 조선 사회를 완전하게 일본식으로 개조하여 침략과 지배를 쉽게 하려는 의도로 일시 중단된 갑오개혁을 다시 끌어내어 추진했다. 이를 을미개혁●● 이라고 한다. 을미개혁의 주요 내용은 1) 태양력 사용, 2) 우체사 설치, 3) 소학교 설립, 4) '건양' 연호 사용, 5) 종두법의 시행, 6) 군제 개혁, 7) 단발령이었다.

태양력의 사용으로 1895년 11월 17일은 건양 원년인 1896년 1월 1일이 되었다. 양력 사용과 단발령은 보수적인 유생들의 격렬한 저항을 받았다.

드디어 이항로의 척화주전론(1860년대), 최익현의 왜양일체론(1870년대), 영남 만인소(1880년대)로 이어지는 위정척사운동은 드디어 반외세 을미의병●●● 으로 불타올랐다. 최익현은 "내 목은 자를 수 있어도 내 머리칼은 자를 수 없다"며 항거했다.

1896년 1월(태음력 11월 말)에 이르러 보수 유생을 대표하는 제천 유인석, 홍주 김복한, 장성 기우만, 문경 이강년은 "국모 시해범과 단발령의 주모자를 처벌하라"는 구호를 내걸고 을미의병을 일으켰다. 의병의 횃불은 전국적으로 퍼져나갔다.

일본군이 의병을 토벌하기 위해 한성을 비우자 러시아 공사 베베르와 이범진, 이완용 등 정동파는 비밀리에 협상을 벌여, 1896년 2월 11일 고종을 경복궁에서 러시아 공사관으로 피신시킨 아관파천(俄館播遷)을 단행했다. 이로써 친일 내각의 을미개혁은 중단되고 제2차 친러 내각이 들어섰다.

●● 을미개혁(제3차 개혁)
명성황후 시해, 제4차 김홍집 내각, 춘생문 사건, 태양력 사용, 건양 연호 사용, 종두법 시행, 단발령 시행, 을미의병 발단
(검) 5-4, (검) 7-4

●●● 3대 의병전쟁
을미의병(1895, 국모 시해 복수, 단발령, 유생이 주도), 을사의병(1905, 을사늑약, 평민이 참여), 정미의병(1907, 고종 퇴위, 군대 해산, 군인이 참여)
(검) 1-5, (검3-2, (검) 4-초, (검) 6-3, (검) 7-초, (검) 7-3, (검) 8-고

역사 지식 플러스

반봉건 반외세 투쟁, 갑오농민전쟁

1894년에 일어난 갑오농민전쟁은 동학 혁명, 동학농민전쟁이라고도 한다. 여기에는 발생 연도인 갑오년, 종교로서 동학, 역사 주체로서 농민, 외세인 일본과의 전쟁이라는 시각이 담겨 있기에 어떤 내용에 중점을 두느냐에 따라 역사 용어는 달라질 수밖에 없다. 갑오농민전쟁이라고 한다면 농민이 반봉건 반외세 투쟁을 주도했다는 계급적 시각을 반영한다.

농민은 한국사에서 다수를 점하는 계급이며 생산의 주체였지만 이제껏 역사의 주도권을 잡은 적이 없었다. 조선 후기에 이르러 서학과 동학의 평등 사상에 영향을 받은 농민들은 여러 차례 민란을 일으키면서 드디어 자신들의 정치적 목소리를 내기에 이르렀다. 농민들은 불평등과 착취의 근본적인 원인이 봉건 체제에서 형성된 차별적 신분 제도와 불평등한 토지 제도에 있음을 자각했다. 이로써 제1차 갑오농민전쟁에서 농민들은 처음으로 반봉건 투쟁의 깃발을 내걸었다.

시민국가와 자본주의 발전은 세계사적 차원에서 근대의 상징이지만 다른 한편으로는 원료 시장과 소비 시장을 확보하려는 제국주의의 역사였다. 서양과 일본 제국주의는 봉건적 체제가 여전히 유지되는 동아시아를 침략의 대상으로 삼았다. 동아시아의 민중은 봉건 왕조가 해체된 뒤에도 결국은 식민지의 피지배 민족으로 전락했다. 따라서 농민들은 반봉건 투쟁과 함께 반외세, 반제국주의 투쟁이라는 또 다른 시대 과제를 안게 되었다.

제2차 갑오농민전쟁에서 우리나라 농민들은 비록 무력을 앞세운 일본군에게 패하여 투쟁은 좌절되었지만, 반봉건 반외세 투쟁 정신은 곧바로 항일 의병전쟁, 항일 독립전쟁으로 이어지고, 해방 후에는 민주화 투쟁, 통일운동으로 계승되어 승리의 역사를 만들었다.

논술 생각나무 키우기

1884년의 갑신정변과 1894년의 동학농민혁명의 차이점은 무엇이며, 두 사건이 후대에 끼친 영향은 무엇인가?

Point 1 조선 후기 세도정치의 폐해에 대해 알아본다. 삼정의 문란과 매관매직, 서학 탄압, 이양선 출몰, 대원군의 통상수교 거부 정책이 갖는 의미를 살펴본다.

Point 2 조선 후기, 근대 시기에 새로운 주체 세력으로 성장한 위정척사파, 개화파, 농민들의 사상적 기반과 지향하는 사회, 개혁의 목표와 방향이 무엇인지 알아본다.

Point 3 위로부터의 혁명과 아래로부터의 혁명, 점진적 혁명과 급진적 혁명, 제도적 혁명과 무력적 혁명의 개념을 정리하고, 갑신정변과 동학농민혁명에 대입하여 공통점과 차이점을 정리한다.

공부를 더 하고 싶다면

《개화파 열전》(신동준 지음, 푸른역사)
북학파의 전통을 계승한 개화파는 조선의 미래를 고민했지만 철학적 토대가 약했다. 대부분이 모험주의, 기회주의적 처신과 변절이라는 자기 부정의 길로 들어섰는데 망국의 갈림길에서 세상을 고민한 유길준, 이완용, 김옥균 등 개화파 15인의 삶을 조명한다.

《이야기 동학농민전쟁》(송기숙 지음, 창비)
현실 참여를 통해 민족주의적 사실주의를 내세운 저자의 날카로운 시대인식은 동학농민전쟁 이야기를 연대기적, 또는 전기적 문학을 뛰어넘어 힘과 생명력이 넘치게 만든다. 동학혁명의 발발부터 우금치에서 최후를 맞는 농민들의 함성을 지면에 그대로 살렸다.

《전봉준, 1894년》(우윤 지음, 하늘아래)
시대를 고민한 영웅의 실패에서 우리는 좌절의 역사를 느낄 필요가 없다. 비록 당대에는 뜻을 이루지 못했으나 100년이 지난 오늘날 자주, 민주, 통일의 가치로 살아 숨 쉬는 전봉준의 미래를 만날 수 있다. 전봉준의 과거는 미래의 오늘에도 여전히 현재진행형이다.

3 대한제국, 독립협회와 광무개혁

> **한 줄로 읽는 우리 역사**
>
> 갑오개혁의 단발령과 명성황후 시해 사건에 분노한 위정척사파가 을미의병을 일으켰다. 고종은 아관파천을 단행하여 친러파 정권을 세웠다. 이에 일본은 러일 전쟁을 일으켜 승리하고 을사늑약을 맺어 조선의 외교권을 강탈했다. 조선 민중은 을사의병으로 저항했다.

흥선 대원군의 내정 개혁은 자주적 개혁의 일환이었으나 외세의 침략과 친일적인 개화파에 의해 좌절되었다. 그 뒤 일본의 힘을 빌린 갑신정변(1884), 제1차·제2차 갑오개혁(1894), 을미개혁(1895)이 이어졌지만 자주적 측면이 어느 정도 개입된 제1차 갑오개혁을 제외하면 나머지는 여전히 외세가 주도하거나 외

러시아 공사관 | 러시아 공사관은 고종이 일제의 감시를 피해 아관파천을 단행한 역사 현장이다. 친러 정권을 세운 고종은 이후 대한제국을 선포하고 광무개혁을 단행했다.

세의존적이었다.

1895년, 보수적인 위정척사파는 일본의 침략에 항거하는 을미의병을 일으켰다. 갑오농민전쟁의 반외세 투쟁과 맥을 같이하는 유생들의 반일 투쟁은 향후 독립운동이 농민과 유생의 결합으로 발전하는 역사적인 계기라는 사실에서 중대한 의미를 찾을 수 있다.

고종은 일본을 견제하고자 러시아를 끌어들이는 아관파천이란 승부수를 던져 정치 국면을 일거에 친러 내각으로 바꾸었다. 그러나 러시아가 결코 조선의 영원한 우방이 아니라는 사실을 깨닫는 데는 1년도 걸리지 않았다. 고종의 광무개혁은 이런 시대 상황을 고려한 끝에 나온 자주적인 개혁운동이었다.

고종의 아관파천, 독립협회가 역사의 전면에 등장

1895년 12월 20일을 전후하여 정동에 있는 손탁 호텔• 에 제이슨 필립이란 이름을 가진 조선인이 나타났다. 그는 급진개화파의 일원으로 갑신정변이 실패하자 일본을 거쳐 미국으로 망명한 서재필이었다.

● **손탁 호텔**
1902년 10월에 러시아 여성인 손탁(孫鐸)이 서울 중구의 정동에 세운 한국 최초의 서양식 호텔로 유럽 열강의 외교전이 치열하게 전개된 역사의 현장이며 정동 구락부의 주요한 거점이었다.

제4차 김홍집 내각의 내무대신 유길준의 제안에 따라, 조선 정부는 11월 9일에 서재필을 주미 조선 공사 3등 참사관으로 임명하고 조속한 귀국을 요청했다.

11년 만에 고국에 돌아온 서재필은 유길준의 지원으로 중추원 고문이 되었고 주시경, 손승용과 함께 개혁의 당위성을 홍보하는 한글판 4면의 신문 창간을 맡았다.

이런 가운데 1896년 2월 11일에 고종이 러시아 공사관으로 피신한 아관파천●이 발생했다. 고종은 곧바로 친일 내각에 대한 척살령을 내렸다. 총리대신 김홍집, 농상공부 대신 정병하 등 친일 각료들은 종로 거리에서 분노한 군중에게 맞아 죽었고, 탁지부 대신 어윤중은 고향인 보은으로 달아났으나 발각되어 죽었으며 유길준은 일본으로 망명했다.

● **아관파천 관련 역사**
삼국 간섭(러시아, 독일, 프랑스), 친러파(정동 구락부) 득세, 고종의 러시아 공사관 피신, 친러 정권 수립, 환구단 축조, 덕수궁(경운궁) 환궁, 대한제국 수립(1897)
(검) 2-1, (검) 3-3, (검) 3-4, (검) 4-4, (검) 6-초, (검) 7-초, (검) 7-3, (검) 9-4, (검) 9-3

고종은 이완용, 이범진, 윤치호 등 정동파들을 대거 기용하여 제2차 친러 내각을 수립했다. 친러 내각은 민심 수습책으로 단발령 취소, 태음력 환원, 의정부 복구, 내각제 폐지 등을 추진했고, 아울러 의병 해산을 요구했다. 국왕에 대한 충성을 미덕으로 여긴 유생들의 을미의병은 이로부터 점차 소멸되었다.

대한제국 시기의 주요 사건

사건	시기	내용
을미사변	1895년	• 원인 : 민왕후의 친러 정책(친러 내각), 1895년 7월에 박영효 축출 • 결과 : 일본이 민왕후 시해, 을미의병 촉발, 제4차 김홍집 친일 내각 구성
아관파천	1896년	• 원인 : 을미의병, 일본군 지방 이동, 일제의 고종 위협 • 결과 : 어윤중·김홍집 살해, 박정양 친미·친러 내각 구성
독립협회	1896년	• 배경 : 친미·친러 경향, 열강의 이권 침탈 심화 • 목적 : 내정 개혁, 자주독립, 서재필, 이상재, 이승만 주도 • 활동 : 만민공동회(6개조 개혁안), 〈독립신문〉 발행, 고종 환궁
대한제국	1897년	• 배경 : 독립협회 + 수구당 = 고종 환궁, 칭제건원 등 • 대립 : 수구파 = 전제군주제, 독립협회 = 입헌군주제 주장 • 결과 : 1899년 〈대한국 국제〉 = 전제군주제, 친러 경향
광무개혁	1897년	• 목표 : 황제권 강화 통한 국가주권 수호, 자강 개혁 달성 • 특징 : 구본신참, 위로부터 개혁 → 원수부, 근대 교육, 보수 경향

아관파천과 친러파의 득세로 서재필이 2개월에 걸쳐 준비한 신문 발행은 중단의 위기에 몰렸다. 다행히 내각에 있던 박정양은 신문의 필요성을 인식하고, 3월 13일에 서재필을 농상공부 임시 고문으로 추천하여 신문 발행을 도왔다. 4월 7일에 드디어 우리나라 최초의 한글 신문인 〈독립신문〉●● 이 세상에 얼굴을 내밀었다.

서재필은 여세를 몰아 청나라에 대한 사대의 상징인 영은문(迎恩門) 자리에 독립을 상징하는 독립문과 독립관을 세우기로 하고 이를 추진할 독립협회 창설을 제안했다.

고종의 지지를 바탕으로 개화파 관료 세력, 친러파인 정동 구락부(정동파), 그리고 건양협회의 인사들은 1896년 7월 2일에 독립협회를 창설하고 회장에 안경수, 위원장에 이완용을 추대했다. 독립협회는 설립 이후 꾸준하게 청나라에서 벗어난 자주독립국가를 상징하는 독립공원, 독립문, 독립관의 건설을 추진했다.●●●

●● 〈독립신문〉
한글 신문(1896), 최초의 민간 신문, 서재필이 창간, 독립협회의 기관지, 부정부패 탐관오리 고발, 남녀 차별 폐지, 축첩제 비판, 여성 교육 중요성, 순성여학교 설립 지원, 남녀 평등의 실현, 창간일(4. 7)을 신문의 날로 제정
(검) 2-1, (검) 5-초, (검) 5-고

●●● 독립협회의 활동
의회 설립, 중추원 개편 추진, 〈독립신문〉 발간, 독립문 건축, 관민공동회(헌의 6조) 소집, 절영도 조차(러시아) 반대
(근) 2006, (근) 2010, (검) 1-3, (검) 3-6, (검) 8-초, (검) 9-3

만민공동회의 정치 개혁, 대한제국은 불편하다

1896년 5월에 즉위한 러시아의 황제인 니콜라이 2세(1896~1917)는 일본 측과 몰래 조선에서 러시아의 정치적 우위를 보장하면 일본군의 주둔을 인정한다는 로마노프-야마가타 협정을 체결했고, 일본은 고종이 러시아 공사관에 머물고 있는 것을 구실 삼아 각종 이권을 요구했다.

고종은 러시아의 경제 이권 침탈과 함께 삼국 간섭으로 발언

환구단 | 환구단은 1897년에 고종이 대한제국을 선포하고 황제의 자리에 오른 곳으로 하늘에 제사를 지내는 3층의 둥근 단이다. 항일 시기에 일제가 환구단을 없애고 지금은 위패를 모신 황궁우가 남아 있다.

권이 높아진 미국, 영국 등 열강들이 결국은 조선을 위해서가 아니라 자국의 이익을 위해서 러시아와 일본을 저울질한다는 사실을 깨달았다. 이러한 자각이 대한제국 선포와 광무개혁의 추진으로 나타났다.

1896년 11월 21일에는 독립문을 세울 터에 주춧돌이 놓였다. 독립문의 석재가 하나씩 올라갈 때마다 독립협회는 고종에게 러시아 공사관에서 환궁하기를 요청했고, 1897년 2월 20일에 고종은 러시아 공사관에서 나와 덕수궁으로 환궁했다.

이에 맞추어 지방의 유생들은 칭제건원(황제로 칭하고 독자적 연호를 사용함)을 하도록 상소하여 국내 여론을 조성했다. 이는 열강들의 내정 간섭이나 이권 개입을 막기 위한 것이었다.

1897년 8월 16일, 고종은 독자적인 연호를 제정하여 '광무(光

영은문 자리에 들어선 독립문 | 영은문(迎恩門)은 중국 사신을 맞이하던 문으로 서대문 밖에 있었다. 1896년에 독립협회가 고종의 허락을 받아 사대의 상징인 이 문을 헐고 독립문을 세웠다.

武)'라 했다. 10월 12일에는 하늘에 제사 지내는 제천단인 환구단(圜丘壇)에서 황제 즉위식을 거행하고 국호를 조선에서 대한제국으로 바꾸었다.

1392년 조선 개국 이래 505년 만에 중국과의 사대 관계를 공식적으로 끊고 조선은 황제가 다스리는 자주국가가 되었다. 다음 날 고종은 일본군에게 시해당한 민왕후를 명성황후로 추존했다. 11월 20일에는 영은문 자리에 독립문이 들어섰으며, 11월 22일에는 그동안 미루어왔던 명성황후의 국장이 성대하게 치러졌다.

1898년 3월에 러시아는 불시에 여순과 대련을 청으로부터 조차하여 점거했다. 이에 일본이 즉각적으로 반발하자 러시아는 4월에 조선에 대한 이권을 일본에 양보하는 내용의 로젠-니시 협정을 맺고, 조선 내정에 간섭할 경우에는 양국이 협상하며 조선의 경제 침탈에 대해 서로 방해하지 않는다는 의정서를 교환했다.

독립협회를 주도한 서재필은 갑신정변의 실패가 민중의 지지를 얻지 못한 데 있다고 판단하고 적극적으로 민권운동과 결합했다.

독립협회는 한성의 시전 상인들이 청나라와 일본 상인들의 상권 장악에 대항하여 설립한 황국중앙총상회의 상권수호운동을 후원하고, 만민공동회(萬民共同會)● 를 개최하여 러시아나 프랑스, 미국 등이 조선의 이권을 강탈하는 행위를 막기 위한 이권수

● **만민공동회**
1898년 3월부터 독립협회가 주도한 정치 활동의 하나로 시민과 관리들이 참여했기에 만민공동회라 한다. 친러 정부를 성토하고 헌의 6조 등 정치 개혁을 추진하자 수구파들이 어용 단체인 황국협회를 조직하여 공격했고, 고종의 해산 명령으로 해체되었다.

열강의 경제 침탈과 저지운동

사건 이름	시기	주요 사건 내용
방곡령 사건	1889 ~1894년	• 함경도 관찰사 조병식이 일본에 콩 수출 금지(원산항) • 1890년, 1891년, 1893년 재차 시행, 1894년 1월에 해제
상권수호운동	1890년대	• 청, 일, 서양 상권에 대한 조선 상인들의 철시 투쟁 • 주도 : 황국중앙총상회(시전 상인, 독립협회 지원)
이권수호운동	1898년	• 러시아 요구(절영도 조차, 목포·진남포 부속 도서 매도) • 주도 : 독립협회, 만민공동회 개최, 러시아 요구 좌절시킴 • 결과 : 한러 은행 폐쇄, 프랑스·독일(광산 채굴권) 이권 저지
황무지 개간권 반대운동	1904년	• 원인 : 1904년에 일본이 황무지 개간권 요구 • 과정 : 원세성, 경성(서울)에 보안회(협동회 변경) 조직하여 투쟁 • 결과 : 송병준이 유신회 조직하여 보안회를 공격, 정부가 개척권 무효 선언
국채보상운동	1907년	• 개념 : 1907년 2월 대구에서 발단된 주권수호운동 • 내용 : 1904년 일본의 고문정치, 통감부에서 차관 유입 • 주도 : 1907년 2월 대구 서상돈, 광문사(대동광문회 개칭) • 결과 : 송병준 일진회, 통감부 방해, 양기탁 구속으로 좌절
물산장려운동	1923년	• 배경 : 민족자본 육성, 물자 아껴 쓰기, 일제 경제 수탈 방어 • 기원 : 평양, 조만식 자작회, 1920년 조선물산장려회 발기인 대회 • 창립 : 1923년 1~2월 서울에서 조선물산장려회 창립 • 추진 : 무명옷 입기, 토산품 쓰기, 물자 절약 → 금주, 단연 운동으로 확대

호운동을 전개했다.

러시아와 일본, 서구 열강들의 이권 개입이 노골적으로 진행되자 독립협회는 일반 시민을 끌어들여 시국토론회를 개최했다. 1898년 3월 10일 오후 2시에 종로 거리에는 2만여 명의 군중들이 모여들었다. 조선 역사에서 처음으로 시민이 참여하여 시국 강연을 하는 제1차 만민공동회가 개최된 것이다.

참가자들은 정부가 부산 절영도를 러시아의 석탄 저장소로 내준 허가를 취소할 것, 러시아의 군사 교관과 재정 고문을 내보낼 것, 러시아 자본이 세운 한러 은행(노한 은행)을 철수할 것 등을 요구하는 구국상소운동을 펼쳤다. 만민공동회의 열기와 함께 〈매일신문〉 〈제국신문〉 〈황성신문〉 등이 창간되어 민중 계몽을 선도했다.

보수적 관료들은 독립협회의 근대식 정치 사상과 민중들이 참가한 만민공동회의 열기를 꺾고자 원세성, 김경수 등이 6월 30일에 이권을 담보로 단결력이 뛰어난 보부상●을 끌어들여 훈련원에서 황국협회●●를 조직했다. 황국협회는 정부의 재정 지원을 받고 수구적인 관료가 참가한 전형적인 어용 단체였다.

독립협회는 근대적 의회 개혁을 추진하면서 기득권과 구체제를 옹호하고 악법을 제정하려는 7명을 지목하여 수구파 7대신이라 했는데 바로 신기선, 이인우, 심순택, 윤용선, 이재순, 심상훈, 민영기이다.

9월에 이르러 독립협회는 시민들과 함께 수구파 7대신을 실각시키고 진보적 색채를 지닌 박정양 내각을 구성하는 데 성공했다. 그리고 국민들의 참정권을 보장하기 위해 갑오개혁 때 설치되어 명목상으로만 존재하던 중추원의 관제를 개혁하여 정부에

● **보부상**
보상과 부상, 혜상공국 설치(1883, 보호기관), 사발통문 연락, 농상아문 소속, 황국협회(상무사) 설립(1897), 상무사 설립
(검) 4-고

●● **황국협회**
독립협회와 만민공동회의 진보색채에 위기를 느낀 원세성, 김경수, 이병조 등 수구파들이 1898년에 수천 명의 보부상을 움직여 황제권을 지킨다는 뜻으로 조직한 어용 단체이다. 만민공동회가 해산되고 공격 대상이 없어지자 곧바로 해체되었다.

서 관선 의관 25명, 독립협회에서 민선 의관 25명을 추천하여 국정을 심의하도록 했다. 이는 수천 년 동안 이어진 왕정 체제가 의회 제도로 변모하는 순간이었다.

10월 28일부터 6일 동안 종로에서는 제2차 만민공동회가 개최되었다. 한성 시민은 물론이고 독립협회, 국민협회, 일진회와 개혁파 관료인 의정부 참정 박정양이 참석했다. 이때 정부의 관료가 공식적으로 대회에 참가했기에 관민공동회•라고도 한다.

• 관민공동회에서 백정 박성춘의 연설
"나는 대한의 가장 천한 사람이고 배운 것도 없습니다. 그러나 충군(忠君) 애국(愛國)의 뜻은 대강 알고 있습니다. 이에 나라를 이롭게 하고 국민을 편안하게 하려면 관민(官民)이 합심해야 한다고 생각합니다. 저 차일(해를 가리는 우산)에 비유하건대, 한 개의 장대로 받치면 튼튼하지 못하나 많은 장대로 받치면 매우 튼튼합니다." (하략)

다음날 만민공동회는 1) 일본에게 의탁하지 말 것, 2) 외국과의 이권 사업을 대신이 단독으로 결정하지 말 것, 3) 재정과 예산을 공정히 할 것, 4) 언론·집회 등의 자유를 보장할 것, 5) 책임관 임명은 여론에 따를 것, 6) 위의 규칙을 실천할 것을 골자로 하는 '헌의 6조'를 결의하여 고종에게 건의했다.

고종이 헌의 6조를 수용하자 조병식, 이기동 등 수구파 관료들은 황국협회를 움직여 독립협회의 활동을 적극적으로 방해하고, 고종에게 독립협회가 황제를 폐위하고 의회를 설립하여 공화정을 수립하려고 한다고 모함했다. 그러자 고종은 황제권을 지키기 위해 독립협회의 간부들을 체포하고 해산 명령을 내렸다.

시민들은 11월 5일부터 제3차 만민공동회를 열어 독립협회의 명맥을 유지했지만, 황국협회의 보부상들이 몽둥이를 들고 만민공동회를 습격했다. 결국 시민들의 정치적 자유 무대였던 만민공동회는 보수파와 황국협회의 방해 공작으로 1898년 3월에 해산되었다.

구본신참과 황제군주제, 거꾸로 가는 광무개혁

아관파천 이후 정국은 친러파가 주도했다. 러시아는 조선을 보호한다는 명목으로 경원과 종성의 광산 채굴권, 압록강과 두만강, 울릉도의 삼림 채벌권, 인천 월미도 저탄소 설치권 등 여러 가지 이권 사업을 챙겼다. 일본은 광무개혁 기간에 러시아의 묵계에 따라 경부 철도, 경인 철도 부설권을 얻는 등 많은 경제적 이득을 챙겼다.

당시 조선에서는 개혁에 대한 입장의 차이가 세력별로 뚜렷했다. 동학농민전쟁의 영향을 받아 성장한 농민과 시민들은 자주적인 개혁을 원했고, 일본이나 미국, 영국에 우호적인 독립협회 등 지식인 세력은 서구식 개혁을 바랐으며, 대한제국의 관료 세력은 청국과 러시아의 전제군주제를 바탕으로 비정치 분야만 개혁하고자 했다.

광무개혁●(1897~1904)은 대한제국(1897~1910)이 존속했던 13년 가운데 수구적인 정치 입장을 지닌 관료들이 고종과 함께 구본신참(舊本新參)●●의 방침에 따라 추진한 개혁을 말한다. 구본은 정치 부문에서 전제군주제와 황제의 통수권을 강화하려는 입장이었고, 신참은 경제·산업·교육과 같은 비정치 부문의 개혁을 말한다.

고종은 왕실 비서관인 승정원을 개편하여 만든 궁내부를 증설하여 덕수궁에 두고, 구본신참의 개혁을 원하는 동도개화파를 등용하여 이곳에서 광무개혁을 주도했다.

1899년 7월에 황제의 군권 장악과 국방력 강화를 위해 원수부가 설치되었고, 무관학교도 설립되었다. 8월 17일에 우리나라 최

● **광무개혁**
구본신참의 보수적 개혁, 대한국국제, 황제군주정, 원수부 설치(국방력 강화), 서구 열강과 교류, 회사와 공장 설립, 토지 측량 사업(양전), 근대 토지 소유권 제도(지계 발행), 민간인 회사 설립 지원, 공립학교 설립
(근) 2005, (근) 2007, (근) 2010, (검) 1-4, (검) 2-2, (검) 5-3, (검) 6-초

●● **구본신참**
개화기에 주창된 동도서기론에 뿌리를 둔 사상으로, 1897년에 대한제국이 들어서며 김병시, 이용익, 정범조 등이 주장했다. 이들은 갑오개혁과 을미개혁의 실패를 거울 삼아 점진적으로 서구 문물을 받아들이자는 것인데, 핵심은 구본(황제 군주정)과 신참(근대식 관제와 사회 개혁)의 구분이었다.

초의 근대적 헌법인 〈대한국 국제(大韓國國制)〉가 반포되어 황제권이 수립되었다. 이제 개혁을 이끌어나갈 주체는 백성이나 관료가 아니었다. 오히려 황제 1인이 주도하는 전제왕정 체제로 후퇴한 것이다.

대한제국은 황제를 정점으로 위로부터의 점진적 개혁에 나섰다. 1898년에는 광무개혁의 일환으로 설립한 토지 측량 관청인 양지아문(量地衙門)을 앞세워 1899년부터 토지 조사 사업(양전 사업 또는 토지 측량 사업)을 벌였다. 그 목적은 국가 예산에 맞는 재정 지출과 정확한 세금 징수를 위한 토지 면적을 조사하는 것이었다.

1903년에는 석탄 운반선 양무호●를 구입하고 군함으로 개조하여 외세의 침입을 막고자 했다. 그리고 서울을 유럽식 도시로 만들기 위한 도시 개조 사업이 진행되었다.

● **양무호**
1903년에 대한제국이 일본의 미쓰이 물산에서 구입한 우리나라 최초의 근대식 군함이다. 이 배는 영국에서 만든 수송선이었는데, 일본 해군이 구입하여 군함으로 개조하여 사용한 중고선이다. 1905년 러일 전쟁 시기에 일본에 징발되었다가 1909년에 일본 하라다 상회에 매각되어 운명을 마쳤다.

도시 개조 사업은 황제국가의 위상에 맞는 근대화의 모델이었다. 고종은 주미 한국 공사 출신의 이채연을 한성판윤으로 삼아 근대 시민사회에 걸맞은 도로 정비 사업에 나섰다. 시민의 휴식 공간인 국영공원을 설립(탑골 공원)하고, 한성전기회사를 세워 전기를 공급했으며, 남은 전기로는 서울 시내에 가로등을 세웠다. 이제 서울은 종각의 종소리에 맞춰 잠드는 중세 도시에서 탈피했다. 1899년에는 아시아에서 처음으로 전차가 운영되었는데, 이것은 가마로 상징되는 양반 문화가 막을 내리고 누구나 탈 수 있는 대중 교통수단의 역사가 시작된 것을 의미한다.

양전 사업(토지 측량 사업)은 실학 사상, 동학농민군이 기존에 주장했던 요구 사항을 반영하여 추진한 것으로 측량 기점을 표시한 사다리꼴 모양의 도로원표를 세웠는데 이는 미국의 워싱턴

함녕전 | 함녕전은 덕수궁의 침전으로, 1919년 1월 21일에 고종 황제가 최후를 마친 곳이다. 3·1 운동은 이곳에서 독살당한 것으로 전해진 고종의 죽음으로 촉발되었다.

도시를 본뜬 것이다.

또한 식산흥업(산업진흥) 정책으로 많은 회사가 생겨났다. 서울에 설립한 회사가 광무개혁 이전에는 5개였는데 1904년에는 222개로 증가했다. 1900년 2월에 사립 광성상업학교, 5월에 철도학교가 설립되고, 12월에 사립 낙영학교에 철도과와 공업전수과가 생겨났다.

그러나 고종의 황제 즉위와 대한제국의 수립으로 시작된 광무개혁은 1904년에 일어난 러일 전쟁과 1905년의 을사늑약으로 끝내 좌절되었다. 러일 전쟁에서 승리한 일본은 정치적 간섭을 시도하여 개혁을 중단시켰다.

광무개혁은 외세의 간섭을 막아낼 정치·군사적 힘이 부족했고, 갑오·을미 개혁을 답습했으나 보수파에 의해 추진되어 결국 정치 부문의 개혁은 이루어지 않은 한계를 지닐 수밖에 없었다.

다만 황제국가의 위상을 세우고 비교적 외세의 간섭 없이 자주적으로 추진되었다는 점에서 의의를 찾을 수 있다.

러일 전쟁, 고문정치와 내정 간섭의 본격화

1904년 2월 8일, 일본은 여순항에 있는 러시아 함대를 공격하여 러일 전쟁을 일으켰다. 친러파를 앞세운 광무개혁을 중단시키고, 만주로 진출하려는 러시아를 막으려 한 것이다.

일본은 탁지부 대신 이용익을 일본으로 납치하고, 2월 23일에 외부대신 이지용을 앞세워 한일 의정서●를 체결했다. 한일 의정서는 대한제국을 일본군의 군사 기지로 삼고, 조선에서 러시아의 이권을 폐기하는 내용이었다. 이는 조선에서 친러파가 무너지고 친일파가 득세하는 계기가 되었다.

일본은 조선을 병참기지로 삼아 육군 제1군은 5월 초에 압록강에서 러시아 군을 격파하고, 제2군은 요동 반도에 상륙하여 남산, 대련을 점령하고 여순을 포위했다.

6월에 만주군 총사령부를 설치한 일본군은 15개 사단을 동원하여 8월에 요양에서 러시아 군을 격퇴하고 만주에서 교두보를 확보했다. 일본은 러일 전쟁에서 승리의 발판을 마련하자 조선의 재정, 외교 정책을 통제하기 위해 1904년 8월 22일에 외국인 용빙협정(傭聘協定)● 이라고 부르는 제1차 한일 협약●●을 체결했다. 조선의 윤치호와 일본의 하야시 곤스케가 체결한 협약의 핵심은 고문정치(내정 간섭)●● 였다.

● **대한제국 주요 협정**
한일 의정서(1904, 군사기지 사용권), 제1차 한일 협약(1904, 고문정치), 을사늑약(제2차 한일 협약, 1905, 외교권 강탈), 한일 신협약(정미 7조약, 1907, 군대 해산), 기유각서(1909, 사법권 강탈), 한일 병합 조약(1910, 경술국치, 국권 강탈)
(근) 2007, (검) 3-3, (검) 4-초, (검) 5-고, (검) 6-고

●● **화폐 정리 사업**
제1차 한일 협약(1904), 일제의 고문정치, 메가다 재정 고문, 금본위 화폐 제도, 일본 제일은행이 화폐 발행, 일본 금융의 조선 지배가 목적, 조선 화폐 평가 절하(조선 상인 몰락)
(근) 2006, (검) 9-3

일본은 재정 고문과 외교 고문을 추천하여 조선을 실질적으로 조종할 수 있게 되었다. 재정 고문은 일본인 메가다 다네타로, 외교 고문은 미국인 스티븐슨이 취임했다. 제1차 한일 협약은 통감부●●●가 외교권을 박탈하는 을사늑약(제2차 한일 협약)으로 가는 징검다리였다.

러일 전쟁이 막바지에 이른 7월 29일에 미국 육군장관 윌리엄 하워드 태프트는 일본 총리 가쓰라 다로(桂太郞)와 도쿄(동경)에서 가쓰라-태프트 밀약을 맺었다. 미국이 비밀 협약을 제안한 것은 동아시아에서 러시아의 약세를 인정하고, 신흥 제국주의로 부상한 일본의 조선 지배를 인정한 것이다. 그 대신 일본으로부터 미국의 필리핀 식민통치를 용인받기 위함이었다.

또한 일본은 1905년 8월 2일에 인도를 지배하고 있는 영국과 제2차 영일 동맹을 체결하여, 한국에서 일본이 누리는 정치적·군사적·경제적 이익을 보장받았고, 영국은 일본으로부터 인도에 대한 지배권을 용인받았다.

미국의 대통령 루스벨트는 러일 전쟁의 후속 조치로 러시아와 일본의 전권대사를 미국의 포츠머스(Portsmouth)로 불러 협상을 중재했다. 1905년 9월 5일에 러시아와 일본은 15개 조항의 포츠머스 조약을 체결했다. 협상의 핵심내용은 1) 한국에서 일본의 우월권을 인정하고, 2) 청나라의 승인을 받아 일본이 요동 반도의 조차권과 남만주 철도 부설권을 갖고, 3) 사할린은 일본에게 양도하는 것이었다.

이로써 러일 전쟁은 일본의 승리로 9월 5일에 종결되었다. 청나라와 러시아의 패배, 미국과 영국의 친일 정책으로 이제 조선에서 일본을 견제할 세력은 없어졌다.

● **용빙협정**
1904년에 고문정치를 시행하고자 조일 사이에 맺은 제1차 한일 협약으로 외국인 용빙협정, 또는 한일 협정서라고 한다. '용빙'은 고용한다는 뜻으로, 이 조약에 따라 일본인 메카다(재정 고문)와 미국인 스티븐슨(외교 고문)이 고문으로 용빙되어 조선 내정에 간여하게 되었다.

●● **고문정치**
1904년에 러일전쟁에서 승리한 일본은 8월에 제1차 한일 협약을 체결하고, 일본이 추천하는 고문이 조선의 내정을 협의하게 만들었다. 이로써 일본은 조선의 경제, 외교 방면의 실권을 장악했다.

●●● **통감부**
러일 전쟁에서 승리한 일본이 조선에 강제로 협박하여 체결한 을사늑약에 따라 조선 내정을 감독하기 위해 설립한 관청으로, 조선의 외교권을 강탈했다. 초대 통감은 이토 히로부미이다.

역사 지식 플러스

항일 의병전쟁, 친일과 항일의 분수령

갑신정변과 갑오농민전쟁, 청일 전쟁을 거치면서 조선 정국의 주도권을 장악한 일본은 친일 내각을 세우고 갑오개혁을 추진했다. 이때 삼국 간섭으로 러시아가 일본의 세력 확대를 막자 조선 정부는 러시아의 영향력에 주목했고, 정동 구락부를 발판으로 친러파가 형성되었다. 일본은 그 배후인 명성황후를 시해하는 을미사변을 일으키고, 이른바 단발령과 태양력 사용을 강제하는 을미개혁을 추진했다. 그러자 유인석 등 화서학파 유생을 중심으로 국모 시해와 단발령에 저항하며 을미의병을 일으켰다.

이때부터 항일 의병전쟁은 친일이냐 항일이냐를 결정하는 역사적 분수령이 되었다. 대부분의 노론 지배 계급, 개화파 지식인 등이 친일로 돌아설 때 위정척사파, 동학농민, 개신 유학자들은 항일의 길로 들어섰다.

일본군이 의병과 전쟁을 치르는 사이에 고종은 아관파천을 단행하고 친러 정권을 세웠다. 그러나 일본은 러일 전쟁을 일으켜 승리하고, 조선에 을사늑약을 강제하여 외교권을 강탈했다. 이에 국권을 되찾고자 민종식, 최익현 등의 유생과 신돌석 등의 민중이 참여하는 을사의병이 전국적으로 일어났다. 을사의병은 적대적 관계였던 위정척사파와 동학농민 등의 민중이 함께 항일 전쟁에 나섰다는 점에서 역사적으로 중요한 의미를 지닌다.

헤이그 특사 사건(1907) 이후 일본은 고종을 강제 퇴위시키고 순종을 즉위시켰다. 그리고 한일 신협약을 체결하여 군대를 해산시켰다. 그러자 군인들이 전국적으로 의병 대열에 동참하는 정미의병이 일어났다. 을미, 을사, 정미의병은 병력이 우세한 일본군에게 패하여 국권 회복에는 실패했지만 1910년에 경술국치가 단행되자 만주와 연해주 등지로 이주해서 독립군 기지를 건설하고 독립군을 양성하여 국권을 회복하려는 항일 독립전쟁으로 이어졌다.

논술 생각나무 키우기

고종은 왜 대한제국을 세우고 황제가 되었을까?

Point 1 갑오농민전쟁, 갑오개혁, 을미사변, 을미개혁, 을미의병으로 이어지는 급변기에 고종이 러시아 공사관으로 피신한 아관파천의 역사적 요인을 알아본다.

Point 2 친러파인 정동 구락부, 독립협회, 황국협회 등 당시의 여러 단체나 협회의 주의 주장을 비교하여 분석하고, 고종이 받아들인 구본신참의 이념이 무엇인지 생각한다.

Point 3 황제군주정을 표방한 대한제국과 광무개혁의 역사적 의미, 긍정적 요인과 부정적 요인, 성공 가능성은 있었는지, 실패했다면 그 원인이 무엇인지 살펴본다.

공부를 더 하고 싶다면

《고종 황제 역사 청문회》(김재호·이태진 지음, 푸른역사)
근대 시기에 한국은 자주적 발전이 가능했다는 내재적 관점과 일제의 식민지 경영이 근대화에 기여했다는 식민지 근대화론이 팽팽하게 맞선 가운데, 고종을 역사의 법정에 세워 양대 진영의 논점과 약점 등을 청문회 방식으로 풀어간다.

《독립협회, 토론 공화국을 꿈꾸다》(이황직 지음, 프로네시스)
개화당에서 친미파로 변신한 서재필을 등장시켜 구한말의 시대 상황을 조명한다. 〈독립신문〉의 발행과 토론을 통한 계몽주의는 만민공동회로 꽃을 피운다. 서재필이 꿈꾸었던 조선의 미래는 무엇이었을까? 그것이 궁금하다면 토론 공화국에서 확인하기 바란다.

《제국익문사》(강동수 지음, 실천문학사)
경술국치 백년에 읽는 대한제국 멸망사라는 부제가 달려 있지만 역사책이 아닌 팩션 소설이다. 통신사로 위장한 첩보원과 명성황후 시해범 우범선의 회고록을 끌어들여 개화파와 수구파의 쟁투를 추리적 상상력으로 시종일관 긴박하게 그려내고 있다.

4 을사늑약과 경술국치, 항일의 시대

한 줄로 읽는 우리 역사

고종은 을사늑약의 불법성을 알리고자 헤이그 특사를 파견했으나 실패하고 퇴위를 당했다. 일제가 군대 해산을 하자 조선군은 정미의병을 일으켰다. 안중근은 침략 원흉인 이토 히로부미를 사살하고, 일제는 경술국치를 강요했다. 이로부터 항일 전쟁의 역사가 시작되었다.

1905년은 한국사를 변화시킨 중요한 사건이 연속으로 일어난 해였다. 미국과 일본은 각각 필리핀과 조선을 점령한다는 비밀 협약을 체결했고, 러일 전쟁에서 일본이 승리했다. 일본은 조선에서 정치적 우위를 확보하고 강제로 을사늑약을 체결하여 조선 정부의 외교권을 탈취했다.

역사의 변환기에는 애국자도 있지만 화려한 변절의 날갯짓을 하는 사람도 있기 마련이어서 많은 지식인들이 친일파로 변신해 일신의 영달을 추구했다. 그

중명전과 을사늑약 | 덕수궁 경내에 위치했던 중명전은 1905년에 을사늑약이 불법적으로 체결된 곳이다. 1907년에 고종은 이곳에서 헤이그 특사를 보내기도 했다. 지금은 덕수궁 밖에 위치하고 있다.

중에는 조선의 국록을 먹고 지배권력으로 군림했던 노론 벽파 출신이 특히 많았다. 오히려 수탈당하고 압박과 착취에 시달리던 백성들이 의병과 독립군으로 일어나 귀중한 생명을 자주독립의 제단에 바쳤다.

을사늑약으로 조선의 운명은 자주독립과 식민국가의 분기점에 놓이게 되었다. 전국적으로 을사늑약의 부당함과 치욕을 씻고자 항일 의병이 일어나고 많은 애국지사가 죽음으로 항거했지만, 제국주의적 침탈과 경제 이권에 눈먼 외세는 조선의 구원 세력이 될 수 없었다. 조선 근대의 역사에서 가장 숨 가쁜 5년의 시간이 도래한 것이다.

외교권을 빼앗긴 을사늑약, 평민이 주도한 을사의병

러일 전쟁에서 승리한 일본은 미국의 묵인 아래 조선에 대한 지배권을 행사하기 위해 1905년 11월 17일에 덕수궁 중명전에서 을사늑약•을 체결했다.

정식 명칭은 한일 협상조약이지만, 을사년(1905)에 일본이 조선을 강제로 협박하여 맺은 조약이라는 의미에서 을사늑약이라고 해야 옳을 것이다. 또는 통감부를 설치하고 외교권을 강탈했기에 고문정치를 둔다는 제1차 한일 협약에 대응하여 제2차 한일 협약이라고도 부른다. 일부에서는 을사보호조약이라고 부르는데, 이는 국제법상 무효인 조약이고 조선인이 보호를 요청한 바 없기에 부당한 명칭이다.

● **을사늑약**
1905년 강제체결(중명전), 시일야방성대곡(장지연, 황성신문), 조선의 외교권 상실, 민영환의 자결, 을사 5적 처단운동, 일진회는 찬성
(근) 2006, (검) 1-3, (검) 1-4, (검) 2-5, (검) 4-초, (검) 5-초, (검) 5-4, (검) 5-3, (검) 6-4, (검) 7-초, (검) 9-3

일제의 국권 침탈 과정

한일 의정서	1904. 2	일본군 군사 기지 사용권 획득, 외교권 행사 제한
제1차 한일 협약	1904. 8	고문정치 → 스티븐슨(외교 고문), 메가다(재정 고문)
을사늑약 (제2차 한일 협약)	1905. 11	외교권 박탈, 통감부 설치 → 내정 간섭, 지배권 획득
한일 신협약 (정미 7조약)	1907. 7	통감권 강화, 사법권 위임, 일본인 차관(차관 정치)
기유각서	1909. 7	사법권, 감옥사무권 박탈(1909) → 경찰권 박탈(1910)
한일 병합 조약	1910. 8	대한제국 주권 강탈당함

당시 이토 히로부미는 조선 주둔 일본군 사령관 하세가와 요시미치를 대동하고 어전회의에서 고종에게 조약의 체결을 강요했는데, 대신들 가운데 박제순(외부대신), 이지용(내부대신), 이근택(군부대신), 이완용(학부대신)●, 권중현(농상부대신)이 찬동했다. 훗날 조선의 민중은 이들을 역사의 죄인이란 의미에서 '을사 5적'이라고 불렀다.

● 이완용
이완용은 황해도 우봉 출신으로 1882년 과거급제자이다. 1881년경부터 개혁파, 1896년 친러파, 1901년에 친일파로 변신했다. 을사 5적, 경술 7적에 모두 이름을 올린 대표적인 친일 매국노이다. 1896년 7월 2일에 창립된 독립협회의 창립 총회에서 회장은 안경수, 위원장은 이완용이었다. 이완용은 이때까지 개혁 세력의 일원이었다.

을사늑약은 모두 5개 조항으로 이루어졌는데 핵심 내용은 1) 일본이 조선의 외교권을 행사하고, 2) 조선은 자체적으로 외국과 조약을 체결하지 못하며, 3) 통감이 조선의 외교를 주관하고, 필요에 따라 이사관을 두어 실무를 집행한다는 것이었다. 초대 통감은 이토 히로부미였고, 을사늑약으로 조선은 일본의 보호국이 되었으며, 조선의 외교권은 통감부에서 행사하게 되었다.

장지연은 〈대한매일신보〉에 '시일야방성대곡(이날 밤에 목 놓아 크게 우노라)'이란 사설을 게재하여 애국심을 자극했고, 민영환·조병세·홍만식·이상철·김봉학·이한응이 의분을 참지 못해 죽음으로 저항했으며, 민종식·최익현·신돌석·유인석 등이 을사의병●을 일으켰다.

● 을사의병
1905년 거병, 러일 전쟁 이후, 을사늑약이 계기, 평민들이 참여, 신돌석의 활약
(근) 2006, (검) 1-5, (검) 4-초, (검) 9-3

명성황후 시해 사건 때 일어난 을미의병(1895)을 위정척사 계열의 유생(양반)들이 주도했다면, 을사의병(1905)은 평민들이 대거 참여했다는 측면에서 항일 투쟁의 동력이 민중으로 넘어가는 중요한 역사적 전환점이었다.

헤이그 특사, 고종 퇴위를 부르다

고종 황제는 1902년, 비밀리에 제국익문사(帝國益聞社)●●를 설립하고 일본과 서양 열강의 움직임을 파악했다. 국제 사회에서 조선의 독립을 홍보하려는 의도였다.

고종은 국제 사회에 을사늑약의 부당성을 알리고자 1907년 4월에 덕수궁 중명전에서 의정부 참찬을 지낸 이상설,●● 평리원 검사를 지낸 이준을 은밀하게 만나 네덜란드 헤이그에서 열리는 만국평화회의에 특사로 파견했다. 〈대한매일신보〉에도 친서를 보내 조약에 친필로 서명하지 않았음을 알렸다.

헤이그 특사●●●는 신임장과 러시아 황제에게 보내는 고종의 친서를 휴대하고 비밀리에 블라디보스토크에서 시베리아 철도를 타고 상트페테르부르크(레닌그라드)에 도착했다. 러시아 황제에게 친서를 건네고 그곳에서 러시아 공사관 서기를 지낸 이위종과 함께 6월 25일에 네덜란드 헤이그에 도착했다. 만국평화회의는 6월 15일에 개회되어 이미 진행 중이었다.

헤이그 특사는 만국회의 의장을 맡고 있던 러시아 대표 넬리도프에게 신임장을 제출하고 회의 참석을 요구했다. 네덜란드

●● 제국익문사
1902년 6월에 고종이 설립한 우리나라 최초의 근대적인 국가 정보기관이다. 수장인 독리 아래 사무, 사기, 사신, 통신원 등 61명의 요원으로 구성되었고, 주요 활동은 외국 공관의 동정, 국사범이나 간첩의 활동 등을 탐지하는 것이었다.

●● 이상설
충남 진천 출신, 탁지부 관리, 헤이그 특사, 서전서숙 건립, 대한광복군 정부의 정통령
(검) 3-2, (검) 3-3

●●● 헤이그 특사 사건
헤이그 만국평화회의(1907), 조선 특사 파견(이상설, 이위종, 이준), 을사늑약 부당성 호소, 고종 퇴위의 빌미
(검) 2-4, (검) 3-1, (검) 6-초, (검) 9-초

정부가 1906년에 정식으로 조선 정부에 참가 초청장을 보낸 바가 있으므로 조선 특사의 회의 참석은 정당했다. 그러나 러시아는 조선에서 더욱 많은 경제적 이권을 차지하기 위해 이미 일본 측과 비밀 협상을 하고 있었고, 이미 넬리도프에게 조선 특사의 면담을 거절하라는 훈령이 전달된 상태였다.

러시아는 헤이그 특사의 본회의 참석 여부를 네덜란드가 결정하라고 떠넘겼다. 네덜란드 정부는 일본과의 관계를 고려하여 각국이 이미 을사늑약을 승인했으므로 외교권이 없는 조선은 참가 자격이 없다고 통보했다.

헤이그 특사는 다방면으로 을사늑약의 부당성을 알렸으나 반향은 크지 않았다. 마침 헤이그에서 열띤 취재를 하던 〈코리아 리뷰〉의 미국인 허버트, 네덜란드의 언론인 스테드가 기자 회견 자리를 마련해 주었다. 영어, 프랑스 어, 러시아 어에 능한 이위종이 '한국을 위해 호소한다'는 제목의 연설을 했으나 각국은 보도를 외면했다.

이준은 울분을 이기지 못하고 헤이그에서 분사했다. 결국 헤이그 특사는 별다른 소득을 얻지 못하고 고종의 의도만 일본에게 드러난 바가 되었다. 헤이그 특사의 전모를 파악한 일본은 배후를 고종으로 지목하고 책임을 추궁했다. 초대 통감 이토 히로부미는 7월 18일에 외무대신 하야시와 함께 궁궐에 들어와 고종에게 퇴위를 강요했다.

고종은 황태자에게 대리청정을 맡긴다(황태자 섭정)는 조칙을 승인했다. 그러나 일본은 대리청정(섭정)이 아닌 실질적인 양위라고 조칙을 변경하고 20일에 순종(1907~1910)을 즉위시켰다. 그리고 7월 24일에는 1) 군대 해산, 2) 차관 정치, 3) 사법권 장악

을사늑약 전후의 주요 사건

미·영-일본 밀약	1905. 7~8	가쓰라-태프트(미일 밀약), 제2차 영일 동맹
러일 전쟁	1904. 2~1905. 8	러시아 패배, 포츠머스 조약(한국에서 일본의 우월권 인정)
을사늑약	1905. 11	고종의 조약무효운동, 을사의병, 헤이그 밀사 파견
헤이그 특사 사건	1907. 4	이준, 이상설, 이위종이 네덜란드 헤이그 특사로 파견
고종 퇴위	1907. 7	한일 신협약, 신문지법, 보안법, 군대 해산, 정미의병

을 기본으로 하는 한일 신협약(정미 7조약, 제3차 한일 협약)•을 체결했다.

무장 해제를 당한 대한제국의 군인들은 8월 1일에 봉기를 일으켰으나 압도적인 무력을 지닌 일본군에게 패했다. 8월 13일에 장교들이 해산되었으며, 8월 27일에 헌병이 해산되었다. 지방의 부대는 8월 3일부터 9월 3일까지 모두 해산을 당했다.

• **정미 7조약**
한일 신협약(1907), 헤이그 특사 사건을 빌미로 체결, 협정 목적(법령 제정권, 관리 임명권, 행정권, 일본 관리의 임명), 이완용과 이토 히로부미 조인(7. 24), 7조 내용(통감 지도, 법령 제정에 통감 승인, 일본 관리의 용빙, 외국인 고문 용빙 폐지)
(검) 2-1, (검) 7-4

군대 해산, 정미의병이 일어나다

군대 해산에 저항하는 군인들은 국권 회복을 위한 전국 각지의 의병에 참가하여 정미의병••(1907)을 일으켰다. 이때부터 의병들은 군대의 체계화된 조직과 전술을 받아들여 무장력이 강화되고 연합 부대의 성격을 띠기 시작했다.

전국의 의병장들은 이인영의 제안으로 비밀리에 양주에 모였다. 전라 창의대장 문태수, 호서(충청) 창의대장 이강년, 관동(강원) 창의대장 민긍호, 관서(평안) 창의대장 방인관, 관북(함경) 창

•• **정미의병**
헤이그 특사 사건, 고종의 퇴위가 계기, 정미 7조약(군대 해산), 군인들이 참여, 서울 진공 작전 실패(1908), 일본의 남한 대토벌 작전(1909, 의병전쟁 소멸)
(근) 2007, (근) 2009, (검) 4-초, (검) 7-4, (검) 8-3, (검) 8-고

● 13도 창의대장 이인영이 해외 동포에게 보내는 격문
동포 여러분! 우리는 일치단결하여 조국에 몸을 바쳐 우리의 독립을 회복해야 합니다. 우리는 야만적인 일본의 잔혹한 만행과 불법적인 행위를 전 세계에 호소해야 합니다. 그들은 교활하고 잔인하여 진보와 인본주의의 적입니다. 우리는 최선을 다하여 모든 일본인과 그 주구들의 야만적인 군대를 죽이는 데 힘을 모아야 합니다.

의대장 정봉준, 교남(경상) 창의대장 신돌석, 진동(경기, 황해) 창의대장 허위가 참가했다.

이들은 이인영●을 13도 창의대장으로 추대하고 군사장(참모장)에 허위를 추대했다. 이들이 지휘하는 의병은 모두 1만여 명이었는데 그중 7천여 명은 화승총을 지녔고, 신식 군대 출신 의병들은 3천 정의 신식 소총을 지녔다.

이인영은 9월에 서울 주재 각국 영사관에 고종의 칙서를 명시한 격문을 보내고, 전쟁의 합법성과 국제법상의 교전단체로 승인해 줄 것을 요청했다. 각국은 일본의 압력으로 모두 거부했지만 정미의병의 대의는 충분히 표현되었다. 13도 의병은 양주에서 흩어져 개별적으로 북상하여 1908년 1월에 동대문에 집결하기로 하고 서울을 탈환할 계획을 세웠다.

진동(경기, 황해) 창의대장 허위는 300명의 결사대를 이끌고 제일 먼저 동대문 밖에 도착했고, 일부 부대는 세검정에 다다랐다. 그런데 총대장 이인영이 부친의 부음을 듣고 불효는 불충이라며 다음을 기약하자는 한마디 말을 남긴 채 귀향했다. 의병부대는 흩어지고 서울 진공 작전은 전투 한 번 제대로 치르지 못하고 실패했다. 이날이 1908년 2월 28일이었다.

연합부대는 이후 각지로 흩어져 일본군의 이른바 남한 대토벌 작전에 맞서 1910년까지 무려 3천 5백여 회의 전투를 치렀지만 연합의 실패, 열악한 무기, 취약한 보급, 불확실한 지휘 계통으로 체계적이고 지속적인 의병전쟁을 수행하지 못하고 결국 패전했다. 그러나 많은 의병들이 만주와 연해주로 망명하여 독립군으로 발전했다.

특히 서간도는 많은 조선인들이 정착촌을 이루고 있어 조선

구한말 3대 의병전쟁

	을미의병(1895)	을사의병(1905)	정미의병(1907)
원인	– 명성황후 시해 – 갑오개혁 단발령	– 러일 전쟁 – 을사늑약	– 고종 퇴위 – 군대 해산
주도	보수 유생(유인석)	평민 참여(신돌석)	군인 참여

지배와 만주 진출을 노리는 일본에게는 눈엣가시였다. 일본은 이에 만주 진출의 교두보를 확보하고, 조선의 독립 활동을 억제하는 수단으로 활용하기 위해서 간도를 청국에 넘겨주는 교섭을 시작했다.

간도 협약, 일본이 간도를 청국에 넘기다

1909년 9월 4일, 일본은 청나라와 간도 협약●을 맺고 우리 영토인 간도를 청나라에 넘겼다. 1712년에 조선과 청나라는 백두산 정계비를 세우고 동쪽은 토문강, 서쪽은 압록강을 경계로 삼는다고 명기했다. 토문강은 송화강의 지류이기 때문에 간도는 조선의 영토에 귀속되었다.

● **간도 협약**
청일간 체결(1909), 만주철도 부설권, 백두산 정계비 문제, 간도 협약 무효(을사늑약 불법)
(근) 2005, (검) 2-3, (검) 2-4, (검) 7-고, (검) 9-4

그런데 1800년대 후반에 이르러 러시아가 본격적으로 만주에 진출하자 청나라는 갑자기 토문강을 두만강이라 주장하며 간도를 청나라에 귀속시키려 했다. 1882년부터 조선과 청나라는 간도 귀속 문제를 놓고 회담했으나 청일 전쟁이 일어나 중단되었다.

1903년에 조선 정부는 이범윤을 북간도 관리사로 임명하고 이를 주한 청국 공사에 알려 간도에 대한 행정적인 지배권을 행사

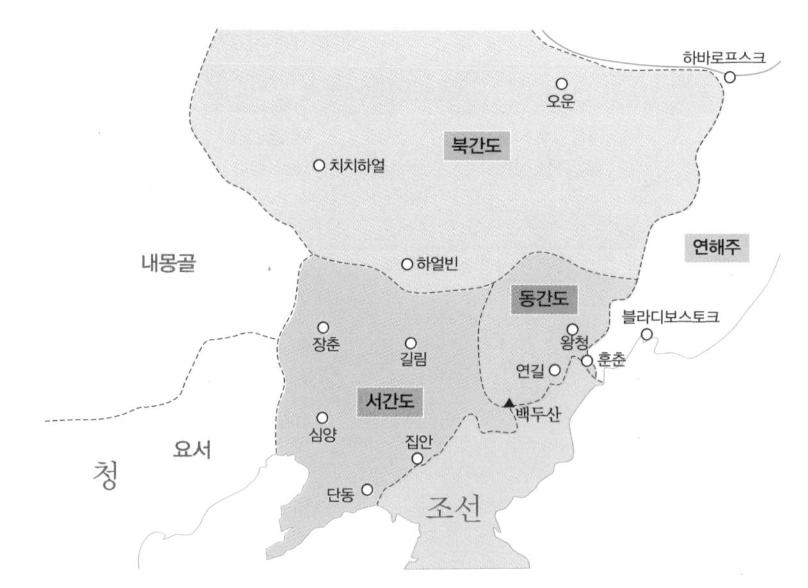

▶ 간도 형세도
백두산 정계비에 의하면 간도는 우리나라가 행정력을 미치며 실효적 지배를 하던 땅이다. 일제는 항일 무장투쟁의 근거지를 없애고 만주를 침략하고자, 불법적으로 간도 협약을 맺고 간도를 청나라에 넘겼다.

했다. 을사늑약으로 외교권을 빼앗은 일본은 간도를 한국의 영토로 간주하고, 1907년에 간도에 통감부 출장소를 설치했다. 이것은 일본이 만주에 대한 이권을 보장받기 위해 청국을 압박하려는 수단이었다.

1909년(순종 3년) 9월에 일본은 불법적으로 한국의 외교권을 행사하여 남만주 철도 부설권, 무순 탄광 채굴권을 얻는 조건으로 조선의 영토인 간도의 영유권을 청나라에 넘겼다. 이에 따라 통감부 출장소는 폐쇄되고 대신 일본 총영사관이 들어섰다.

간도 협약은 전문 7조인데 주요한 내용은 1) 한국과 청나라의 국경은 도문강● 으로 하고, 2) 일본은 간도를 청나라 영토로 인정하고, 3) 한국인이 사는 도문강 이북은 잡거 지역으로 인정하고, 4) 잡거 지역의 한국인은 청나라 법률을 따르고, 4) 청나라는 간도의 4개 지역을 무역지로 개방하며, 5) 길림-장춘 철도를 연길까지 연장하고 한국의 회령과 연결한다는 것이다.

● 토문강과 도문강
한국과 청나라의 국경은 백두산 정계비에는 토문강, 간도 협약에는 도문강으로 표기되어 있다. 이는 '토'와 '도'의 중국어 발음이 같기 때문에 혼용한 것이다.

1945년 해방 이후 중국군이 만주 지역의 일본군 무장 해제를 맡으면서 간도는 중국 영토에 귀속되었고, 현재까지 반환을 받지 못한 상태이다.

애국계몽운동, 국가의 주권을 지켜낼 수 있을까

독립협회가 해산되고 일반 시민과 지식인들은 여러 가지 방법으로 항일운동●을 전개했다.

1904년 7월 13일에 송수만, 심상진 등이 종로 백목전(면포전 : 현재 보신각 서쪽 길 건너)에서 민중회의를 열고 설립한 보안회는 일본의 황무지 개간권 요구를 반대했다.

일본은 7월 21일에 군인과 경찰을 동원하여 강제로 보안회●●를 해산시키고 어용 단체인 일진회를 조직했다. 보안회는 9월에 협동회로 이름을 바꾸었으나 세력이 급속하게 약화되었고, 12월에는 다시 공진회를 조직하여 일진회에 대항했으나 일본군의 강제 해산으로 소멸되었다.

1905년에 이준, 양한묵, 윤효정 등 독립협회 출신 인사들이 보안회(협동회,공진회)를 계승하여 헌정연구회를 조직하고 친일 단체인 일진회에 맞서 입헌군주제를 추진했다. 그러나 1906년에 일본은 통감부를 앞세워 조선인의 정치활동을 금지시켰다. 이에 따라 윤효정, 장지연, 김상범, 윤치호 등이 헌정연구회를 확대하여 1906년 4월에 대한자강회를 설립했다.

대한자강회는 정치 개혁과 사회 개혁을 통한 국력 배양을 목

● **항일운동 주요 노선**
안창호(무실역행, 학교 설립), 주시경(한글운동), 박은식(역사 저술), 안중근(의병전쟁), 이승만(외교운동), 이회영(독립기지 건설)
(검) 1-6, (검) 2-5, (검) 4-초, (검) 5-4, (검) 9-4

●● **1900년대 정치결사운동**
보안회(1904, 황무지 개간권 반대운동), 헌정연구회(1905, 입헌군주제 수립운동), 대한자강회(1906, 국권 회복, 실력양성 운동), 대한협회(1906, 교육 보급, 민권 신장), 신민회(1907, 국권회복 비밀결사, 독립군 기지 건설)
(검) 8-3, (검) 8-고

● 국채보상운동
1907년 운동, 일제가 조선에 차관 강요, 대구 광문회(서상돈) 시작, 국채보상기성회 설치, 신문사 참여(대한매일신보, 제국신문, 황성신문, 만세보), 국채보상지원금총합소(한규설, 양기탁), 일진회(송병준)의 방해
(근) 2006, (근) 2009, (검) 1-5, (검) 2-3, (검) 2-4, (검) 2-5, (검) 2-6, (검) 4-4, (검) 6-4, (검) 9-초, (검) 9-4

●● 경제자주권수호운동
방곡령(1890), 상권수호운동(1890), 이권수호운동(1898), 황무지개간권 반대운동(1904), 국채보상운동(1907), 물산장려운동(1923)
(검) 2-4, (검) 5-고, (검) 9-4

●●● 신민회
1907년 조직, 국권 회복 비밀결사(안창호, 이승훈, 양기탁 등), 공화정 수립, 실력양성운동, 인재 양성 학교 설립(대성학교, 오산학교), 독립군 기지 건설(삼원보), 무장투쟁 역량 강화(신흥학교)
(근) 2006, (근) 2007, (검) 1-4, (검) 2-3, (검) 4-3, (검) 4-4, (검) 5-3, (검) 7-4, (검) 7-3, (검) 8-3

● 신채호
신채호는 민족사학자이자 아나키스트이다. 항일 전쟁 초기에는 언론과 역사를 통한 항일운동을 펼쳤고, 후기에는 무장력을 통한 전민 항쟁을 주장했다. 1936년에 여순 감옥에서 순국했다. 저술로 《조선혁명선언》, 《조선상고사》, 《을지문덕전》, 《이순신전》 등이 있다.

표로 의무 교육 실시, 사범학교 설립, 조혼 금지, 산업 진흥 등을 추진했다. 통감부는 이에 보안법을 적용하여 1907년 8월 21일에 대한자강회를 해산시켰다.

그러자 남궁억, 오세창, 윤표정, 장지연, 지석영 등이 11월 10일에 대한자강회를 재정비하여 대한협회를 조직했다. 그러나 일본의 강압적인 탄압을 피하고자 일진회와 제휴하면서 점차 항일운동의 취지가 퇴색되었고, 경술국치 이후 해체되었다.

1907년 2월에 대구에서 대동광문회의 회원이었던 서상돈이 국채보상운동●을 제안했다. 당시 일본은 대한제국의 재정을 파탄시키고자 막대한 차관을 제공하여 외채가 1,300만 원에 이르렀다. 외채를 갚아 외국의 정치적, 경제적 침탈을 막으려는 주권수호운동●●은 곧 전국으로 확산되었다.

서울에서 김성희, 유문상이 호응하여 국채보상기성회가 조직되고 〈황성신문〉 〈대한매일신보〉 〈제국신문〉 〈만세보〉가 후원했다. 4월 8일에 대한매일신보사에 국채보상 지원금 총합소가 만들어져 한규설, 양기탁이 임원에 선출되었다. 5월까지 4만여 명이 의연금을 냈고, 모인 금액은 230만 원에 이르렀다.

국채보상운동이 점차 애국적인 운동에서 자주적인 주권수호운동으로 확산되자 통감부는 일진회를 앞세워 방해 공작을 펼치고 끝내는 양기탁을 횡령 혐의로 체포하여 운동을 좌절시켰다.

이런 가운데 안창호, 장지연, 신채호●, 박은식, 이동휘, 이동녕, 이회영, 이승훈 등 변법자강을 추구하는 개신 유학자와 공화제를 추구하는 외국 유학파들이 공동으로 1907년 9월에 비밀결사 조직인 신민회●●●를 창립했다.

신민회는 사회진화론의 영향을 받은 사람들로 위정척사파들

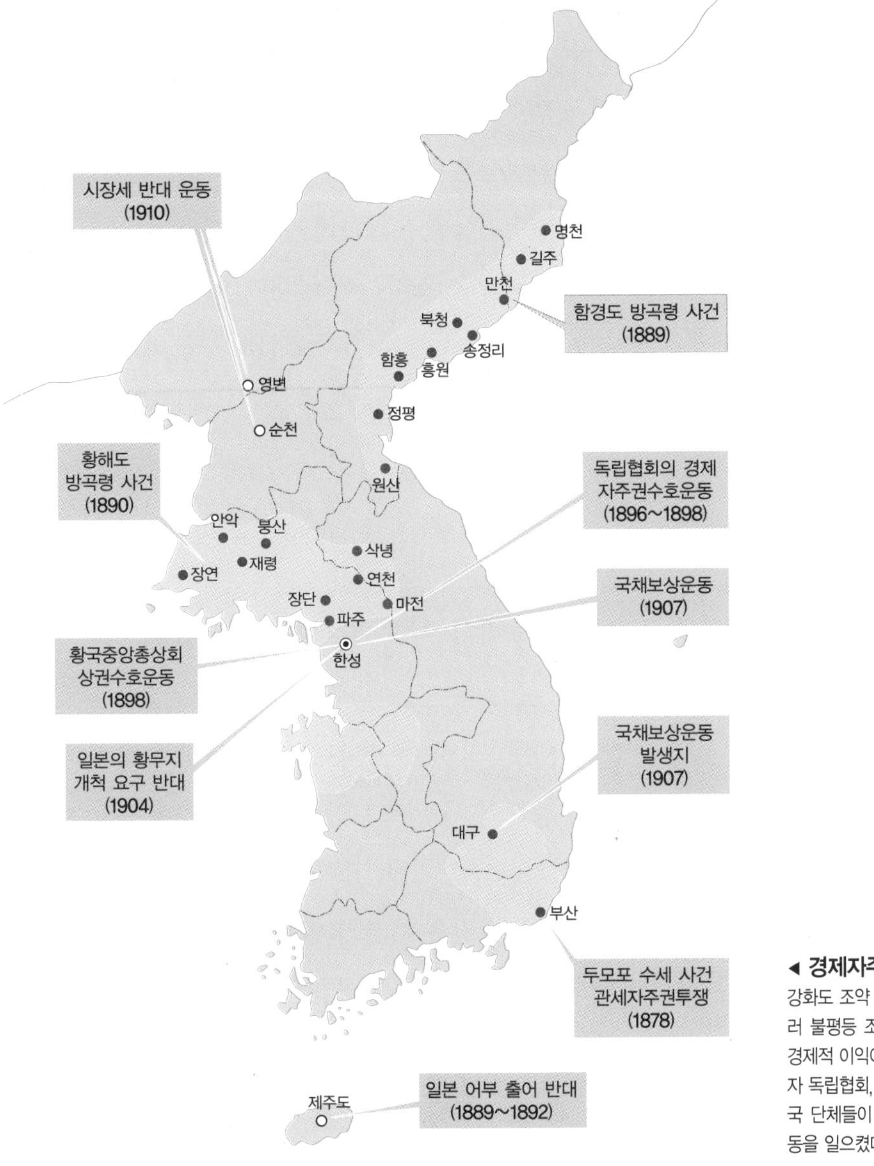

◀ **경제자주권수호운동**
강화도 조약 등 외국과 맺은 여러 불평등 조약에 의해 조선의 경제적 이익이 심각하게 유린되자 독립협회, 보안회 등 여러 애국 단체들이 경제자주권수호운동을 일으켰다.

의 의병전쟁이 자칫 외세의 개입과 침략을 불러오는 노선이라 말하고, 부국강병을 이루기 위해서는 실력양성이 우선이라고 생각했다. 이에 따라 신민회는 국권 회복과 민주공화정에 의한 자주독립국 실현을 목표로 민족 산업 진흥, 독립군 기지 건설, 교육 계몽, 언론 계몽 등의 실력양성운동을 전개했다.

1910년 경술국치 이후 신민회는 내부적으로 향후 노선과 방향을 놓고 격론을 벌여 안창호의 준비론을 누르고 이동녕, 이회영, 신채호 등의 독립전쟁론을 채택했다. 이에 따라 신민회는 만주 지역에 독립군 기지 건설을 은밀하게 준비했다.

일제는 105인 사건●을 조작하여 국내에 있는 신민회 조직을 해산시켰지만, 해외에서 독립군 기지 건설이 꾸준히 진행되어 의병전쟁을 계승한 독립전쟁의 주춧돌을 탄탄하게 놓을 수 있었다.

● **105인 사건**
1911년 11월에 총독부에서 신민회원과 민족 세력을 탄압하기 위해 일으킨 사건이다. 1910년 12월에 안중근의 사촌인 안명근이 데라우치 총독을 암살하려다 실패한 사건을 구실 삼아 600여 명을 검거하고 그중에서 105인을 기소했다. 이로 인해 신민회의 조직이 무너졌다.

안중근 의거, 일제가 경술국치를 서두르다

일본은 한일 신협약의 후속 조치로 1909년 7월 12일에 기유각서를 체결하여 한국의 사법권과 감옥사무권, 경찰권을 장악하고, 언론 탄압을 위한 신문지법, 집회와 결사의 자유를 박탈하는 보안법을 시행했다. 국권을 빼앗기 위한 일련의 조치였다. 일본은 최후로 만주 문제와 조선 강제 병합을 논의하기 위해 러시아와 물밑 교섭을 했다.

황해도 해주 출신의 독립군 안중근●은 1907년에 전제덕 휘하의 대한의군 참모중장으로, 100여 명의 부대원을 이끌고 두만강을 건너 국내로 침투하여 일본군과 격전을 벌였으나 실패하고 때를 기다렸다.

마침 추밀원 의장인 이토 히로부미가 만주 문제와 한일 병합

● **안중근 의거**
의병 참모중장 안중근, 하얼빈역 의거(1909. 10. 26) 이토 히로부미 사살, 의거 사유(을사늑약, 정미 7조약, 고종 퇴위, 군대 해산, 이권 침탈 등), 동양평화론 제기, 스티븐슨 암살(전명운, 장인화), 이재명 의거(이완용 부상)에 영향, 국채보상운동 관서 지부장, 천주교 수용, 효창원 안장(3의사 묘)
(근) 2010, (검) 2-5, (검) 4-4, (검) 6-초, (검) 6-고, (검) 8-초, (검) 8-4, (검) 8-3, (검) 9-고

안중근 동상 | 1909년 10월 26일, 만주 하얼빈 역에서 동양 평화의 적인 이토 히로부미를 사살한 안중근의 동상으로 남산에 세워져 있다. 바로 옆에 안중근 기념관이 있다.

문제를 홍정하고자 러시아 재무상 코코프체프를 만나러 하얼빈으로 간다는 정보를 입수한 안중근은 우덕순, 조도선, 유동하와 함께 이강의 후원을 받아 이토 히로부미를 사살하기로 결의했다.

안중근은 친일 미국인 스티븐슨을 암살한 전명운과 장인환 의사로부터 상당한 영향을 받았다. 미국에서 항일 독립단체인 공립협회 회원으로 독립운동을 하던 전명운은 조선 정부의 외교부 고문을 지낸 스티븐슨이 휴가차 미국으로 돌아와 일본의 조선 침략을 찬양하자 처단을 결심했다.

1908년 3월 23일 오전 9시 30분, 스티븐슨이 샌프란시스코 주재 일본 영사와 함께 오클랜드 역에 내리자 권총으로 저격을 했으나 불발되자 쇠뭉치를 들고 가격했다. 마침 같은 목적으로 스티븐슨을 처단하기 위해 왔던 대동보국회 회원인 장인환이 가세하여 권총으로 스티븐슨을 명중시켜 이틀 뒤 사망했다.

안중근과 그의 동지들은 이토 히로부미가 하얼빈 역으로 오기 전의 채가구 역과 장춘 역에서 암살을 시도하고, 실패하면 최후의 장소로 하얼빈을 정했다. 채가구 역에서 우덕순과 조도선, 장춘 역에서 유동하는 암살 기회를 놓치고 말았다.

10월 26일, 일본인으로 꾸민 안중근은 정각 9시에 이토 히로부미가 기차에서 내려 러시아 군의 군례를 받는 사이에 권총을 발사하여 그 자리에서 사살했다. 그리고 하얼빈 총영사 가와카미 도시히코, 궁내대신 비서관 모리 타이지로, 만철회사 이사인 다나카 세이타로에게 중상을 입히고 현장에서 러시아 경찰에게 체포되었다.

러시아는 안중근을 일본 경찰에 넘겨주었다. 여순 감옥에 갇힌 안중근은 독립군 참모중장의 자격으로 동양 평화를 거스르는 이토 히로부미를 암살했으므로 국제공법에 의해 포로로 취급해줄 것을 역설했다.

안중근의 의거는 조선의 청년을 자극했다. 1909년 12월 22일에 이재명은 명동 성당에서 벨기에 황제 레오폴트 2세의 추도식을 마치고 나오는 이완용의 복부를 칼로 찔렀으나 중상만 입히고 체포되었다.

안중근은 이듬해 2월 14일에 사형을 언도받아 3월 26일 여순 감옥에서 순국했고, 이재명은 9월 13일에 사형을 당했다.

1910년 8월 22일, 경찰권을 장악한 일본은 조선의 국권을 침탈

인정전과 경술국치 | 인정전은 창덕궁의 정전으로 조선 후기 정치의 중심지였다. 1910년 8월에 경술 7적이 순종을 협박하여 경술국치를 일으킨 현장이다.

하는 병탄 조약을 강제 체결했다. 경찰들의 삼엄한 경비가 펼쳐진 가운데 대한제국 내각총리 이완용과 3대 조선통감 데라우치가 한일 병합 조약을 체결했고, 이를 29일에 공포했다(경술국치). 조선의 애국지사들은 한일 병탄을 원천적으로 부정하고, 조선의 백성과 국토를 되찾기 위한 항일 전쟁(1910~1945)에 돌입했다.

역사 지식 플러스

백두산 정계비와 간도 협약

1712년 5월 15일에 조선과 청나라는 백두산 정계비를 세우고 서쪽은 압록강, 동쪽은 토문강을 국경으로 삼았다. 토문강은 백두산에서 흐르는 오도백하로, 본류인 송화강에 합류한다. 따라서 오늘날 송화강 동쪽은 조선의 영토가 된다.

청나라는 1883년에 토문강을 두만강이라 우기고 1885년, 1887년에 조선과 감계회의를 했지만 조선은 이를 거절하고, 1903년에 간도 관리사 이범윤을 보내 행정적인 실효 지배를 마쳤다.

그런데 1909년 9월 4일에 청나라와 일본이 7개항의 간도 협약을 체결했다. 일본은 을사늑약으로 조선의 외교권을 강탈하고, 남만주 철도 부설권과 무순 탄광 채굴권을 얻는 조건으로 간도를 청나라에 넘겨주는 이 협약을 체결한 것이다. 그러나 국제법상 패전국인 일본이 조선에 강제한 을사늑약과 이후의 모든 법률, 조약은 원천적으로 무효이므로 간도 협약은 자동 무효이다.

사실 간도 협약의 핵심은 제1조이다. 백두산 정계비의 동쪽 국경인 도문강(토문강) 상류는 석을수라고 하며 두만강으로 흐른다고 정의하였는데, 일본은 자의적으로 도문강을 두만강으로 정하고 간도를 청나라에 넘겼다. 그러나 간도 협약이 무효이기 때문에 당연히 이 조항도 무효가 된다. 따라서 한중 국경은 1712년의 백두산 정계비 기록으로 되돌아가 다시 논의할 수밖에 없다.

1945년 해방 후 냉전, 남북 분단, 중국 내전, 한국 전쟁이 연이어 터지면서 두 나라는 국경 협약을 할 수 있는 기회를 놓쳤다. 1992년의 한중 수교에서도 간도 문제를 해결하지 못하고 오늘에 이르렀다. 따라서 우리 영토인 간도를 되찾기 위해서는 국제 사회에 지속적인 문제 제기와 더불어 내부적으로는 역사적인 논증을 축적하는 일이 급선무인 것이다.

논술 생각나무 키우기

1905년의 을사늑약과 1910년의 한일 병탄 조약은 왜 무효인가?

Point 1 국제법상 조약이 갖는 정당성, 조약 체결의 과정, 조약의 효력 등을 알아보고, 을사늑약과 경술국치의 한일 병탄 조약이 합법성을 가질 수 있는지 여부를 알아본다.

Point 2 두 조약이 원천적으로 무효라면, 을사늑약의 불법성과 이를 바탕으로 이루어진 여러 후속 조약들의 문제, 한일 병탄 조약의 역사적 관점도 제대로 정리한다.

Point 3 두 조약의 무효를 바탕으로 일제 수탈론과 기여론을 상호 비교하고, 이 시대를 표현하는 역사 용어로는 무엇이 합당한지도 생각한다.

공부를 더 하고 싶다면

✎《**신돌석 백년 만의 귀향**》(김희곤 지음, 푸른역사)
을미의병을 이끈 세력은 위정척사 계열의 양반들이다. 을사의병은 평민들이 주도했는데 그중에 태백산 호랑이로 이름난 신돌석이 있다. 신출귀몰한 신화적 인물로 민중의 가슴에 살아 숨 쉬는 그의 의지, 의병 활동, 품성 등을 읽을 수 있다.

✎《**백년 후 만나는 헤이그 특사**》(이태진 지음, 태학사)
대한제국의 고종은 정말 무능한 군주였던가. 조선 멸망의 원인은 고종에게 있는가. 이태진은 한국의 근대는 외세의 침략이 없었다면 내재적으로 발전할 가능성이 있었던 사회라고 진단한다. 그 길에 자주적 근대화를 은밀하게 추진한 고종이 존재했다.

✎《**간도는 누구의 땅인가**》(이성환 지음, 살림)
1712년에 조선과 청나라 사이에 백두산 정계비가 세워졌고, 간도는 한국 영토에 귀속되었다. 그런데 1909년에 일제는 불법적으로 간도를 청나라에 넘겼다. 저자는 우리 땅인 간도에 대한 역사적 고찰과 국제 관계 등에 관해 자세하게 심층 분석하고 있다.

제11장
현대, 민주국가의 수립

1_ 상해 정부, 무장투쟁과 실력양성운동

2_ 해방 전후사, 분단이냐 통일이냐

3_ 냉전 시대, 한국 전쟁과 반공 독재

4_ 박정희 정권, 유신 독재와 민주항쟁

한국 현대사는 항일 전쟁과 민주공화국 수립부터 시작한다. 항일 전쟁은 근대 시민국가를 지향하는 동아시아 민족의 반봉건 반외세 운동을 앞장서 이끌어간 위대한 투쟁의 기록이다. 해방 후 자주독립국과 민주공화국 수립은 외세의 개입으로 물거품이 되었다. 나아가 분단국가의 수립은 한국 전쟁(6·25 전쟁)의 비극과 독재 정권 출현이라는 암울한 역사를 만들었다. 하지만 국민들은 독재와 분단에 맞서 민주적인 근대 시민국가를 만들고자 하는 길고도 강력한 투쟁의 길에 나섰다. 한국 전쟁 이후 한국사는 독재 세력과 민주화 세력의 대결 구도였다. 시민들은 4·19 혁명을 통해 반공 독재를 부르짖은 이승만 정권을 무너뜨렸다. 하지만 국민들이 처음으로 쟁취한 시민국가는 군인들의 5·16 반란으로 물거품이 되었다. 군부 독재 세력은 반공 수호와 경제 번영을 구호로 내세워 독재를 합리화했으며 민주주의를 탄압하고 경제적 이익을 소수가 독점했다. 국민의 대다수를 차지하는 노동자, 농민, 시민, 학생, 지식인들은 독재에 맞선 민주화 투쟁, 분단에 저항하는 통일운동, 경제 발전의 견인차 역할을 하며 대한민국의 발전을 이끌었다.

민주공화국을 지향한 항일 독립전쟁

항일 전쟁 시대인가 일제 강점 시대인가.
일제가 무단으로 우리 영토를 침탈하자 의병전쟁은
항일 전쟁으로 확대되었다. 주권은 왕권에서 민권으로 이양되었고,
3·1 운동으로 민주공화정인 상해 정부가 들어섰다. 좌우 합작을 이룬
상해 정부는 대한민국의 법통성을 상징한다. 따라서 해방 후
자주적 통일 국가를 세우지 못한 남북 분단과
한국 전쟁은 독립 선열에 대한 죄악이다.

| 제국주의 시대의 세계 정세 |

20세기에 이르러 제국주의 시장 팽창이 한계에 이르자 제국주의 사이에 제1차 세계대전, 제2차 세계대전이 일어났다. 발단은 발칸 전쟁이었다. 아랍의 석유 자원을 노린 제국주의 열강들은 오스만 제국을 무너뜨리고자 발칸 지역의 민족주의를 촉발시켰다. 러시아는 1917년에 세계에서 최초로 공산주의 국가를 세웠다.

제1차 세계대전이 끝나고 국제연맹이 창설되었으나 구속력이 약해 제대로 역할을 수행하지 못했다. 대공황으로 촉발된 제2차 세계대전이 끝나고 승전국은 국제연합(UN)을 창설했으나 미국 중심의 자본주의 세력(제1세계)과 소련 주도의 공산주의 세력(제2세계)의 대결로 새로운 냉전이 시작되었다.

중국, 인도, 이집트, 유고슬라비아, 인도네시아 등은 미국과 소련이 주도하는 냉전 체제를 거부하고 제3세계라 부르는 비동맹회의를 창설했다. 북아프리카에서는 서유럽 열강의 식민 지배에 반대하는 독립투쟁이 불붙었다. 프랑스 식민지인 알제리의 민족 해방은 냉전에서 화해 정책으로 가는 전환기였다.

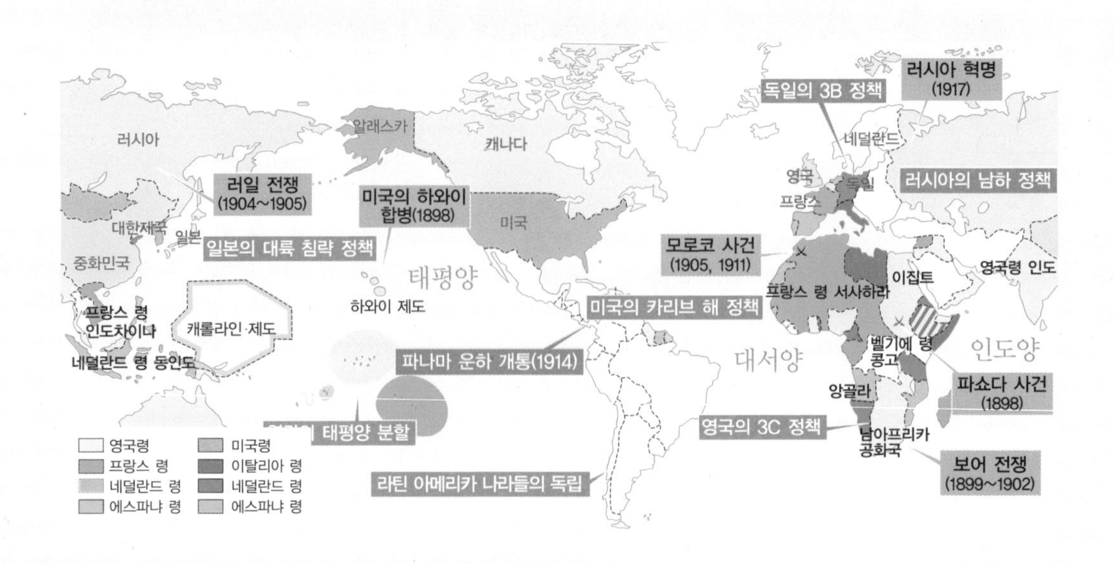

우리나라 ▼	주요 연표	▼ 세계
105인 사건	1911년	
대한독립의군부 조직	1912년	
안창호 흥사단 설립	1913년	
	1914년	제1차 세계대전(~1918)
조선국권회복단 설립	1915년	
	1917년	러시아, 볼셰비키 혁명
	1919년	중국 5·4 운동
3·1 기미독립선언, 대한민국 상해 정부 탄생	1919년	
봉오동, 청산리 전투	1920년	
	1920년	인도, 간디 비폭력·불복종 운동
6·10 만세운동	1926년	
신간회 창립	1927년	
광주 학생의거	1929년	
	1929년	세계 대공황(~1933)
이봉창·윤봉길 의거	1932년	
	1939년	제2차 세계대전(~1945)
한국광복군 창설	1940년	
여운형, 건준 창립	1945년	
	1945년	국제연합(UN) 성립
	1947년	트루먼 독트린 발표, 인도 독립 선언(네루 수상 취임)
	1948년	이스라엘 건국
대한민국 건립	1948년	
	1949년	중화인민공화국 성립, 북대서양 조약기구(NATO) 조인
한국 전쟁(~1953)	1950년	
3선 개헌, 이승만 독재	1954년	
	1955년	인도네시아, 반둥에서 비동맹회의 개최
	1959년	카스트로, 체게바라의 반미 쿠바 혁명 성공
4·19 혁명,	1960년	
5·16 군사반란	1961년	
	1962년	알제리 독립
	1965년	베트남 전쟁(~1975)
한일 협약 체결	1965년	
	1966년	중국, 문화대혁명
	1968년	체코슬로바키아, 프라하의 봄
	1972년	닉슨, 중국 방문, 미국·소련, 전략무기 제한협정(SALT) 조인
7·4 남북 공동성명 유신헌법, 유신 독재	1972년	
민청학련 사건 조작	1974년	
	1978년	미·중 수교
박정희 시해	1979년	

1 상해 정부, 무장투쟁과 실력양성운동

한 줄로 읽는 우리 역사

항일운동으로 대한민국 상해 정부가 들어섰다. 만주의 독립군 부대는 봉오동, 청산리에서 일본군을 대파했다. 의열단, 한인애국단은 테러를 통해 독립 의지를 불태우고, 좌우 합작의 결실인 한국광복군과 북중국의 조선의용대, 만주의 항일연군 등은 대일 항전을 주도했다.

한국 현대사의 제1기는 항일 전쟁부터 시작한다. 엄밀한 의미에서 일제 시대라는 용어는 맞지 않는다. 한 명의 황제가 행정·입법·사법을 대표하는 전제군주제에서는 왕권이 교체되면 국가의 주권이 이양되지만, 국민국가에서는 국민 각자가 주권을 행사한다.

따라서 순종이 일제의 강압에 의해 군주의 역할을 하지 못하는 순간부터 조선은 이제 국민 주권이 행사되는 민주공화정으로 이행된 것이다. 다만 아직은

흥경성 전투 현장 | 후금의 첫 번째 도읍인 혁도아랍성은 흥경성이라고도 한다. 1930년대에 조선혁명군은 이곳 흥경성과 영릉가에서 일본군과 전투를 치러 승리했다.

국민 주권을 대표하는 정부가 구성되지 않았을 뿐이다.

1910년 전후로 독립군들은 연해주, 북간도, 서간도 등지에서 군정을 세우고 일부의 주권을 행사했다. 조선 본토에 있는 국민들에게 실질적인 정치적, 행정적 통치는 미치지 못했지만 엄연히 존재했던 작은 정부였다.

이들 독립운동 단체에게 남은 문제는 국민 주권을 보유한 조선의 백성을 압제로부터 해방시키고, 국민 주권의 생명을 잉태하는 국토를 회복하여 주권·국민·국토가 하나 되는 통일된 정부를 세우는 일이었다.●

● **대동단결선언(大同團結宣言)** 1917년에 신규식, 박은식, 신채호, 조소앙 등 14명이 임시정부 수립을 위해 작성한 선언문으로 주권의 행사와 권리는 국민에 있다는 국민주권설, 통일국가를 세우기 위해 민족대회의라는 통일 기구의 설치 등을 주장했다.

국내외의 항일 투쟁, 국권 회복을 도모하다

일제의 침략에 맞선 조선 민중의 저항도 거세졌다.● 고종의 비밀 지령을 받은 전라북도 의병장 임병찬은 황실의 복원이라는 복벽주의●● 에 입각하여 1912년에 대한독립의군부를 조직하고, 1914년에 일본에 국권 반환을 요구했으나 비밀 조직이 드러나 해산되었다.

평양에서는 여성들이 망명 지사의 가족을 돌보고 독립군의 자금을 지원하기 위해 1913년에 평양 숭의여학교 교사 김경희를 주축으로 비밀 여성 단체인 송죽회를 결성하여 1919년 3·1 운동 이후까지 활동했다. 1915년에 서울에서는 청년, 학생들이 산업 진흥을 목적으로 하는 산직계를 결성하여 항일 투쟁을 했다.

1915년에 대구에서 의병장 허위의 문하생인 박상진의 주도 아

● **1910년대 국내 독립운동**
대한독립의군부(1912, 복벽주의), 대한광복회(1915, 공화제), 조선국권회복단(1915, 군자금 모집), 선명단(1915년경, 요인 암살), 송죽회(1913, 독립운동 후원)
(검) 3-2

●● **복벽주의**
물러난 군주가 다시 즉위한다는 뜻이다. 1912년에 대한독립의군부가 고종의 복벽을 추진했고, 중국에서는 1917년에 장훈이 청나라 선통제의 복벽을 추진했다.

래 채기중의 광복단과 윤상태·이시영·서상일이 이끄는 조선국권회복단을 통합하고, 군자금 모금, 친일 부호 처단, 독립군 양성을 목표로 대한광복회를 조직했다. 그러나 1918년에 조직의 전모가 드러나 주요 인물이 체포되고 사형에 처해지자 일부가 만주로 피신하여 의열단에 들어가 독립운동을 계승했다. 청산리 대첩을 이끈 김좌진은 대한광복회의 부사령이었다.

같은 해에 임광모, 정연웅 등 30여 명의 유학자들이 조선 총독을 비롯한 일제의 암살 요인을 목표로 선명단을 결성했으나 1916년에 해산되었다.

해외에서는 미주, 서간도, 북만주, 북간도, 연해주에서 항일 투쟁이 진행되었다.● 미주에서는 안창호와 이승만이 대한인 국민회, 박용만은 대조선 국민군단을 세워 국내외 독립운동을 지원했다.

서간도(남만주)에는 신민회의 이동녕, 이상룡, 이회영이 중심이 되어 유하현에 독립운동 기지인 삼원보●를 세우고, 최초의 한인 자치단체인 경학사●●와 부속기관인 신흥강습소(신흥무관학교)를 세워 동포들을 규합하고 독립군을 양성했다.

동간도(북만주) 밀산부에는 신민회의 이상설, 이승희가 주동이 되어 조선인 집단 마을인 한흥동●●●을 건설하고 미주 한인단체인 국민회의 후원을 받아 한민학교를 세워 민족 교육의 장과 독립군 양성소로 삼았다.

북간도(동만주)의 용정촌, 명동촌에는 조선인이 집단으로 이주하여 마을을 개척하고, 자치단체인 간민회를 조직하여 항일운동을 이끌었다. 민족 교육에도 적극적으로 나서 서전서숙, 명동학교, 용정중학 등을 세웠다. 용정중학은 민족 시인 윤동주와 통일

● **1910년대 해외 독립운동**
서간도(삼원보, 경학사, 부민단, 신흥학교), 동간도(북만주 지역, 한흥동, 한민학교), 북간도(용정촌, 명동촌, 간민회), 연해주(권업회, 대한광복군 정부, 13도 의군, 대한국민의회, 성명회), 미주(대한인 구민회, 대조선 국민군단)
(근) 2007

● **삼원보(三源堡)**
1911년에 이동녕, 이회영, 이상룡 등이 중국 요녕성 유하현에 세운 독립운동 기지이다. 이곳 삼원보에는 독립단체인 경학사, 독립군 양성소인 신흥강습소(신흥학교)가 설립되었다.

●● **경학사(耕學社)**
신민회의 무장투쟁 노선에 따라 만주 지역에 독립운동 기지와 독립군 양성기관 설립을 목표로 이회영, 이동녕, 김동삼 등이 1911년 4월에 삼원보에 건설한 독립단체이다. 부설기관인 신흥강습소(신흥학교)는 훗날 신흥무관학교의 모체가 된다.

●●● **한흥동(韓興洞)**
1909년에 이승희, 이상설, 유인석 등이 북만주 밀산부에 세운 독립운동 기지이다. 이들은 이곳에 한민학교를 세워 민족 교육의 장과 독립군 양성소로 삼았다.

열사인 문익환을 낳은 민족 교육의 요람으로 자리 잡았다. 또한 대종교에서는 중광단을 조직하여 독립군을 양성했다.

러시아의 영토인 연해주에는 1909년 6월에 유인석, 이범윤이 13도 의군을 조직하고 망명 정부를 구상했으나 일본과의 대결을 피하려는 러시아의 압력을 받아 제대로 활동하지 못했다. 고구려의 책성이었던 블라디보스토크에는 신한촌●●●●이 건설되고 독립군 양성과 민족 교육이 실시되었다.

●●●● **신한촌(新韓村)** 조선 말기에 연해주로 건너간 동포들이 1911년에 블라디보스토크로 모여 건설한 조선인 마을이다. 이곳은 연해주 지역의 독립운동 중심지였고, 여기에서 독립단체인 권업회가 설립되었다.

1911년에는 의병 계열의 이상설, 이종호, 홍범도 등이 주도하는 권업회가 세워져 겉으로는 산업 육성을 내세웠지만 내부적으로는 독립군을 양성하여 무장투쟁을 준비했다. 신채호, 이동휘는 1912년에 광복회를 조직하고 동림무관학교와 동장학교를 세워 민족 교육과 독립군을 양성소로 삼았다.

권업회는 1914년에 러시아 혁명 10주년을 맞이하여 연해주에서 반일 감정이 팽배해지자 이상설과 이동녕을 정통령, 부통령으로 하는 대한광복군 정부를 구성했지만 무장투쟁으로는 발전하지 못했다.

1910년대 민족운동

국내	• 대한독립의군부(1912) : 고종 비밀 지령(임병찬, 복벽), 국권 반환 요구, 의병전쟁 계획 • 대한광복회(1915) : 대구, 박상진과 채기중, 공화정 구현 주장, 독립군 기지 건설 • 조선국권회복단(1915) : 달성, 윤상태와 이시영, 만주 연계, 군자금 모금 • 선명단(1915년경) : 유학자 중심 학생 비밀결사, 요인 암살 • 송죽회(1913) : 평양 숭의여학교 교사, 김경희, 독립운동 후원, 군자금 모금
해외	• 서간도(삼원보) : 신민회의 경학사, 부민단, 신흥무관학교 → 독립군 양성 • 북간도(용정촌, 명동촌) : 간민회, 중광단 → 서전서숙, 명동학교 설립 • 북만주(한흥동) : 밀산부에 신민회가 독립군 기지 건설 • 연해주 : 권업회(1911, 이상설) → 대한광복군 정부(1914), 대한국민의회(1919) • 미주 : 대한인 국민회(안창호, 이승만), 대조선 국민군단(박용만, 하와이)

3·1 운동, 비폭력 만세운동의 한계는 무엇인가

일제는 조선 민중의 항일운동을 제압하기 위해 헌병과 경찰을 동원하여 강압적인 무력 통치●를 시행했고, 러시아와 중국 정부에 압력을 가해 해외 독립운동을 탄압했다.

또한 강점한 한반도에서는 구체적이고 지속적인 경제적 침략을 꾸준히 시도했다.●● 1910년에 회사령이 발표되고, 1911년에 삼림령·어업령, 1912년에 토지 조사 사업●●●과 은행령, 1915년에 광업령, 1918년에 임야 조사령을 발표했다.

조선에서 일제의 정치·경제적 침탈이 가중되는 상황에서, 제1차 세계대전이 연합국의 승리로 끝나자 연합국의 일원이었던 일본의 발언권이 더욱 강해졌다.

그런데 1917년에 제정 러시아에서 차르 정부가 무너지고 레닌이 주도하는 공산 혁명이 성공했다. 그리고 1919년에 제1차 세계대전의 전후 처리를 위한 파리 강화회의에서 미국의 윌슨 대통령은 평화 원칙 14개조를 발표하고 약소민족의 민족자결 원칙을 천명했다. 또한 제1차 세계대전의 패전국인 독일에서 가장 민주적인 헌법 체계를 갖춘 바이마르 공화국이 들어섰다.

국제적으로 민족자결주의●와 사회주의 혁명은 약소민족의 독립을 자극했다. 해외 독립운동 세력은 1918년 12월에 중국 길림에서 무력으로라도 조선의 국토와 국권을 쟁취할 것이라는 무오 독립선언●●을 했으며, 일본 도쿄(동경)에 유학 중인 학생들은 1919년 2월에 조선청년독립단의 이름으로 2·8 독립선언●●●을 발표했다.

그러나 무오 독립선언은 자주적이고 무장투쟁적인 독립운동

● 헌병 경찰 통치 정책
1910년대(무력 통치), 경술국치(1910), 조선총독부 건축, 관리와 교원은 패검, 자유 제약(언론, 출판, 집회, 결사), 토지 조사 사업, 회사령(허가제), 헌병 경찰의 즉결 처분(태형)
(근) 2006, (근) 2010, (검) 4-3, (검) 8-4, (검) 8-3

●● 일제의 산업 침탈
1910년대(토지 조사령, 회사령, 산림령, 어업령, 광업령), 1920년대(회사령 폐지, 관세 철폐, 산미 증산 계획), 1930년대 이후(국가 총동원령, 병참기지화 전략, 남면북양 정책, 식민지 공업화, 국민 징용령, 여자 정신대 근무령)
(검) 4-3, (검) 4-고, (검) 5-3, (검) 6-4, (검) 7-고, (검) 8-4

●●● 일제의 토지 조사 사업
토지 소유 등기 제도, 일본인 토지 소유 용이, 친일적 지주세력 양성, 지세 수입 증대 목적, 동양척식주식회사의 대지주화, 소작농의 경작권 상실
(검) 1-3, (검) 7-고

● 민족자결주의
한 민족의 정치적인 운명은 다른 민족의 간섭 없이 스스로 결정할 수 있다는 주장으로, 1919년 1월에 열린 파리 강화회의에서 미국의 윌슨 대통령이 천명한 14개조의 핵심 내용이다.

홍유릉
홍유릉은 고종의 능묘인 홍릉과 순종의 능묘인 유릉을 합쳐서 부르는 이름이다. 본래 홍릉은 서울 동쪽 청량리에 있었던 능묘로 명성황후의 무덤이었는데 고종 승하 후 이곳으로 옮겨 합장했다.

의 방향과 목표가 제대로 설정되었지만 해외라는 한계 때문에 커다란 영향력을 만들지 못했고, 2·8 독립선언은 선언 자체는 강력한 독립 의지를 내세웠으나 국내 조직과 연계되지 않은 종이 선언에 불과했다.

하지만 이들 선언문은 국내외적으로 항일운동을 자극하는 촉매제였으며, 1919년 1월 21일에 벌어진 고종 독살 사건과 맞물려 3·1 운동을 점화시켰다.

국내외에서 애국계몽운동과 실력양성운동을 전개하고 있던 온건한 종교단체 세력은 은밀하게 독립선언을 준비했다. 천도교의 손병희와 최린, 기독교계의 이승훈, 불교계의 한용운 등이 2월 15일에 비밀리에 만나 대외적으로는 독립을 청원하고, 대내적으로는 대중화·일원화·비폭력의 만세운동 3대 원칙을 정한 뒤 독립선언서를 발표하기로 합의했다.

마침 1월 21일에 독살된 것으로 믿어지는 고종 황제의 장례일

●● **무오 독립선언**
1918년 12월에 해외에서 활동하던 김교헌, 신규식, 박은식, 안창호, 이동녕, 신채호, 김좌진, 이승만 등 39명의 독립운동가들이 발표한 한국 최초의 독립선언서이다. 무장투쟁을 통해 강도 일본을 몰아내고 국권을 되찾자는 내용이고, 작성자는 조소앙이다.

●●● **2·8 독립선언**
윌슨의 민족자결주의와 독일 혁명에 자극받은 재일 유학생이 1919년 2월 8일에 일본 동경 기독교 청년회관에서 발표한 독립선언이다. 작성자는 이광수이고 3·1 독립선언서보다 강경하게 항일투쟁을 선언했다.

이 3월 3일로 정해져서 지방에서도 많은 사람들이 서울로 몰려 오고 있었다. 이에 따라 지도부는 3월 1일을 거사일로 잡아 태극기와 독립선언문을 대량으로 인쇄하여 전국적으로 배포했다.

민족 대표 33인은 28일 저녁에 갑자기 탑골 공원에서 발표하기로 한 독립선언 계획을 바꿔, 일개 음식점인 명월관의 지부 태화관에서 간단한 낭독과 함께 독립 통고서를 조선총독부에 제출하고 일제 경찰에게 잡혀 모두 투옥되었다.

다음날 탑골 공원에서 지도부를 기다리고 있던 학생들은 민족 대표 33인의 투항적인 행태에 실망하고 오후 2시 30분경에 정재용이 단상에 올라 독립선언서●를 낭독하고 독자적인 독립 만세 운동을 벌여나가 전국적인 만세운동의 기폭제가 되었다.

● **3·1 독립선언**
기미독립선언이다. 고종의 승하를 계기로 1919년 3월 1일에 손병희, 오세창, 한용운 등 민족 대표 33인이 한국의 독립을 국내외에 발표한 독립선언이다. 3월 1일 이후 국내외에서 학생, 농민 등 민중이 독립운동에 참여했고, 4월에 상해 정부가 탄생하는 계기가 되었다.

3·1 운동,● 민중이 참여해 전민 항쟁으로 확대되다

1919년 3월 1일에 의주에서 철시 투쟁이 일어났고, 2일에 평남 상원과 강서 사천에서 농민들이 폭동을 일으켰고, 3일에는 평양과 선천에서 만세 시위가 벌어졌으며 상인들은 가게 문을 닫고 시위에 나섰다.

3월 26일에 수원 시민들은 경찰서에 몰려가 시위를 했고, 29일에는 오산 농민들이 경찰서와 면사무소 등을 습격했다. 31일에는 안성에서 1천여 명의 시위 군중이 경찰서로 몰려가 돌을 던지며 저항했다.

4월 3일에는 충남 천안의 아우내 장터에서 유관순의 지휘로 3

● **3·1 운동**
외부 영향(러시아 혁명, 무오 독립선언, 2·8 독립선언, 윌슨의 민족자결주의, 독일 혁명), 전국적 만세운동, 일제의 만행(제암리 사건, 유관순 옥사), 임시정부 수립 계기, 민주공화정 지향, 독립운동 구심체 형성, 국외에 끼친 영향(중국 5·4 운동, 인도 간디의 비폭력운동, 베트남 등 약소민족운동), 일제는 문화정치로 전환(회유 정책), 국내 실력양성 운동 활성화
(근) 2008, (검) 1-4, (검) 1-5, (검) 2-4, (검) 3-6, (검) 5-초, (검) 6-초, (검) 6-3, (검) 7-4, (검) 8-초, (검) 9-초

천여 명이 참가하는 대규모 시위를 벌였다. 이처럼 3월부터 5월까지 국내에서는 전국 218개 군에서 1천 500여 회에 걸쳐 2백만 명이 넘는 주민들이 만세운동에 참가했다.

3·1 운동은 처음에 종교인과 학생들이 주도했지만 시간이 지나면서 농민·노동자·상공인·부녀자들이 참여하는 대중운동으로 확산되었다. 비폭력, 무저항 만세 시위도 점차 동맹파업, 경찰서와 주재소 습격, 면사무소 방화, 예금 인출 등 폭력적으로 발전했다.

일제는 초기에 억누르지 않으면 전국적인 무장투쟁으로 발전할 가능성이 높다고 여겨 군인과 헌병을 동원하여 시위자들을 폭도로 규정하고 구타, 연행, 총격, 살인, 고문, 방화 등의 무력 진압을 했다. 이때 전국적인 만세 시위로 7천 500여 명이 살해되고, 4만 6천여 명이 체포되었으며, 1만 6천여 명이 부상당했다.

4월 15일 수원(화성)에서 일본 군경은 30여 명의 주민들을 제암리 교회에 모이게 하고 총기를 난사하여 모두 죽이고 증거를 없애고자 방화까지 하는 만행을 저질렀다. 이런 식으로 49개소의 학교와 교회, 715호의 민가가 불탔으며, 천안의 아우내에서 만세 시위를 주도한 유관순은 체포된 뒤 서대문 형무소에서 악랄한 고문을 당해 18세의 꽃다운 나이로 순국했다.

3·1 운동은 무력 항쟁이 아닌 만세운동이었던 만큼 일제 군경의 폭력에 모두 진압당해 당장의 독립을 가져오지는 못했지만, 일제의 무력 통치를 문화 통치●● 로 바꾸게 만들었다. 또한 독립운동의 주체는 지배자가 아닌 민중이란 자각을 하는 결정적인 계기가 되었다.●●

중국의 항일 5·4 운동●●● 과 영국에 대항하는 인도의 비폭력·

●● **문화 통치 정책**
1920년대(민족 분열 통치), 3·1 운동의 영향, 친일파 양성, 문관 총독 임명, 신문 허가(조선, 동아), 산미 증산 계획, 조선사편수회 설립(한국사 왜곡, 일선 동조론 연구)
(검) 5-4, (검) 6-3, (검) 7-3, (검) 8-고

●● **3·1 운동의 역사적 의의**
1) 자주적이고 자발적인 시민운동, 2) 전국적 규모의 비폭력 민중봉기, 3) 민주공화정 수립의 민주혁명, 4) 농민·학생·종교인등 다양한 계층 참여, 5) 중국 5·4 운동과 인도 비폭력운동에 영향

●●● **중국 5·4 운동**
1919년 5월 4일에 러시아 혁명과 3·1 운동의 영향을 받은 중국 북경의 학생들이 중국 정부의 친일 정책, 일본의 21개조 요구 등에 반발하여 일으킨 반봉건, 반제국주의 혁명운동이다. 이로부터 중국인의 항일운동이 고양되고 공산주의 사상이 확산되는 계기가 되었다.

3대 항일 만세운동

3·1 운동 (1919)	• 국제 배경 : 러시아 혁명(1917), 윌슨의 민족자결주의(1918) • 국내 배경 : 2·8 독립선언(도쿄), 무오 독립선언(중국 길림, 39명) • 주관 : 천도교, 기독교, 불교계 33인(독립 청원, 대중화, 비폭력) • 단계 : 1단계(지식인)—2단계(청년 학생)—3단계(농촌, 산간 무력 저항) • 결과 : 문화 통치, 실력양성운동, 상해 정부, 중국 5·4 운동과 인도 비폭력·불복종 운동에 영향
6·10 만세운동 (1926)	• 배경 : 사회주의 사상 유입, 일제 수탈, 식민지 교육 반발 • 계기 : 순종 승하, 사회주의 세력 시위 계획 • 전개 : 6월 10일, 순종 인산일에 돈화문 만세 시위 → 일제 경찰 진압 • 의의 : 민족유일당운동 계기, 비밀결사 학생 조직이 대중적 항일운동으로 발전
광주 학생의거 (1929)	• 배경 : 민족 차별 교육, 동맹 휴학 확산, 신간회 활동 • 계기 : 광주에서 일본 남학생이 한국 여학생 희롱 → 한일 학생 간 충돌 • 전개 : 광주(11. 3) → 목포, 나주로 확산 → 전국 확대(신간회) → 만주 유학생 궐기 • 의의 : 식민 통치 부인, 독립 주장 → 3·1 운동 이후 최대 규모 민족운동

불복종 운동에도 상당한 영향을 주었다. 아울러 국내와 해외에서 국민 주권을 행사하는 임시정부가 들어서 우리나라는 전제군주제에서 벗어나 민주공화제로 나아가게 되었다.

민주공화정인 상해 정부가 세워지다

● **정부 형태 건설운동**
갑신정변(입헌군주제), 독립협회(의원내각제), 대한광복회(공화제), 독립의군부(복벽주의), 임시정부(공화제)
(근) 2009

3·1 운동을 전후하여 국내외에서는 임시정부●가 수립되었다. 고종의 서거와 기미독립운동은 자주독립을 이루어내기에는 부족했지만, 해외에 있는 여러 독립단체들로 하여금 임시정부를 세우게 만들었다. 현재까지 확인된 바로는 대한국민의회, 조선민국 임시정부, 대한민국 임시정부, 신한민국 정부, 한성 임시정부, 간도 임시정부 등이 있었다.

블라디보스토크(해삼위)에서는 손병희를 대통령으로 이승만을 국무총리로 하는 대한국민의회(2.25)가 들어섰고, 서울에서는 손병희를 정도령으로 이승만을 부도령으로 하는 조선민국 임시정부(4.9)가 세워졌다. 상해에서는 이동녕을 의정원 원정으로 이승만을 국무총리로 하는 대한민국 임시정부(4. 10)가 탄생하고, 철산과 의주에서는 이동휘를 집정관으로 이승만을 국무총리로 하는 신한민국 정부(4. 17)가 발표되었다. 서울에서는 이승만을 집정관 총재로 이동휘를 국무총리 총재로 하는 한성 정부(4. 13)가 들어섰다.

이 가운데 13도 대표 명의로 설립한 서울의 한성 정부가 법통이 있었지만, 실제로는 블라디보스토크의 대한국민의회●와 상해의 대한민국 임시정부●●가 나름대로 정부의 면모를 갖추고 있었다.

가장 체계적인 조직력을 갖춘 상해 정부에서는 초기부터 임시정부의 중심지를 놓고 치열한 노선 투쟁●●●이 있었다. 외교전에 대비해야 한다는 외교독립론과 무장 역량이 있는 곳에 있어야 한다는 무장투쟁론이 논쟁을 했으나 결국 한성 정부의 법통 계승, 대한국민회의 흡수, 그리고 상해에 임시정부를 두는 방안이 채택되었다.

이때부터 상해 정부는 한성 정부의 법통성을 인정하는 방향에서 행정부를 구성했다.●● 블라디보스토크의 정부를 흡수해서 입법 기능을 강화하고, 9월 11일에 새로운 헌법을 제정하여 단일한 대한민국 임시정부(1919. 11. 9)를 수립했다.

상해 대한민국 임시정부는 삼권 분립의 원칙에 따라 임시의정원, 법원, 국무원으로 권력을 분산하고, 대통령중심제와 내각책

● **대한 국민의회(노령 정부)**
1917년 블라디보스토크 신한촌에서 결성된 전로 한족 중앙회를 1919년 2월에 개칭하여 발족시킨 연해주의 한족 자치정부이다. 의장에 문창범, 부의장에 김만겸을 선출하고, 대통령에 손병희, 국무총리에 이승만을 추대했다.

●● **상해 임시정부**
1919년 상해에서 건국, 3·1 운동의 결과, 민주공화제 정부 수립, 복벽주의 지양, 정부통합운동(정통성 확보), 〈독립신문〉 발간, 연통제 실시
(근) 2010, (검) 2-2, (검) 2-4, (검) 3-6, (검) 5-4, (검) 6-4, (검) 7-4

●●● **상해 정부 투쟁 노선**
국민대표회의(1923), 미국에 위임통치 청원서(이승만), 개조파(정부 조직 개편), 창조파(정부 해체, 만주 지역 중심 이동), 한인애국단(테러), 한국광복군(국내 진공 작전)
(근) 2009, (검) 1-4, (검) 6-4, (검) 8-초, (검) 9-3

●● **3개 임시정부의 합의문**
1) 상해와 블라디보스토크에서 수립된 정부는 해체하고, 국내에서 13도 대표가 수립한 한성 정부를 정통으로 한다.
2) 정부는 당분간 상해에 위치한다.
3) 상해 정부가 시행한 일체의 행정 조치는 유효로 인정한다.
4) 정부의 명칭은 대한민국 임시정부로 한다.
5) 상해와 블라디보스토크 정부의 각원(각료)은 총사퇴하고, 한성 정부가 선임한 각원을 임시정부의 각원으로 한다.

해란강 | 해란강은 용정을 흐르는 강으로 조선 백성의 개척정신과 독립정신이 깃든 곳이다. 만주 지역의 3·1 운동이 이곳에서 일어났고, 박경리의 대하 소설 〈토지〉의 무대이기도 하다.

임제를 절충한 민주공화제를 지향했다. 초대 대통령에 이승만이 추대되고, 총리에 이동휘가 임명되어 수천 년 동안 내려온 군주제(君主制)는 종말을 맞이했다.

1920년 1월 24일에는 군무부 포고를 통해 상징적인 국군을 보유했다. 민주공화정의 탄생은 비로소 한국사에 현대의 시대가 열렸음을 의미했다.

● **1920년대 독립운동**
서간도(서로군정서, 대한독립단, 광복군 총영, 대한독립의용단, 보합단), 북간도(대한국민회, 대한독립군, 북로군정서), 노동쟁의(암태도 소작쟁의, 원산 총파업)
(검) 5-초, (검) 5-3, (검) 8-고

봉오동·청산리 대첩, 항일 무장투쟁의 대의를 밝히다

1920년대의 독립투쟁● 노선은 상해 정부의 외교론과 만주의 무장투쟁론으로 나뉘어 있었다. 서간도(남만주)에서는 박장호의 대한독립단(4. 15), 이상룡의 서로군정서(11월), 안병찬의 대한청년단연합회(4. 19), 그리고 광복군 총영, 대한독립의용단, 보합단 등이 결성되었으며, 북간도(동만주)에는 안무의 대한국민군, 홍범도의 대한독립군, 김좌진의 북로군정서가 활동했다.

이들 무장단체는 현지의 주민들에 대한 행정권과 경찰력을 행사하고 세금을 받는 정부의 역할을 수행했으며, 압록강과 두만강을 건너 일본군과 여러 차례 교전했다.

일본은 간도 침략과 만주 지배를 위해 1920년 5월부터 청나라 정부를 압박하여 독립군의 뿌리를 뽑으려고 했다. 이에 북간도에서 활동하던 독립군 부대는 중국 측과 은밀하게 협의하고 새로운 근거지를 마련하고자 백두산 자락인 화룡현 이도구, 삼도구로 이동했다.

홍범도가 이끄는 대한독립군, 안무가 지휘하는 대한국민군, 최진동의 군무도독부는 총병력 1천 200여 명으로 대한북로 독군부를 조직하고, 한경세의 대한신민단과 함께 6월 7일에 일본군 19사단의 보병 중대와 왕청현 봉오동에서 격돌하여 크게 승리하고 인근의 고려령으로 이동했다.

봉오동 전투• 에서 패배한 일본군은 간도에 대병력을 출동시키기 위해 중국인 장강호의 마적단을 매수하여 1920년 10월 2일에 훈춘 사건(琿春事件)•• 을 일으켰다. 마적단은 훈춘에 있는 일본 공사관에 불을 지르고 살인, 약탈, 방화를 하고 물러갔다. 일본은 훈춘 사건을 일으킨 것이 한국독립군이라고 억지를 부리며 독립군 토벌에 나섰다.

우선 독립군의 군사적, 경제적 뿌리인 동포 사회를 무력화시

• **봉오동 전투**
1920년 6월 7일에 중국 길림성 왕청현 봉오동에서 홍범도(대한독립군), 안무(국민회군), 최진동(군무도독부), 한경세(대한신민단) 등이 이끄는 독립군 부대가 일본군 19사단 월강 추격대를 무찌르고 대승한 전투이다.

•• **훈춘 사건**
1920년 10월에 봉오동 전투에서 패배한 일본군은 조선의 독립군 근거지를 없애기 위해 중국의 마적과 결탁하여 훈춘의 일본 공사관을 공격한 사건이다. 일본군은 이를 빌미로 수만 명에 이르는 조선인을 살해하고 수많은 재산과 전답을 파괴하는 간도 참변을 일으켰다.

▶ 봉오동 · 청산리 전투
경술국치 이후 많은 애국지사들이 만주에서 무장투쟁을 전개했다. 일제는 독립군을 토벌하고자 대규모 군대를 파견했고, 항일 독립군은 봉오동, 청산리에서 일본군을 격퇴했다.

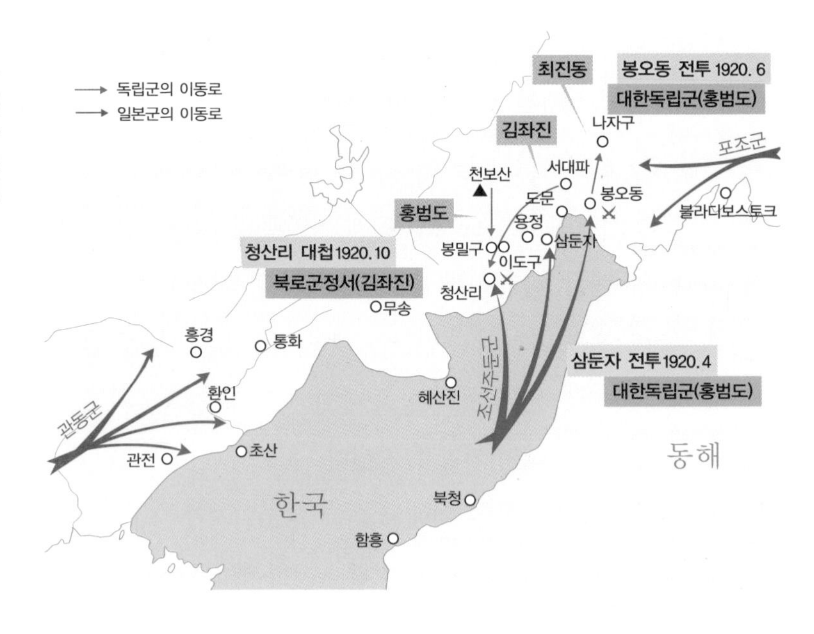

키고자 조선인 마을에 대해 살인, 방화를 일삼았다. 10월 9일부터 11월 5일까지 간도 일대에서 2천 500여 채의 민가와 30여 동의 학교를 없앴으며, 사살한 조선인의 숫자만 확인된 것이 3천 469명에 이르며, 확인되지 않은 사람까지 포함하면 수만 명에 이르렀다. 이를 경신참변(庚申慘變),● 또는 간도 학살 사건이라고 부른다.

● 경신참변
봉오동 전투에서 패배한 일본군이 훈춘 사건을 조작하고 1920년 10월 9일부터 11월 5일까지 27일에 걸쳐 간도 일대에서 조선인 마을과 가옥을 부수고 전답을 파괴하고 수만 명에 이르는 동포를 살해한 사건이다.

일본군 3개 사단의 병력은 10월 17일에 토벌을 개시했다. 일본군은 20일에 화룡에 집결한 독립군 부대를 추격하는 데 성공하고 집중적으로 공격했다. 북로군정서의 김좌진은 700여 명의 병력을 이끌고 9월경에 백두산 지역으로 이동하여 10월 10일에 어랑촌에 도착했다.

10월 12일에 홍범도와 김좌진 부대는 삼도구 묘령에서 회합하고 주전론과 피전론을 놓고 논의를 했다. 이때 군대를 양성하고 무력을 키우는 것이 중요하다는 피전론이 채택되어 화룡 이도구 지역으로 이동했다.

20일에 김좌진 부대는 백운평 고지에 매복하고 있다가 21일에 추격하는 일본군을 기습하여 200여 명을 사살했다.●● 일본군 연대가 도착하자 화력에서 열세인 독립군은 갑산촌으로 철수했다.

●● **청산리 전투**
1920년 10월 21일부터 26일까지 김좌진(북로군정서), 홍범도(대한독립군) 등 독립군 부대가 청산리 백운평, 완루구, 천수평, 어랑촌, 천보산, 고동하 등지에서 일본군 3개 사단을 격파한 전투이다.

같은 시각 이도구에서 홍범도의 부대는 일본군을 측면에서 공격하다 몰래 철수했다. 일본군은 독립군이 빠져나간 줄 모르고 서로에게 총격을 가하여 400여 명이 죽었다.

10월 22일에 북로군정서는 천수평에 주둔하고 있는 일본군을 급습하여 116명을 사살했다. 일본군이 어랑촌을 총공격하자 김좌진의 북로군정서와 대한독립군 홍범도 부대는 연합하여 일본군과 격전을 치러 승리했다.

24일에 북로군정서는 오히려 천보산의 일본군을 공격했고, 25일에는 홍범도 부대가 어랑촌의 일본군을 공격했다. 이날 늦은 시각에 홍범도와 김좌진 부대는 고동하에서 매복하고 추격하는 일본군을 맞아 대승했다.

결국 일본군은 26일에 추격을 포기하고 압록강을 건너 퇴각했다. 이로써 6월 7일부터 10월 26일까지 4개월 이상에 걸쳐 치러진 봉오동·청산리 전투●는 일본군 1천 200명을 사살하고 2천여 명을 부상시키는 대승을 거두고 막을 내렸다.

● **봉오동·청산리 전투**
봉오동 전투(1920.6.7, 대한독립군, 홍범도), 청산리 전투(1920.10. 26, 북로군정서, 김좌진), 훈춘 사건(1920), 경신참변(1920), 자유시 사변(1921)
(근) 2005, (근) 2008, (검) 3-2, (검) 3-5, (검) 3-6, (검) 5-초, (검) 5-3, (검) 8-3, (검) 9-초

1921년 4월 12일에 독립군 부대는 일본군이 조선 동포에게 가하는 만행을 피하고자 북만주의 밀산부에 모여 대한독립군을 조직하고 소련령인 자유시로 이동했다. 이때 소련은 혁명군인 적군과 이에 저항하는 제정 러시아 군대인 백군으로 나뉘어 치열하게 전투를 치르고 있었다.

일본군은 러시아 백군을 지원하기 위해 시베리아로 출동하고

있었다. 힘겹게 백군을 제압한 적군은 6월 28일 대한독립군의 무장을 해제했다. 이는 대한독립군이 친소적인 조선인 부대를 창설하고, 백군을 지원하려는 일본군의 개입을 막기 위해서 소련군으로 편입하라는 명령을 거부하고 독자적인 조선 독립 부대로 남으려 했기 때문이다. 이 과정에서 많은 독립군이 학살을 당하고 무기를 압수당해 조직이 와해되고 무장력이 급격하게 무너지고 말았다. 이를 자유시 사변(自由市事變)● 이라고 한다.

● **자유시 사변**
흑하 사변이라고도 한다. 1921년 6월에 러시아 영토인 자유시(알렉세예프스크)에서 한국 독립군 부대와 러시아 적군이 교전한 사건이다. 이 사건으로 무장해제를 당한 독립군 부대는 급격하게 세력이 약화되었다.

자유시 사변으로 만주 지역의 무장투쟁력이 약화되자 상해 정부의 독립노선은 급격하게 현상유지파인 외교론 중심으로 기울였다. 이에 상해 정부의 체제 개혁을 주도하던 개조파와 창조파는 상해 정부를 이탈했다. 해외 독립투쟁을 이끌었던 독립군의 무장력 상실과 상해 정부의 분열은 독립운동의 역사에서 중대한 위기였다.

만주 지역으로 돌아온 독립군 부대는 빠르게 조직과 세력을 재건하여 서간도(남만주)에서는 1922년 8월, 채상덕이 주도하는 통의부가 설립되었다. 북간도(동만주)에서는 1923년 8월에 통의부에서 분리된 의용군을 중심으로 윤세용이 집안, 통화를 거점으로 삼아 상해 정부의 직속 육군인 참의부를 구성했고, 이에 따라 통의부 세력은 거의 참의부에 흡수되었다. 참의부는 5개 중대에 600여 명의 병력을 보유한 군정부로 출발했다.

1924년 7월에는 길림과 돈화를 중심으로 대한군정서(서로군정서), 광청단, 의성단 등 8개 단체가 정의부를 수립했다. 정의부는 5개 중대와 1개 헌병대에 400여 명의 병력을 보유한 군정부로 출발했다.

동간도(북만주)에서는 북로군정서의 김좌진이 앞장서서 발해의 상경용천부였던 영안, 밀산을 중심으로 신민부를 설립했다. 신민부는 별동대와 보안대를 포함하여 대략 500여 명의 병력을 보유했다.

참의부, 정의부, 신민부 3개 단체는 독립적으로 입법·행정·사법 기관을 갖춘 자치 정부로 민정과 군정을 겸했으며, 중국의 국공 합작, 국내의 민족유일당운동●●●에 보조를 맞춰 1927년 4월 15일에 길림성 신안둔에서 3군 통합운동을 결의하고, 과도기적 조직으로 혁신의회를 구성했다.

1929년 5월, 이들 3개 단체가 주도한 민족통일전선인 좌우 합작이 무산되고 혁신의회는 해체되었다. 이때 정의부를 주축으로 혁신의회에 참가하지 않은 세력들은 한 달 전인 4월 1일에 군정부인 국민부를 결성하고, 집권당으로 12월에 조선혁명당을 창당했으며, 당군(黨軍)으로 조선혁명군을 창설했다.

김좌진의 신민부는 1930년 7월에 자치기구인 생육사와 북만 한족 자치연합회를 구성하고 당군으로 한국독립군을 창립했다. 이로써 만주 지역에는 조선혁명군과 한국독립군이 양대 산맥을 이루고 독립전쟁을 수행했다.

●● **민족유일당운동**
좌우 합작, 민족협동전선, 민족통일전선이라고 하는데, 중국의 국공 합작과 같은 개념이다. 반봉건 반제국주의 투쟁의 양대 축인 민족주의 세력과 사회주의 세력이 연합하여 항일 독립운동을 공동으로 전개하는 것을 말한다. 대표적인 성과로 신간회, 만주 지역의 3군부 통합, 임시정부의 한국광복군 등이 있다.

● **민족유일당운동**
타협적 민족주의 비판, 자치론을 부정, 중국 국공 합작의 영향, 결실(신간회, 3군부 통합운동, 한국광복군 창설 등)
(근) 2010

6·10 만세운동, 신간회를 세우다

1910년대에 신민회의 실력양성운동은 무장투쟁론과 애국계몽운동의 두 가지 흐름이 있었다. 그중에서 무장투쟁론이 만주에서 독립군 기지를 건설하는 데 주력했다면, 애국계몽운동은 국내에서 민족경제의 확대, 교육계몽운동, 물산장려운동, 민립 대학 설립, 우리말 사용● 등 내부 역량을 키우고 독립을 추구하는 비타협운동으로 이어졌다.

1920년대에 이르러 애국계몽운동은 일제의 문화 통치에 회유되어 대부분 민족개조론, 자치론을 내세우며 일제에 투항했다. 일제는 정치적으로 유화적인 문화 통치를 표방했지만 경제적 수탈은 더욱 가중되었다. 1920년에 회사령이 철폐되어 일본인이 자유롭게 회사를 차릴 수 있었으며, 산미 증산 계획●● 이 세워져 많은 미곡이 일본으로 빠져나가 곡물 부족으로 조선 백성의 고통은 말할 수 없이 심해졌다.

1923년에 평양에서 조만식을 중심으로 물산장려운동●●● 이 일어나 물자를 아껴 쓰고 민족자본을 형성하여 일제의 경제적 수탈에 저항했으나 근본적으로 민족 문제를 해결할 수는 없었다.

이런 가운데 러시아 혁명의 여파로 학생·청년·지식인·노동자 중심으로 남녀 평등, 계급 평등과 같은 사회주의 사상이 빠르게 전파되었다. 1923년에 홍명희의 신사상연구회, 백정들이 만든 형평사(衡平社)●●●●● 가 등장했다. 1924년에 조선청년 총동맹, 도쿄 유학생 조직인 북풍회, 조봉암과 박헌영의 화요회가 결성되었다. 1925년에는 사회주의 전위 조직인 조선공산당과 고려공산청년회가 탄생했다. 1926년에 좌익 세력은 순종의 장례식인 6월 10일에 시민과 학생들이 함께 6·10 만세운동●●●●● 을 일으켰다. 학생들은 동맹 휴업으로 호응했다.

일제의 문화 정책과 회유 공작으로 민족주의 계열이 변절하고 사회주의 계열은 치안유지법(1925)의 극심한 탄압으로 지하에 숨어들었다. 그런 와중에 중국에서 1924년에 군벌과 일제에 저

● **한글운동**
문맹퇴치운동(1920년대), 조선어강습회(1930년대), 조선어 금지(1937년 이후), 조선어학회 사건(1940년대)
(근) 2005, (검) 4-초

●● **산미 증산 계획**
산미 증식 계획(1920~1934), 일본 식량 부족을 조선에서 보충, 벼농사 중심 농업 구조화, 지주가 수리 시설 개선 비용을 소작인에게 전가
(근) 2007, (검) 3-1, (검) 3-2, (검) 3-4

●●● **물산장려운동**
1923년 평양에서 시작, 배경(회사령 철폐로 민족 기업 증가, 일제 관세 철폐 움직임), 민족산업 육성, 민족 자립 경제, 구호(국산품 애용, 소비절약운동),
(근) 2007, (검) 2-5, (검) 3-3, (검) 5-고, (검) 6-4, (검) 6-고, (검) 7-4, (검) 8-3, (검) 8-고

●●●● **조선형평사운동**
백정의 신분해방운동, 1923년 진주에서 결성, 민중각성운동 발전(인권운동, 정치 개혁, 사회 개혁)
(근) 2007, (검) 2-3, (검) 9-3

● **형평사**
형평은 저울의 수평을 말하며 정치적으로 계급 혁파, 신분 해방을 뜻한다. 1923년 4월에 진주에서 천민 계급인 백정을 중심으로 조직한 단체이다. 처음에는 신분 차별의 사회운동에서 시작했고 후에는 인권운동, 정치 개혁, 사회 개혁의 민중운동으로 발전했다.

항하기 위해 국민당과 공산당이 국공 합작을 하고, 남만주 지역의 독립군 부대도 삼군부 통합운동을 추진하고 있었다.

이에 자극받은 국내의 좌우 항일 세력은 독립을 포기하는 투항적 자치운동을 막아내고, 항일운동의 역량을 결집하고자 민족유일당운동이라 부르는 좌우 합작을 추진했다. 1925년에 결성된 조선사정연구회와 1926년에 조직된 정우회는 민족통일전선의 물꼬였다.

6·10 만세운동이 끝나고, 1927년 2월에 신석우·안재홍·홍명희·문일평 등 민족주의 계열, 이갑성·이승훈 등 기독교계, 권동진 등 천도교 구파, 한용운 등 불교계, 사회주의 계열의 한위건 등 28명이 조선사정연구회와 정우회를 확대하여 신간회를 결성하고 회장에 이상재, 부회장에 홍명희를 추대했다.

신간회는 전국을 순회하며 민족 단결, 경제적 각성, 기회주의 배격을 내세우고 수차례 강연회를 개최하여 1) 조선인에 대한 착취 기관 폐지, 2) 일본인의 조선 이주 반대, 3) 타협적이고 기회적인 정치운동 배격, 4) 조선 민족 교육 실시, 5) 사상 연구의 자유 등을 요구했다.

신간회는 청년, 여성, 노동단체와도 연계하여 항일운동을 전개했는데 대표적인 여성단체가 근우회였다. 또한 원산노동자 대파업, 단천의 농민운동, 광주 학생의거를 배후에서 지원했다. 그러나 신간회의 좌우 합작은 1930년대에 들어서 중대한 위기에 직면했다.

일제는 만주를 차지하기 위해 더욱 조선인 단체와 사상을 억압했고, 기대하던 중국의 국공 합작이 깨지면서 좌우 합작이 불가능하다는 회의론이 대두되었다.

●●●●● 6·10 만세운동
순종 승하(1926), 사회주의자(조선공산당) 주도, 돈화문에서 격문 살포, 민족유일당운동의 촉발, 신간회 창립 계기
(근) 2005, (근) 2009, (검) 2-3, (검) 7-초, (검) 8-4

●● 신간회
1927년 2월에 중국의 국공 합작에 자극을 받은 안재홍, 이상재, 백관수, 신채호 등 34명의 독립운동가들이 발기해서 만든 최초의 좌우 합작 민족운동 단체이다. 조선 민족의 정치적, 경제적 해방과 독립국가 건설을 위한 항일운동을 전개했다.

●●●●●● 신간회
1927년 설립, 중국의 제1차 국공 합작 영향 받음, 민족유일당운동의 결실, 주도자(안재홍, 이상재, 백관수, 신채호 등), 기회주의 배격(자치론, 타협론), 목표(조선 민족의 정치적, 경제적 해방과 독립국가 건설을 위한 항일운동), 광주 학생의거 배후 지원
(근) 2006, (근) 2007, (검) 2-1, (검) 2-2, (검) 4-3, (검) 6-3

여기에다 소련의 코민테른은 사회주의 세력으로 하여금 민족주의 세력과 결별하고 독자적인 계급 해방, 민족 해방에 나서라는 지령을 내렸다. 이에 따라 신간회는 1931년 5월에 자진 해산하고 국내의 민족유일당운동은 아쉽게 중단되었다.

의열단, 항일 무장 테러는 정의이다

상해 정부의 지도부는 초기부터 외교론과 실력양성론을 주장하는 온건파가 대부분이었다. 따라서 독립군 기지 건설과 무장

의열단과 한인애국단

	의열단	한인애국단
배경	• 3·1 운동 평화 시위 한계 인식 • 실력 투쟁, 무장투쟁 필요성	• 20년대 중반 임시정부 침체 • 일제 감시, 탄압과 자금·인력 부족
조직	• 김원봉·윤세주(1919), 만주에 결성 • 신흥무관학교 출신 주축	• 임시정부 국무령 김구가 조직
목표	• 일제 요인 암살, 민족 반역자 처단 • 식민 통치기구 파괴	• 임시정부의 난국 타개 • 민족의식 각성과 사기 앙양
활동	• 신채호 〈조선혁명 선언〉 작성(민중 혁명 고취) • 박재혁(부산 경찰서 폭탄 투척, 1920) • 김익상(조선총독부 폭파, 1921) • 김상옥(종로 경찰서 폭탄 투척, 1923) • 김지섭(도쿄 궁성 폭탄 투척, 1924) • 나석주(동척, 식산은행 폭탄 투척, 1926)	• 이봉창 의거(1932), 일본 국왕 암살 시도 • 윤봉길 의거(1932), 홍구 공원 폭탄 투척
의의	• 비밀결사 → 독립운동 정당 변화 모색 • 황포군관학교 입학 → 중국과 연계 • 민족혁명당 결성(1935)	• 중국 국민당 → 임시정부 지원 • 무장 독립 활동 인정(한국광복군 탄생)

단재 신채호 사당 | 독립운동가이자 민족사학자인 단재는 1936년에 여순 감옥에서 순국했다. 이후 애국지사들이 몰래 고향인 이곳에 암장했다가 해방 뒤에 오늘의 묘소로 단장되었다.

투쟁을 통한 독립 역량을 강화하려는 강경파들은 상해 정부에서 이탈하여 독자적인 노선을 걷기 시작했다.

1919년 11월 9일에 김원봉과 윤세주는 일제 요인 암살, 민족 반역자 처단, 식민 통치기구 파괴를 목표로, 만주 길림에서 신흥무관학교 출신의 단원을 중심으로 테러 단체인 의열단(義烈團)● 을 조직했다. 민족사학자이자 독립운동가인 신채호는 1923년에 의열단의 행동 강령인 〈조선혁명 선언(의열단 선언)〉을 작성했다.

의열단은 직접적인 무력 저항을 시도하여 박재혁의 부산 경찰서 폭탄 투척(1920)을 필두로 김익상의 조선총독부 폭파(1921), 김상옥의 종로 경찰서 폭탄 투척(1923), 김지섭의 도쿄 궁성 폭탄 투척(1924), 나석주의 동양척식주식회사 폭탄 투척 사건(1926)을 일으켰다.

● **의열단**
만주 길림시에서 결성, 김원봉 주도, 신흥무관학교 출신이 중심, 민중의 무력 통한 직접 혁명, 〈조선혁명 선언(의열단 선언)〉(신채호 작성), 김익상(조선총독부), 김상옥(종로 경찰서), 나석주(동양척식주식회사)
(근) 2006, (검) 2-1, (검) 3-1, (검) 4-4, (검) 5-3, (검) 7-고, (검) 9-3, (검) 9-고

의열단은 나중에 민족혁명당과 조선의용대를 거쳐 민족통일 전선에 따라 통합된 한국광복군•으로 합류하여 무장 독립운동의 역사에 빛나는 발자취를 남겼다.

• **한국광복군**
상해 정부 국군(1940), 중국의 제2차 국공 합작 영향, 조선의용대(김원봉) 합류(1942), 중국 국민당과 군사 협정, 연합군과 연합 작전, 영국군과 합동 작전(인도, 미얀마), 국내 진공 작전 계획, 대일 선전포고
(검) 5-3, (검) 5-4, (검) 6-3, (검) 9-4, (검) 9-3

•• **광주 학생의거**
한일 학생 간의 충돌로 시작, 민족 차별 반대, 식민지 교육 반대, 전국 규모로 확산, 배후에 신간회, 학생의 날 유래
(근) 2010, (검) 5-3, (검) 6-초, (검) 9-3

광주 학생의거, 학생운동의 빛나는 전통을 세우다

광주 학생의거••는 1920년대의 마지막을 장식하는 대표적인 항일 민족운동이었다. 사건의 발단은 지극히 개인적인 충돌이었지만, 조선 학생과 일본 학생 사이에 잠재되어 있는 민족 차별과 경쟁의식은 언젠가는 한꺼번에 분출될 화약고였다.

1929년 10월 30일에 광주에서 나주로 가던 열차에서 일본 남학생이 조선 여학생을 희롱했다. 이에 격분한 조선 남학생이 일본 남학생을 두들겨 팼다.

이렇게 시작된 패싸움은 11월 3일에 광주중학 일본 학생과 광주고보 조선 학생의 충돌로 확대되었다. 이때 광주고보 학생들이 조선 학생에게 불리한 기사를 게재한 일본어 신문인 〈광주일보〉를 습격하여 윤전기에 모래를 끼얹었다. 학생들의 충돌은 호남 전체로 확대되었고 학생들은 "조선 독립 만세!"를 외치며 항일 투쟁을 전개했다.

일제는 경찰을 동원하여 학생들을 탄압했다. 이에 광주의 신간회 지부, 청년단체, 사회단체가 가세하여 광주의 학생운동은 전국적으로 확산되었다.

11월 12일에 인쇄된 격문이 각급 학교에 뿌려지고, 본격적인

제2차 투쟁이 전개되었다. 격문의 내용은 1) 교우회 자치권의 획득, 2) 경찰의 교내 출입 반대, 3) 언론·출판·집회·결사·시위의 자유 획득, 4) 식민지 노예 교육 철폐 등이었다.

광주 학생운동은 12월 2일에 서울로 전파되어 경성고보, 경신학교, 보성고보, 중앙고보, 휘문고보, 배재고보, 이화여고, 동덕여고, 배화여고, 정신학교 등 20여 개 학교가 가두시위와 동맹 휴학으로 동조했다. 이어서 개성, 부산, 진주, 청주, 공주, 대전, 전주, 정읍, 신의주, 선천, 해주, 대구, 춘천 등 전국적으로 퍼져나갔다. 전국적으로 학생운동에 참가한 학교는 194개교, 연인원 5만 4천여 명이었으며, 이중에서 580여 명이 퇴학 처분을 받았고, 2천 330여 명이 무기정학에 처해졌다. 이처럼 광주 학생운동은 3·1 운동 이후 학생들을 중심으로 전개한 가장 격렬하고 활기찬 항일투쟁이었다.

이때부터 광주 학생운동의 전통은 해방 이후 한국 사회의 격변기마다 학생들로 하여금 역사의 주체로 일어나 불의와 부패를 비판하는 변혁의 동력으로 만들었다.

이봉창과 윤봉길, 일제의 간담을 서늘하게 만들다

상해 정부는 1920년대 중반에 이르러 조직이 거의 와해되어 명맥만 유지하고 있었다. 1926년에 상해 정부 국무령에 취임한 김구는 꺼져가는 독립투쟁의 불길을 살리기 위해 1931년에 김석, 이수봉, 이유필, 안공근과 함께 한인애국단●●●을 조직하고 유상

●●● **한인애국단**
임시정부 소속, 김구 주석이 창단, 이봉창 의거(일본 동경), 윤봉길 의거(상해 홍구 공원)
(검) 2-6, (검) 3-6, (검) 4-4, (검) 5-3, (검) 5-4, (검) 8-초

근, 유진만, 윤봉길, 이덕주, 최홍식 등을 단원으로 맞이했다.

1931년 9월 18일, 일본군은 만주 사변●을 일으켜 심양을 점령하고 만주 전역에 대한 공격에 들어갔다. 한인애국단의 김구는 극적이면서 충격적인 테러를 위해 12월 13일에 이봉창에게 일본 왕 암살을 지령했다.

● **만주 사변**
1931년 9월 18일에 일본 관동군이 만주를 차지하기 위해 중국과 벌인 전쟁이다. 만주 장악에 성공한 일본군은 1932년 3월 1일에 꼭두각시 정권인 만주국을 세웠다.

1932년 1월 8일에 이봉창은 도쿄에 잠입하여 일본 왕 히로히토가 만주 국왕 푸이와 함께 열병식을 마치고 궁성으로 돌아가는 도중 사쿠라다문에 이르렀을 때 폭탄을 투척했다. 아쉽게도 폭탄은 명중하지 않았지만 조선인은 여전히 일본의 통치를 거부한다는 의지를 세계에 떨쳤으며, 중국 국민들에게 조선인은 항일 투쟁의 동반자라는 인식을 심어주었다.

중국 국민당 기관지인 〈국민일보〉는 "일본 왕이 불행히도 맞지 않았다(불행부중)"라는 기사를 내보냈고, 일본은 이를 빌미 삼아 상해에 있는 일본 거류민을 보호한다며 1월 28일에 상해 사변을 일으켜 1개월 만에 점령하고 일본 왕의 생일인 4월 29일 천장절에 홍구 공원에서 승전 축하식을 거행했다.

김구는 중국군에 입대하여 항일 독립을 수행하던 조선의 장군 김홍일에게 수통형과 도시락형 폭탄 2개를 입수하고 윤봉길에게 거사를 지령했다. 윤봉길은 식장의 중앙에 정확하게 던져 폭발시켰다.

상해 침략군 사령관 시라가와 육군 대장, 상해 거류민 단장 가와바다는 즉사했고, 해군 3함대 사령관 노무라 중장은 실명했으며, 9사단장 우에다 육군 중장과 주중 공사 시게마쓰는 다리가 부러졌다.

한인애국단의 상해 의거로 임시정부는 프랑스 조계(租界)를 떠나 강소성 가흥, 절강성 항주로 피신하는 대장정의 길에 들어섰다. 하지만 윤봉길의 의거로 상해 정부는 중국 국민당 장개석 정부의 전폭적인 군사 지원을 받아 낙양에 있는 중국 육군 중앙군관학교에 한인 특별반을 설치하여 독립군을 양성할 수 있게 되었다.

상해 정부, 한국광복군을 창설하다

1930년대에 만주 지역의 독립운동을 이끈 세력은 조선혁명군과 한국독립군이었다.● 1931년 9월 18일에 일본군은 만주 사변을 일으켜 심양을 점령하고, 1932년 3월 1일에 꼭두각시 정부인 만주국을 세우고 항일 독립군에 대한 강력한 공격을 시작했다.

● **1930년대 항일무장투쟁**
• 조선혁명군 : 국민부 산하, 흥경성 전투, 영릉가 전투, 중국 의용군과 연합, 양세봉
• 한국독립군 : 혁신의회 산하, 쌍성보 전투, 대전자령 전투, 중국 호로군과 연합, 지청전
(근) 2007, (근) 2010, (검) 5-고, (검) 8-3, (검) 8-고

한국의 독립운동 세력은 중국의 항일 세력과 연대하여 항일 무장투쟁을 시작했는데 대표적인 전투가 영릉가 전투와 대전자령 전투였다. 조선혁명군의 양세봉은 중국의용군과 함께 만주 신빈현 영릉가 전투(1932)에서 일본군을 격파했으며, 한국독립군의 이청천은 중국호로군과 북만주 대전자령 전투(1933)에서 일본군을 격파하는 전과를 올렸다.

하지만 일본군과 만주군의 공세가 치열해지자 한국독립군은 만주를 떠나 1933년 11월에 임시정부의 중앙군관학교 낙양 분교에 편입되었으며, 조선혁명군은 1934년에 사령관 양세봉이 일본군과의 전투에서 전사하고, 1938년에는 총사령 김호석마저 일본군에 체포되어 조직이 와해되었다.

그러나 조선혁명당의 간부 최동오와 조선혁명군 참모장 김학규 등은 만주를 탈출하여 중국 남경에 체류하던 임시정부에 합류했다. 이로써 만주 지역의 한국독립군과 조선혁명군은 나중에 대한민국 국군인 한국광복군의 일원이 되었다.

● **노구교 사건**
1937년에 7월 7일에 북중국 풍태에 주둔하고 있던 일본군이 영정하에 있는 노구교를 공격한 사건이다. 이로부터 1945년 8월 15일까지 중일 전쟁이 시작되었다.

1937년 7월 7일에 일본군이 북경의 노구교(蘆溝橋)●에서 중일 전쟁을 일으켰다. 7월 15일에 남경에 머물던 임시정부는 분열된 독립 진영의 세력 통합에 나서 김구의 한국국민당, 조소앙의 한국독립당, 이청천의 조선혁명당을 중심으로 대내외 9개 단체를 통합한 한국광복진선(광선)을 결성했다. 의열단을 이끌던 김원봉은 1935년 6월 29일에 한국(조선)민족혁명당을 발족시키고 1938년 10월 10일에 조선의용대를 창설했다.

이로써 1930년대 중국 내륙에서는 민족 우익인 광복진선과 민족 좌익인 조선의용대가 독립운동의 양대 축을 형성했다.

중일 전쟁이 격화되자 독립운동 세력은 민족통일전선을 형성하기 위해 1939년 7월 17일에 김구와 김원봉이 중경에서 만나 전국연합진선협회를 구성했다. 그러나 김원봉이 나중에 탈퇴하여 1940년 4월 1일에 민족 우파는 한국국민당, 조선독립당, 조선혁

대한민국 상해 정부 헌법 개정

구분	시기	정부 수반	개헌 내용
1차 개헌	1919. 3	이승만	임시정부 통합안(대통령중심제 : 이승만)
2차 개헌	1925. 4	이상룡	내각책임제(국무령 : 이상룡)
3차 개헌	1927. 3	이동녕	국무위원 집단 지도 체제
4차 개헌	1940. 10	김구	주석제(김구), 삼균주의를 강령으로 채택, 대일 선전포고
5차 개헌	1944. 4	김구	주석, 부주석제(김구, 김규식)

명당의 통합을 결의하고, 5월 8일에 조소앙의 삼균주의(三均主義)●●를 강령으로 하는 통합 정당인 한국독립당을 창당하여 임시정부의 여당이 되었으며, 9월 17일에는 중경에서 김구의 주관으로 한국광복군이 창설되었다.

대한민국 임시정부는 해방 이후 독립국가 건설을 위해 1941년에 정치, 경제, 교육의 균등이라는 삼균주의를 바탕으로 보통선거에 의한 민주공화국 수립, 토지 국유화와 의무 교육 실시를 기조로 하는 '건국 강령'●●●을 발표했다.

제2차 국공 합작을 이루고 항일 전쟁을 주관하던 중국 정부는 한국 독립운동 세력의 좌우 합작을 권유하여 1942년 5월에 김원봉의 조선의용대가 한국광복군으로 편입되어 명실상부한 대한민국 국군의 위상을 갖게 되었다.

●● **삼균주의**
독립운동가 조소앙이 독립운동의 방침과 국가 건설의 이념을 밝힌 정치 균등, 경제 균등, 교육 균등의 정치 사상이다. 1941년 11월에 대한민국 건국 강령의 기본 이념으로 채택되었다.

●●● **대한민국 건국 강령**
1) 우리 나라는 우리 민족의 반만년 내로 공통된 말과 글과 국토와 주권과 경제와 문화를 가지고 공통된 민족 정기를 길러온 우리끼리로서 형성하고 단결된 고정적 집단의 최고 조직임.
2) 우리 나라의 건국 정신은 삼균 제도에 역사적 근거를 두었으니, 선조들은 수미균평위(首尾均平位)하여 흥방보태평(興邦保太平)하리라 말했다. 이는 사회 각층 각급의 지력과 권력과 부력의 향유를 균등하게 하여 국가를 진흥하며, 태평을 보유하려 함이니 홍익인간과 이화세계를 하자는 우리 민족의 지킬 바 최고 공리임. (하략)
(1942년 11월 28일에 독립을 대비하여 채택한 강령, 제1장 총강)

불꽃처럼 타오르는 국내외 독립운동 세력

북만주 지역에서는 오성륜, 엄수영, 이상준이 1936년에 비밀조직인 조국광복회를 결성하고 중국의 동북인민항일연군(이하 동북항일연군)에 소속되어 일본군의 후방을 교란했다. 해방 후 북한 정권을 세우는 김일성, 서철, 최현, 오백룡, 임춘추, 안길, 최용건, 김책이 모두 동북항일연군에 소속된 독립군이었다.

1937년에 6월 4일에 동북항일연군의 제1군 제6사 제4지대장 김일성은 압록강 건너 백두산 자락의 갑산군 혜산진 보천보를 공격하여 일본군의 간담을 서늘하게 만들었다.

● **해방 전후 건국 준비**
대한민국 임시정부(삼균주의, 건국 강령, 광복군 국내 진공 작전), 조선독립동맹(1942, 김두봉, 조선의용군, 사회주의 공화국 설립), 조선건국동맹(1944, 여운형, 일제 행정권 접수, 좌우 연합, 인민공화국 수립)
(근) 2010, (검) 5-고, (검) 6-고, (검) 7-초, (검) 8-고, (검) 9-고

▶ 만주의 무장 독립운동
1920년대는 신민부, 정의부, 참의부가 만주에서 독립운동을 주도했고, 1930년대는 화남의 한국광복군, 화북의 조선의용군, 만주의 동북항일연군이 항일 무장투쟁을 이끌었다.

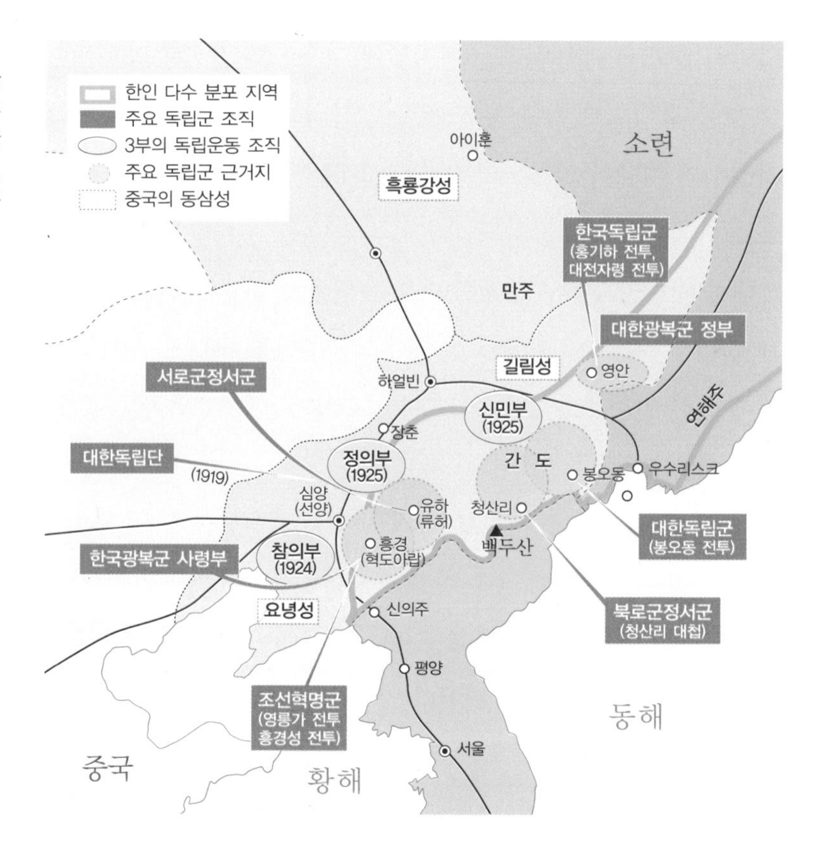

1940년에 일본군의 대대적인 공세가 시작되자 김일성은 소련의 하바로프스크로 이동하여 소련극동군 제88 국제여단에서 항일 투쟁을 수행했다. 1945년에 해방이 되자 김일성 대위는 소련군과 함께 9월 18일에 원산항으로 귀국하여 북조선 건국의 핵심으로 참여한다.

중국 화북 지역의 연안에서는 김두봉, 김무정, 박효삼, 최창익 등이 1942년에 민족통일전선의 일환으로 조선독립동맹을 발족하고 500여 명의 병력으로 조선의용군을 결성했다. 조선의용군은 중국 공산당과 함께 중국 항일인민군의 일원으로 항일 전쟁을 치렀다.

민족사학자 5인의 역사정신

백암 박은식 (1859~1925)	단재 신채호 (1880~1936)	위당 정인보 (1893~1950)	육당 최남선 (1890~1957)	호암 문일평 (1888~1939)
혼(魂)	**낭가**	**얼**	**불함 문화**	**조선심**
《한국통사》	《조선상고사》	《5천 년간 조선의 얼》	《불함문화론》	《한국의 문화》
혼 : 정신적 백 : 물질적	낭가(화랑) –대외 항쟁	얼 : 말, 글, 역사 –단군 정신	고조선 문화 –불함산 중심	세종(한글) 실학 정신

1945년에 해방이 되자 김무정이 이끈 조선의용군은 북한의 조선인민군에 편입되어 연안파를 형성했다. 6·25 전쟁이 끝나고 북한 내에 권력 투쟁이 일어나 친소파인 김일성이 국내파인 박헌영과 연안파인 김무정을 숙청했다.

국내에서는 신간회가 해체되고 일제의 가혹한 탄압으로 대부분의 항일 조직은 지하로 숨어들었으며, 실력양성론을 주창한 민족 우파는 거의 친일파로 변신했다.

태평양 전쟁에서 일본군의 패색이 짙어지던 1944년 8월에 여운형은 좌익, 우익, 중도파를 모두 망라하여 민족통일전선의 기치 아래 비밀결사인 건국동맹을 결성하고 해방 후 자주독립국가 건설을 준비했다.

국제회의, 한국의 독립과 분단을 결정하다

일제는 1938년에 국민 총동원령을 내리고,● 이듬해 1939년에는 국민 징용령을 발동하여 조선인을 전장으로 내몰았다. 많은

● **국가 총동원법**
체육(협동 체조, 모래 가마니 나르기, 기마전, 깃대 빼앗기 등), 노래(〈태평양 행진곡〉 〈부인 종군가〉 〈군대여 감사합니다〉 등), 국어(일본어 수업), 동원 체제(전시학도 체력 훈련, 학도 근로 동원), 공출(놋그릇), 신사 참배
(검) 1-3, (검) 5-4, (검) 6-4, (검) 7-3, (검) 8-3, (검) 8-고, (검) 9-초

조선인들이 징병, 징용, 군위안부로 끌려가 인권을 유린당하고 귀중한 생명을 잃었다. 1943년에는 학도지원병제를 실시하여 청년 학생을 강제로 전장에 보냈으며, 1944년에는 징병제를 실시하여 일반인도 전쟁의 노예로 삼았다.

1930년대 후반에 이르러 항일 독립운동 세력은 전열을 정비하고 조직을 통합하여 적어도 일본군과 싸울 수 있는 무장 역량을 갖추기 시작했다. 중경에 소재한 임시정부의 한국광복군, 연안에서 항일운동을 하던 조선의용군, 북만주의 조선광복회(동북항일연군)가 어느 정도 무장력을 갖추었다.

상해 정부는 1941년 12월 10일에 대한민국 정부의 공식 발표를 통해 일본에 선전포고를 했다. 하지만 이들 무장 세력은 일본 관동군의 막강한 무장력에 막혀 효과적으로 항일운동을 전개하기 힘들었다.

제2차 세계대전이 막바지에 이르던 1943년 11월에 카이로에서 열린 미국, 영국, 중국의 정상회담(카이로 선언)●에서 한국의 독립이 처음으로 천명되었다. 1945년 2월 11일에는 미국, 영국, 소련의 수뇌부가 소련의 흑해 연안인 얄타에서 만나 소련의 참전과 한국의 분단을 결정하는 얄타 회담을 가졌다.

● 한국 문제 주요 회담
카이로 선언(1943, 독립보장), 얄타 협정(1945, 소련 참전, 분단 계기), 포츠담 선언(1945, 카이로 재확인), 모스크바 3상회의(1945, 신탁통치)
(검) 3-2, (검) 4-고

유럽에서 독일과 이탈리아가 패망하고, 일본과의 전쟁을 남겨놓은 미국은 1945년 7월 17일에 일본의 무조건적인 항복과 함께 카이로 선언의 내용을 다시 확인하는 포츠담 선언을 발표했다. 이때까지만 해도 우리나라 독립운동 세력은 일본의 패망과 함께 자주통일 국가가 들어설 것으로 의심치 않았다.

1945년 8월 6일과 9일에 미국의 폭격기가 각각 히로시마와 나가사키에 원자폭탄을 투하했다. 폭발과 함께 순식간에 고열과 폭풍, 방사능으로 히로시마에서는 14만 명, 나가사키에서는 7만 명이 사망했다. 히로히토 일본 왕은 8월 15일에 연합군에게 무조선 항복을 선언했고, 이로써 제2차 세계대전(태평양 전쟁)이 끝났다.

하지만 우리 독립운동 세력은 항일 전쟁에서 자력으로 승리를 얻지 못해 승전국의 지위를 확보하지 못했다. 조선의 독립 여부는 이제 대일본 승전국인 미국, 중국, 소련 등 연합국이 결정하게 되었다.

항일 전쟁 시기 10대 사건

구분	시기	사건
①	1910. 8. 29	경술국치, 일제가 조선의 국권 침탈
②	1919. 3. 1	기미독립선언(3·1 운동), 임시정부 수립(4. 10)
③	1920. 6. 7~10. 26	대한독립군, 북로군정서 등의 봉오동, 청산리 대첩
④	1923. 4	경남 진주 백정(白丁)들의 조선형평사운동, 전남 신안 암태도 소작 쟁의
⑤	1926. 6. 10	6·10 만세운동, 좌우 합작운동의 기폭제가 됨
⑥	1927. 2~4	신간회 좌우 합작운동, 만주 독립군의 3군부 통합운동
⑦	1929. 1~4	원산 총파업, 원산 부두 노동자의 항일운동
⑧	1932. 1~4	이봉창 의거(1. 8), 윤봉길 의거(4. 29)
⑨	1940. 9. 17	대한민국 상해 정부의 국군인 한국광복군 창설
⑩	1945. 8. 15	항일 독립전쟁에서 승전, 민족 해방

역사 지식 플러스

조소앙의 삼균주의는 무엇인가?

1920년대 중반의 상해 정부는 개조론과 창조론, 투쟁 방식(외교, 무장, 문화)의 차이, 민족 세력과 공산 세력, 아나키즘 등 다양한 사상의 조류와 이념이 혼재한 백가쟁명의 집합소였다. 따라서 어느 때보다 민족의 단결과 독립운동의 방향 설정이 필요했다.

이에 조소앙은 좌우의 이념을 아우르고 서양과 동양의 유토피아 사상을 종합하여 삼균주의(三均主義)를 완성했다. 삼균주의는 항일투쟁의 현장 경험에서 탄생한 항일 독립과 조국 건설의 이념이자 정치 강령이었다.

또한 안중근의 동양평화론, 손문의 삼민주의, 강유위의 대동 사상, 아나키즘(자유공동체), 사회주의 평등 개념을 수용하고, 홍익인간의 민족이념을 바탕으로 개인 · 민족 · 국가(세계)의 완전 균등을 표방한 세계주의 철학이기도 했다.

개인의 균등은 보통선거제에 의한 정치 균등, 생산 국유제에 의한 경제 균등, 국비 의무제에 의한 교육 균등의 실현이며. 민족의 균등은 민족자결을 원칙으로 민족간의 차별이 없는 질서를 실현하는 것이며, 국가의 균등은 식민 정책과 자본 지배를 부정하고 침략전쟁을 금지하며 국가 간의 간섭과 침탈이 없는 세계주의를 실현하는 것이다.

삼균주의는 노예 해방, 토지 공유, 사유제 철폐, 계급 타파, 자주국가의 이념을 체계적으로 정립한 민중혁명론이자 민족구국론으로, 1941년에 대한민국 건국 강령으로 채택되었다. 하지만 해방 이후 미군정에 의해 임시정부의 법통성이 부정되고, 국토 분단과 남북한 체제 경쟁이 격화되면서 삼균주의는 끝내 민족 사상으로 발전하지 못했다.

논술 생각나무 키우기

항일 전쟁 시기에 민족주의 세력과 사회주의 세력이 통합적인 항일 전선을 구축한 좌우 합작운동(민족 통일전선)은 어떤 것이 있으며, 그것이 우리 역사에서 어떤 의미를 지닐까?

Point 1 근대 시기에 제국주의 열강의 침략을 받은 피압박 민족의 시대 과제는 무엇이며, 반봉건운동과 반제국주의운동의 특성은 어떤 것이 있는지 생각한다.

Point 2 민족주의 세력과 사회주의 세력이 좌우 합작을 하게 되는 역사적 요인은 무엇이며, 주변 국가로부터 영향을 받은 것이 있다면 그것이 어떤 것인지도 살펴본다.

Point 3 좌우 합작운동이 항일 전쟁 시대와 해방 후 한국사에 끼친 영향이 무엇인지 알아보고, 그것이 갖는 역사적 의미도 살펴본다.

공부를 더 하고 싶다면

《봉오동 청산리 전투의 영웅》(장세윤 지음, 역사공간)
의병전쟁에서 독립전쟁으로 전환되는 시기에 3·1 운동의 비폭력 노선을 뛰어넘는 봉오동 청산리 전투가 벌어진다. 독립운동의 방향과 노선을 뒤흔든 이 전투의 중심에 홍범도가 있었다. 이 책은 홍범도의 생애에서 죽음에 이르는 장엄한 일대기를 생생하게 보여준다.

《조소앙이 꿈꾼 세계》(김기승 지음, 지영사)
대한민국 임시정부의 헌법에 명시된 삼균주의는 손문의 삼민주의를 뛰어넘는 미래지향적 철학이자 이념이었다. 개인의 정치, 경제, 교육의 균등과 민족, 국가, 세계의 삼균주의를 제시한 조소앙의 이념과 지향점을 읽을 수 있다.

《조선혁명군 총사령관 양세봉》(조문기 지음, 안병호 역, 나무와 숲)
천마산의 소년 독립군에서 전설적인 조선혁명군 총사령관으로 항일 전선에서 이름을 떨친 양세봉의 일대기를 만난다. 서간도 항일 전쟁사에서 빛나는 영릉가 전투, 흥경성 전투의 역사도 생생하게 그리고 있다.

2 해방 전후사, 분단이냐 통일이냐

한 줄로 읽는 우리 역사

해방 후 시대 과제는 친일파 청산, 토지 개혁, 자주독립국가의 건설이었다. 미군정은 여운형의 건준을 부정하고, 반공 친미국가를 세우고자 친일파를 중용했다. 이승만은 집권을 위해 친일파와 손잡고 단정을 추진했으며, 김구는 통일을 위해 남북 협상에 나섰다.

한국 현대사의 제2기는 해방과 분단의 역사에서 시작한다. 갑오농민전쟁부터 시작하여 해방 전후까지 이어진 항일 전쟁(1895~1945)을 주도한 세력은 양심적 지식인, 농민, 학생, 노동자 등 기층 민중이었다. 이들이 귀중한 자신의 목숨을 버리면서 꿈꾼 나라는 봉건 유습과 일제 잔재를 청산하고 백성이 주인 되는 자주독립국가의 건설이었다.

경교장 | 대한민국 임시정부의 김구 주석이 해방 후 귀국한 뒤에 머문 집무실이다. 미국과 친일파의 사주를 받은 안두희는 이곳에서 백범을 시해했다.

1945년 8월에 일본의 나가사키와 히로시마에 원자폭탄이 투하되어 일본인 수십만 명이 일시에 사망하고 도시가 거의 파괴되자 일본 제국주의는 저항의지를 잃고 연합국에 무조건 항복을 선언했다.

조선의 민중은 자주독립국가를 꿈꾸며 벅찬 해방의 기쁨을 맞이했다. 조선의 민중들은 친일파 청산, 적산(일제의 재산)의 분배, 토지 개혁, 독립국가의 건설을 당면한 시대 과제로 인식하고 있었다.

미군정, 건국동맹을 견제하고 친일파를 끌어들이다

정부 구성에 가장 먼저 박차를 가한 세력은 여운형이 이끄는 건국동맹• 이었다. 여운형은 1944년 8월 11일에 독립운동 비밀결사 단체인 건국동맹을 설립하고 해방을 준비했다. 패전을 앞둔 조선총독부는 8월 14일에 일본인의 생명과 재산을 보호하고자 여운형과 비밀리에 만나 행정권 이양을 제안했고, 여운형은

• **건국동맹**
1944년 8월 10일에 국내의 사회주의 독립운동가들이 일본의 패망을 예견하고 새로운 국가 건설을 목표로 여운형을 위원장으로 하여 비밀리에 조직한 비밀결사 단체이다. 해방 이후에 건준(建準)에 편입되었고, 후에 근로인민당의 모체가 되었다.

백범 기념관

경교장의 총탄 자국

모든 정치·경제범의 석방, 3개월분의 식량 확보, 조선인들의 활동 보장을 조건으로 수락했다.

여운형의 뛰어난 정치력은 여기에서 돋보인다. 그는 승전국인 외세가 한국의 문제에 개입할 것을 우려하여 과도정부를 세운 뒤 독립운동 세력이 귀국하면 정식으로 정부를 세우려는 시간계획표를 갖고 있었던 것이었다.

여운형은 해방 직후에 바로 건국동맹을 조선건국준비위원회(건준)•로 개편했다. 행정권을 담당하기 위해 8월 말까지 전국적으로 145개의 지부를 결성하고 치안 유지를 위해 치안대를 조직하는 등 본격적인 건국 준비에 들어갔다. 건준에는 친일파를 제외하고 사회주의자, 민족주의자, 언론인, 지식인, 지주를 포함한 다양한 계층이 참여했다.

건준은 9월 6일에 조선인민공화국(인공)••을 선언하고, 14일에는 주석 이승만, 부주석 여운형, 국무총리 허헌, 내정부장 김구 등 각료 명단을 발표했다. 그러나 인공은 대내외적으로 도전을 받고 있었다. 그것은 1) 점령군으로 진주한 미군이 인정하지 않았고, 2) 해외 독립운동 세력이 아직 참여하지 않았으며, 3) 우파 민족 세력이 이탈하고, 4) 법통성을 지닌 상해 정부가 아직 귀국하지 않은 상태에서, 5) 조선공산당을 재건한 박헌영이 참여하고 좌익이 주도하는 조직이었다는 점이다. 조선인민공화국(인공)은 급속하게 세력을 잃은 채 미군의 주둔과 함께 소멸되었다.

9월 7일에 맥아더는 '조선 인민에게 고함'이란 포고문 제1호를 발표하고 조선 점령을 선언했다.• 9월 9일에 남한에 들어온 미군 중장 하지는 군정을 선포하고 반공에 기반한 친미 정권을 세우고자 했다.

• **건준(建準)**
조선건국준비위원회의 줄임말. 건국동맹을 기반으로 여운형, 안재홍 등이 중심이 되어 광복 후 조직된 건국 준비 단체이다. 일본에게 행정권을 위임받고 국가 수립의 과도기에 국내 질서를 유지하는 것이 주요 목적이었다. 9월 6일에 전국인민대표자회의를 소집하여 조선인민공화국을 수립하고 9월 7일에 해체되었다.

※ 건준의 3대 강령
1) 우리는 완전한 독립국가의 건설을 기함.
2) 우리는 전 민족의 정치적, 경제적, 사회적 기본 요구를 실현할 수 있는 민주주의 정권의 수립을 기함.
3) 우리는 일시적 과도기에 있어서 국내 질서를 자주적으로 유지하며 대중 생활의 확보를 기함.
(1946년 8월 28일 발표)

•• **인공(人共)**
조선인민공화국의 약칭. 1945년 9월 6일에 건준이 주도한 전국인민대표자회의에서 선포된 통일국가이다. 그러나 친일파의 방해, 상해 임정의 미귀국, 민족 계열의 불참, 미군정의 불승인, 조선공산당 북조선 분국의 거부 등으로 결국 무산되었다.

※ 조선인민공화국의 정강
1) 정치·경제적으로 완전한 자주적 독립국가의 건설을 기함.
2) 일본 제국주의와 봉건 잔재 세력을 일소하고 전 민족의 정치적, 경제적, 사회적 기본 요구를 실현할 수 있는 진정한 민주주의에 충실하기를 기함.
3) 노동자, 농민 기타 일체 대중 생활의 급진적 향상을 기함.
4) 세계 민주주의 제국의 일원으로서 상호 제휴하여 세계 평화의 확보를 기함.

미군정(1945~1948)은 여운형의 건준, 김구의 상해 정부, 해외의 이승만 세력을 배제하고 국내에 기득권을 지닌 우익 중심의 한국민주당(한민당)●●을 끌어들였다.

친일파들은 이때부터 자신들의 죄악을 세탁하기 위해 한민당을 중심으로 세력을 결집하고, 자신들의 이익을 보장할 우군으로 국내에 세력 기반이 없는 친미주의자인 독립촉성중앙협의회(10. 23)의 이승만●●●과 제휴했다. 11월 3일에 중국에서 독립운동을 이끌었던 김구●●●●가 미군정의 반대로 주석의 신분이 아닌 개인 자격으로 국내에 들어왔다.

이때부터 국내의 정치 세력은 김구가 이끄는 상해 정부의 여당인 한국독립당(1930), 송진우와 김성수 등 우파 세력의 한민당(9. 16), 박헌영이 주도하는 조선공산당(9. 11), 중도 우파인 안재홍●●●●●의 조선국민당(9. 1), 중도좌파인 여운형의 조선인민당(11. 12)이 주요 정치 세력으로 부상하여 새로운 정부 수립을 위한 각축을 벌였다.

모스크바 3상회의, 반탁이냐 신탁이냐

1945년 12월 16일에 미국·영국·소련은 조선에 대한 전후 처리를 결정하기 위해 모스크바에서 3국 외무장관이 참석한 모스크바 3상회의를 개최했다. 미국은 3상회의에서 미국·중국·영국·소련의 대표들이 조선에 대한 모든 권한을 행사하고 1회의 연장이 가능한 5년간의 신탁통치를 하자고 제안했으며, 소련은

● **근대 이후 한미 관계**
제너럴 셔먼 호 사건(1866), 신미양요(1871), 조미 수호통상조약(1882), 가쓰라-태프트 밀약(1905), 카이로 선언(1943), 얄타회담(1945), 포츠담 선언(1945), 조선 점령 선언(맥아더 포고문, 1945), 모스크바 3상회의(1945), 신탁통치(유엔 상정, 1947)
(근) 2008, (근) 2010, (검) 3-3, (검) 4-고, (검) 7-3

●● **한국민주당**
주도 인물(송진우, 김성수 등), 출신 성향(지주 자본가), 미군정과 결탁, 우익 진영 대표, 친일 인사 대거 참여, 민주국민당(1949, 한국민주당, 대한국민회, 대동청년당)
(근) 2010, (검) 6-고

●●● **이승만**
독립협회 참가, 임시정부 대통령, 단정(정읍발언), 5·10 총선거에 참여, 독립촉성중앙협의회 조직, 대한민국 대통령(1~3대), 4·19 혁명으로 하야
(검) 1-4, (검) 2-1, (검) 7-초

●●●● **백범 김구**
동학 접주, 명성황후 시해범 처단, 상해 정부 주석, 한인애국단 창설, 반탁 운동, 남북 협상, 《백범일지》, 〈나의 소원〉, 안두희(시해범)
(검) 1-4, (검) 1-6, (검) 2-2, (검) 2-3, (검) 2-6, (검) 3-6, (검) 4-고, (검) 5-4, (검) 7-초

●●●●● **안재홍**
신민족주의자, 비타협 민족주의 노선, 신간회 활동, 민족사 연구, 여유당전서 간행, 과도입법 의원, 미군정 민정장관
(검) 2-1

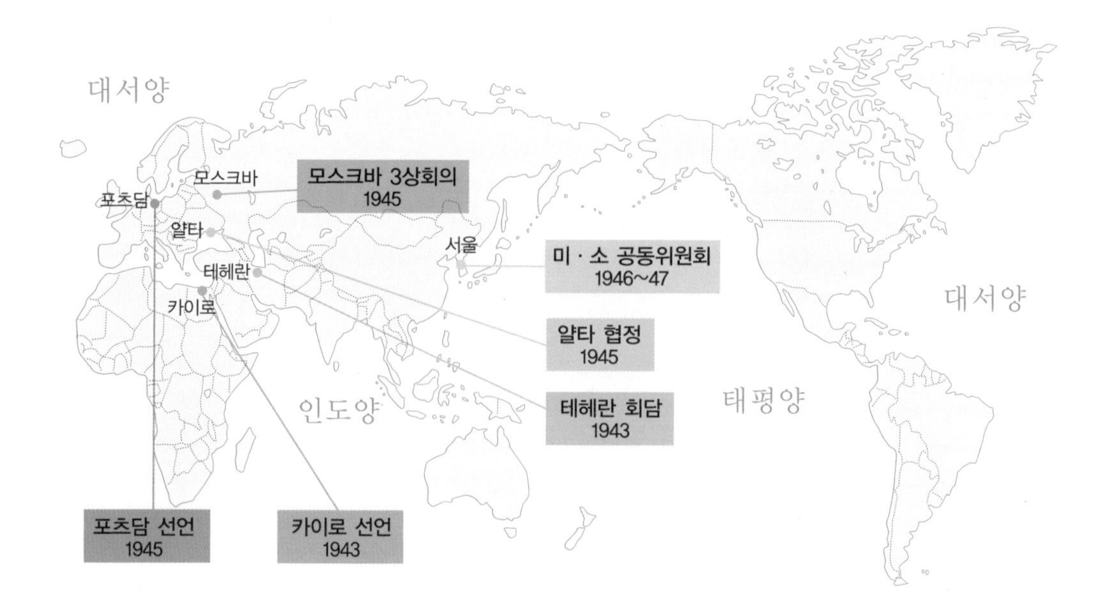

▲ 한국 관련 국제회의
연합국과 추축국의 제2차 세계대전이 막바지에 이르자 한국의 독립을 보장한 카이로 선언과 3·8선 분할을 결정한 얄타 회담 등 조선의 운명을 가르는 여러 국제회의가 열렸다.

조선 임시정부를 수립하고 신탁통치는 이 임시정부와 협의하여 결정하자고 주장했다.

여러 차례 논의를 거듭하여 소련 측 제안이 대부분 받아들여졌다. 이에 따라 빠른 시일 내에 미소 공동위원회를 열어 조선 임시정부를 수립하고 신탁통치는 임시정부에 합의한다는 결정이 이루어져 12월 27일에 '한국 문제에 관한 4개항의 결의서(신탁통치안)'가 채택되었다.

그런데 모스크바 3상회의●의 전체 내용이 공개되기 직전인 12월 27일자로 〈동아일보〉는 '소련의 신탁통치 주장, 미국의 즉각적인 독립 주장'이라는 왜곡 보도를 했다. 이는 한민당 당수였던 김성수가 자신이 사장으로 있던 〈동아일보〉를 통해 미군정에 참여한 친일파를 보호하고, 소련을 지지하는 좌익에 타격을 주기 위해 사실을 왜곡 보도함으로써 국내 정세를 반탁과 찬탁의 국면으로 호도하려 한 것이 아닌가 추정된다.

● 반탁운동
모스크바 3상회의(미국의 제안, 5개년 신탁통치안, 4개국이 한반도 통치, 임시정부 수립), 동아일보의 오보(소련 제안), 민족주의 진영(반탁), 사회주의 계열(찬탁), 미소공동위원회 개최
(근) 2006, (검) 4-4, (검) 6-4, (검) 9-고

한국 분단 관련 국제회의와 사건

카이로 선언	얄타 협정	포츠담 선언	모스크바 3상회의
1943. 11. 12	1945. 2. 11	1945. 7. 17	1945. 12. 16~26
미, 영, 중	미, 영, 소	미, 영, 소	미, 영, 소
–미, 영, 중 정상회담 –한국 자유독립 보장	–소련의 참전 결정 –한반도 분단의 서막	–일본의 무조건 항복 –카이로 선언 재확인	–미, 영, 소 3상회의 –한국 신탁통치 협의

조선이 우익의 반탁과 좌익의 찬탁으로 몸살을 앓고 있던 1946년 1월 16일에 미소 공동위원회 예비 회담이 덕수궁 석조전에서 열렸고, 3월 20일에 제1차 회담이 본격적으로 시작되었다. 소련 측은 모스크바 협정에 반대하는 세력은 임시정부에서 제외할 것을 주장하고, 미국은 반대하면서 결국 5월 6일에 회담은 성과 없이 끝났다.

미소 공동위원회 | 모스크바 3상회의에서 조선에 대한 신탁통치가 결정되었고, 미국과 소련은 이 문제를 협의하고자 덕수궁 석조전에서 미소 공동위원회를 열었다.

안재홍, 남한 과도정부(1947)를 수립하다

미군정과 우익 진영의 선전에 의해 국내에서는 반소, 반탁의 분위기가 뜨겁게 달아오르고 있었다. 1946년 6월 3일 정읍에서, 이승만은 미소 공동위원회가 재개될 기미도 없고 통일정부 수립도 기대하기 어려운 시점에서 남한만이라도 임시정부를 수립하고, 그 뒤 국제 여론을 움직여 3·8선 북쪽의 소련을 물러나게 할 수 있다는 폭탄선언을 했다(정읍 발언).

이승만은 이때 미국과 소련에 의해 국제 정세가 냉전 체제로 돌입하고 있음을 인식했다. 단정(單政)●을 주장한 정읍 발언은 미군정을 등에 업고 남한에 반공 정권을 수립하려는 이승만의 승부수였다.

● **단정**
단독 정부의 줄임말이다. 신탁통치안에 대한 국민들의 반대(반탁)와 반소(反蘇)의 분위기가 팽배한 가운데 이승만이 1946년 6월 3일에 정읍에서 주장한 남한만의 선거를 통한 정부 수립 구상을 말한다. 이승만의 단정 구상은 분단국가의 수립으로 가는 수순이었다.

이미 지난해 10월 8일에 미국 대통령 트루먼은 냉전에 대비해야 한다는 발언을 했고, 북한에서는 1946년 3월 5일에 토지 개혁이 이루어지고, 10월 14일에 조선노동당 북조선 분국이 설치되었고, 계속하여 북조선 5도 행정국, 북조선 중앙은행이 설립되었는데 이승만은 이것이 소련의 지원으로 북한에서 사회주의 정권이 수립되는 것으로 판단했다.

미군정은 소련에 대한 협상력을 높이고자 7월 25일에 중도좌익인 여운형과 중도우익인 김규식을 중심으로 좌우합작위원회를 만들어 입법기구를 구성했다. 아울러 남한 내에 반공 정부를 수립하고자 극좌 세력에 대한 본격적인 탄압에 나섰다.

7월 26일에 조선공산당 박헌영이 신전술을 발표하여 '정권을 미군정에서 인민위원회로' 넘기라는 투쟁을 전개하자 미군정은 9월 7일 박헌영, 이강국, 이주하 등 조선공산당 간부에 대한 검거령을 내렸다.

9월 23일에 좌익 계열의 노동운동 단체인 조선노동조합 전국평의회(전평)가 미군정의 정책에 반대하여 철도, 출판, 교통, 체신, 식품, 전기 부문에 종사하는 30만여 명의 노동자가 참여하는 총파업을 일으켰다.

10월 1일에는 쌀값의 폭등에 반발한 대구 사건●이 일어나 이른바 100만여 명이 50여 일 동안 참여한 10월 항쟁으로 발전했다. 하지만 경찰과 군대를 장악한 미군정은 좌익이 선동한 폭동으로 간주하고 강력하게 진압했으며, 이를 계기로 남한에서 진보 계열의 민족 세력과 좌익 세력은 급속하게 약화되었다.

● **민중 저항운동**
대구 사건(1946, 10월 항쟁), 2.7 항쟁(1948, 단정 반대), 제주사건(4.3항쟁), 여순사건(1948, 10·19사건)
(검) 1–4

이때 훗날 5·16 군사반란을 주도한 박정희의 친형인 공산주의자 박상희가 배후에서 조종한 혐의로 현장에서 재판 없이 바로 처형되었다. 박정희는 박상희의 친구이자 친형처럼 따르던 황태성에게 포섭되어 군대 내 남로당 연락 총책으로 활동했다. 나중에 남한 군대 내의 좌익을 색출하는 숙군 사업으로 박정희는 정체가 탄로 나서 사형을 언도받았으나 만주군 출신의 친일 장군 백선엽의 구명과 설득으로 전향을 선언하고 군대 내 남로당계 인맥을 모두 털어놓는 조건으로 살아남았다.

미군정이 주도한 좌우합작위원회는 10월 7일에 좌우 합작 7원칙을 발표했는데, 미군정은 친일파를 앞세워 자신들이 정국을 주도하고자 친미파로 변신한 친일 세력의 숙청을 반대했다.

좌익 세력은 중도파들이 미군정에 참가하는 것을 막고자 11월 23일에 박헌영의 공산당, 여운형의 인민당, 백남운의 신민당을 합당하여 남조선노동당(남노당)을 결성했다.

여운형은 친일파 숙청을 거부하는 미군정에 항의하고 12월 4

일에 좌우합작위원회를 탈퇴했다. 이에 따라 위원회는 이승만, 김구, 박헌영이 참가하지 않은 데다 여운형마저 떨어져나가 오로지 우익만이 남게 되었다.

미군정은 12월 12일에 남조선 과도입법의원 선거를 강행했다. 미군정이 우익만의 입법기구 구성을 강행한 것은 이승만의 정읍 발언을 지지한 한민당과 이승만 세력을 중심으로 반공 정부의 수립이 가능하다고 믿었기 때문이다.

1947년 1월 20일에 한민당 계열이 주도권을 장악한 입법의원은 신탁통치 반대를 결의했다. 미군정은 2월 5일에 안재홍을 최고 행정장관인 민정장관으로 임명하고 남조선 과도정부를 수립했다. 이대로 가면 남한에는 단독 정부가 수립되고 우리나라는 분단이 될 것이 틀림없었다.

이승만의 단정과 김구의 남북 협상, 역사는 어떻게 볼 것인가

1947년에 미국의 트루먼 대통령은 공산주의를 막기 위해서 냉전의 시작을 알리는 '트루먼 독트린'•을 발표했다(3. 12). 1947년 5월 21일에 중단되었던 미소 공동위원회 제2차 회담이 다시금 열렸으나 신탁을 반대하는 단체의 참가 여부를 놓고 논쟁만 거듭했다. 이런 와중에 좌우 대립을 극복하고 통일정부를 수립하고자 노력한 여운형이 7월 19일에 우익 청년인 한지근에게 암살당했다.

● **트루먼 독트린**
1947년 3월에 미국의 트루먼 대통령이 미의회에서 공산 세력의 확산을 막기 위해 반공 국가에 군사적, 경제적 원조를 한다는 외교 정책에 관한 원칙을 말한다. 이 원칙은 냉전의 효시로 유럽 부흥 계획(마셜 플랜)과 북대서양 조약기구(나토)로 구체화 되었다.

대한민국 정부 수립 과정

사건	시기	사건 내용
제1차 미소 공동위원회	1946. 1 1946. 3	예비회담 제1차 회의(소련 : 반탁 단체 참가 불허, 미국 : 자유 참가)
이승만 정읍 발언	1946. 6	남한 단정, 한국민주당 찬성
좌우 합작운동	1946. 10	김규식과 여운형(민족주의 민족전선), 여운형 암살(1947. 7)
제2차 미소 공동위원회	1947. 5	결렬, 유엔으로 문제 이관
유엔 결의	1947. 10 1947. 11	미국이 한국 문제를 유엔에 상정 인구 비례에 의한 남북 총선거 결정
유엔 소총회	1948. 2	가능 지역 총선 실시 결정 → 남한 단정 수립 가능성
제주 4 · 3 항쟁	1948. 4. 3	단정 반대, 미군 철수 주장
남북 협상 개최	1948. 4	김구, 김규식의 남북 협상(북한은 통전 노선 거부)
5·10 총선거	1948. 5.	직접, 평등, 보통 선거(김구 한독당, 김규식 중도파 불참) 제헌 국회 구성, 헌법 제정
헌법 공포	1948. 7. 17	임시정부 계승, 삼권 분립 민주공화정, 대통령 중심–간선제
정부 수립	1948. 8. 15	대통령 이승만(부통령 이시영), 유엔이 유일 합법 정부 인정(1948. 12)

남한에서 가장 정치력이 뛰어났던 여운형이 없는 국내 정치권은 이승만과 한민당의 독무대였다. 미국은 9월 17일에 한국의 신탁통치 문제를 유엔 회의에 넘겼다. 유엔 총회는 미국의 제안을 받아들여 11월 14일에 남북한 총선거와 이것을 주관할 유엔 한국임시위원단을 구성했다.

그러나 소련은 3·8선 이북으로 가고자 하는 유엔 한국임시위원단의 입국을 거부했다. 결국에 유엔 소총회는 1948년 2월 26일에 유엔의 감시 아래 선거가 가능한 남한 지역에서 우선 단독 선거를 결정했다.

진보적인 민족 세력과 좌익은 미국과 소련군 철수, 단독 선거 결사반대 등을 외치며 2월 7일에 대규모 시위(2·7 항쟁)를 전개했다. 제주도에서는 친일 경찰이 우익 청년과 함께 단독 정부를 반대하는 진보 세력에게 테러를 감행하자 3·1절 기념식을 맞이

백범 묘소
효창원은 백범이 이봉창, 윤봉길, 안중근 등 애국지사의 묘소로 만든 현장이다. 백범은 시해 당한 뒤 자신도 이곳에 묻혔다. 효창원은 항일 독립의 영기 어린 역사유적이다.

하여 대규모 투쟁에 나섰다. 이날 경찰의 발포로 6명이 희생을 당했고 3월 7일에 계엄령이 선포되었다.

남로당 제주 지부는 4월 3일에 단독 선거와 단독 정부를 반대하고, 친일 경찰과 우익 청년단체인 서북청년단의 추방을 내걸고 제주 4·3 항쟁을 일으켰다. 일반 제주도민이 항쟁에 대거 참여하자 미군정은 4월 17일에 9연대를 파견하여 진압했고, 제주도민은 5·10 단독 선거를 거부했다.

상해 독립운동을 이끌었던 김구와 김규식은 단독 정부를 막기 위해 평양에서 개최하는 '남북 조선 제정당 사회단체 대표자 연석회의(남북 연석회의)'• 에 참가했다. 남북 연석회의는 4월 19일부터 4월 30일까지 평양 모란봉 극장에서 김구, 김원봉, 조소앙, 김일성, 김두봉, 허헌, 박헌영 등 16개 정당과 40개 사회단체 대표 545명이 참가한 가운데 미군과 소련의 철수, 단독 선거와 단독 정부 반대를 채택했다. 그러나 김일성과 소련의 의도에 말려들어 구체적인 조직기구와 행동규약을 이끌어내지 못했다.

● **남북 연석회의**
남북 협상, 평양 개최(1948.4), 김구와 김규식 참가, 분단에 대한 우려, 민족주의자(김구, 김규식, 조만식 참가), 공산 세력(김일성, 김두봉), 주장 내용(총선거 통한 통일 정부 구성, 미소 양군 철수 등)
(근) 2007, (검) 1-3, (검) 1-4, (검) 2-5, (검) 4-고, (검) 9-3

대한민국 최초의 국민투표, 5·10 총선거

1948년 5월 10일에 유엔(UN)의 감시 아래에 남한 지역 200개 투표소 가운데 제주 지역 2곳을 제외한 198개소에서 총선거가 실시되었다. 비록 북한은 배제되었지만 수천 년 동안 전제왕정의 정치 체제에서 벗어나 처음으로 시민이 권력에 참여하는 민주정부가 탄생했다.

상해 임시정부가 민주공화정을 채택했으나 국민들의 투표 참여가 없었다는 사실과 비교해서 5·10 총선거는 남한 정부의 수립에 일정한 정통성을 부여한 선거였다.

제헌 국회는 정당에 소속되지 않은 무소속 85석(42.5%), 이승만 계열의 대한독립촉성국민회 53석(27.5%), 친일파가 주도한 한국민주당(한민당) 29석(14.5%), 기타 군소 정당이 차지했다. 이승만은 자파인 대한독립촉성국민회와 무소속을 끌어들여 국회를 장악하고, 진보 계열의 무소속은 친일파 척결, 농지 개혁, 평화통일을 주장했다.

7월 17일에 대한민국 헌법이 공포(제헌절)되고, 7월 20일에 국회에서 간선제로 대통령 이승만, 부통령 이시영이 선출되었다. 이승만은 광복군 참모장인 이범석을 국민총리로 지명했다. 그리고 8월 15일에 대한민국 정부가 공식으로 수립되었다.●●

이승만 정부는 여전히 진행 중인 제주 4·3 항쟁을 무력으로 진압하기 위해 10월에 여수에 주둔 중인 국방경비대 14연대를 차출했다. 좌익 계열이 참여한 14연대는 10월 19일에 친일 경찰 척결, 제주도 출동 반대, 분단국가 거부를 명분으로 반란(여순 사건)을 일으켜 여수, 순천, 남원, 구례, 보성을 점령했다. 이승만

●● 대한민국 수립 과정
건준(1945), 인공(1945), 모스크바 3상회의(1945), 김구 귀국(1945), 제1차 미소 공동위원회(1946), 제2차 미소 공동위원회(1946), 정읍 발언(1946, 이승만), 유엔 총회(1947, 한국문제), 남북 연석회의(1948), 5.10 총선거(1948), 정부 수립(1948)
(근) 2009, (검) 6-고, (검) 7-초, (검) 7-3, (검) 8-초, (검) 9-4, (검) 9-고

정부는 21일에 토벌군 사령부를 광주에 설치하고 대대적인 반격에 나서 발생 8일 만인 27일에 모두 진압했다. 이때 반란군에 부역하거나 관련이 있는 많은 민간인들이 엄청나게 희생을 당했다. 살아남은 좌익 세력은 지리산으로 들어가 빨치산이 되었다.

이승만 정부는 여순 사건을 기회로 삼아 군부에 대한 대대적인 숙군 작업을 시도했다. 군대 내에서 항일 투쟁의 정통성을 지닌 광복군이 제거되고, 좌익과 이승만을 반대하는 세력도 숙청되었다. 이로써 친일파 세력들은 국군의 주도권을 장악하고 자신들의 친일 경력을 반공으로 세탁하는 변신에 성공했다. 나아가 이승만은 12월 1일에 국가보안법을 제정하고 반대 세력을 탄압하는 수단으로 반공을 이용했다.

북한에서는 분단의 책임을 남한에 전가하기 위해 정부 수립을 미루고 있다가 8월 15일에 대한민국 정부가 수립되자 곧바로 8월 25일에 최고인민회의 대의원을 뽑고, 9월 8일에 최고인민회의를 열어 김일성을 수상으로 선출했다. 다음날인 9월 9일에 북한은 조선민주주의 인민공화국을 수립했다. 이로써 남북한은 공식적으로 분단이 되고 두 개의 정부가 들어섰다.

남한에서는 민중들의 요구에 의해 친일파를 단죄하고자 1948년 9월 22일에 국회에서 반민족 행위 처벌법•이 제정되고, 이를 근거로 반민족 행위 특별조사위원회(반민특위)••가 구성되었다. 그러나 친일 세력은 민족 분열을 초래하는 악법이며 공산당의 소행이라고 격렬하게 반대했다.

반민특위는 친일 경찰의 노골적인 방해를 받아 제대로 친일파들을 검거하거나 단죄하지 못했다. 친일 세력과 결탁한 이승만 정부는 반민특위를 무력화시키고자 1949년 5월 17일에 보안법

• **반민법(反民法)**
반민족 행위 처벌법의 줄임말로 친일파 청산을 목적으로 1948년 9월 22일에 제정되었다. 이 법에 따라 친일파는 10개 등급으로 분류하여 국권 피탈에 적극 협력한 자, 작위를 받았거나 제국의원이 된 자 등을 처벌하도록 규정했다. 그러나 친일파들의 집요한 공격으로 반민특위가 해체되고 이 법은 1949년 8월 31일에 효력이 소멸되었다.

•• **반민특위**
반민족 행위 특별조사위원회의 줄임말이다. 반민족 행위 처벌법(반민법)을 근거로 1948년 12월에 친일파의 반민족 행위를 처벌하기 위하여 제헌국회에 설치되었던 특별 기구이다. 그러나 친일파와 이승만 정부의 방해 등으로 친일파 청산에 실패하고 1949년 10월에 해체되었다.

• **반민특위와 시대 과제**
반민법 제정(제헌의회), 친일파 청산, 이승만의 방해, 친일 경찰의 저항, 당대 시대 과제(자주독립국가 건설, 친일파 청산, 적산 분배, 토지 개혁), 농지 개혁(유상 몰수 유상 분배)
(검) 3-1, (검) 5-고

으로 반민특위 위원 3명을 구속하고, 6월 6일에는 친일 경찰들이 반민특위 사무실을 습격했고, 6월 16일에는 남로당과 연계되었다는 국회 프락치 사건을 일으켜 국회 부의장 김약수 등 13명을 구속했다.

이런 가운데 6월 26일에 독립운동의 수뇌이며 통일운동의 깃발이었던 김구 주석이 집무실인 경교장에서 친일파의 사주를 받은 안두희 육군 소위에게 권총으로 시해를 당했다. 여운형과 김구가 없는 세상은 친일파에게 도덕적 수치심과 역사의 두려움이 사라졌다는 뜻이었다.

10월 24일에 국회는 공식적으로 반민특위, 특별검찰부, 특별재판부를 모두 해체했다. 이로써 남한 정부는 민족을 배신한 친일파 청산을 하지 못하고, 건국 이래 줄곧 정통성을 의심받게 되었다.

현대사 10대 사건

구분	시기	사건
①	1948. 8. 15	대한민국 정부 수립
②	1950. 6. 25	한국 전쟁 발발(1950. 6. 25~1953. 7. 27)
③	1960. 4. 19	최초의 시민혁명인 4·19 혁명 발발
④	1961. 5. 16	박정희 소장의 불법적 5·16 군사반란
⑤	1965. 6. 22	한일 협정 체결, 애국 시민들의 반대 투쟁(6.3)
⑥	1972. 11. 21	유신헌법 제정, 유신 독재의 시작, 10·26 사건(1979)으로 유신 독재 종언
⑦	1980. 5. 18	12. 12 신군부 반란 사건(1979)에 저항, 광주 민중항쟁
⑧	1987. 6. 10	전두환 정권의 4·13 호헌 조치에 저항, 6·10 민주항쟁
⑨	2000. 6. 15	남북 정상회담(김대중－김정일), 6·15 공동선언
⑩	2007. 10. 4	남북 정상회담(노무현－김정일), 10·4 정상선언

역사 지식 플러스

반민특위는 왜 해체되었는가?

1945년 8·15 해방은 항일 전쟁의 승리와 함께 일제의 식민지 유산과 봉건제 유습이 종결되는 새로운 역사의 시작이었다. 대다수 한국 민중은 해방 이후 시대 과제로 지주제를 없애고 경자유전의 법칙에 따른 토지 개혁, 일제가 수탈한 적산의 공정한 분배, 민족을 배신한 친일파 청산, 자주적 독립국가의 건설을 내세웠다. 이중에서 친일파 청산은 토지 개혁, 적산 분배, 독립국가를 이루기 위한 조건으로 가장 먼저 해결해야 하는 역사적 과제였다.

그런데 한국 사정에 어두운 미군정은 친일파를 요직에 중용하여 그들에게 기사회생의 기회를 부여했고 친일파 청산은 시작부터 꼬이고 말았다. 1948년 8월 15일에 남한 정부가 들어서고 국민들의 여망에 따라 9월 22일에 반민족 행위 처벌법(반민법)이 제정되었고, 친일파는 10개 등급으로 분류하여 국권 피탈에 적극 협력한 자, 작위를 받았거나 제국의원이 된 자 등은 처벌을 받았다. 이 법률에 따라 12월에 제헌국회 내부에 반민족 행위 특별조사위원회(반민특위)가 설치되어 친일파 청산에 나섰다.

그러나 친일파 세력은 미군정 기간에 살아 남았고, 신탁통치 반대운동, 좌우 이념 대결의 와중에서 반공을 내세우며 남한의 정치·군사·경제·사회 분야에서 대부분의 권력을 장악하는 데 성공했다. 또한 국내에 기반이 취약했던 이승만 정부는 친일파 세력을 비호하며 반민특위 해체에 앞장섰다.

이런 악조건 속에서 친일파가 조작했을 개연성이 다분한 국회 프락치 사건, 친일 경찰의 반민특위 습격(6·6) 사건 등이 터지면서 결국 반민특위는 제대로 친일파 청산을 못한 채 1949년 10월에 해체되었다. 이어서 터진 한국 전쟁에서 친일파는 자유 수호와 반공 국가 건설이라는 구호 아래 친일의 죄악을 세탁하고 건국의 주역으로 부활했다.

논술 생각나무 키우기

모스크바 3상회의에서 결정된 한국의 신탁통치안을 놓고 찬탁과 반탁 운동이 일어나게 된 요인은 무엇일까?

Point 1 일제의 패망과 이에 따른 조선의 독립에 관한 연합국의 회의와 선언에 대해 알아보고 그 선언과 회의의 구체적인 내용을 확인한다.

Point 2 모스크바 3상회의에서 신탁통치안이 나온 역사적 배경과 의도를 찾아보고, 신탁통치의 방식과 제도, 절차 등이 무엇인지 알아본다.

Point 3 신탁통치를 놓고 국내에서 벌어진 반탁과 찬탁의 내용, 관련된 단체의 입장, 반탁 진영의 우익과 찬탁 진영의 좌익의 대결 등을 비교한다.

공부를 더 하고 싶다면

《우남 이승만 대한민국을 세우다》(이한우 지음, 해냄)
현대사에서 이승만처럼 긍정과 부정의 평가가 양끝에 이른 정치인도 드물다. 조선 왕실의 종친에서 개화 청년으로, 상해 정부와 대한민국의 대통령을 지냈지만 국부라는 칭호와 독재자라는 오명이 함께하는 삶, 이승만의 영욕을 담은 이력서를 보는 듯하다.

《여운형 평전》(이기형 지음, 실천문학사)
한국 근현대사에서 보기 드문 걸출한 정치인이자 독립운동가인 여운형의 진면목을 안다는 것은 과거의 역사를 오늘의 현실에 다시 살리는 길이다. 독립운동의 현장에서, 해방 전후의 긴박한 현실에서 자주적 정신을 올곧게 보여준 몽양의 외침을 지면에서 확인해본다.

《백범 일지》(김구 지음, 도진순 주해, 돌베개)
상해 정부의 주석, 항일 전쟁의 총대장, 이봉창과 윤봉길을 독립 제단에 바친 한인애국단의 단장, 이름에 담긴 영웅적 자태에 움찔하다 진솔한 감정이 담긴 백범 일지를 만나면 친근한 이웃집 아저씨를 만난 듯하고, 순박한 애민 · 애국 · 애족의 면모를 볼 수 있어 행복하다.

3 냉전 시대, 한국 전쟁과 반공 독재

한 줄로 읽는 우리 역사

남북 분단은 한국 전쟁을 불러왔다. 북한의 남침으로 시작된 한국 전쟁은 동족 간의 비극적인 전쟁이었고, 친일파에게는 반공이란 면죄부를 주었다. 이승만은 반공 독재와 영구 집권을 위해 3·15 부정 선거를 저질렀고, 학생들은 4·19 혁명으로 이승만 독재정부를 무너뜨렸다.

한국과 독일의 분단, 베를린 장벽과 한국 전쟁, 베트남 내전은 세계사가 냉전(The Cold War)● 으로 들어선 증거들이었다. 미국은 공산주의 세력의 확산을 막기 위해 각지에 친미 정권을 세우고, 인권을 유린하는 독재정부라 할지라도 경제적, 군사적 지원을 아끼지 않았는데 그 대표적인 나라가 바로 한국과 대만이었다.

한국 전쟁은 남한에서 외세의존적인 반공 체제를 만들었다. 양심과 사상의 자유는 반공이라는 칼날 앞에 설 자리조차 없었다. 이승만의 반공 독재는 한국

분단의 현장 | 해방 후 자주적 통일 국가를 꿈꾸었던 항일운동의 역사는 분단으로 좌절되었다. 철원 노동당사(왼쪽), 월정리 역(오른쪽) 등은 해방 전후의 분단을 상징하는 역사 유적이다.

전쟁이 낳은 괴물이었다.

4·19 혁명으로 우리나라는 반공 독재가 무너지고 민주정부가 들어섰으나, 군부 세력이 5·16 군사반란을 일으켜 또다시 불법적인 독재정부를 세웠다.

민주주의와 자주통일의 시대적 소명을 자각하고 있던 시민들은 줄기차게 독재정부에 저항했다. 이런 면에서 한국 전쟁● 이후의 우리 사회는 반공 독재를 무너뜨리기 위한 민주항쟁의 시대라고 하겠다.

● **냉전**
제2차 세계대전 이후 미국과 소련을 두 축으로 자본주의 진영과 사회주의 진영 사이에 직접적인 무력 충돌(열전)이 아닌 군사적 긴장 관계, 체제 우위의 이념 경쟁(냉전)이 벌어진 역사적 사태를 말한다. 서유럽의 북대서양 조약기구(NATO)와 동유럽의 바르샤바 조약기구는 냉전을 상징한다.

● **한국 전쟁**
1950년 발발, 스탈린의 묵인, 애치슨 라인, 유엔군 참전, 인천 상륙 작전(9.15), 중국 인민군 개입, 부산 정치 파동(발췌 개헌), 반공포로 석방, 휴전 성립(1953), 영화(〈돌아오지 않는 해병〉 〈잔류첩자〉 〈군번 없는 용사〉 〈태극기 휘날리며〉 〈동막골 사람들〉 〈포화 속으로〉), 가요(〈굳세어라 금순아〉 〈전선 야곡〉)
(근) 2007, (근) 2009, (근) 2010, (검) 1-4, (검) 2-5, (검) 4-초, (검) 5-3, (검) 6-3, (검) 8-초, (검) 8-4, (검) 9-4, (검) 9-3, (검) 9-고

분단의 비극, 3년 한국 전쟁이 터지다

북한의 김일성 정권은 친일파를 숙청하고 토지 개혁을 단행하여 북한 주민들의 지지를 받았으며, 만주 지역과 화북에서 항일투쟁을 했던 독립군들이 귀국하면서 미국 제국주의와 친일파가 정권을 장악한 남한을 해방해야 한다는 여론이 광범위하게 퍼져 있었다.

게다가 1949년 10월에 중국 공산당이 국민당군을 몰아내고 중국 전역을 장악하여 중화인민공화국을 수립하자 북한에서는 적화 통일에 대한 분위기가 고조되었다.

북한은 1946년에 이미 평양학원을 세워 장교 양성을 시작했고, 소련에서는 3천여 명의 군사고문단을 파견하여 조선인민군의 창설을 지원했다. 1947년 9월에 북한의 정규군은 12만 5천여 명에 이르고 있었다. 북한은 이미 조소 군사비밀협정(1949), 조중 상호방위조약(1949)을 맺고 소련의 스탈린으로부터 군사 지원과 적화 통일을 약속받았다.

거기에다 소련과 미국의 협의에 따라 미군이 남한에서 철수하고(1949), 냉전이 격화되면서 미국은 1949년 4월에 북대서양 조약기구(NATO)를 설립하고 서유럽의 방어에 치중했다.

1950년 1월에는 미국의 극동 방어선에서 한국과 대만을 제외한다는 애치슨 성명●이 발표되었다. 이처럼 1950년 초의 국내외 정세는 북한 정권의 남침 결정에 유리하도록 돌아가고 있었다.

● **애치슨 라인(Acheson Line)**
공산 세력의 확산으로부터 자본주의 진영을 지켜준다는 안전 보장선으로 1950년 1월에 미국의 국방장관 애치슨이 선언했다. 이때 극동 방어선이 필리핀과 오키나와로 축소되고, 한반도는 제외되었다. 북한 정권은 이것을 남침의 결정적 계기로 삼았고, 미국은 의도적으로 북한의 남침을 유도했다는 설도 있다.

북한군은 1950년 6월 25일 새벽 4시경에 서해의 옹진반도에서 동해에 이르는 3·8선 전역에 걸쳐 기습 공격을 감행했다. 이로부터 3년여에 걸친 동족상잔의 비극인 한국 전쟁이 일어났다.

당시 남한은 이승만 정부의 북진 통일론에 현혹되어 방어 준비가 미비했다. 북한은 7개의 보병사단, 1개의 기갑사단, 특수 훈련을 받은 독립연대로 구성된 총병력 11만여 명과 1천 600여 문의 화포, 280여 대의 전차를 앞세워 3일 만에 서울을 점령했다.

미국은 동아시아에서 공산 세력의 확산을 막는 교두보를 잃지 않기 위해 6월 27일에 유엔 안전보장이사회를 열어 3·8선 이북으로 북한군의 철수를 요구했다. 하지만 북한군의 남하가 계속

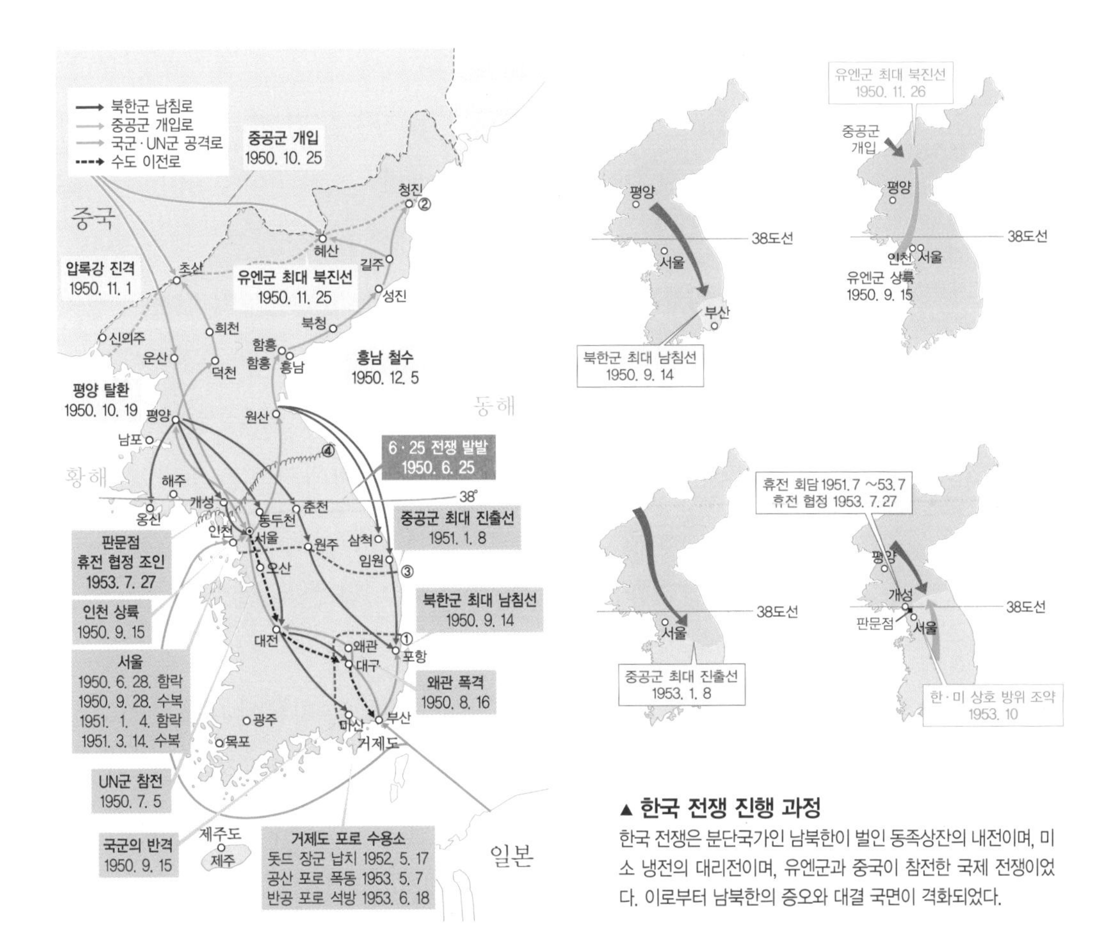

▲ 한국 전쟁 진행 과정

한국 전쟁은 분단국가인 남북한이 벌인 동족상잔의 내전이며, 미소 냉전의 대리전이며, 유엔군과 중국이 참전한 국제 전쟁이었다. 이로부터 남북한의 증오와 대결 국면이 격화되었다.

되자 유엔은 7월 7일에 안전보장이사회를 열어 미국이 제출한 한국군 지원 결의를 채택하고 미국이 지휘하는 통합사령부를 구성했다.

미국, 영국, 프랑스 등 유엔 16국은 미국의 맥아더를 총사령관으로 삼고, 이승만 정부는 7월 12일에 한국군의 지휘권을 맥아더에게 이양했다.

낙동강을 제외한 남한 전역을 장악한 북한군은 각지에 인민위원회를 세우고 무상 몰수, 무상 분배의 토지 개혁을 실시하고 친일 지주, 친일파 등을 처단했다. 이때 수많은 경찰, 군인 가족들이 억울하게 희생을 당했다.

유엔군은 9월 15일에 인천 상륙 작전을 감행하여 반격의 기회를 잡고, 9월 28일에 서울을 수복했다. 10월 1일에 3·8선을 돌파하여, 10월 19일에 평양을 점령하고 계속 압록강을 향해 북진했다.

남한에서는 우익에 의한 백색 테러가 진행되어 많은 양민이 좌익에 연루되어 보복 살해를 당했다. 전쟁이라는 이름 아래 좌우익 이념 대결이 죄 없는 양민 학살로 나타난 비극이었다.

중국은 한국 전쟁이 만주 지역으로 확대되는 것을 막고, 미국의 군사력을 한반도에 묶어 대만과 중국 남부에 남아 있는 국민당군의 반격을 막아낸다는 전략에 따라 한국 전쟁 참전을 결정했다.

팽덕회가 지휘하는 중국인민지원군은 미국에 대항하여 조선을 구한다는 항미 원조의 깃발 아래 11월경 압록강을 건넜다. 유엔군은 불의의 기습과 중국군이 숫자로 밀어붙이는 인해 전술에 속수무책으로 당해 북한 지역에서 후퇴했고, 1951년 1월 4일에는 서울을 다시 북한군에게 빼앗겼다(1·4 후퇴).

오산 지역에서 전열을 정비한 유엔군은 1951년 3월 18일에 서울을 재탈환하고 3·8선을 경계로 밀고 밀리는 격전을 치렀다. 이후부터 전쟁의 양상은 휴전 협상에 유리한 카드를 얻고자 고지를 빼앗고 빼앗기는 고지탈환전, 진지전으로 변했고, 이때 군인들의 희생이 가장 많았다.

7월 10일부터 개성에서 휴전 협상이 시작되었고 10월부터는 판문점에서 협상이 진행되었다. 1952년 12월 3일에 유엔 결의에 따라 포로는 자유 의사에 의해 송환하기로 했다. 1953년 6월 17일에 휴전선이 확정되었고, 7월 27일에 유엔군과 북한군이 휴전

휴전선의 철책 | 한국 전쟁이 끝나고 남북한은 휴전선에서 대치했다. 휴전선은 전쟁이 멈춘 상태를 의미한다. 고요한 평화가 흐르는 자연의 숨결 뒤에 화약 냄새 풍기는 총포가 번득인다.

협정에 조인했다. 이로써 3년에 걸친 한국 전쟁이 종결되었다.

한국 전쟁(6·25 전쟁)은 수많은 인명 피해와 재산 손실을 남겼다. 남한에서 유엔군과 한국군은 18만 명이 전사하고, 민간인은 99만 명이 목숨을 잃었다. 북한군은 52만 명, 중공군은 90만 명이 죽었으며, 숫자를 헤아릴 수 없이 많은 북한 주민이 희생되었다. 산업 시설과 주택이 파괴되고 부상자가 속출했으며, 부모와 가족을 잃은 어린이·부녀자·이산가족에게는 씻을 수 없는 상처를 남겼다.

해방 후 전개된 좌우익 이념 투쟁의 아픈 기억을 씻기도 전에 3년에 걸친 전쟁은 남북한 간에 살육, 증오, 갈등의 대결 국면을 더욱 심화시켰다. 이승만 정부는 이때 반공을 앞세워 반대 세력을 숙청하고 독재 정권을 구축하는 기반으로 한국 전쟁을 이용했고, 친일파들은 반공과 자유 수호라는 명분으로 민족을 배신한 친일 경력을 세탁하는 데 성공하고 한국 사회의 주류로 보무도 당당하게 등장했다.

이승만 정부, 발췌 개헌과 반공 독재에 빠지다

이승만 정부는 한국 전쟁이 일어나자 반공 정서를 내세워 독재 체제를 구축했다. 그런데 전쟁이 일어나기 직전인 1950년 5월 30일 치러진 제2대 국회의원 선거에서 무소속 의원이 정원의 60%에 해당되는 126석을 차지했기 때문에 국회에서 신임을 잃은 이승만은 재집권이 불가능했다.

이에 따라 이승만은 국회 간선제를 국민 직선제로 바꾸려고 했다. 1951년 11월 30일에 대통령과 부통령을 국민들의 직선제로 선출하는 개헌안을 제출했으나 이듬해 1월 8일에 국회에서 찬성 19표, 반대 143표라는 압도적인 차이로 부결되었다.

이승만은 1951년 12월에 친위 세력인 자유당을 창당하고, 이듬해 1월에 개헌안이 부결되자 국회 해산을 주장하는 관제 데모를 부추기며 사회 혼란을 조장했다. 5월 25일에 국회 해산을 강행하고자 사회 질서를 지킨다며 계엄령을 선포하고 국회의원 12명을 구속시키는 부산 정치 파동●을 일으킨 것이다.

6월 4일에 국제 여론의 몰매를 맞은 이승만은 국회 해산을 보류하고 야당안과 정부안을 교묘하게 발췌한 개헌안을 상정하고, 7월 4일에 무장 경관의 호위를 받으며 심야에 기립으로 표결했

● **부산 정치 파동**
한국 전쟁 기간 중인 1952년에 임시 수도인 부산에서 이승만이 독재 정권을 연장하기 위해 계엄령을 선포하고 대통령 직선제와 국회의 양원제를 골자로 하는 발췌 개헌을 강제로 시도한 정치적 사건을 말한다.

다. 이를 발췌 개헌(제1차 개정 헌법)●●● 이라 하는데, 주요 내용은 1) 국회의 양원제,●●● 2) 대통령과 부통령의 직선제, 3) 국회의 국무총리 인준과 국무위원 불신임권 등이었다.

1952년 8월 5일에 이승만은 발췌 개헌에 의한 직접 선거로 제2대 대통령에 당선되었고, 부통령은 자유당의 이범석이 낙선하고 무소속의 함태영이 당선되었다. 이를 계기로 자유당에서 이범석이 퇴출당하고 총무부장 이기붕이 득세하게 되었다.

1954년 5월 20일에 실시된 제3대 국회의원(민의원) 선거에서 자유당은 99석을 확보하여 제1당이 되었고, 대통령 3선 제한을 없애기 위해 무소속 의원을 포섭하여 의결정족수를 넘는 137석을 확보했다.

3선 개헌, 3·15 부정 선거를 예고하다

이승만은 3선에 대한 욕망을 거두지 않고 1954년 11월 27일에 대통령 3선 제한을 없애는 개헌안(3선 개헌)을 제출했다. 자유당은 137표를 장담하며 뚜껑을 열었는데 뜻밖에도 찬성표가 민의원 정족수의 2/3인 136표에서 1표가 모자라는 135표가 나와 개헌안은 부결되었다.

당시 정족수는 135.33이어서 자연인 0.33은 1표로 간주하여 136표가 기준이었다. 그런데 자유당은 0.33은 절반이 되지 않는 숫자이므로 4는 버리고 5는 반올림하는 사사오입(四捨五入)을 적용하여 135표가 정족수라는 논리를 밀어붙여 11월 29일에 2차

● **이승만 장기 집권 계획**
발췌 개헌(1952, 직선제), 사사오입 개헌(3선 개헌), 진보당 사건(1958), 신국가보안법(1958), 경향신문 폐간(1959), 3·15 부정 선거(1960)
(검) 3-3, (검) 5-고, (검) 6-4

●● **발췌 개헌**
1951년 7월 4일에 단행된 제1차 헌법 개정을 말한다. 당시 대통령은 국회의 간접 선거로 선출했는데 제2대 국회의원 구성은 이승만을 반대하는 세력이 과반수를 넘은 상황이었다. 이에 헌법 조항 중 양원제와 대통령 직선제를 골자로 하는 조항만 추려내서(발췌) 개헌을 했고, 이승만은 국민 직선에 의해 제2대 대통령으로 선출되었다.

●●● **양원제(兩院制)**
의회가 2개로 구성되어 각각 독립된 의사 결정권을 가진 형태이다. 보통 단원제는 국민들의 선출로 지역성을 대표하는 데 반해, 양원제는 보통 국민들이 선출한 의회와 직능이나 비례, 세습 등으로 구성되는 의회로 구분된다. 영국과 미국의 상원과 하원, 일본의 중의원과 참의원이 대표적인 양원제이다.

개헌안(사사오입 개헌)은 통과되었다.

1956년 5월 15일에 제2차 개정 헌법에 의해 치러진 3대 대통령 선거에서 이승만은 504만여 표를 얻어 당선되었고, 민주당 후보인 신익희는 호남 유세를 가던 중 열차에서 갑자기 뇌일혈로 서거하여, 진보당●의 조봉암이 216만여 표를 얻는 파란을 연출했다.

● **진보당 강령**
1) 공산 독재는 물론 자본가와 부패분자의 독재도 배격하고 민주주의 체제를 확립하여 책임 있는 혁신 정치의 실현
2) 생산 분배의 합리적 통계로 민족자본의 육성
3) 민주 우방과 제휴하여 민주 세력이 결정적 승리를 얻을 수 있는 조국 통일의 실현
4) 교육 체제를 혁신하여 국가보장제를 수립
(1955년 12월 22일 발표)

부통령 선거에서는 자유당 이기붕 후보가 낙선하고 민주당의 장면이 당선되었다. 나이 많은 이승만이 갑자기 서거하면 대통령직은 부통령인 민주당의 장면이 승계하게 된다. 이에 자유당의 불안이 극에 이르렀다.

1958년 5월 2일에 제4대 국회의원 선거가 실시되어 여당인 자유당이 56%인 126석, 야당인 민주당이 34%인 79석, 기타 28석으로 자유당과 민주당의 양당 체제를 구축했다.

민주당의 거센 도전에 직면한 자유당 정권은 1958년 12월 24일에 새로운 국가보안법을 만들어 민주당을 제외한 혁신 계열의 정치 활동을 금지시키고, 이승만에 대해 비판적이었던 〈경향신문〉을 폐간했다.

1959년 1월에는 반공청년단을 조직하여 공포 정치를 시작했으며, 7월 31일에는 북진 통일, 흡수 통일을 부르짖으며 반공 독재를 강화하려는 이승만이 평화 통일과 남북 협력을 주창하며 강력한 정적으로 부상한 진보당의 조봉암에게 간첩 혐의를 씌워 사형시켰다.

1960년 3월 15일에 치러진 제4대 대통령 선거(3·15 부정 선거)는 이승만과 이기붕, 그들의 충견인 자유당의 종말을 예고했다. 민주당은 '못살겠다, 갈아보자'라는 구호를 내세워 자유당을 압

천리마 동상 | 한국 전쟁은 남북한의 증오와 대결 국면을 격화시켰다. 미군의 폭격으로 초토화된 북한은 농업생산력을 높이기 위해 천리마운동을 전개했다. (사진 ⓒ 연합뉴스)

도했다. 그런데 민주당의 유력한 후보인 조병옥이 선거 한 달 전인 2월 15일에 치료차 미국에 가서 그곳에서 병으로 세상을 떠났다. 이제 선거의 관심은 대통령 후보가 아니라 부통령 후보인 장면과 이기붕의 대결이었다.

이때 이승만의 나이는 85세로 자연사의 가능성이 어느 때보다 높았다. 만일 민주당 장면이 부통령을 차지하면 결국 이승만이 대통령이 된다 할지라도 얼마 뒤 정권은 민주당에 넘어갈 것이 뻔했다.

자유당은 부통령 후보 이기붕의 낙선에 불안을 느끼고 투표자의 40%에 이르는 사람들에게 사전 투표를 실시했고, 개표 과정에서 부통령 후보인 이기붕의 득표율이 100%에 다다르자 선관위는 개표를 중단하고 부정 투표를 감추기 위해서 득표율을 79%로 낮추는 희극도 연출했다.

선거가 끝나고 제4대 대통령 이승만과 부통령 이기붕은 당선의 기쁨을 마음껏 누렸지만 부정 선거의 독약은 한 달도 못 가 이 모든 것을 봄날의 꿈으로 만들었다.

4·19,[●] 최초의 시민혁명을 일구다

● **4·19 혁명**
3·15 부정 선거 비판, 이승만 장기 독재 반대, 마산 시민 항쟁(김주열), 이승만 하야, 헌법 개정, 의원내각제 채택, 장면 내각 출범
(근) 2005, (근) 2007, (근) 2009, (근) 2010, (검) 2-5, (검) 4-초, (검) 4-4, (검) 5-4, (검) 6-초, (검) 6-4, (검) 8-3, (검) 9-4, (검) 9-3

대통령중심제 정치 구조에서 견제 장치가 없는 공화국은 독재 체제로 변질될 수밖에 없었다. 제어 장치가 고장 난 이승만과 자유당 독재 정권은 서서히 종말을 향해 나아갔다. 이승만은 '북진 통일'이란 구호를 내세워 평화 통일을 탄압하고, 반공법(보안법)을 만들어 사상 탄압의 도구로 이용했다.

장기 집권을 위해 발췌 개헌과 3선 개헌을 단행하고, 정적인 조봉암을 사형시키는 죄악을 저지르고도 모자라 3·15 부정 선거를 획책했다. 결국 전국에서 이승만과 자유당에 반대하는 시민혁명의 봉화가 서서히 불타오르기 시작했고 그 도화선은 마산이었다.

3·15 부정 선거를 목격한 마산 시민들은 항의 시위를 벌이며 마산 의거(마산 항쟁)를 일으켰다. 이날 경찰의 발포로 8명이 죽고 80여 명이 부상당했다.

4월 11일에 마산상고 학생 김주열이 시위 도중 최루탄이 눈에

4·19 국립묘지 | 서울 강북구 수유동에 위치한다. 4·19 혁명으로 희생당하거나 유공이 있는 296위의 묘소가 있다. (사진 ⓒ 연합뉴스)

박혀 숨졌다. 경찰은 사건을 은폐하려고 시신에 돌을 매달아 바다에 버렸는데 41일 만에 김주열의 시신이 마산 앞바다에 떠올랐다. 어린 학생마저 죽이고 버린 패륜 앞에 시민들은 분노했다. 이제 부정 선거 규탄 구호는 독재 정권 타도로 바뀌었고 마침내 반정부 시위는 전국으로 확산되었다.

4월 18일에는 고려대생 3천여 명이 선언문을 발표하고 태평로 국회의사당에서 평화적인 연좌 농성을 벌이고 해산하여 귀가하던 중 정치 깡패들에게 기습 구타를 당하는 일이 벌어졌다. 고려대생의 4·18 시위는 대학생 시위의 시발점이 되었고, 고대생 피습 사건을 계기로 국민의 저항은 걷잡을 수 없이 커졌다.

4월 19일에 서울에 있는 여러 대학교, 고등학교 학생이 시위에 참여하여 광화문 앞을 가득 메웠다. 10만여 명으로 불어난 시위 군중이 대통령의 집무실인 경무대로 향하자 경찰이 발포하여 100여 명이 목숨을 잃는 참변이 일어났다.

4월 23일에 서울시가 위령제를 거행하자 시민들은 어용 위령제를 거부했고, 4월 25일에 대학교수단이 '쓰러진 학생의 피에 보답하라'는 시국선언문을 발표하고 시위에 나섰다. 지성의 마지막 보루인 교수들의 저항은 이승만 독재의 최후를 예고하는 폭탄이었다.

미국은 한국 내에서 반미의 조짐과 함께 미국의 영향력 약화를 우려해 이승만에게 하야를 요구했다. 4월 26일에 이승만은 국민이 원한다면 대통령직에서 물러나겠다고 선언했다.

이기붕 일가는 이날 자택에서 자살하고, 이승만은 29일에 하와이로 망명했다. 이로써 이승만의 자유당 정권이 무너지고 외

북한 현대사 10대 사건

구분	시기	사건
①	1945. 9. 19	김일성, 푸가초프 호를 타고 원산 입항
②	1948. 9. 9	조선민주주의 인민공화국 건국, 헌법 공포
③	1950. 6. 25	민족 해방 전쟁 깃발을 내걸고 남침, 6월 26일에 전쟁 선포
④	1955. 12. 15	남로당 박헌영 사형 선고, 이후 연안파·친소파도 숙청
⑤	1958. 3. 3	협동 농장의 생산 증대를 위한 천리마운동 시작 1976년에 '3대 혁명 붉은 기 쟁취운동'으로 변화
⑥	1972. 7. 4	7·4 남북 공동성명 발표, 김일성 체제 수립
⑦	1972. 12. 27	주체사상을 내세운 새로운 북한식 '사회주의 헌법' 제정
⑧	1980. 10. 10	고려민주연방공화국(고려연방제) 통일 방안 선언
⑨	1994. 7. 8	김일성 주석의 죽음, 7월 25일 남북 정상회담은 무산
⑩	1998. 9. 5	김정일 국방위원장(최고 지도자) 선임됨, 국가주석 겸임

무장관 허정을 내각 수반으로 하는 과도정부가 수립되었다.

4·19 혁명은 우리나라 역사상 최초로 일어나 성공한 시민혁명이었다. 4·19는 지배 계급이나 군인들이 정치권력을 획득하기 위해 일으킨 무력 혁명이 아니었다. 오랜 항일 전쟁 과정에서 단련되고 성장한 민족 역량의 분출이었으며, 국민들의 자유와 민권에 대한 요구와 독재를 용인하지 않는 자주의식의 표출이었다.

이때의 성공 경험은 뒷날 광주 민중항쟁과 6·10 민주항쟁으로 이어져 30여 년을 지배해온 군부 독재를 무너뜨리고 민주정부를 수립하는 우리나라 민주화운동의 밑거름이 되었다.

4·19 혁명으로 제1공화국이 무너지고, 6월 15일에 민주적인 개정 헌법이 통과되었다. 제3차 개정 헌법(제2공화국 헌법)의 특징은 1) 의원내각제● 의 실시, 2) 양원제(민의원, 참의원), 3) 헌법재판소 설치, 4) 대법원장과 대법관의 선거제, 5) 경찰의 중립 규정, 6) 지방자치단체장의 선거제 등이었다.

7월 29일에는 새로운 헌법에 의거하여 총선거가 실시되어 민주당이 민의원과 참의원 선거에서 압승했다.

8월 2일에 제2공화국의 헌법에 따라 국회에서 간접 선거가 실시되었다. 민주당 구파의 윤보선이 80%의 지지를 받아 대통령에 당선되고, 민주당 신파인 장면이 국무총리에 임명되었다.

제2공화국은 의원내각제를 채택했으므로 정부의 책임은 민주당의 장면 총리에게 있었다. 장면 내각●은 4·19 혁명에서 희생당한 학생들의 피의 대가로 탄생한 민주정부였다.

● **의원내각제(議院內閣制)**
내각책임제, 의회정부제라고 하는데 의회가 행정부의 구성, 존립, 해체를 결정하는 제도이다. 입헌민주제를 시행하는 현대 국가에서 대통령중심제와 함께 가장 많이 채택하고 있는 대표적인 정부 형태의 하나인데 한국에서는 4·19 혁명 뒤에 성립된 민주당 정부를 들 수 있다.

● **장면 내각**
의원내각제, 민주당 신파(장면 내각), 민주당 구파(대통령 윤보선), 경제 개발 수립(미시행), 사회 개혁 미흡(노동운동, 통일운동), 부정 축재자 처벌 소극적
(검) 4-초, (검) 9-초

역사 지식 플러스

냉전(冷戰)이란 무엇인가?

현대사에서는 보통 1945년 이후부터 1990년대까지를 냉전(The Cold War)의 시대라고 한다. 냉전이란 무기를 사용하는 열전(熱戰)에 대응하는 이념 전쟁, 체제 경쟁을 의미한다. 냉전의 기점은 독일의 분할 통치가 결정된 1946년 4월, 또는 미국 대통령 트루먼의 독트린이 발표된 1947년 3월을 꼽는다.

냉전은 미국 중심의 자본주의 진영과 소련 중심의 공산주의 진영 구도로 고착되었다. 미국은 북대서양 조약기구를 결성하여 서유럽을 방어하고 소련을 견제했고, 소련은 동유럽에 바르샤바조약기구를 탄생시켜 미국에 대항했다. 이후 냉전은 독일 분단, 한국 전쟁, 베트남 전쟁으로 격화되었다. 이후 양대 진영의 체제경쟁은 독일, 베트남, 한국에서 치열하게 전개되어 이들 세 곳이 냉전의 각축장으로 변했다.

1960년대에 이르러 냉전은 점차 약화되기 시작했다. 프랑스가 먼저 해외 식민지와 지배 정책을 포기하는 데탕트를 선언했으며, 이와 더불어 중국·인도·이집트·유고슬라비아·인도네시아 등 비동맹국가(제3세계)가 유엔과 국제무대에서 발언권을 높였고, 패전국인 독일과 일본이 경제 성장을 하면서 미소의 양강 구도에 금이 갔기 때문이었다.

이로부터 1) 전쟁 개입을 자제한다는 미국의 닉슨 독트린, 2) 핵 확산 금지 조약(NPT), 3) 전략무기 제한 협정(SALT), 4) 독소 불가침 조약(1970), 5) 미중 수교(핑퐁 외교), 6) 동서독 유엔 가입(1973), 7) 서울 올림픽(동서 양대 진영의 참가) 등이 이어지면서 긴장 완화(데탕트)는 세계사적 조류가 되었다. 이어 냉전의 상징인 베를린 장벽의 붕괴(1989), 독일의 통일(1990), 러시아 연방(소련)의 해체로 연결되면서 냉전은 한반도의 분단을 제외하고 공식적으로 종결되었다.

논술 생각나무 키우기

1950년 6월 25일에 한국 전쟁이 일어난 원인은 무엇이고, 전쟁은 한국 사회에 어떤 영향을 끼쳤을까?

Point 1 제2차 세계대전이 끝난 뒤 세계가 냉전 시대로 돌입한 원인이 무엇이며, 냉전의 구체적 개념과 냉전으로 인한 분단이나 갈등, 내전이 있는 국가 등을 찾아본다.

Point 2 한국 전쟁이 일어나게 되는 요인, 남침인가 북침인가, 해방 전쟁인가 남침 유도인가, 이런 견해를 자세하게 비교하고 문제점이나 올바른 관점을 생각한다.

Point 3 한국 전쟁의 과정, 결과와 한국 사회에 끼친 영향을 알아보고, 50여 년이 지난 지금까지 남북 분단과 체제 경쟁이 완화되지 않는 요인을 알아본다.

공부를 더 하고 싶다면

《이승만과 제1공화국》(서중석 지음, 역사비평사)
이승만은 건국의 아버지인가, 민주주의를 유린한 돈키호테인가. 이승만과 친일파, 이승만과 자유당에 대한 바른 시각이 필요하다. 그래야 실상과 허상을 구분하고 대한민국 건국의 속내를 제대로 들여다볼 수 있다.

《6·25 미스터리 : 한국 전쟁, 풀리지 않는 5대 의혹》(이희진 지음, 가람기획)
아직도 미스터리로 남아 있는 한국 전쟁에 관한 수많은 의혹들을 파헤친 책이다. 분단의 배경, 3·8선 확정, 전쟁의 발발, 유엔군 참전, 비극적인 영향 등 6·25 전쟁에서 나타나는 5가지 의혹을 바탕으로 한국 전쟁의 실상을 보고자 한다.

《4·19 혁명》(김정남 지음, 민주화운동 기념사업회)
민주주의를 유린당한 학생, 시민, 지식인들이 자유당 독재 정권에 대항하여 저항의 깃발을 올렸다. 대한민국 최초의 시민혁명인 4·19 혁명을 통해, 민주주의는 감시하고 지키지 않으면 안 되는 소중한 가치임을 깨닫게 한다.

4 박정희 정권, 유신 독재와 민주항쟁

한 줄로 읽는 우리 역사

박정희 군부 세력은 5·16 군사반란을 일으켜 4·19 혁명으로 세워진 민주정부를 무너뜨렸다. 군사 정권은 반공 이념과 경제 개발, 한일 협정과 월남 파병을 통해 장기 집권의 발판을 마련하고, 나아가 유신헌법을 제정하고 영구 집권을 꾀했으나 부마 항쟁과 10·26 시해 사건으로 무너졌다.

1960년 8월 3일에 출범한 민주당 정부는 분출하는 사회적 욕구를 맞추지 못해 초기에는 국내 질서를 잡지 못했다. 이 시기에 해외에서 일어난 유로코뮤니즘(유럽 사회주의), 제3세계 운동, 반전(反戰)과 민족주의 열풍이 국내로 들어와 학생들의 자주의식과 통일운동을 자극했다.

보수적이고 친일적인 군부 세력은 민주당 정부의 정책에 반감을 갖고 있었다. 군부 세력은 한국 전쟁(6·25)을 치르면서 반공 이념으로 무장한 강력한 조직체로 성장했고, 미국의 군사 행정을 도입하여 가장 선진적이고 체계적인 엘리트 집단으로 변모했다.

광화문 현판 | 6·25 전쟁 때 파괴된 광화문을 복원하면서 박정희 대통령이 한글로 쓴 현판이다. 한자가 아닌 한글이라는 점에서 자주성이 엿보이지만 친일파였던 그의 행적은 그것을 상쇄한다.

이들 군부 세력은 국내의 혼란과 학생들의 거침없는 통일운동을 정치적 야욕을 실현할 빌미로 삼았다. 시민의 피로써 이룩한 민주주의는 어이없게도 군부 세력의 군사반란으로 무너지고 말았다.

5·16 군사반란, 박정희 군사독재의 시작

4·19 혁명의 성공으로 민주주의에 대한 열망과 민권의식이 고양되었다. 당시 혁명으로 부상당한 학생들이 의사당에 진입하여 자유당 정권에 협력하여 반민주 행위를 한 인사들에 대해 처벌할 수 있는 반민주 행위자 처벌법의 제정을 요구했다.

이에 따라 국회는 11월 29일에 소급 입법의 근거를 마련하는 부칙 개헌을 하여, 반민주행위자들의 형사 사건을 다루는 특별재판소와 특별검찰부를 두게 되었다. 이를 제4차 개정 헌법이라고 한다.

장면 정부가 경제 계획과 민주 정치로 정국 운영의 가닥을 잡아나가고 있을 때, 정치권력에 뜻을 가진 군부 세력은 민주 열기의 혼란을 민주당의 무능이라 주장하며 1961년 5월 16일에 만주군 출신의 친일 군인 박정희를 중심으로 군사반란(쿠데타)을 일으켰다. 박정희 육군 소장과 육사 8기생, 청년 장교를 포함한 3천 600명이 주도하여 일으킨 5·16 군사반란●● 은 국민들의 합법적인 선거를 통해 수립된 민주정부를 전복한 반국가 반란 사건이었다.

● **5·16에 대한 역사적 정의**
1987년까지는 역사 교과서에서 4·19는 의거, 5·16은 혁명이라고 했다. 그것은 군사정권이 자신들의 권력 탈취를 정당화하려고 역사를 왜곡했기 때문이다. 지금은 대체적으로 4·19 혁명, 5·16 군사반란(쿠데타)으로 정의한다.

● **5·16 군사반란**
4·19 혁명의 진보성(군부 반발), 사회 개혁 미흡(군부 불만), 정치 군인의 야욕(박정희), 군사반란, 혁명 공약 발표(반공 강조), 군정 시작(국가재건최고회의)
(검) 2-6

군부 세력은 군사혁명위원회를 세우고 6대 혁명 공약(반공 이념, 친미 외교, 부패 청산, 경제 재건, 반공 통일, 민정 이양)을 발표했다. 미국 정부와 보수적인 국민들은 사회 개혁과 반공을 내세운 군부 세력을 지지했다.

군사혁명위원회는 장면 내각을 접수하고, 권력기구의 명칭을 국가재건최고회의로 바꾸었다. 군사정부는 사법·입법·행정을 장악하고, 혁명검찰부를 설치하여 사법권을 농단했으며, 민주 인사의 감시, 노동운동과 통일운동의 탄압, 진보적인 언론 통제를 위해 한국중앙정보부(중정)를 세워 공안 정치를 시작했다. 1961년 7월 3일에는 반공 독재를 유지하기 위해 반공법을 제정했다.

혁명 공약에서 민정 이양을 약속한 군부 세력은 1962년 11월에 헌법 개정안을 마련하고, 12월 17일 국민투표에 부쳐서 통과

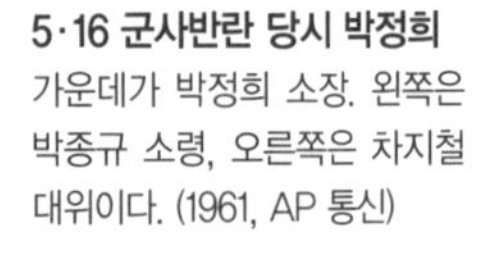
5·16 군사반란 당시 박정희
가운데가 박정희 소장. 왼쪽은 박종규 소령, 오른쪽은 차지철 대위이다. (1961, AP 통신)

시켰다. 제5차 개정 헌법의 주요 내용은 1) 대통령 직선제, 2) 국민투표를 통한 헌법 개정, 3) 단원제(지역구, 전국구)를 특징으로 했다.

군부 세력은 민정 이양의 시기가 무르익자 비밀리에 수권 정당의 설립을 준비하고 이듬해인 1963년 2월 26일에 드디어 민주공화당을 창당했다.

개정 헌법에 의해 1963년 10월 15일에 국민직선제로 치러진 제5대 대통령 선거에서 공화당 박정희 후보는 46.6%를 얻어 45.1%를 얻은 민정당 윤보선 후보를 15만 6천여 표 차이로 누르고 당선되었다.

여세를 몰아 11월 26일에는 총정원 175명(지역구 131/전국구 44)을 소선거구제로 뽑는 제6대 국회의원 선거에서 대통령을 배출한 공화당은 62.8%인 110명(88/22)을 차지하여 다수당이 되었고, 야당은 분열하여 민정당이 41명(27/14), 민주당이 13명(8/5), 국민의 당이 지역구 2명을 당선시켰다. 박정희 대통령은 헌법상의 절차적 합법성을 획득하고 12월 17일에 제3공화국•을 출범시켰다.

● 제3공화국 주요 사건
박정희 체제(1963~1972), 베트남 파병(1965), 한일 회담 반대(1964, 6·3 항쟁), 한일 국교 정상화(1965), 푸에블로 호 사건(1968), 3선 개헌(1969), 경부 고속도로 착공(1970), 새마을운동(1970), 김지하 필화 사건(1970, 〈오적〉)
(근) 2008, (검) 5-4, (검) 5-고, (검) 6-4

한일 회담, 일본에 넘긴 민족의 자존

박정희 정권은 집권의 명분을 경제 발전과 조국 근대화에 두었다. 우선 박정희 정권은 경제 성장에 필요한 자금을 확보하기 위해 국내의 반대를 무릅쓰고 한일 협정을 체결했다.

● **독도 영유권**
시마네 현 고시(1905, 일본), 한국의 우산국(《삼국사기》), 이사부 장군(신라 지증왕), 《세종실록 지리지》(울진현 소속), 안용복 활동(조선 숙종), 대한제국 칙령 41호(울도군 소속), 김종필-오히라 메모(독도 문제 회피)
(근) 2007, (검) 1-6, (검) 5-3, (검) 5-4, (검) 5-고, (검) 6-4, (검) 7-4, (검) 8-3, (검) 9-초

●● **한일 회담**
한일 간 국교 수립(1965), 청구권 행사, 한반도 유일 합법 정부 인정, 식민 통치에 대한 사과 미흡, 한국 경제 대일의존도 심화 계기, 전국적 반대 시위(6·3 항쟁), 협정 미흡 내용(불법 강점, 개인 청구권, 군대 위안부 사과 미흡)
(근) 2006, (검) 5-고, (검) 6-초, (검) 6-4, (검) 6-3, (검) 7-고

● **대일 청구권**
일본이 불법적으로 조선을 지배하면서 수탈하거나 소멸시킨 인적, 물적 자원에 대해 한국 측이 일본에 요구하는 정당한 배상 요구 권리를 말한다. 1965년 6월 22일에 체결한 한일 협정에 의해 일본은 무상 3억 불, 차관 2억 불을 한국에 제공했다. 다만 북한의 대일 청구권과 함께 개인 청구권은 여전히 존재한다는 주장도 있다.

미국은 원래 이승만 정부를 움직여 1차 회담(1952), 2차·3차 회담(1953), 4차 회담(1957)을 진행했으나 청구권과 독도 문제●로 결렬되었고, 친미 정권인 장면 내각은 5차 회담(1960)을 진행했으나 5·16 사태로 중단된 상태였다.

5·16 군정은 1961년 10월에 군사반란에 대한 미국의 지지를 얻기 위해 몰래 한일 협정(6차 회담)을 추진하고 있었다. 미국은 한국에 강력한 반공 정권을 세우는 한편 동아시아에서 방위비 지출을 줄이고 그 부담을 일본에 넘기기 위해서 한일 회담●●을 막후에서 종용했다.

1962년 11월에 중앙정보부장 김종필은 일본 외무장관 오히라와 한일 국교의 대가로 일본이 한국에 무상 공여 3억 달러, 차관 2억 달러, 상업차관 1억 달러를 제공한다는 비밀 각서를 교환했다. 한국은 일본이 조선에 저지른 식민 지배에 대한 사과나 대일 청구권●을 대부분 포기한 것이다.

제3공화국이 공식적으로 출범하자 박정희 정권은 1964년부터 한일 회담의 타결을 밀어붙였다. 학생·재야·시민들이 한일 회담을 굴욕적인 경술국치(1910)에 견주며 결사적으로 반대하자 4월에 회담은 중지되었지만 반대 시위는 전국적으로 확산되었다.

1964년 6월 3일에 시위대가 광화문에서 반대 시위를 하며 정권 퇴진을 주장하자(6·3 항쟁), 4·19 혁명과 같은 사태를 우려하여 박정희 정권은 비상계엄을 선포하고 1천 200명의 학생을 연행했다. 12월에 7차 한일 회담이 재개되고 1965년 6월 22일에 한일 기본 조약이 체결되었다.

한일 협정의 가장 큰 결함은 제1조에서 일본이 한국을 식민 지배한 과거가 법률적·정치적·역사적으로 원천 무효임을 명시하

지 못하고 '이미 무효'라는 불투명한 용어를 사용하여 공식적인 사과나 배상에서 일본이 빠져나갈 통로를 열어준 것이었다.

박정희 정권은 국회 비준을 위해 위수령을 발동한 상태에서 공화당 의원만으로 한일 회담 비준을 의결했다. 박정희 정권은 이미 절차적 민주주의와 국민적 합의를 무시하는 파시즘(국가 독재) 정권으로 변해 있었다.

제3공화국, 경제 개발과 베트남 파병의 명암

박정희 정권은 경제 개발에 박차를 가하여 경제기획원을 신설하고 1962년부터 5년 단위의 장기 경제 개발 계획(1962~1981)을 추진했다. ●●●

●●● **경제 개발 5개년 계획** 총7차(1962~1996), 경공업 위주 수출전략(제1차,제2차), 중화학공업 수출 전략(3, 4차), 도시 인구의 급증, 농촌 경제의 파괴, 농업 사회에서 공업 사회로 변화 (근) 2008, (근) 2009, (검) 5-3, (검) 8-4

이때 미국과 일본은 중화학 공업으로 산업 구조를 개편하고, 경공업이나 소비 상품 제조는 신흥 개발도상국에게 이전했는데 그 대상국이 바로 한국, 대만, 홍콩, 싱가포르였다.

그런데 마침 미국은 1959년 1월의 쿠바 혁명으로 중남미에 불기 시작한 공산 혁명을 막기 위해 막대한 자본을 중남미의 친미 정권에 투입하기 시작했다. 이에 따라 한국은 국내의 자금 부족과 더불어 외자 도입이 어려운 이중고를 겪게 되었다. 이것을 타개하기 위한 카드가 바로 베트남 파병이었다.

미국은 한일 협정의 막후 조정에 이어 베트남 전쟁의 수렁에서 빠져나오기 위해 반공 국가 이미지를 가진 한국의 참전을 요구했다. 자국 내에서 번지는 반전 시위를 무마하고 비용이 저렴한 한국군을 용병으로 활용하려는 의도였다.

당시 미국의 우방국인 여러 나라들은 베트남 전쟁이 유엔의 결의에 의한 전쟁이 아니고, 미국이 주도하는 전쟁이었기 때문에 참전을 거부하거나 마지못해 비전투 요원을 파견하고 있었다.

1964년 8월에 박정희 정권은 베트남 파병안을 국회에 제출했다. 9월에 의료진과 태권도 교관 등 비전투 요원이 베트남에 파견되었고, 1965년 2월에 국회에서 파병 동의안이 가결되어 2천 명으로 구성된 군사 원조단(비둘기 부대)이 사이공(호찌민 시)에 도착했다.

1965년 7월부터 1973년 3월에 철수할 때까지 청룡부대, 맹호부대, 혜산진부대, 백마부대의 전투병력 5만 5천여 명이 참전했고, 전사자는 5천여 명이었다.

● 브라운 각서
1966년 3월 7일에 미국 정부가 주한 대사인 브라운을 통해 전달한 한국군의 베트남 증파에 관한 14개 조항의 양해 사항을 말한다. 주요 내용은 1) 한국 방위 태세의 강화, 2) 한국군 전반의 장비 현대화, 3) 증파비 부담, 4) 차관 제공 등이다.

박정희 정권은 미국과 브라운 각서●를 통해 참전 대가로 국군의 전력 증강과 차관 제공을 약속받았다. 베트남 특수로 벌어들인 2억 달러는 경부 고속도로 건설과 공장 설립에 투입되어 내수시장이 성장하고 수출이 늘어나 연평균 경제성장률이 10%에 이르렀다.

경제 성장과 베트남 전쟁이라는 호재에 힘입어 1967년 5월 3일에 치러진 제6대 대통령 선거에서 박정희 후보는 51.4%를 획득하여 40.9%의 득표에 그친 윤보선 후보를 116만여 표 차이로 누르고 재집권에 성공했다.

또한 6월 8일에 실시된 제7대 국회의원 선거에서 집권 여당인 공화당은 73.7%인 129석(102/27), 야당인 신민당은 32.7%인 45석(28/17), 대중당이 지역구 1석을 차지하여, 공화당은 개헌정족수인 2/3를 넘어 3선 개헌을 추진하게 되었다.

7·4 남북 공동성명,● 통일의 좌표를 세우다

베트남 전쟁이 한창이던 1968년에는 남한을 긴장시키는 사건들이 연이어 일어났다. 1월 21일에 북한에서 파견한 무장 군인들이 박정희를 죽이기 위해 청와대를 습격하다 실패했다.

● **7·4 남북 공동성명**
7월 4일 남북 동시 발표(1972), 닉슨 독트린의 영향, 남북 독재 체제 연장, 통일3대원칙(자주, 평화, 민족 대단결) 천명
(근) 2009, (검) 2-2, (검) 2-3, (검) 2-4, (검) 9-초

1월 23일에는 북한의 해안을 정탐하던 미국 정보함 푸에블로호를 북한에서 나포했다. 남북한에 전쟁이 일어날지도 모르는 긴장감 속에 북한은 선박을 제외한 선원을 미국에 송환했고, 미국은 북한에게 사과하는 선에서 사건을 마무리했다.

11월 2일에는 동해안 울진과 삼척 지구에 180여 명의 북한 무장 간첩이 침투해 남한의 군경과 총격전을 벌이고 소탕되었다.

국제 정세도 박정희 정권을 불안하게 만들었다. 1969년 7월 25일에 미국의 닉슨 대통령은 베트남 전쟁의 수렁에서 빠져나오기

7·4 남북 공동성명 : 남북간 통일에 대한 3원칙(1972)

구분	성명 원칙	성명 내용
제1항	자주 원칙	통일은 외세에 의존하거나 외세의 간섭을 받음이 없이 자주적으로 해결해야 한다.
제2항	평화 원칙	통일은 서로 상대방을 반대하는 무력행사에 의거하지 않고 평화적 방법으로 실현해야 한다.
제3항	민족 대단결의 원칙	사상과 이념, 제도의 차이를 초월하여 우선 하나의 민족으로서 민족적 대단결을 도모해야 한다.

위해 '닉슨 독트린'을 발표했다.

그 내용은 1) 미국은 직접적인 군사 개입을 자제하며, 2) 핵 위협은 미국이 직접 대응하고, 3) 아시아 국가는 국내 문제를 스스로 해결한다는 원칙을 천명한 것이었다. 대신 미국은 아시아 국가에 친미 반공 정권을 세우는 방법으로 선회했다.

1971년에 인도네시아는 수하르토 군부 세력이 집권했고, 1972년 9월에는 필리핀에서 마르코스가 계엄령을 선포하고 장기 독재에 들어섰다.

박정희는 1969년 8월 20일부터 25일까지 미국을 방문하여, 한미 동맹의 재확인과 미군 철수 중지를 요청했으나 거절당했다. 닉슨은 1970년 7월 8일에 미군 감축을 통보하고, 1971년 3월 27일에 주한 미군 철수를 시작했다.

박정희 정권은 미군이 철수하면 북한이 남침할 거라는 위기의식을 고조시키고, 북한의 적화 야욕을 분쇄하기 위해 강력한 정부가 필요하다고 주장하며, 대통령의 연임만 가능했던 제5차 개정 헌법을 고쳐 3선이 가능하도록 개헌을 추진했다(3선 개헌).

그러자 학생들은 민주수호 전국청년학생연맹을 결성하고, 재야인사들은 민주수호 국민협의회를 조직하여 3선 개헌을 반대했다. 그러나 제7대 국회에서 이미 개헌선을 확보한 공화당은 1969년 9월 1일에 1) 국회의원 증원, 2) 국회의원의 각료 겸임, 3) 대통령의 3선 연임을 내용으로 하는 제6차 개정 헌법을 통과시켰다.

● **유신 시대 사회 문화**
새마을운동(1970), 남북 적십자 회담(1971), 베트남 특수(경제 발전), 전태일 분신(1973), 태극기 맹세, 국민교육헌장, 반공 기념물(이승복 동상), 신라 정통론(축구 대표팀 화랑, 김유신 동상, 육사 교정 화랑대), 반일 감정(축구 대표팀 충무, 이순신 동상)
(근) 2005, (검) 3-3, (검) 4-3, (검) 5-초, (검) 7-3, (검) 8-3

그리고 1970년 4월 22일에 박정희 정권은 새마을운동●을 시작했다. 낙후된 농어촌을 개발하여 농어민의 사업소득을 증진시킨다는 목적으로 추진된 것이지만, 경제적으로는 농촌 개조와 계몽 사업을 통해 청년들을 도시 노동자로 끌어들여 경공업 중심의 산업 개발을 추진하고, 정치적으로는 농민과 서민 대중의 지지를 얻어 야당과 학생, 지식인 계층의 광범위한 반독재 투쟁을 무마하려는 의도도 있었다.

이런 정세 속에서 국내에서는 박정희 정권의 독재에 저항하는 분노의 불길이 각계각층에서 일어났다. 이중에서 노동자들의 저항은 절박한 생존권에 관한 투쟁이었다.

재벌 위주의 경제 개발에 소외당한 노동자들은 성장의 그늘 아래서 열악한 노동 환경, 저임금과 세계 최장의 노동 시간으로 고통을 받고 있었다. 1970년 11월 13일, 청계천 피복 공장의 재단사였던 22세의 전태일●은 "근로기준법을 지켜라, 우리는 기계가 아니다"라고 외치며 분신했다.●●

● **전태일과 근로기준법**
1970년 11월 13일에 청계천 평화시장의 재단사인 전태일은 '근로기준법을 준수하라, 우리는 기계가 아니다'라며 분신했다. 이 사건으로 지식인들과 재야 민주화 세력은 도시빈민, 노동자, 농민들의 운동 노선에 동참하며 비인간적인 삶을 강요하는 개발 독재에 저항하는 새로운 노동운동의 깃발을 들었다.

●● **시기별 노동운동**
전태일 분신(1973), YH 사태(1979), 노동자 대투쟁(1987), 전노협(1990), 민주노총(1995), 노사정위원회(1998), 민주노동당(2000)
(근) 2006, (검) 8-3, (검) 9-3

이를 계기로 경제 발전의 논리에 묻혀 희생만 강요받았던 노동자들의 인권과 처우 문제가 우리 사회의 심각한 사회 문제로 부각되었고, 1987년의 노동자 대투쟁으로 발전하는 밑거름이 되었다.

박정희 정권의 반공 독재는 헌법이 보장하는 양심의 자유와 집회·출판·결사의 자유는 물론이고 표현의 자유

전태일 기념상
2005년 5월 30일 전태일 기념상 제막식이 청계천 6가 전태일 다리(버들 다리) 위에서 열렸다. 기념상 뒤로 평화시장이 보인다. (사진 ⓒ 연합뉴스)

도 억압했다. 학생, 재야, 언론인, 법조인, 문화계, 예술계 등 사회 모든 분야에서 들고일어나 박정희 독재에 저항했다.

1971년 4월 27일에 치러진 제7대 대통령 선거에서 '40대 기수론'을 제창한 김대중 신민당 후보는 45.2%의 지지를 얻어 53.2%를 확보한 박정희 후보에게 94만여 표 차이로 패했다. 그러나 장기 집권을 꿈꾸는 박정희에게 김대중의 득표력은 가히 위협적이었다. 5월 25일에 치러진 제8대 국회의원 선거에서 공화당은 55.4%인 113석(86/27)을 차지했고, 야당인 신민당은 89석(65/24)을 얻어 공화당의 독주를 막아내고 양당 체제를 구축했다.

거기에다 1971년 7월에 미국이 죽의 장막으로 불리던 공산국가인 중국과 핑퐁(탁구시합) 외교라는 이름으로 교류를 시작했다. 박정희 정권은 이를 기회로 삼아 장기 독재 체제를 구축하고자 12월 27일에 대통령이 헌법의 기능까지 정지시키는 국가보위에 관한 특별조치법을 제정했다. 박정희가 우려한 대로 1972년 2월에 닉슨과 모택동이 미중 정상회담을 갖고 각각 수교했다.

남한과 북한의 독재 정권은 미국과 중국의 배신에 충격을 받고 각자 살길을 모색했다. 박정희와 김일성은 독재 권력을 연장하기 위해 국민들의 통일감정을 이용했다.

이때 남북이 공동으로 기획한 것이 7·4 남북 공동성명● 이었다. 남한의 이후락 중앙정보부장과 북한의 박성철 제2부수상이 특사 자격으로 남북한을 오가며 비밀 회담을 하고, 1972년 7월 4일에 남한에서는 이후락 중앙정보부장, 북한에서는 박성철 부수상이 동시에 평화 통일 3대 원칙을 발표했다.

● **7·4 남북 공동성명**
1972년 7월 4일에 남북통일에 관한 3대 원칙을 천명한 사건을 말한다. 1970년대에 들어서 미중 수교 등 냉전이 완화되는 시기에 북한은 김일성 유일 체제, 남한은 유신 독재를 구축하려는 상호간 정치적 의도에 따라 공동성명이 이루어진 한계는 있지만, 남북한이 대결을 지양하고 자주적, 평화적, 민족 대단결의 원칙을 선언했다는 점에서 그 의의가 크다.

평화 통일 3대 원칙이란 1) 외세의 간섭 없이 남북한이 자주적으로 통일하고, 2) 전쟁이 아닌 평화적인 방법으로 통일을 지향하고, 3) 사상이나 이념을 초월하여 모든 민족 구성원이 참여하는 민족 대단결의 원칙을 말한다.

비록 남북한의 독재 정권이 체제 연장을 구축하려는 의도에서 국민들의 통일 열망을 왜곡시킨 선언이었지만, 남북한의 정상이 역사 앞에 천명한 자주, 평화, 민족 대단결의 통일 원칙은 역으로 분단 유지, 무력 통일, 적화 통일을 추구하는 남북한의 반통일 세력에게는 도덕적 심판을 할 수 있는 무기가 되었다. 또한 통일을 지향하는 세력에게는 통일운동의 방향과 원칙을 주었다는 점에서 중요한 역사적 의미를 지닌다.

이승복 동상
남북한의 체제 경쟁은 이념적 잣대에서 누구도 자유롭지 못했다. 울진 무장공비에 의해 참혹하게 죽었다고 알려진 이승복은 반공의 상징으로 전국의 학교 교정에 동상으로 세워져 체제 홍보 수단이 되었다.

유신헌법, 장기 집권 독재정부의 헛된 꿈

남북 공동성명의 후속 조치로 1972년 8월 29일부터 9월 2일까지 남측 적십자 대표단이 평양을 방문하고, 9월 12일부터 16일까지는 북측 적십자 대표단이 서울을 답방했다. 이산가족을 찾아주기 위한 회담은 남북한 민중에게 통일이 눈앞에 닥친 듯 착각을 불러일으켰다. 이런 가운데 박정희는 유신 독재를 준비했고, 김일성은 주체사상을 통한 수령 체제를 구축했다.

박정희는 국가 보위에 관한 특별조치법에 의거하여 1972년 10월 17일에 비상계엄을 선포하고 국회를 해산시켰다. 이로써 모든 정치 활동이 금지되었고, 비상 국무회의에서 비밀리에 유신헌법●이 기초되었다.

박정희는 한국적 민주주의와 남북의 평화 통일을 추진하기 위

● **유신헌법**
닉슨 독트린(미군 철수), 베트남 공산화, 7·4 남북 공동성명, 남북한 독재 권력 구축, 대통령 권력 집중(긴급조치법), 대통령 간선제(통일주체국민회의), 유정회(국회 1/3을 대통령이 추천), 대통령에게 긴급조치권 부여, 야당(신민당)의 저항
(근) 2005, (근) 2006, (근) 2010, (검) 3-1, (검) 5-3, (검) 6-3

해서는 강력한 정부를 세워야 한다며 제7차 개정 헌법인 유신헌법안을 내놓았다. 유신헌법안은 6년 임기의 대통령을 통일주체국민회의에서 간접 선거로 선출하며, 대통령은 국회 해산권과 긴급조치권, 국회의원 1/3의 임명권을 가질 수 있었다. 왕조 시대의 혈통에 의한 세습 권력과 다를 바 없는 1인 독재자를 위해 만든 유신헌법●은 이미 민주공화국의 헌법이 아니었다.

● **유신헌법**
박정희 대통령의 독재 권력을 위해 1972년 10월 17일에 반포된 제4공화국의 헌법이다. 11월 21일에 국민투표에 의해 가결되었으며 특히 통일주체국민회의에서 대통령을 뽑는 간선제는 장기 독재를 위한 대표적인 개악 헌법이었다. 유신(維新)이란 이름은 일본의 명치유신에서 따왔다.

유신헌법은 반대 토론이 없는 폭압적이고 일방적인 선전을 거쳐 11월 21일에 국민투표에 부쳐져 91.5%의 지지율로 통과되었다. 12월 23일에 통일주체국민회의에서 재적 대의원 2천 359명 전원이 참석한 가운데 2명의 무효표를 제외하고 2천 357표를 얻은 박정희 후보가 제8대 대통령에 당선되어 제4공화국이라 부르는 유신 정부가 탄생되었다.

1973년 2월 27일에는 유신헌법에 의한 제9대 국회의원 선거가 중선거구제로 실시되었고, 공화당이 73석, 신민당이 52석, 무소속이 19석, 민주통일당이 2석을 차지하여 여전히 양당 체제를 구축했다.

그렇지만 유신헌법에서는 의원 총수 219명의 1/3에 해당되는 73명의 유정회(유신정우회) 의원을 대통령이 지명하도록 되어 있었다. 유정회 의원은 사실상 공화당의 거수기로 전락했고, 공화당의 의석은 실질적으로 과반수가 훨씬 넘는 146석으로 늘어났다. 유정회는 민주공화정의 대의 정치에 위배되며, 비민주적 절차로 박정희 1인의 의회 독재가 가능하도록 만들어진 조직이었다.

긴급조치 대통령, 독재 권력의 최후를 예고하다

제4공화국은 유신헌법에 의해 탄생된 독재정부로 역사적인 정통성이 없었다. 박정희 정부는 위기마다 긴급조치를 남발하여 겨우 정권을 유지했다. 유신헌법에 의해 마련된 대통령의 긴급조치권은 헌법에 보장된 국민의 자유와 권리, 정부와 법원의 권한도 잠정적으로 중단할 수 있으며, 사법적 심사에서 제외되는 초헌법적 무력 통치를 상징했다.

그나마 국회의 재적의원 과반수의 찬성으로 긴급조치를 해제할 수 있다는 조항이 있었으나, 국회의원 1/3을 대통령이 임명했으니 형식적인 조항에 불과했다는 측면에서 긴급조치권은 민주공화정의 상징인 대의 정치를 부정하는 전형적인 독소 조항이었던 것이다.

제1야당인 신민당의 공세, 학생과 재야의 민주화 시위, 노동자들의 저항은 박정희 유신 독재를 위협했다. 1971년 대통령 선거에서 패배한 김대중은 1973년에 일본에 체류하며 한국 민주회복 통일촉진 국민회의(한민통)를 결성하고 유신 반대 투쟁을

삼일문 현판 | 3·1 독립운동의 성지인 탑골 공원 정문에는 친일파 장교 출신인 박정희가 쓴 한글 현판이 걸려 있었다. 애국 청년인 우경태가 삼일문 현판을 떼어냈고, 그 뒤 서울시청은 김충현의 글씨로 대체했다.

지도했다.

중앙정보부장 이후락은 수도군단장 윤필용과 박정희 후계자를 논의하다 박정희의 신임을 잃었는데, 이를 만회하기 위해 김대중 납치 사건을 일으켰다. 중앙정보부 요원 등은 8월 8일 오후 1시경에 도쿄(동경) 그랜드팰리스 2210호실 근처에서 박정희 정권의 존립에 잠재적 위협이 있는 김대중을 납치하여 오사카로 이동하고, 몰래 배에 실어 바다에 수장시키려 했으나 미국의 개입으로 실패한 것으로 추측된다. 김대중은 납치된 지 5일 만인 8월 13일에 서울 동교동 자택에 모습을 나타냈고, 박정희 정권은 그를 장기간 연금 상태로 가두었다.

1974년 4월 3일, 중앙정보부는 학생들의 유신 반대 투쟁을 저지하기 위해 "전국 민주청년학생 총연맹(민청학련)이라는 불법단체가 민중 봉기를 선동하여 정부를 넘어뜨리고 공산정권을 세우려 했다"고 조작 발표했고, 학생들의 수업 거부와 집단 행동을 일절 금한다는 긴급조치 4호가 발동되었다. 이때 위반자 1천여 명을 연행하고 그 가운데 180명을 구속했다.

그리고 민청학련의 배후로 인민혁명당(인혁당) 재건위를 지목하고 1974년 4월 8일에 주모자 23명을 구속했다. 이 가운데 8명은 사형선고, 나머지는 무기징역에서 15년형을 선고받았는데 대법원의 확정 판결이 나온 지 불과 18시간 만인 1975년 4월 9일, 8명의 사형을 집행하는 만행을 저질렀다. 제네바 국제법학자협회는 이날을 '사법사상 암흑의 날'로 선포했다.

유신 독재에 대한 국민들의 저항이 심해지자 박정희 정권은 국면을 전환하고자 1975년 2월 12일에 유신헌법 찬반 투표를 실시했다. 그런데 찬반에 대한 의견 표명이 허용되지 않는 억압된

분위기 속에서 경제 개발을 위해서는 독재가 필요하다는 논리에 국민들이 현혹되었는지 투표율 79.8%에 찬성률 73.1%로 가결되었다. 그러나 학생, 지식인, 재야 민주인사의 유신 반대 투쟁은 더욱 가열되었다.

1975년 5월 13일에는 유신에 반대하는 모든 행위를 처벌하는 긴급조치 9호가 발동되었다. 이제는 양심에 따른 반대조차 할 수 없는 국가 파시즘이 암울한 먹구름이 되어 민주주의를 죽이고 있었다.

1970년에 《사상계》에 〈오적〉이라는 시를 발표했던 김지하 시인은 1975년에 〈타는 목마름으로〉라는 시를 발표하여 골목에 숨어서 민주주의를 외칠 수밖에 없는 유신 독재의 폭력성을 고발했다.

1976년 3월 1일에는 윤보선, 김대중, 문익환, 정일형 등 재야 민주화 세력이 명동 성당에서 3·1 구국 선언을 발표하고 유신 독재에 저항했다. 그러나 장기 집권과 종신 대통령을 꿈꾼 박정희에게 유신헌법은 버릴 수 없는 신념이었다.

1978년 7월 6일에 유신헌법에 의한 제9대 대통령 선거가 치러졌다. 통일주체국민회의● 재적 대의원 2천 581명 가운데 3명의 불참과 무효 1표를 제외하고 박정희 후보는 2천 577표의 찬성을 얻어 대통령에 당선되었다. 어느 누구라도 후보로 내세우면 당선될 수밖에 없는 독재 선거였다.

● **통일주체국민회의**
1972년 12월에 유신헌법에 의해 설치된 헌법기구로 대통령과 국회의원 1/3을 선출하는 권력을 지녔는데, 실상은 유신 독재의 꼭두각시 기구였다.

궁정동의 총소리, 유신 독재의 종말을 쏘다

1978년 12월 12일에 치러진 제10대 국회의원 선거에서 야당인 신민당의 의석수는 61석으로, 공화당의 68석에는 뒤졌지만 득표율에서는 32.8%를 얻어 31.7% 얻은 공화당에게 1.1%를 앞서는 이변이 일어났다. 장기 집권에 대한 국민들의 염증이 투표로 표출된 것이었다.

이듬해 5월에 김영삼은 선명 야당과 민주 회복을 내세워 공화당과 야합한 이철승을 누르고 신민당의 총재가 되었다. 10월 4일에 김영삼은 외신 기자와 인터뷰를 하면서 박정희 독재정부를 미국이 통제해 주기를 요청했다. 10월 4일에 공화당이 지배하는 국회는 김영삼을 사대 매국노라고 비난하며 의원직에서 제명했다.

그러자 김영삼의 지지 기반인 경남과 부산에서 민심이 크게 동요했고, 10월 16일과 17일에 부산대생이 가두시위를 전개하며 사태가 부마 항쟁● 으로 발전했다. 다급해진 박정희 정권은 18일에 부산, 20일에 마산과 창원에 계엄령을 선포했다. 부산의 민심을 잠재우면 시위가 멈출 것으로 보았다.

● **부마 항쟁**
1979년 10월 15일부터 20일까지 부산, 마산 등지에서 박정희 유신 독재에 저항한 민주화운동으로 박정희 독재 체제를 무너뜨리는 도화선이 되었다.

그러나 엉뚱하게도, 유신 독재의 기관차는 궁정동에서 난 총소리 한 방에 제어장치 없이 달리던 질주를 멈췄다. 측근정치에 매몰되어 부마 항쟁을 탱크로 밀어붙인다는 발상조차 쉽게 거론되는 상황에서 대통령 경호실과 중앙정보부의 힘겨루기는 박정희의 최후를 예고하고 있었다.

10월 26일의 아침은 어느 때와 다를 바 없는 평온한 날씨였다. 박정희 대통령은 단군 이래 최대의 토목 공사라고 일컬어지던 서산 삽교천 방조제 준공식에 참석하고 서울로 돌아왔다.

그날 저녁, 서울의 궁정동 안가에서는 부마 항쟁 진압 문제를 놓고 박정희 대통령과 비서실장 김계원, 경호실장 차지철, 정보부장 김재규가 격렬하게 논쟁을 벌였다. 이 무렵 대통령의 친위 세력인 경호실과 중앙정보부는 대통령에 대한 충성 경쟁과 시국을 놓고 사사건건 대립하고 있었다.

정보부장 김재규는 폭압적인 진화를 하면 자칫 사태를 확대시킬 위험이 있다고 주장했으나 경호실장인 차지철은 정보부의 무능을 질타하며 강경 대응을 주문했다. 평소에 경호실장 차지철에게 유감이 많았던 중앙정보부장 김재규는 그 자리에서 권총으로 차지철을 쏘고 박정희 대통령을 시해했다.

유신 독재의 심장부는 이처럼 독선적으로 정국을 운영하던 대통령과 부패하고 무능한 측근 세력의 우발적 충돌로 막을 내렸다. 김재규는 나중에 재판정에서 "나는 유신의 심장에 총을 쏘았다"고 진술했지만 그것은 독재정부의 하수인으로 오랫동안 충성한 자신의 죄악을 씻어보려는 안타까운 몸부림이었을 따름이다.

민간 정부에 권력을 이행하려고 했다면 체계적인 준비와 정권 이양의 프로그램이 있어야 했다. 그런데 김재규는 다분히 감정적인 총격으로 유신 독재는 무너뜨렸지만 또 다른 군사독재의 발호는 막지 못했다.

너무나도 돌발적이었던 10·26 사건은 유신 독재를 끝냈다는 긍정적인 역사적 평가보다는 권력욕에 눈먼 신군부 정치군인들이 혼란한 사회를 수습한다는 명분으로 12·12 사태●● 를 일으키도록 기회를 준 뼈아픈 역사적 사건이었다.

●● **12·12 사태**
1979년 10·26 사건으로 박정희가 암살당하고 권력 공백기에 하나회를 중심으로 하는 신군부 세력이 일으킨 항명, 군사반란 사건이다. 전두환 보안사령관의 지휘아래 육사 11기, 육사 17기생이 주도했다.

신군부, 12·12 군사반란을 일으키다

박정희 대통령은 한국의 오랜 가난을 극복하고 한강의 기적과 경제 성장을 이루도록 노력한 대통령이었다. 공과를 놓고 본다면 경제 발전을 일으킨 업적이 가장 클 것이다. 그러나 냉정하게 살펴보면 경제 성장의 성과는 재벌과 자본가의 배를 불리는 데로 흘러갔고, 저임금과 과노동에서 벗어나지 못한 노동자와 서민들은 일방적인 희생을 강요당했다.

그리고 반공 독재와 함께 경제 성장을 하기 위한 명분을 내세워 유신 독재의 길을 걸었으며, 국민들의 인권과 자유를 짓누르고 양심과 도덕을 억압했으며, 수많은 정적을 죽이고 감옥에 가두었다. 경제 성장의 외피에 현혹되어 경제적 공로만 부각시킨다면 그것은 민주주의에 대한 모독이고 국민 대대수의 희생과 고통을 은폐하는 역사 왜곡인 것이다.

18년 장기 독재의 갑작스런 종말에 유신 철폐, 거국 내각, 계엄 해제 구호에만 치중하던 민주 세력은 미처 집권을 준비하지 못했다. 야당의 정치 지도자인 김영삼과 김대중도 정세를 낙관하고 있었다. 유신 잔당인 공화당은 이미 국민들의 지지를 잃었기 때문에 강력한 투쟁의 대오를 가진 야당을 대신하여 권력을 창출할 정도의 정치 세력은 없다고 판단했다. 신군부 세력이 박정희에 의해 양성된 고급 두뇌와 체계적인 인적 자원을 가진 정치 지향의 집단이란 걸 의식하지 않았던 것이다.

장기 독재의 거수기 노릇을 해온 집권 여당인 공화당도 충격에서 벗어나지 못했다. 이들이 할 수 있는 일이란 유신 독재의 비판에서 탈피하고 자신들의 집권을 연장하기 위해 그것의 대안으로 국민이 원하는 방식으로 헌법을 개정하고 민주정부를 출범시키는 과도정부의 수립이었다.

당시 국무총리의 직위에 있다가 10·26 사건으로 대통령 권한대행을 맡았던 최규하는 12월 6일 통일주체국민회의의 간접 선거에 단독으로 출마하여 과도정부의 제10대 대통령으로 당선되었다.

신군부 정치군인들은 정치적 야심이 없는 최규하 대통령이 예정대로 민주정부를 출범시키는 후견인 노릇을 제대로 한다면 자신들은 권력 쟁취가 불가능하다고 판단했다.

군대 내 사조직인 하나회● 에 소속된 전두환 보안사령관, 노태우 9사단장, 육사 15기의 대대장급 영관장교인 장세동, 허삼수, 허화평 등 신군부 정치군인들은 12월 12일에 대통령의 재가 없이 무단으로 군대를 이동시켜 육군본부에 있는 정승화 육군 참모총장을 체포하고 하극상의 군사반란을 일으켰다. 박정희 대통령 암살에 정승화 육군 참모총장이 연루되었다는 이유였다.

민주화운동을 이끌었던 학생, 재야, 야당은 12·12 사태●● 가 정치군인들의 군사반란이란 사실을 감지하지 못하고 민주주의 화려한 꽃이 만개할 1980년의 봄을 기다리고 있었다. 그러나 신군부 정치군인들은 물밑에서 유신 연장과 권력 장악을 위한 비밀 조직을 가동하고 있었다. 이렇게 1979년의 겨울은 각자의 정치 세력이 동상이몽을 꿈꾸는 가운데 빠르게 흘러갔다.

● **하나회**
박정희 유신 독재 시기에 충성심이 높은 청년 장교를 청와대 경호실 등에 배치하여 진급, 보직 등의 특혜를 주었는데, 박정희의 신임을 받던 윤필용의 비호 아래 전두환 등 육사 11기생이 주축이 되어 조직한 군대 내의 사조직이다. 유사한 조직으로 청죽회, 만나회, 알자회, 나눔회 등이 있었으나 김영삼 문민정부 시기에 대부분 해체되었다.

●● **12·12 사태의 역사 정의**
1) 국민적 동의가 없는 불법적 사건, 2) 군통수권자인 대통령 재가 없이 군대 동원, 3) 국군의 지휘 명령 계통을 무시한 하극상, 4) 무력을 동원하여 육군 본부를 점령, 5) 정권 탈취를 목적으로 한 군사반란

역사 지식 플러스

7 · 4 남북 공동성명

1970년에 미국의 대통령 닉슨은 세계 분쟁 지역에 미군의 군사 개입을 자제한다는 닉슨 독트린을 발표하고 패전을 거듭하고 있던 베트남 전쟁의 수렁에서 빠져나왔다. 그리고 소련을 견제하는 카드로 '죽의 장막'이라 불리던 공산국가이자 적성국이었던 중국과 핑퐁 외교를 거쳐 1972년 2월에 전격적으로 수교를 맺었다. 남한의 박정희 독재 정권과 북한의 김일성 일당 독재는 미중 수교에 충격을 받고 독재 연장의 수단으로 대다수 민중들의 소망이었던 통일 문제를 이용했다.

남북한은 물밑에서 비밀 특사를 교환하며 통일 방향에 대한 합의를 끝내고 7월 4일에 이른바 자주, 평화, 민족 대단결이라는 남북통일 3대 원칙의 남북 공동성명을 발표했다. 3개 조항의 통일 원칙은 1) 외세의 간섭이나 의존 없이 남북한이 자주적으로 추진하며, 2) 전쟁과 같은 무력 행사가 아닌 평화적인 방법으로 이룩하며, 3) 사상이나 이념, 제도의 차이를 초월하여 모든 민족 구성원이 동참하는 민족 대단결을 추구해야 한다는 것이다.

7 · 4 남북 공동성명은 남북한 정권이 국민들의 통일 열망을 이용해 독재 정권 연장과 장기집권 기반을 마련한 비밀 합작품이었다. 이로부터 남한은 박정희 유신 독재, 북한은 주체사상에 기반한 김일성 유일독재를 구축했고, 남북한 체제 경쟁과 군사 대결은 다시 격화되었다.

7 · 4 남북 공동성명은 투명하지 않은 비밀 접촉, 국민 총의를 거치지 않은 정치적 결단, 독재 정권의 연장 수단이란 문제점에도 불구하고 1) 통일 정책의 원칙을 천명했다는 점, 2) 외세를 끌어들이거나 전쟁을 통한 통일 방식은 민족 범죄이며, 3) 통일의 주체가 정부만이 아닌 민족 구성원 전체이며, 4) 향후 통일운동의 이정표가 되었다는 점에서 역사적 의미가 크다고 할 수 있다.

논술 생각나무 키우기

박정희 군사정부 시절에 추진된 한일 협정과 베트남 파병의 역사적 진실은 무엇인가?

Point 1 5·16 군사반란의 원인과 군사정부의 수립이 가능했던 시대적 배경을 알아보고, 박정희 정권이 추진했던 반공과 경제 개발의 사회적 의미도 생각한다.

Point 2 항일 전쟁 기간에 조선에서 행한 일제의 수탈, 징용, 약탈, 탄압 등에 대한 배상금(청구권)의 내용을 알아보고, 이것이 한일 협정과 어떤 연관성이 있는지 찾아본다.

Point 3 미국이 베트남 전쟁에 개입한 이유와 한국이 파병을 결정한 여러 요인도 알아본다. 그리고 한일 협정과 베트남 전쟁이 우리 사회에 끼친 영향도 살펴본다.

공부를 더 하고 싶다면

《전태일 평전》(조영래 지음, 전태일기념사업회)
역사의 주인이면서 언제나 피압박 민중으로 고통받고 억압받았던 노동자. 이들의 벗이자 오빠이고 남동생이었던 전태일의 사상과 고뇌를 읽을 수 있다. 이와 함께 전태일이 분신한 청계천의 전태일 다리에 있는 동상도 보며 살아 있는 역사를 만날 수 있다.

《유신헌법 반대운동》(정혜주 지음, 민주화운동 기념사업회)
유신 독재는 명치유신의 꿈을 간직한 친일의 추억이고 재현이다. 의병전쟁과 항일 전쟁의 역사를 계승한 민주공화국의 역사는 영구 독재를 꿈꾸었던 인간들에 의해 욕보였지만, 시민들은 그것에 도전하고 저항했다. 역사는 이들의 항쟁을 기록으로 말해준다.

《만화 박정희》(백무현 지음, 시대의창)
독재자 박정희는 어떤 사람인가? 만화 형식으로 구성했지만 내용은 역사서에 가깝다. 막걸리 좋아하는 농민의 친구로 각인된 박정희에 대한 비뚤어진 신화를 사실에 입각하여 통렬하게 고발한다. 책을 펼치는 순간부터 박정희에 대한 추억과 궁금증은 분노로 바뀐다.

제12장

당대, 민주항쟁의 시대

1_ 광주 항쟁, 신군부와 시민 항쟁

2_ 제5공화국, 전두환 독재와 스포츠 공화국

3_ 6·10 항쟁, 시민사회의 성장과 북방 정책

4_ 민주정부, 남북 정상회담과 통일 정책

당대사는 현대사의 일부로, 당대(當代)는 과거의 기록에서 찾는 역사가 아니라 과거와 현재와 미래에 걸쳐 존재하는 우리들의 시대를 말한다. 한국의 당대는 독재에 저항하여 시민들이 쟁취한 정치·경제적 민주화의 시대이고, 통일로 가는 노둣돌을 하나씩 놓은 시대이기도 하다. 그래서 1980년대는 한국사에서 당대의 기점이다. 1980년대는 한국사에서 아주 의미가 깊은 시기였다. 전두환, 노태우 군사독재에 저항한 광주 민주화운동(1980)과 6·10 민주화 투쟁(1987)이 일어났고, 경제 발전의 주체인 노동자들의 대투쟁(1987), 그리고 민간의 통일운동(1989)이 불꽃처럼 일어나 1990년대를 만들었기 때문이다. 또한 1990년대는 문민정부(1992), 국민의 정부(1997), 참여정부(2002)로 이어지는 민주화 세력의 집권 시대이기도 했다. 이런 점에서 당대사는 민주화와 통일의 역사로 정의할 수 있다.

당대의 시대 과제는 민주와 통일

대한민국의 도덕성은 항일 무장투쟁에서 비롯된다.
이런 의미에서 당대를 사는 우리들은 분단을 극복하고 자주적,
평화적 통일 국가를 수립해야 하는 역사적 당위를 지닌다. 이것이 독립의
역사에 빚진 오늘의 의무라면, 경제적 자립과 함께 인권·자유·
복지가 보장되는 민주국가를 만드는 과제는 내일의 권리이다.
따라서 당대의 시대정신은 통일과 민주인 것이다.

| 냉전 종식과 데탕트 시대 |

1980년대에 이르러 세계는 화해 무드인 데탕트가 본격적으로 시작되었다. 베트남 전쟁에서 미국의 패배, 미중 수교, 일중 수교, 미소의 전략무기 감축 협상, 중국의 개혁 개방, 동서독의 유엔 가입과 베를린 장벽 붕괴, 소련의 해체 등에서 냉전의 종식을 볼 수 있다.

1980년 모스크바 올림픽과 1984년 로스앤젤레스 올림픽은 각각 자본주의 진영과 공산주의 진영이 불참한 반쪽 올림픽이었지만, 1988년에 개최된 서울 올림픽은 소련과 미국이 모두 참가하여 냉전 체제의 스포츠 대결도 끝났음을 보여주었다.

냉전이 끝나고 도래한 데탕트 시대에는 국제적인 차원의 마약이나 국제 범죄에 대한 수사공조, 환경과 인권에 대한 공통의 인식, 무역과 경제와 관한 협력, 국제 기아와 빈곤 퇴치, 평화 체제의 구축 등 새로운 국제 질서가 중요하게 대두되었다.

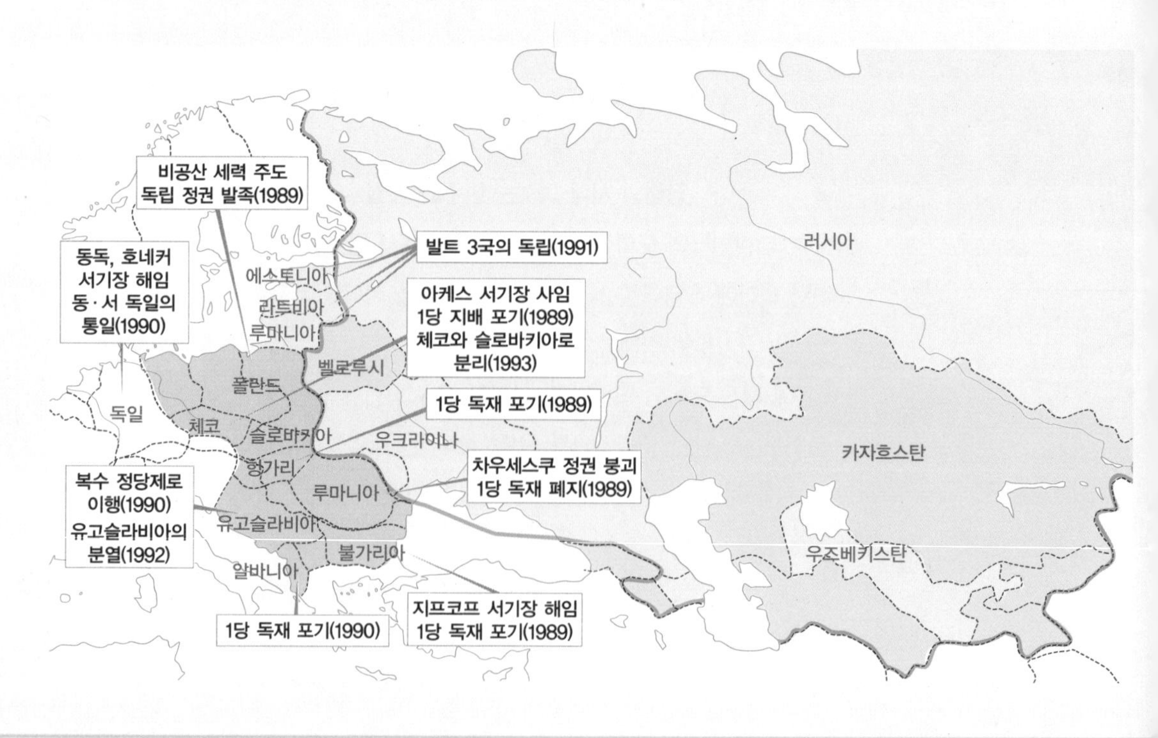

우리나라 ▼	주요 연표	▼ 세계
	1976년	중국의 주은래, 주덕, 모택동 사망
	1978년	등소평의 개혁 개방이 시작됨
	1979년	이란 혁명, 팔레비 왕조 붕괴, 소련 아프카니스탄 침공(~1988), 탈레반의 저항
12·12 사태(신군부 반란)	1979년	
5·18 광주 민중항쟁, 제8차 개헌 국민투표 통과	1980년	
	1980년	폴란드 전국 파업, 바웬사가 자유노조 결성, 이란과 이라크 8년 전쟁 시작
전두환 군사정부 집권	1981년	
프로 야구 출범	1982년	
야당, 민추협 결성	1984년	
인천 항쟁(5. 3)	1985년	
	1985년	소련 고르바초프의 개혁(페레스트로이카), 개방(글라스노스트) 정책
	1986년	필리핀 마르코스 독재 정권 붕괴, 아키노 민주정권 수립
서울 아시안 게임(9. 20~10. 5)	1986년	
박종철 고문치사 사건 발생(1. 14), 4·13 호헌 조치 6·10 민주항쟁, 6·29 선언(노태우), 민주헌법 국민투표, 노동자 대투쟁	1987년	
서울 올림픽 개최(9. 17~10. 2)	1988년	
	1988년	파키스탄, 이슬람 최초로 여성 총리 부토 당선
	1989년	중국 천안문 사건(6. 4), 독일의 베를린 장벽 무너짐(11. 9)
임수경 방북	1989년	
3당 합당 후 민자당 출범, 범민족대회 개최	1990년	
	1990년	독일 통일(10. 3)
	1991년	소련 개혁파 옐친이 소비에트 연방(소련) 해체
지방 선거 실시, 남북 유엔 동시 가입, 남북 기본 합의서 서명, 한반도 비핵화 선언	1991년	
금융 실명제 단행(김영삼 정부)	1993년	
	1993년	유럽연합(EU) 출범
	1995년	세계무역기구(WTO) 설립
	1997년	영국, 홍콩을 중국에 반환
IMF 사태 발생	1997년	
남북 정상, 6·15 공동선언(김대중, 김정일)	2000년	
	2001년	미국 세계무역센터(WTC) 붕괴(9. 11)
10·4 정상선언(노무현, 김정일)	2007년	

1 광주 항쟁, 신군부와 시민 항쟁

한 줄로 읽는 우리 역사

박정희 군부독재 아래서 성장한 신군부는 12·12 사태를 일으켜 군부를 장악하고 권력 장악의 수순에 들어갔다. 학생, 시민, 야당은 거세게 저항했고, 전두환 신군부 세력은 광주 항쟁을 무력으로 진압하고, 국보위를 거쳐 부도덕한 제5공화국을 수립했다.

사람들은 유신 독재 시대를 '정치의 겨울'이라고 했고, 박정희가 서거한 뒤 맞이한 한국사의 전환기 1980년을 '서울의 봄'이라고 불렀다. 서울의 봄●● 은 유신 시대에 정치적으로 성장한 김대중, 김영삼, 김종필의 시대를 예고했다. 김대중은 유신 독재에 저항하는 민주화 투쟁의 상징으로 재야를 이끌었으며, 김영삼은 선명 야당을 표방하는 신민당의 총재로 야당의 대표였다.

경회루 | 1979년 12월 12일에 정치군인인 전두환, 노태우, 정호용, 장세동 등 이른바 신군부 세력은 항명 반란을 일으켜 권력을 장악하고 이곳 경회루에서 승리 축하연을 여는 추태를 벌였다.

김종필은 박정희와 함께 5·16 군사반란의 주역으로, 민주공화당의 창당을 주도하고 박정희의 후계자로 성장했으나, 유신 독재를 꿈꾸던 박정희에게 숙청당하고 집권 여당의 야인이 되었다. 정치권에서는 이들을 '3김(三金)'이라 했고, 그들의 세력을 거주지에 따라 동교동계(김대중, DJ), 상도동계(김영삼, YS), 청구동계(김종필, JP)라고 했다.

신군부●● 세력은 자신들의 권력 창출에 가장 위협적인 세력으로 이들 3김을 꼽았다. 방송과 언론 매체를 통해 3김을 부패한 세력, 과거의 인물로 낙인찍고, 자신들이 한국 사회의 새로운 정치 질서를 주도하는 정의로운 세력이라고 홍보했다.

정치의 봄은 이렇게 민주화를 요구하는 학생, 정치적 야망을 달성하려는 3김, 이들을 누르고 권력을 탈취하려는 신군부 세력의 대결로 그 막을 열었다.

● **1980년대 주요 사건**
서울의 봄(1980. 3), 사북 탄광 광부 항쟁(1980. 4), 광주 민주화운동(1980. 5), 국가보위비상대책위원회(국보위, 1980. 5), 5공화국 출범(1981. 2), 민추협 출범(1984), 인천 항쟁(1986), 아시안 게임(1986), 6·10 민주항쟁(1987)
(검) 5-4, (검) 7-초

● **서울의 봄**
유신 독재가 무너진 1979년 10·26 사건부터 신군부가 권력을 강탈하는 1980년 5·17 군사반란 사건 시기까지 국민들의 거센 민주화 요구와 열기를 지칭한다. 용어의 기원은 1968년에 체코슬로바키아에서 있었던 민주화운동인 '프라하의 봄'에서 따왔다.

●● **신군부**
박정희 정권에 뒤이어 1979년 12월 12일에 군사반란을 일으켜 정부를 찬탈한 군인들을 신군부라고 한다. 이들의 주축은 전두환, 노태우 등 육사 11기생들로, 1963년에 비밀리에 군대 내 사조직인 하나회를 결성하여 31기까지 가담시켰고, 1979년 12·12 사태와 1980년 5·17 군사반란을 일으키고, 광주 항쟁을 무력 진압하는 등 반민주적 폭거를 저질렀다.

서울의 봄, 신군부가 권력을 노리다

1980년 2월 29일, 신군부는 야당과 재야의 분열을 노리고 재야 인사 678명에 대해 사면 복권을 단행했다. 3월의 신학기가 오자 대학가는 유신 잔당 청산과 학내 민주화를 부르짖으며 학도호국단을 거부하고 민주적인 학생회를 만들었다. 노동자들은 임금 인상과 노동 환경 개선을 요구했다.

4월 21일에는 사북의 탄광 노동자 1천 500여 명이 탄광을 점거하고 격렬하게 투쟁했다. 마치 4·19 혁명 전야의 상황을 보는 듯

했다. 신군부는 학생, 노동자, 야당 정치인들의 봇물 터지듯 쏟아지는 민주화 요구와 시위를 흐뭇한 표정으로 바라보며 권력 장악을 위한 명분을 쌓아갔다.

당시 최규하 대통령의 과도정부는 권력의 실체가 아니었고, 이미 신군부가 배후에서 권력을 장악하고 조종했다. 4월 14일에 최규하 대통령은 보안사령관 전두환에게 중앙정보부장 서리를 겸임하도록 했다. 군부와 민간의 양대 정보기관을 내준다는 것은 권력의 중심이 이미 신군부에게 넘어갔다는 의미이다. 이제야 야당, 재야, 학생들은 신군부의 유신 독재 연장과 권력 장악의 의도를 파악했다.

5월 13일, 서울대생들이 처음으로 학내 민주화운동을 벗어나 가두로 진출했다. 5월 14일, 서울의 대학생 수만 명은 서울역에 집결하여 권력의 실세로 자리 잡은 국군 보안사령관 전두환의 퇴진을 요구했고, 전국적으로 대학생들의 연대 투쟁이 일어났다.

5월 15일에는 서울역으로 민주화를 열망하는 20만여 명의 시민들이 운집했다. 여기에서 학생 시위대의 지도부는 군부 세력에게 쿠데타(군사반란)의 명분을 주지 않기 위해서 각자의 대학으로 돌아가자는 이른바 '서울역 회군'을 결정했다. 그러나 이것은 오판이었다. 1979년 12월 12일에 신군부는 사실상의 군사반란을 일으켰고 이미 막후에서 정치권력을 장악하고 있었기 때문이다.

5월 16일 오후부터 17일까지 전국의 55개 대학생 대표 95명은 이화여대에 모여 전국대학총학생회장단회의를 열었다. 신군부는 기습적으로 이화여대에 난입하여 학생 대표들을 잡아가고, 미리 작성한 체포 명단에 따라 유력한 야당·재야 정치인들을 구

광주 망월동 묘역 | 광주 항쟁으로 숨진 열사들의 넋이 숨 쉬는 국립묘지이다. 구묘역에 묻힌 열사들은 제5공화국 당시 누구도 참배를 못하게 했다. 신묘역은 국립묘지로 승격된 뒤 조성되었다.

금하거나 연행했으며, 김대중을 내란음모죄로 체포했다.

아울러 5월 17일● 자정을 기해 제주도를 포함해 전국에 비상계엄을 선포하여 대학에 휴교령을 내리고, 모든 정치 활동을 중지시켰다.

● **5·17 군사정변**
12·12 사태로 군대 내 핵심 세력을 장악한 신군부는 권력을 찬탈하기 위해 1980년 5월 17일에 군사정변을 일으켰다. 이에 저항한 광주 항쟁을 무력으로 진압하고 국보위를 설치하여 권력 장악의 수순에 들어가 8월에 최규하 정부를 밀어내고 제5공화국을 수립했다.

하룻밤 사이에 민주정부에 대한 기대가 무너지고, 민주화운동의 상징인 김대중이 신군부 세력에 의해 내란음모죄로 체포되었다는 소식은 민심을 들끓게 했다. 특히 김대중의 정치적인 고향인 호남과 광주는 5월 18일부터 대규모 집회와 시위가 벌어지며 한국사에서 민주항쟁의 역사를 새로 쓴 광주 민중항쟁(5. 18.~5. 27)이 시작되었다.

광주 민중항쟁 1단계, 학생 시위에서 시민 항쟁으로

● **광주 민주화운동의 역사적 의의**
1) 불법적인 권력 탈취에 저항한 국민 무력 항쟁
2) 헌법에 보장된 시민의 저항권, 혁명권의 행사
3) 시민의 자발성에 의한 자치 정부 성격의 치안 유지
4) 전두환 군사정부의 불법성을 각인시킨 시민운동
5) 민주항쟁의 주도권이 지식인에서 민중으로 이동

● **광주 민주화운동**
5·18 광주 민중항쟁, 전두환 군사정부에 저항, 국민의 무력 항쟁, 시민의 저항권 행사, 시민 자치정부 운영, 민중이 항쟁의 주도권, 윤상원(시민군 대변인), 노래 〈임을 위한 행진곡〉, 영화 〈화려한 휴가〉
(검) 2-5, (검) 3-4, (검) 7-초, (검) 9-3

항쟁 1일째(18일), 전남대생 50여 명이 오전 9시 30분경에 정문을 막고 있던 계엄군에 맞서 계엄 해제, 휴교령 철폐를 외치며 시위를 전개했다. 갑자기 계엄군이 쇠 곤봉으로 학생들을 무자비하게 진압하자 분노한 학생들은 흩어져 광주 시내의 금남로로 집결했다.

시위대가 수천 명으로 늘어나자 오후 3시경에 경찰 대신에 계엄군이 투입되어 사태를 악화시켰다. 저녁 7시쯤에 청년과 학생들은 자신을 방어하고자 각목, 식칼, 쇠 파이프로 무장하고 계엄군에 맞서 항쟁했다.

항쟁 2일째(19일), 이제 광주 항쟁의 주체는 학생에서 일반 시민으로 바뀌었다. 오전 10시에 금남로에 모인 시위 군중은 5천여 명에 이르렀다. 오후가 되자 숫자는 계속 불어났다.

계엄군은 광주 금남로에 모여 있는 2만여 명의 시위대를 향해 돌격하여 학생과 시민을 가리지 않고 골목까지 추격하면서 구타하고 연행했다. 시민들은 "전두환 타도"를 외치며 격렬하게 저항했다. 계엄 당국은 광주에 밤 9시부터 새벽 4시까지 통행금지령을 발표했다.

항쟁 3일째(20일), 고등학교에 휴교령이 내려진 가운데 한국군의 최정예 부대인 공수부대가 광주에 투입되었다. 공수부대는 시민들에게 총검을 겨누고 시민들을 적군처럼 여기고 전투하듯 돌격했다. 공수부대의 잔악한 진압에 분노한 시민들이 저녁 8시

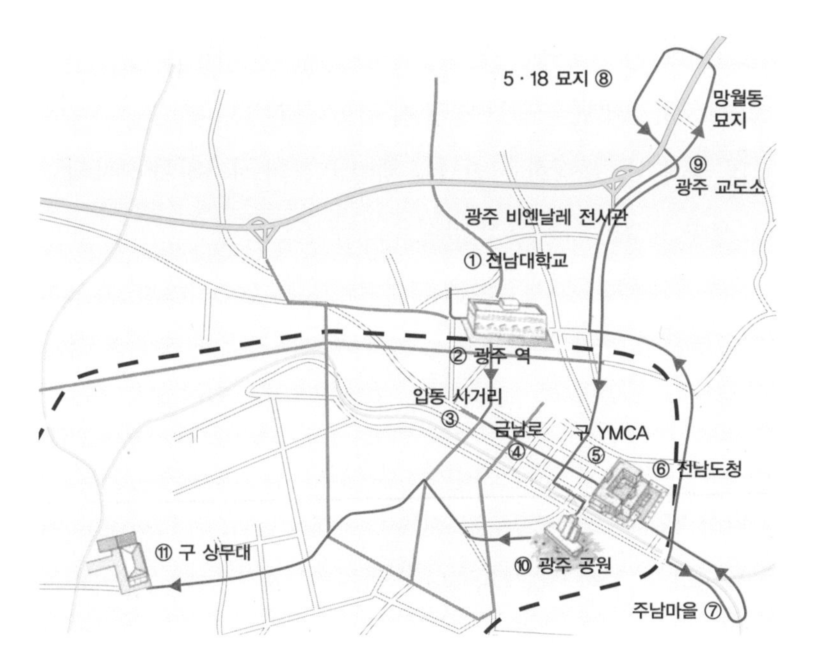

◀ **광주 민중항쟁 주요 사적지(①~⑪번)**
광주 항쟁은 4·19 혁명의 비폭력을 초월한 직접적 저항의 대표적 사건이었다. 국가 권력의 부당한 폭력적 진압에 시민들이 자발적으로 총을 들고 저항한 민중항쟁이며 무력 항쟁이었다.

경에 금남로에 모여 전남도청으로 행진했다.

저녁 8시경에 시위 군중은 10만여 명으로 늘어났다. 밤 9시경에 시위 군중은 광주시청과 왜곡 방송을 하는 광주 문화방송국(MBC)과 한국방송국(KBS)을 접수하고 밤 10시경에는 문화방송국에 불을 질렀다. 이날 밤 11시경에 계엄군의 발포로 시민 2명이 사망했다.

광주 민중항쟁 2단계, 비폭력 저항에서 무력 항쟁으로

항쟁 4일째(21일), 새벽부터 귀가를 거부한 2만의 시민들은 금남로에 나타난 시신 2구를 보고 분노하여 계엄군과 공방전을 거듭했다. 오전 10시경에 실탄을 지급받은 공수부대가 계엄군의 앞쪽에 배치되었다.

오후 1시에 도청에서 애국가가 울려 퍼지는 가운데 사격이 시작되고, 곳곳에서 시민들이 총에 맞아 쓰러졌다. 오후 4시경에 도청 앞에서는 무장한 시민들과 계엄군 간의 시가전이 시작되었다. 광주 항쟁은 이제 무장 항쟁으로 발전했다.

오후 5시 30분경, 계엄군은 시내 외곽으로 물러나 곳곳에 진지를 구축하고, 광주의 외곽으로 통하는 모든 길목과 통신을 끊은 채 광주를 철저하게 고립시켰다. 저녁 8시경에 시민군은 전남도청으로 들어가 시민군 사령부로 삼았다.

항쟁 5일째(22일), 광주는 계엄군의 무력 진압을 이겨내고 해방되었다. 무장한 시민들은 도청에 지휘부를 두었다. 오전 10시경에 시민수습위가 결성되어 계엄군의 사과와 계엄군 투입 반대, 사후 보복 금지, 책임 면제 등 평화적인 해결을 촉구했다.

이날 한국군에 대한 작전통제권을 쥐고 있던 미국은 신군부의 요청에 따라 한국군을 시위 진압에 사용할 수 있는 권한을 승인했다. 오후 4시경에 시신 18구가 도청 광장에 안치되었고, 합동장례식을 겸한 시민대회가 거행되었다. 오후 6시경에는 시신 23구가 추가로 도착했다.

항쟁 6일째(23일), 오전 10시경에 시민 5만 명이 도청 광장에 모여 집회를 열고 평화적인 수습책을 정부에 호소했다. 학생수습위는 총기회수반, 차량통제만, 수리보수반, 질서회복반, 의료반을 구성하고 자체적으로 총기 회수와 질서 회복에 나섰다. 오후 3시에 제1차 범시민 궐기대회가 열려 지속적인 항쟁을 결의했다.

항쟁 7일째(24일), 공수부대가 광주를 포위하고 이동하는 차량에 총격을 가했다. 무차별 총기 난사는 광주의 소식이 목포, 함평, 무안, 나주, 영산포, 영암, 강진, 해남, 화순 등 주변 지역으로 전파되거나 외부의 지원 세력이 광주에 들어오지 못하게 하려는 작전이었다. 오후 3시경에 제2차 범시민 궐기대회가 열리고, 여기에서 시민들은 수습대책위의 타협안을 투항주의로 규정하고 더욱 강경한 투쟁 노선을 요구했다.

광주 민중항쟁 3단계, 화려한 휴가 시민군의 최후

항쟁 8일째(25일), 24일 저녁에 광주시 외곽에서 많은 시민들이 공수부대의 총기 난사로 살해되자 무장한 시민군은 무기 회수에 반대했다. 시민군은 온건한 시민수습위를 교체하고 조선대 무역학과 3학년이었던 김종배를 위원장으로 하는 새로운 항쟁 지도부를 구성했다. 오후 3시경에 3차 범시민 궐기대회가 개최되어 계엄 해제, 과도정부 퇴진 등을 요구했다.

영화 〈화려한 휴가〉
5·18 광주 민중항쟁을 소재로 만든 영화이다. 감독은 김지훈, 주연은 김상경·이준기·안성기·이요원이 맡았으며, CJ 엔터테인먼트 영화사가 2007년에 제작했다.

항쟁 9일째(26일), 계엄군은 전남북 계엄 분소에서 상무충정 작전(화려한 휴가)이란 이름의 진압 작전을 결정하고, 시민군에게 무장을 해제하고 오후 6시까지 무조건 투항하라는 최후 통첩을 보냈다.

오전 10시에 제4차 범시민 궐기대회가 열려 예비군의 총궐기를 호소했다. 오후 3시경에 제5차 범시민 궐기대회가 열렸다. 이때 재야의 수습위원들이 계엄군의 공격을 전했다. 시민군은 전남도청을 사수하기로 결의했다.

항쟁 10일째(27일), 어둠이 걷히지 않은 새벽에 시민군의 대변인으로 활동하던 야학들불 교사 윤상원은 피하라는 동료의 애원을 뿌리쳤다. 죽음의 공포에 굴복해서 피한다면 그것은 항쟁의 도덕성을 버리는 일이며, 민주주의에 대한 신념의 배신이기 때문이었다. 시민군의 상당수는 윤상원처럼 그렇게 죽음을 피하지 않고 역사 앞에 떳떳하기를 다짐했다.

새벽 3시에 계엄군이 탱크를 앞세워 시내로 진입했고, 4시경에 도청을 포위한 채 일제히 시민군을 공격했다. 5시경에 시민군의 저항은 진압되고, 계엄군은 광주를 다시 무력으로 장악했다. 이로써 10일에 걸친 광주 항쟁은 거친 숨소리를 마쳤다.

신군부 세력은 광주 항쟁의 진상을 철저하게 감추고 왜곡했다. 또한 광주 항쟁에 관한 어떤 논의나 토론, 신문기사, 방송이 불가능했다. 5년 뒤의 정부 발표에 따르면 희생자는 사망 191명, 부상 852명이었다. 이 가운데에 계엄군 23명, 경찰 4명이 포함되었다. 그러나 이것을 사실대로 믿는 국민들은 많지 않았다. 훨씬 많은 사람들이 피살되거나 실종되었을 것이라 수군거렸다.

신군부 세력은 최정예 부대인 공수부대를 동원하여 광주 항쟁을 무력으로 진압했으나 결코 항쟁의 정신은 빼앗지 못했다. 광주 항쟁은 불법적인 국가 권력에 대해 시민들이 무력으로 저항한 자주적인 시민 무력 항쟁이었고, 신군부의 불법적이고 폭력적인 권력 장악과 그 배후에 있는 미국에 저항한 대표적인 민주화운동이었다.

학생, 재야, 야당, 시민들은 이후 줄기차게 광주 항쟁의 진상을 요구했고, 발포의 명령자로 전두환을 지목했으며, 불법적으로 권력을 장악한 신군부 세력의 정통성을 부정했다. 시민군 대변인이

민주 열사의 묘 | 신묘역과 구묘역에는 광주 항쟁을 비롯해 민주화 과정에서 숨진 이한열, 윤상원, 김남주 등 민주 열사들의 넋이 숨 쉬고 있다.

었던 윤상원의 넋을 달래기 위해 만들어진 민중가요인 〈임을 위한 행진곡〉●은 이후 모든 민주항쟁의 대표곡으로 불려졌다.

또한 신군부의 반란을 승인하고, 광주 항쟁의 진압을 묵인한 미국을 실질적인 배후로 보고, 미국의 공식적인 사과를 요구하며 부산 미문화원 방화 사건(1982)과 서울 미문화원 점거 투쟁(1985)이 일어났다. 그리고 축적된 민주항쟁의 동력은 1987년에 이르러 6월 항쟁으로 승화되었다.

● **〈임을 위한 행진곡〉**
1982년에 광주 항쟁 시민군 대변인 윤상원과 들불야학 교사 박기순의 영혼 결혼식을 치르면서 노래굿 넋풀이에서 처음 불려졌다. 백기완의 〈묏비나리〉라는 노동자 시를 황석영이 노랫말로 줄이고 김종률이 곡을 붙여 만든 대표적인 민중가요이다.

사랑도 명예도 이름도 남김 없이
한평생 나가자던 뜨거운 맹세
동지는 간 데 없고 깃발만 나부껴
새 날이 올 때까지 흔들리지 말자
세월은 흘러가도 산천은 안다
깨어나서 외치는 뜨거운 함성
앞서서 나가니 산 자여 따르라
앞서서 나가니 산 자여 따르라

국보위, 군부독재를 위한 과도정권

신군부는 광주 민중항쟁을 총칼로 진압하고 1980년 5월 31일에 초헌법적 기구인 국가보위 비상대책위원회(국보위)를 출범시켜 실질적인 권력을 장악했다. 국보위는 5·16 군사반란 세력이 집권으로 가기 위한 과도기구로 설립했던 국가재건 최고회의를 모방한 것이었다.

어용화된 언론과 지식인들은 전두환의 무력에 굴종하며 그를 구국의 영웅이라고 찬양했다. 전두환의 일대기를 그린 〈황강에서 북악까지〉라는 전기는 전두환 가문을 미화하여 조선 시대의 〈용비어천가〉를 뛰어넘는 곡학아세(曲學阿世)의 전형을 보여주었다.

8월 16일에 최규하 대통령은 특별 담화를 발표하고 대통령직에서 물러났다. 그러나 사실은 신군부 세력의 협박에 의한 강제 하야였다. 8월 27일에 장충 체육관에서 제11대 대통령 선거가 실시되었다.

유신 정권의 자동 거수기였던 통일주체국민회의는 참석 대의원 2천 525명 가운데 99.4%인 2천 524명의 찬성으로 전두환을 대통령으로 선출했다. 이로써 1979년 10·26 사건 이후 잠시 동안 만끽했던 겨울의 민주화 바람과 1980년 초 서울의 봄은 사라지고 또다시 군부독재의 서슬 퍼런 탄압 정치가 시작되었다.

전두환 정권은 곧바로 장기 집권을 위한 개헌에 착수했다. 국민들이 반대하는 유신헌법의 일부를 수정하여 제8차 개정 헌법을 마련하고 10월 22일에 국민투표에 부쳐서 이를 통과시켰다.

주요한 내용은 1) 대통령 7년 단임제, 2) 대통령 선거인단을 통한 간접 선거였다. 물밑에서는 신군부 세력이 주축을 이룬 정당 결성에 착수했다. 이듬해인 1981년 1월 15일에 민주주의를 부정하고 헌법의 정의를 짓밟은 신군부 세력이 민주정의당(민정당)을 창당했다.

2월 25일에 대통령 선거인단에 의한 간접 선거로 민정당의 전두환 후보가 5천 271명의 선거인 가운데 90.2%를 득표하여 7년

단임의 제12대 대통령으로 당선되었다. 들러리 후보였던 한국국민당 김종철, 민권당 김의택, 민주한국당 유치송은 군부독재의 꼭두각시로 등장하여 조롱을 받는 신세가 되었다.

3월 25일에는 제8차 개정 헌법에 따라 중선거구제로 276명을 뽑는 제11대 국회의원 선거가 실시되어 군부독재 세력인 민정당이 54.7%인 151석(90/61)을 차지하여 과반수를 획득했고, 관제 야당인 민주한국당이 82석(58/24), 한국국민당이 25석(18/7)을 차지하고, 나머지는 무소속과 군소 정당이 차지했다.

민주 인사와 야당 정치인들은 정치규제법에 묶여 출마조차 할 수 없었다. 전두환 정권은 새로운 헌법에 의해 탄생한 자신들의 정부를 제5공화국●이라 불렀다.

● **역대 정권 추진 정책**
제1공화국(이승만, 친미 반일, 북진 통일), 제2공화국(장면 내각, 의원내각제, 부정 선거 책임자 처벌, 경제 개발), 제3공화국(박정희 군사정부, 반공 국시, 근대화 추진, 경제 개발), 제4공화국(박정희 유신 독재, 장기 집권), 제5공화국(전두환 군사정부, 우민화 정책)
(검) 5-4

대한민국 헌법 개정 과정

차수	개정 시기	개정 성격	계기	주요 내용
1	1952. 7	발췌 개헌	이승만 집권 연장	• 대통령 간선제 → 직선제로 • 국회 양원제
2	1954. 11	3선 개헌 (사사오입 개헌)	이승만 장기 집권	• 대통령 3선 제한 철폐
3	1960. 6	민주 헌법	4·19 혁명	• 의원내각제 • 국회 양원제
4	1960. 11	소급 입법	3·15 부정 선거자 처벌	• 반민주 행위자 처벌법 제정
5	1962. 12	민정 이양	5·16 군사반란 (군부 세력 집권)	• 대통령 직선제 • 국회 단원제
6	1969. 9	3선 개헌	박정희 집권 연장	• 대통령 3선 연장 • 국회의원의 각료 겸임 • 국회의원 증원
7	1972. 11	유신헌법	박정희 종신 집권	• 대통령 간선제 • 대통령 절대 권한 부여
8	1980. 10	신군부 개정 헌법	5·17 비상 조치 전두환 군부독재	• 대통령 간선제 • 7년 단임제
9	1987. 10	민주 헌법	6·10 민주항쟁	• 대통령 직선제 • 5년 단임제 • 헌법재판소 설치

역사 지식 플러스

광주 시민은 왜 총을 들었는가?

1980년 5월 18일부터 27일까지 전남 광주에서는 시위 군중에게 총격을 가하는 계엄군에 맞서 시민들이 무장 항쟁을 전개했다. 광주 항쟁을 진압하고 권력을 장악한 전두환 군사정부는 광주 시민들을 북한의 사주를 받은 불순 집단, 불법적인 폭도라고 매도하여 이들의 명예를 땅에 떨어뜨렸다.

우리 역사를 살펴보면 부당한 권력에 대해 민중들은 죽창과 낫을 들고 민란을 일으켰고, 그것이 역사의 진보를 앞당겼다. 국가 폭력에 맞선 민중의 저항은 정당한 의사 표현이다. 대한민국의 헌법은 3·1 운동과 상해 정부, 4·19 혁명을 법통으로 삼고 있다. 3·1 운동은 저항권, 상해 정부는 일제의 식민 지배에 대한 무력 항쟁, 4·19는 불법적 정부에 대한 혁명권을 헌법적 권리로 규정한 것이다.

프랑스 대혁명의 이념을 세운 루소는 《사회계약론》에서, 국가가 주권자인 시민에게서 위임받은 주권을 남용하면 주권의 당사자인 시민은 국가에 계약 취소를 통보하고, 국가가 이를 거부하면 저항권 · 혁명권을 발동한다고 했다. 이런 점에서 광주 항쟁은 시민들이 불법적이고 폭력적인 국가 권력에 대해 정당하게 저항권과 혁명권을 행사한 것이다. 따라서 폭도는 전두환 군사정권이며 헌법적 단죄는 이들이 받아야 했던 것이다.

다행히 1988년 총선에서 여소야대 정국이 되자 광주 항쟁은 5공 청문회를 통해 일부의 진실이 밝혀졌고, 1995년에는 국회에서 광주 민주화운동으로 규정되어 그 명예가 국가에 의해 공식적으로 회복되었다. 또한 5 · 18 민주화운동 등에 관한 특별법 제정, 광주 망월동 묘역의 국립묘지 승격, 광주 학살 책임자에 대한 서훈 취소와 반란 수괴인 전두환과 노태우에 대한 법률적 단죄로 미약하지만 역사의 승리를 얻게 되었다.

논술 생각나무 키우기

4·19 혁명과 광주 민중항쟁의 공통점과 차이점은 무엇이며, 두 항쟁이 갖는 역사적 의의는 무엇일까?

Point 1 4·19 혁명이 일어나게 되는 역사적 배경과 3·15 부정 선거, 이승만 독재 정치를 알아보고, 광주 항쟁의 발생 요인과 12·12 사태를 일으킨 신군부 세력의 실체도 찾아본다.

Point 2 헌법에서 구현하는 민주주의의 의미, 시민혁명의 정당성을 알아보고, 4·19 혁명과 광주 항쟁의 공통점과 차이점을 알아본다.

Point 3 4·19 혁명이 1960년대 이후, 광주 항쟁이 1980년대 이후의 한국 사회에 끼친 역사적 의미를 살펴보고, 자유·평등·인권 등의 민주주의 가치에 끼친 영향도 알아본다.

공부를 더 하고 싶다면

《5·18 민중항쟁》(김정남 지음, 민주화운동 기념사업회)
광주 민중항쟁의 외침은 오늘의 역사에 흐르는 시대정신이다. 그것은 부도덕하고 정의롭지 못한 국가 권력에 대해 역사의 주인이며 국가의 주권자인 시민들이 정당하게 권리를 행사한 저항운동이기 때문이다. 광주 항쟁에 대한 피눈물의 기록은 그래서 민주사회의 교과서이다.

《야만 시대의 기록》(박원순, 역사비평사)
대한민국은 민주공화국이고 권력은 국민에게 나온다는 헌법의 도덕성이 진실이라면 그것을 부정한 한국 사회는 야만의 사회이다. 국가의 이름으로 개인에게 자행된 고문과 협박, 폭력, 불법에 대한 통렬한 고발서이다.

《윤상원－시대의 불꽃》(편집부 편, 민주화운동 기념사업회)
개인의 삶과 역사적 삶이 일치되는 사람이 있다. 들불야학의 교사로서 시대의 아픔을 외면할 수 없었던 윤상원은 도청을 사수하는 최후의 지도부가 되어 역사 앞에 고귀한 생명을 던지고 영원한 삶을 얻었다.

2 제5공화국, 전두환 독재와 스포츠 공화국

한 줄로 읽는 우리 역사

제5공화국은 정의 사회 구현을 국정 지표로 내세웠지만 부패하고 부도덕한 정권이었다. 또한 우민화 정책의 일환으로 프로 야구, 프로 축구, 올림픽 유치와 같은 행사에 치중해 스포츠 공화국이란 비아냥을 받았지만, 세계적인 3저 현상에 힘입어 국가경제는 급속히 성장했다.

제5공화국 전두환 정권의 핵심 세력은 대다수가 대구·경북(TK)• 출신이었으며, 육사 내에서 하나회라는 사조직에 가담해 군대 내 위계질서를 무시하고 사적으로 결속한 이익집단이었다. 특정 지역과 인맥이 국가의 공적인 권력을 장악하고 경제 이익을 독점한 전형적인 조폭형 패거리 정권이었다.

전두환 정권은 취약한 정통성을 보완하고자 사회 정화라는 명분으로 불량배를 군대 내 훈련소인 삼청교육대에 보냈는데, 그 대상에는 정권에 비판적인 많은 민주 인사가 포함되었다. 학생운동을 탄압하고자 운동권 학생들을 강제로

스포츠 공화국과 몽촌 토성 | 전두환 정권은 취약한 정통성을 희석시키고자 86년 아시안 게임과 88년 서울 올림픽을 유치했다. 백제의 초기 도읍지로 유력한 몽촌 토성은 이때 올림픽 경기장으로 변모했다.

군대에 징집하고, 이들 중 일부는 학원 내 프락치로 만드는 이른바 녹화사업●●도 실시했다. 언론의 정권 비판을 차단하고자 언론 통폐합도 서슴없이 추진했다.

● 티케이(TK)
대구와 경북의 영문 머리글자를 조합한 정치적 용어로, 박정희 정부 시절부터 1990년대 초까지 정치·경제적 특혜를 받으며 성장한 세력을 말한다.

●● 녹화사업
도덕성이 취약했던 전두환 군사 정부가 1981년부터 1984까지 대학교의 민주화운동을 탄압하기 위해 운동권 학생들을 강제로 군대에 보내 특별 교육과 함께 프락치(밀정)로 활용한 사건을 말한다.

전두환 정부, 제5공화국●은 군사독재 정권

전두환 정권에서 경제는 낮은 가격의 국제 원유가, 달러 가치 하락, 금리 인하 등 '3저 현상'으로 경제 성장이 촉진되었다. 경제 성장의 과실을 독점한 대기업의 노동자들은 급여 상승의 혜택을 누렸으며, 부동산 가격이 폭등하여 서울과 수도권에 아파트를 소유한 사람들과 함께 중산층을 형성했다.

전두환 정권은 중산층을 지지 세력으로 끌어들이기 위해 방송과 스포츠를 정치에 이용했다. 컬러텔레비전이 방송되고(1980), 제10회 서울 아시안 게임과 제24회 서울 올림픽 경기 유치가 성사되었고(1981), 프로 야구(1982)와 프로 축구(1983)가 생겨났다. 그러나 스포츠의 함성에 묻힌 도시빈민, 영세기업 노동자, 농민들의 삶은 크게 개선되거나 향상되지 않았다.

전두환 정권은 광주 항쟁의 진상 규명과 독재 권력에 저항하는 민주화운동을 탄압하면서, 한편으로는 유화 정책을 펼쳤다. 중앙정보부를 국가안전기획부로 변경하고, 반공법●●●을 폐지하여 국가보안법●●●●에 흡수했다. 그러나 그것은 국민의 눈을 속이려는 허울뿐인 변화였고 여전히 민주 세력을 탄압하는 도구로 사용했다.

● 제5공화국
신군부 집권 세력, 전두환 군사독재, 민주정의당 집권 여당, 정의 구현 사회, 유화 정책(야간 통행금지, 해외 여행 자유화, 두발 자유화, 컬러 텔레비전 방송)
(검) 5-4, (검) 7-초, (검) 9-3

●●● 반공법
박정희 군사정권 시기에 공산주의 운동과 이에 동조하는 이들을 처벌할 목적으로 제정되었으며(1961. 7. 3), 국가보안법의 특별법 성격을 지녔다. 전문 16조와 부칙으로 이루어진 반공법은 군사독재 시절에 진보적 민주인사와 통일운동을 탄압하는 수단으로 이용되었으며, 1980년 12월에 폐지되었다.

●●●● 국가보안법
반국가활동을 규제하기 위해 1948년 12월에 제정된 4장 25조와 부칙으로 이루어진 법률이다. 일반적으로 헌법에 보장된 양심의 자유를 침해하거나 민주인사, 통일운동을 탄압하는 수단으로 이용되고 있다는 지적과 함께 폐지하여 형법으로 대체해야 한다는 주장이 있다.

1983년 9월에 민주화운동을 주도했던 청년들이 김근태를 의장으로 민주화운동 청년연합(민청련)을 출범시켰다. 뒤이어 문화계, 노동계, 종교계, 교육계, 예술계, 언론계 등에서도 부문별 민주단체를 결성하여 공개적이며 대중적으로 전두환 독재 정권에 대항했다.

수세에 몰린 전두환 정권은 1983년 12월에 해직 교수를 복직시키고, 이듬해인 1984년 2월에는 정치 활동 규제자 202명을 해금시켰다. 1984년 5월 18일에 이르러 광주 항쟁의 충격을 딛고 세력을 정비한 민주화 진영은 야당 정치인 김영삼과 김대중, 그리고 재야의 명망가를 중심으로 민주화추진협의회(민추협)를 결성했고, 민추협● 은 11월에 추가로 해금된 정치인들을 규합하여 이듬해인 1985년 1월 18일에 선명 야당의 기치를 내걸고 신한민주당(신민당)을 창당했다. 민주화 세력의 정치적 구심체가 형성된 것이다.

● 민추협
1984년 5월 18일에 전두환 군사 독재에 맞서기 위해 야당과 재야 정치인사들의 양대 산맥인 김영삼계(상도동)와 김대중계(동교동)가 연합하여 발족시킨 '민주화추진협의회'의 약칭이다.

2월 12일에 총정원 276명을 선출하는 제12대 국회의원 선거에서, 집권 여당인 민정당은 35.2%인 148석(87/61)을 얻어 과반수에 미달했고, 창당한 지 한 달도 되지 않은 신생 야당 신한민주당(신민당)은 김영삼과 김대중이 뒤에서 선거를 지휘한 덕분에 29.3%인 67석(50/17)을 차지하는 기염을 토했으며, 관제 야당이라 불리던 민한당과 국민당은 각각 19.7%인 35석(26/9)과 9.2%인 20석(15/5)석을 차지하며 참패했다.

전두환 정권은 미국에 망명 중인 김대중이 신민당을 지원하기 위해 귀국하자 김포 공항에서 바로 미국으로 돌려보내는 무리수를 두면서까지 관제 야당을 지원하며 선거를 치렀지만 결과는 신민당의 돌풍이었다.

곧이어 민정당의 2중대라고 손가락질을 받던 민한당은 당선자 가운데 29명이 전격 탈당하고 선명 야당인 신민당에 입당하여 사실상 와해되었다.

민주 세력과 양김 통합, 고문독재를 무너뜨리다

선거가 끝난 1985년 3월, 25개 민주단체들은 재야운동의 연합체인 민주통일 민중운동연합(민통련)을 출범시키고 조직적인 민주화 투쟁을 결의했다.

5월 23일에는 삼민투●● 소속의 서울 지역 대학생 73명이 서울 을지로에 있는 미문화원을 기습 점거하고 "광주 학살 책임지고 미국은 공개 사죄하라"는 구호를 외쳤다.

●● **삼민투**
전두환 군사독재에 저항하던 전학련(전국학생연합)의 투쟁 조직으로 1985년 4월 17일에 결성된 '민족통일 민주쟁취 민중해방 투쟁위원회'의 줄임말이다. 1985년 5월 23일 삼민투 소속의 대학생들이 서울 미문화원을 점거하고 광주 학살에 대한 미국의 사과, 진상 규명, 책임자 처벌 등을 요구했다.

이에 자극받은 신민당은 광주 사태 진상 조사를 위한 국정 조사 결의안을 국회에 제출했고, 국방부는 공식적으로 사망 191명, 중상 122명, 경상 730명이라 발표했다. 항쟁이 끝난 지 5년 만에 광주 학살의 주범인 전두환 정권이 처음으로 발표한 공식 집계였다.

수세에 몰린 전두환 정권은 국면 전환용으로 비밀리에 남북한 정상회담을 추진했다. 마침 공산권의 종주국인 소련에서는 1985년 3월에 당서기장에 오른 개혁파 고르바초프가 페레스트로이카(개혁)를 진행 중이었고, 중국에서는 등소평이 실용주의에 입각한 중국식 사회주의를 표방하며 개혁 개방을 추진하고 있었다.

북한 정권의 후견인 세력인 소련과 중국의 변화는 김일성 주석으로 하여금 체제 위기를 불러일으켰다. 한국의 안전기획부장 장세동이 특사 자격으로 북한의 노동당 비서 허담과 만나 정상회담을 추진했으나 극우파의 반대로 무산되었다.

7·4 남북 공동성명이 남북한 독재 정권의 연장에 이용되었다 할지라도 통일운동의 역사를 진전시켰듯이, 만일 남북한 정상회담이 성사되었다면 남북한 긴장 완화에는 상당히 기여했을 것이다. 당시 실무를 책임졌던 정무장관 박철언은 노태우 정부 시절에 이때의 경험을 바탕으로 북방 정책●을 추진하여 중국, 소련, 동구권과의 수교, 남북한 유엔 동시 가입을 성사시켰다.

● **북방 정책**
7·7 선언(1988, 6개항의 대북정책, 북방 정책 시발점), 제6공화국 외교 정책, 노태우 대통령 취임사 천명(1988), 소련과 수교(1990), 중국과 수교(1992), 동유럽 공산국가와 수교, 남북한 유엔 동시 가입(1991)
(검) 7-3, (검) 8-고

1985년 9월 4일에 민청련 의장 김근태는 남영동 소재의 치안본부 대공분실에서 끌려가 9월 20일까지 10차례에 걸쳐 고문을 받았다. 민주국가에서는 있을 수 없는 야만적이고 폭력적인 인권 유린이었다.

김근태 고문 사건은 야당과 재야의 반독재 투쟁 전선을 통일시키는 역할을 했다. 이때 신민당은 민추협, 재야, 학생과 함께 1986년 2월부터 직선제 1천만 개헌 서명운동을 시작했고, 수세에 몰린 전두환 정권은 김영삼과 김대중의 대리인 자격으로 신민당을 맡고 있던 이민우 총재에게 이원집정제 개헌을 제안했다. 민주 세력은 이민우와 신민당을 어용이라 비판하고 5월 3일에 직선제 개헌을 요구하며 5·3 인천 항쟁●을 일으켰다.

● **인천 항쟁**
1986년 5월 3일에 학생, 노동자 1만여 명이 전두환 정권 타도, 직선제 개헌을 외치며 야당인 신한민주당의 개헌추진위원회 경인지부 결성대회가 열리는 인천 시민회관 앞의 도로를 점거하고 벌인 시위운동이다.

6월에 부천 경찰서의 문귀동 형사가 인천 항쟁의 주모자를 검거한다며 노동운동가인 권인숙을 불법으로 연행하여 성고문을 하고 이를 은폐한 사건이 폭로되어 전두환 정권은 더욱 궁지에 몰리게 되었다.

8월에는 대학 내의 반정부 투쟁을 봉쇄하고, 아시안 게임을 관 주도로 치르기 위해 학원안정법을 추진했으나 민정당 내부의 온건파는 물론이고 야당과 재야의 강력한 반대로 무산되었다. 이런 가운데 9월에 제10회 아시안 게임(1986. 9. 20~10. 5)이 성공리에 마무리되어 전두환 정권은 국내 정국이 안정될 것으로 여겼다.

그런데 10월 28일에 2천여 명의 대학생이 건국대에서 '전국 반외세 반독재 애국학생 투쟁연합(애학투련)' 발대식을 갖는 도중 경찰이 무리하게 진압하여 이 가운데 1천 289명을 구속하는 건국대 사태가 일어났다.

전두환 정권은 농성에 대한 국민들의 관심을 반공 쪽으로 유도하기 위해 농성 와중이던 10월 30일에 북한이 서울을 물바다로 만들기 위해 금강산 댐을 건설한다는 충격적인 발표를 했다.

언론과 방송은 어용학자의 주장을 빌어 연일 서울이 수몰되는 예상 모형을 제시하며 국민들의 공포심을 자극했다. 국민들은 금강산 댐을 막기 위해 맞대응할 수 있는 평화의 댐을 건설해야 한다며 단번에 700억 원에 달하는 국민성금을 모았지만, 결국 평화의 댐●● 은 1993년에 감사원의 특감으로 허구임이 밝혀졌고 건설은 중단되었다.

전두환 정권의 독재 연장에 대한 여론 호도는 그리 오래 가지 않았다. 한국 민주화의 역사를 새롭게 쓴 6·10 민주항쟁의 불길이 이미 국민들 내부에서 들끓고 있었기 때문이었다.

●● **평화의 댐**
국민들의 군사정권 반대, 민주화 요구에 직면한 전두환 정부에서 1986년 10월에 북한이 서울을 수공하기 위한 목적으로 금강산 댐을 짓는다고 위협하여 국민성금을 모으고 국고 지원을 받아 2005년 10월에 파로호 상류에 완공한 인공 댐이다.

역사 지식 플러스

국사 교과서 국회 청문회

1976년 12월에 재야 사학자로 불리던 안호상, 임승국, 이유립, 문정창 등은 국사찾기협의회를 조직하여 우리나라 역사학계가 일제 식민 사관을 벗어나지 못했고, 국사편찬위원회에서 만든 국사 교과서도 일제 식민 사관에 젖어 있다며 이의 수정을 요구했다.

재야 사학계의 주장은 1) 단군은 신화가 아니라 역사이며, 2) 고조선은 평양이 아닌 만주 지역의 넓은 영토를 지닌 국가이고, 3) 기자조선과 위만조선은 고조선이 아니라 변방의 제후국이며, 4) 한사군의 핵심인 낙랑군은 요서에 위치하며, 5) 백제는 중국과 일본에 해외 식민지를 두었다는 내용 등이었다.

강단 사학계는 우리 역사학계가 이미 실증적인 연구를 통해 일제 식민 사관의 영향에서 벗어났으며, 재야 사학계가 주장하는 내용과 사료는 그 근거가 미약하다며 토론과 수용을 거부했다. 이에 국사 교과서 문제는 재판으로 이어졌지만 역사의 해석과 기술은 법률의 판단 대상이 아니라는 이유로 판결 자체가 이루어지지 못했다. 강단 사학계는 재야 사학계가 역사에 대한 전문성이 부족하며, 당시 전두환 군부 독재가 역사 문제로 국민들의 관심을 끌고자 정치군인과 함께 재야 사학자를 불순하게 이용했다는 시각을 견지했다. 한편 재야 사학계는 이병도, 신석호 등 친일 사학자들이 해방 후 한국 사학계를 장악하고 그 제자들이 여전히 식민 사관을 고수하고 있다고 공격했다.

이런 가운데 재야 사학계는 국민의 지지 여론과 관심도를 바탕으로 국회에 청문회를 요구했고, 1980년 11월에 역사적인 국사 교과서 국회 청문회가 열렸다. 이로써 한국사의 체제와 구성, 기술한 내용의 문제점이 국민에게 그대로 노출되었고, 친일파 문제는 정치 · 경제 · 사회에 국한되는 것이 아니라 학문적 영역에서도 여전히 청산해야 할 현재진행형이라는 사실을 각인시켰다.

논술 생각나무 키우기

현실적으로 군사반란(쿠데타)에 성공하고, 그 뒤 선거라는 합법적인 과정을 통해 집권한 반란 세력을 후대에 심판할 수 있을까?

Point 1 민주공화정에서 합법적인 권력 획득에는 어떤 방법이 있으며, 절차성이나 도덕성은 무엇인지 우선 생각하고, 헌법에 기반하여 군사반란의 불법성을 열거한다.

Point 2 민주적 법치국가에서 불법적으로 성공한 군사반란은 제재가 가능한지 생각한다. "수단이 불법이어도 목적은 정당화된다"라는 주장의 철학적, 법리적 논점도 찾아낸다.

Point 3 불법 권력의 절차적 정당성을 현행 법률로 심판하는 것이 가능한지, 아니면 심판한 경우가 있는지, 또는 불가능하다면 역사의 심판은 어떠한지를 생각한다.

공부를 더 하고 싶다면

《만화 전두환》(백무현 지음, 시대의창)
박정희 군사독재의 그늘에서 성장한 신군부가 일으킨 12·12 사태, 국민을 섬겨야 하는 군인의 본분을 망각하고 반란의 총부리를 광주 민중에게 돌린 역사의 반역자 전두환을 〈화려한 휴가〉(1권)와 〈인간에 대한 예의〉(2권)에 담아 사실적으로 그려낸다.

《한국 현대사 산책》(강준만 지음, 인물과사상사)
정치 감각과 비판 의식이 뛰어난 강준만이 야심차게 준비한 살아 있는 한국 현대사 총18권 총서 가운데 제1부는 해방 전후사이다. 8·15해방에서 6·25 전야까지 긴박하게 돌아가는 해방 정국과 한국 전쟁의 역사를 사실적으로 볼 수 있다.

《한국 현대사 60년》(서중석 지음, 역사비평사)
서중석은 자유와 저항정신이 충만한 민주 투쟁의 현대사를 압축해서 보여주는 진보적 지식인이다. 저자는 이 책에서 해방 전후부터 6월 민주항쟁까지 한국 현대사 60년의 중요한 역사적 순간을 쉬우면서 간결하고 흐름을 잃지 않는 문체로 그려낸다.

3 6·10 항쟁, 시민사회의 성장과 북방 정책

한 줄로 읽는 우리 역사

박종철 고문치사 사건으로 촉발된 6·10 민주항쟁으로 국민 직선제가 실시되었고, 야권 분열로 군부 세력인 노태우가 제6공화국을 수립했다. 노태우 정부는 취약한 정통성을 희석하기 위해 북방 정책을 실시하여 동유럽과 수교하고, 남북한 유엔 동시 가입을 성사시켰다.

한국사의 분수령이 되는 1987년의 아침 해가 떠올랐다. 전두환 정권은 평화의 댐을 건설한다는 대국민 사기극을 벌여놓고 독재 연장의 자신감에 차 있었다. 그러나 독재 정권의 파멸은 그렇게 믿고 의지했던 공안경찰에서 시작되었다.

1월 14일에 전국적인 시위의 도화선이 되는 박종철 고문치사 사건이 터졌다.

6·10 민주항쟁 | 전두환 독재에 저항하는 학생, 지식인, 시민들은 박종철 고문치사 사건을 계기로 호헌 철폐, 독재 타도의 깃발 아래 전민 항쟁에 돌입했다. (사진 ⓒ 연합뉴스)

남영동 치안본부 대공분실에 끌려간 서울대생 박종철은 물고문을 받다 질식사했는데, 강민창 치안본부장은 2명의 경찰관이 박종철을 '탁' 치니 '억' 하고 죽었다는 수사 결과를 발표해서 국민들의 분노를 일으켰다.

평화의 댐으로 얻은 자신감은 한순간에 정권 재창출을 위협받는 위기감으로 바뀌었다. 전두환 정권은 4월 13일에 현행 헌법을 준수하겠다는 4·13 호헌 선언을 했다. 직선제 개헌을 반대하고 체육관 선거를 하겠다는 의도였다.

이때 신민당 총재인 이민우는 전두환에게 내각제를 제의했다. 이에 분노한 신민당의 실질적 지도자인 김영삼과 김대중은 5월에 선명 야당을 원하는 의원 74명을 이끌고 탈당하여 통일민주당을 창당했다. 이제 민주 세력과 독재세력의 전선은 개헌과 호헌으로 명확하게 구분되었다.

박종철과 이한열의 외침, 6·10 민주항쟁

1987년 5월 18일 광주 항쟁 기념일에 천주교 정의구현사제단● 은 박종철 고문치사 사건이 축소되고 은폐되었다는 충격적인 발표를 했다.

민통련 사무처장이었던 이부영이 감옥에서 박종철 고문 사건으로 수감된 경찰들이 억울하다고 하는 소리를 듣고 그들에게서 진실을 알아냈다. 경찰 수뇌부에서 고문에 가담한 5명 중 2명에게 "너희가 죄를 덮어쓰면 나중에 보상하겠다"고 약속했다는 것이다. 박종철 고문 은폐 사건은 김근태 고문 사건(1985), 부천

● **천주교 정의구현사제단**
1974년에 박정희 독재정권을 비판하던 천주교 원주교구장 지학순 주교가 민청학련 사건으로 구속되자 양심적인 천주교 신부들이 인간 존엄, 인권 신장, 정의구현의 실현을 목표로 결성한 사회운동 단체이다. 1987년 박종철 고문치사 사건 폭로, 국가보안법 폐지, 미국산 쇠고기 수입 재협상 촉구, 삼성 비자금 사건 폭로, 4대 강 사업 반대운동 등을 이끌었다.

성고문 사건(1986)에 이어 전두환 정권의 도덕성에 치명타를 입혔다.

5월 27일, 통일민주당과 재야 민주 세력이 연합하여 민주헌법 쟁취 국민운동본부(국본)를 세우고, 6월 10일 오후 6시를 '전 국민 저항의 날'로 잡았다. 이날 낮 12시에 잠실 체육관에서 민정당 대통령 후보 지명대회가 열리기 때문이었다.

각지의 대학생들은 6월 7일부터 학교 민주 광장에서 6·10 국민대회에 참가하기 위한 총궐기대회를 시작했다. 그런데 6월 9일에 6·10 민주항쟁●의 분수령이 되는 사건이 연세대에서 발생했다. 연세대학교 경영학과 2학년 학생 이한열이 시위에 나섰다가 경찰이 발사한 최루탄에 머리를 맞아 의식을 잃고 세브란스 병원에 실려 간 것이다.

● **6·10 민주항쟁**
박종철 고문치사 사건, 전국적 민주항쟁(호헌 철폐 독재 타도), 이한열 시위 중 죽음(최루탄), 헌법 개정에 의한 대통령 직선제, 법통성(3·1 운동, 대한민국 임시정부, 4·19 혁명)
(근) 2008, (검) 2-3, (검) 2-5, (검) 3-4, (검) 4-4, (검) 4-고, (검) 5-초, (검) 6-4, (검) 6-3, (검) 7-초, (검) 9-초, (검) 9-고

이제 시위는 학생 중심에서 분노한 일반 시민으로 확대되었다. 이튿날 6월 10일에 전국에서 100만 명이 넘는 시민들이 시위에 참가했고, 서울에도 수십만 명이 서울시청 맞은편에 위치한 대회장인 성공회 대성당으로 몰려들었다.

경찰은 곤봉과 최루탄으로 시위대를 진압했다. 시위대는 명동 성당으로 집결하여 6월 15일까지 농성 시위를 진행했다. 시위대의 해방 공간으로 바뀐 명동 성당은 6·10 민주항쟁의 튼튼한 징검다리가 되었다. 부산에서도 30만여 명의 시민이 시위에 참여해 1979년의 부마 항쟁을 연상시켰다.

경찰력으로는 분노한 시위대를 막을 수 없다고 판단한 전두환 정권은 내부적으로 계엄령을 결정하고 군대를 투입하여 민주항쟁을 진압하기로 했다. 광주 학살의 몸서리 쳐지는 공포감이 엄습했지만 시위대는 19일과 20일에도 호헌 철폐, 양심수 석방, 최

루탄 발포 중지를 외치며 전국적으로 항쟁했다.

국본 내부에서는 협상파들이 군대 투입을 막기 위해 전두환 정권과 담판을 지어야 한다는 주장도 있었다. 그러나 그것은 군부독재 정권에게 칼자루를 쥐어주는 결정이라는 항쟁파의 주장이 힘을 얻으면서 결국 26일 오후 6시에 국민 평화 대행진을 하기로 결의했다.

6월 26일 오후, 대회장인 파고다 공원(탑골 공원)으로 향하는 인파는 걷잡을 수 없이 불어났다. 10만여 명의 경찰 병력이 시민들의 접근을 차단했지만 밀려드는 인파를 막을 수는 없었다. 이날 전국 37개 도시에서 100만 명이 훨씬 넘는 시민들이 시위에 참여한 것이다. 이제 호헌 철폐 독재 타도의 구호는 어느 방향으로 흐를지 모르는 거대한 민중 혁명으로 서서히 진화하고 있었다.

전두환 정권 내부에서는, 18일까지는 군대를 동원하여 시위를 무력으로 진압하자는 강경론이 우세했다. 그러나 온건파에 속했던 박철언, 노재봉, 이홍구, 김학준 등 노태우 친위 세력은 직선제 개헌을 하고 야당을 분열시키면 승산이 있다는 주장으로 강경론을 누르고 국면 전환 카드를 준비했다.

그리고 6월 29일, 민정당 대통령 후보 노태우는 1) 대통령 직선제, 2) 김대중 사면 복권, 3) 지방 자치 등을 내용으로 하는 6·29 선언을 했다.

6·10 민주항쟁의 상징이 된 이한열은 7월 5일에 끝내 세상을 떠났다. 7월 9일 서울시청 앞에서 치러진 노제에는 100만 명의 시민이 자발적으로 참여해 이한열의 영혼을 위로했다.

이한열의 영혼은 광주 항쟁의 정신이 깃든 망월동 묘역에 묻혔다. 6·10 항쟁의 역사적 뿌리가 광주 항쟁이었다는 사실을 죽은 이한열은 말하고 있었다. 서울시청 앞 노제를 끝으로, 1월 14일 박종철 고문치사 사건으로 시작된 6·10 민주항쟁은 대단원의 막을 내렸다.

6·10 항쟁은 제5공화국 전두환 정권의 불법적 통치 행위를 시민들이 헌법에 보장된 정당한 권리로 심판한 위대한 민주항쟁이었다. 헌법적 질서와 절차적 민주를 획득하지 않은 정권은 아무리 총칼로 위협해도 결국 시민들의 저항으로 무너진다는 역사적 교훈도 확인시켜 주었다.

노태우 정부, 북방 정책과 서울 올림픽으로 연명하다

6·10 민주항쟁은 학생 주도의 민주화운동에서 한 단계 진화하여 시민들이 주도하는 시민 항쟁으로 발전했다. 6·10 항쟁에서 박정희 독재와 전두환 독재에 억눌렸던 시민들은 자발적으로 자신의 민주적 권리를 쟁취하는 사회 혁명을 일으켰다.

전국적으로는 노동자 대투쟁이 일어나 앞다투어 민주 노조를 결성했으며, 민주주의 교육을 꿈꾸는 많은 교사들이 9월 27일에 전국교사협의회(전교협)를 창립하여 나중에 전교조●로 발전했다.

● **전교조(全敎組)**
전국 교직원 노동조합의 약칭이다. 민족, 민주, 인간을 생각하는 참교육을 실현하기 위해 1989년 5월 28일에 교사들이 조직한 노동조합으로, 1999년 1월 6일에 합법화 되었다. 1987년 6.10 민주항쟁 이후 출범한 전국교사협의회(전교협)가 모체이다.

6·29 선언에 따라 10월 27일에 대통령 직선제를 골자로 하는 제9차 개정 헌법이 국민투표에서 통과되었다. 주요 내용은 1) 3·1 독립운동으로 탄생한 상해 정부의 법통성과 4·19 민주 이

념을 계승하고, 2) 민주 개혁과 통일 지향을 천명하고, 3) 5년 단임의 대통령 직선제 실시, 4) 대통령의 비상조치권과 국회해산권의 폐지, 5) 사법권 독립을 위한 대법관의 국회 동의, 6)헌법재판소 신설 등이었다.

12월 16일에는 개정 헌법에 따라 제13대 대통령 선거가 실시되었다. 신군부 독재 세력인 민정당은 노태우 후보, 유신 세력인 신민주공화당은 김종필 후보가 각각 출마했고, 정권 교체가 확실했던 민주 세력은 후보 단일화(김영삼), 비판적 지지(김대중), 독자 후보론(백기완)으로 분열되어 결국 통일민주당 김영삼 후보, 평화민주당 김대중 후보가 각자 출마했다.

결국 민주 세력의 분열로 어부지리를 얻은 민정당의 노태우 후보가 36.6%로 당선되었다. 김영삼과 김대중은 각각 28%와 27%를 얻으며 독재 권력을 합법적으로 연장시켜주었고, 정권 교체에 실패한 책임에서 오랫동안 벗어나지 못했다.

노태우 정부(1988~1993)•는 기본적으로 전두환 군사독재의 연장선에서 출발했지만 선거를 통해 절차적 합법성을 취득했다. 노태우 정부는 이전의 전두환 정부를 제5공화국으로 호칭하고 자신들은 제6공화국이라 부르면서 차별화를 시도했다. 하지만 명칭이 바뀐다고 정부의 성격과 본질이 바뀌는 것은 아니었다. 여전히 노태우 정부를 구성하는 사람들은 신군부 세력이었고, 통치 행위는 권위적이고 일방적이며, 폭력적이고 반민주적인 행태에서 벗어나지 못했다.

> **● 노태우 정부 주요 사건**
> 7·7선언, 북방 정책, 남북한 비핵화 공동선언, 서울 올림픽, 5공 청문회, 지방자치제(기초의회 선거), 남북 기본합의서
> (검) 3-6, (검) 7-3, (검) 8-고, (검) 9-3

1988년 4월 26일에 제9차 개정 헌법에 의해 제13대 국회의원 총선거가 소선거구제로 실시되었다. 집권 여당인 민주정의당은 125석(87/38), 민주 세력인 평화민주당은 70석(54/16), 통일민주당

은 59석(46/13), 유신 세력인 신민주공화당은 35석(27/8)을 얻어 여소야대의 정국이 되었다.

또한 지역적으로 대구·경북(민정당), 호남(김대중), 부산·경남(김영삼), 충청·대전(김종필)을 4등분하는 지역 구도가 형성되었다. 과반수를 확보하지 못한 민정당은 야당의 거센 공세를 받는 처지에 이르렀다.

여소야대의 정국에서 노태우 정부는 정통성의 취약성을 보완하고, 정국의 주도권을 장악하기 위해 민족 자존과 통일 번영을 위한 특별 선언(7·7 선언)을 내놓았다. 7·7 선언●의 핵심 내용은 남북 관계 개선과 공산권과 교류하는 북방 정책이었다.

북방 정책은 노태우 대통령이 1988년 2월 25일 취임사에서 소련, 중국, 동유럽 국가와의 관계 개선을 통해 남북간 긴장 완화와 공산국가와의 경제 협력을 촉진할 목적으로 천명한 외교 정책이다. 또한 냉전에서 데탕트(화해)●● 로 전환하여 중국을 부각시키고 소련을 약화시키려는 미국의 정책에 대한 화답이기도 했다. 이로부터 헝가리(1989), 소련(1990)과 수교했고, 1991년 9월에 남북한이 유엔이 동시 가입했으며 1992년에 중국과 수교했다.

정치적인 이유로 1980년 소련의 모스크바 올림픽에는 미국과 미국 지지 국가들이 불참했고, 1984년 로스앤젤레스 올림픽에는 소련과 소련 지지 국가들이 불참했다. 노태우 정부는 북방 정책과 서울 올림픽에 정권의 운명을 걸었고, 공산권 국가의 참여가 서울 올림픽●●● 의 성공 여부를 결정하는 변수였다.

1988년 9월에 개최된 제24회 서울 올림픽(9. 17~10. 2)에는 중국, 소련, 동구권을 포함한 159개국 8천 465명이 참여해서 12년 만에 세계인의 스포츠 축제가 되었다. 지극히 정치적인 목적으

● **7·7선언**
노태우정부가 1988년 7월 7일에 발표한 6개항의 대북 정책을 말한다. 북한, 중국, 소련에 대한 개방 정책을 표방하며 사회주의권 국가들과 경제 교류, 국교 수립 등을 선언했는데 이것이 북방 정책의 시발점이 되었다.

●● **데탕트**
프랑스 어로 완화, 휴식의 뜻이다. 1970년대에 패전국인 일본과 독일의 경제 성장, 중소 분쟁, 제3세계의 대두 등으로 동서 냉전(미소 냉전)이 완화되고 데탕트가 시작되었다.

●●● **서울 올림픽**
1988년 9월 17일~10월 2일까지 서울에서 개최된 제24회 서울 올림픽은 스포츠를 통한 동서 냉전이 해체되는 역사를 상징한다. 1980년의 모스크바 올림픽에는 미국을 중심으로 하는 자본주의 세력이, 1984년에는 소련을 위시한 공산주의 세력이 불참했지만, 서울 올림픽은 동서 양대 진영을 포함하는 159개국이 참가했다.

로 유치한 서울 올림픽이었지만 성공적인 마무리는 결과적으로 국가의 위상을 높이는 데 기여했으며, 국민들의 가슴에는 자부심이 가득했다.

여소야대, 5공 청문회 정국과 3당 야합

노태우 정부가 누렸던 기쁨은 너무나도 짧았다. 서울 올림픽이 끝난 뒤 노태우 정부의 약점인 전임 정권에 대한 야당의 공세가 시작된 것이다. 건국 이래 야당이 처음으로 과반수를 넘은 13대 국회에서 야 3당은 국정감사권을 발동하여 1988년 11월부터 전두환 정권의 비리를 조사하는 5공 청문회를 시작했다.

제5공화국의 비리와 정경 유착의 실상을 파헤치기 위한 일해재단 청문회, 12·12 사태의 불법성과 광주 항쟁 발포 명령자와 진상 파악을 위한 광주 민주화운동 청문회, 언론 통폐합과 언론인 강제 해직 등의 진상 파악을 위한 언론 청문회가 열렸다.

인권 변호사로서 민주화운동을 한 노무현은 부산 동구에서 신군부의 실세였던 허삼수를 누르고 초선 의원에 당선되었고, 청문회에서 서릿발 같은 질문과 열정적인 자세로 전두환과 재벌 총수를 몰아붙여 청문회 스타로 부각되었다.

1989년 1월에 민주 세력은 전국 민족민주운동연합(전민련)을 결성하고 노태우 정부에 저항했다. 노태우 정부는 올림픽의 성공과 3저 현상에 따른 경제 호황을 바탕으로 북방 정책●●●● 을 추진하며 민주 세력의 반독재 투쟁 공세를 피해 갔다.

●●●● **북방 정책**
1988년 2월 25일에 노태우 대통령이 취임사를 통해 천명한 제6공화국의 외교 정책이다. 목적은 소련, 중국, 동유럽 국가와의 관계 개선을 통해 남북간 긴장 완화와 공산국가와의 경제 협력을 촉진하는 것이었다. 이 정책에 따라 우리나라는 1989년에 헝가리, 1990년에 소련과 수교했고, 1991년 9월에 남북한이 유엔에 동시 가입했으며, 1992년에 중국과 수교했다.

1989년에 헝가리와 폴란드, 1990년에 소련, 1992년에는 중국과 베트남 등 여러 공산국가와 수교를 했다. 노태우 정권의 북방 정책은 남북한 긴장 완화, 냉전 체제의 극복이라는 측면에서 나름대로 역사적 의미와 성과가 있었다.

1990년 1월에 집권 여당인 민정당●은 의원내각제를 고리로 민주화 세력과 산업화 세력의 연합이라는 명분으로 김영삼이 이끄는 통일민주당, 김종필의 신민주공화당과 합당하고 민주자유당(민자당)을 창당했다.

● **민주정의당**
1981년 1월 15일에 전두환, 노태우 등 신군부 세력이 결성한 집권 여당으로 12대(전두환), 13대(노태우) 대통령을 배출했다. 1990년에 통일민주당, 신민주공화당과 합당해서 민주자유당(민자당)이 되었고 김영삼이 14대 대통령에 당선되었다. 민자당은 1995년 12월 6일에 신한국당으로 당명을 바꾸었고, 신한국당은 1997년 11월 21일에 조순과 이기택이 이끄는 민주당과 합당해서 한나라당이 되었다. 한나라당은 15대와 16대 대선에서 이회창 후보를 내세웠으나 패배했고, 2007년 12월에 이명박 정부(17대)를 출범시켰다.

영남과 부산의 많은 민주 세력은 김영삼을 따라 군부 세력인 민정당(민자당)에 합류했고, 3당 합당을 거부한 이기택, 노무현 등은 무소속으로 있던 박찬종, 이철 등과 함께 6월 15일에 민주당(꼬마 민주당)을 창당하여 민주 세력의 전통을 이어갔다. 인위적인 정계 개편과 함께 거대 여당의 탄생은 민주 세력을 긴장시켰다.

이때 정부의 통일 정책에 반대하는 민간의 통일운동도 치열하게 전개되었는데, 그 기폭제가 임수경의 방북 사건이었다. 한국외대 학생이었던 임수경은 1989년 6월에 전국대학생대표자협의회(전대협)를 대표하여 평양에서 개최되는 세계청년학생축전에 참가했다. 천주교 정의구현사제단의 문규현 신부는 임수경의 무사 귀국을 위해 평양을 방문했다. 두 사람은 8월 15일, 분단 이후 민간인으로는 최초로 판문점을 통해 북에서 남으로 걸어서 귀환했다.

이런 통일의 열기와 노력이 결실을 맺어 1989년 11월 베를린에서 조국통일 범민족연합(범민련)이 결성되었고, 1990년 8월 15일 서울에서 범민족대회가 개최되어 통일운동의 열기가 서울을 뜨겁게 달구었다. 이제 민주화 세력은 민주운동과 통일운동이라는 두 개의 수레바퀴를 움직이게 되었다.

지방의회 선거, 민주주의의 디딤돌을 놓다

1991년 3월 26일에 시·군·구를 단위로 하는 기초 자치단체 선거가 실시되어, 30년 만에 지방의회가 구성되고 풀뿌리 민주주의가 시험대에 올랐다. 이런 가운데 민주 세력의 적자로 자부하던 평민당(김대중)은 민자당의 호남 고립화 전략에 맞서, 4월 15일에 비판적 지지 세력인 재야와 정치 참여를 선언한 민주 세력을 끌어들여 신민주연합당을 창당했다.

이를 발판으로 9월 16일에는 소수파였던 꼬마민주당과도 합당하여 1987년 제13대 대통령 선거 시기에 갈라진 영남과 호남의 민주 세력이 하나가 되는 통합민주당(민주당)을 발족시켰다.

북방 정책의 결실로, 1991년 9월 18일 남북한은 동시에 유엔 회원국으로 가입했다. 이로써 남북한은 국제 사회에서 소모적인 정통성 경쟁을 지양하고, 서로의 체제를 인정하는 민족 공영과 협력 관계로 나아가는 중대한 역사적 전환기를 맞이했다.

12월 13일에는 남북한 총리급이 서명한 남북 기본 합의서•가 체결되었다. 남북 기본 합의서는 남북한의 화해와 교류 협력, 그리고 상호 불가침을 천명했다. 이는 남북한의 체제를 '특수한 역사적 조건 아래 이루어진 1민족 1국가, 2체제 2정부'라는 민족간 공존을 합의한 점에서 역사적 의의를 찾을 수 있다. 12월 31일에는 남북한이 한반도 비핵화 공동선언••에 합의했다.

• **남북 기본 합의서**
노태우 정부 체결, 총리급 회담, 1991년 합의, 남북한은 역사적 특수 관계, 국가적 실체를 인정, 1민족 1국가 2정부 2체제, 6·15 공동선언에서 재확인
(근) 2007, (검) 9-3

•• **한반도 비핵화 공동선언**
한반도를 비핵화하여 핵 전쟁의 위험을 없애고 남북간, 아시아의 평화에 기여한다는 취지로 1991년 12월 31일에 남북한이 약속한 공동선언이다. 주요 내용은 핵무기의 시험이나 제조, 저장의 금지, 핵 에너지의 평화적 이용 등이다. 1992년 6월에 평양에서 열린 제6차 남북 고위급 회담에서 합의서가 교환됨으로써 곧바로 발효되었다.

단군릉
남북한 체제 경쟁은 1990년대에 들어서 경제 성장을 이룬 남한이 우위에 올라섰다. 이에 북한에서는 평양의 단군릉을 개축하고 고조선, 고구려, 고려로 이어지는 정통성이 북한에 있다고 주장했다.

1992년 3월 24일에 실시된 제14대 국회의원 총선거는 12월에 치를 대통령 선거에 대한 민심의 향방을 가늠할 수 있는 중요한 선거였다. 3당 합당으로 거대 여당이 된 민자당은 과반수에서 1석이 모자란 149석(116/33)을 차지했고, 통합 야당인 민주당은 97석(75/22)으로 견제 세력을 굳히는 데 성공했고, 현대그룹 회장 정주영이 대통령에 출마하고자 만든 통일국민당은 31석(24/7), 무소속이 21석으로 약진했다.

민자당은 집권 여당이었지만 세력 분포는 민주계(김영삼), 민정계(박태준), 공화계(김종필)로 나뉘어 있었다. 5월 19일에 민주계의 수장인 김영삼이 민자당의 대통령 후보에 선출되자 민정계인 이종찬, 박태준, 박철언이 탈당했다.

김영삼 후보는 제6공화국과의 차별성을 위해 노태우에게 중립 선거관리 내각을 구성하라며 탈당을 요구했다. 그리고 9월 18일에 대통령이 현직에 있으면서 최초로 집권당을 탈당하는 선례가 만들어졌다.

12월 18일에 제14대 대통령 선거에서, 민자당의 김영삼 후보가 42.0%를 득표하여, 33.8%를 얻은 민주당의 김대중 후보, 16%를 얻은 통일국민당의 정주영 후보, 6%를 얻은 무소속의 박찬종 후보를 누르고 당선되었다.

김영삼 당선자는 이듬해인 1993년 2월 25일에 제14대 대통령에 취임하면서 노태우 정부(제6공화국)의 후신을 부정하고, 32년간 지속된 군인 출신 대통령이 아닌 민간인 출신 대통령이라는 자부심으로 자신의 정부를 '문민정부'라고 했다.

● **NPT(Nuclear Nonproliferation Treaty)**
핵 확산 금지 조약으로 유엔 총회의 결의에 따라 1970년 3월 5일에 발효되었다. 핵보유국은 비핵보유국에 핵무기를 양여할 수 없고, 비핵국은 핵무기의 보유를 금지한다는 내용이다. 북한은 1993년 3월 12일에 NPT 탈퇴를 선언하고, 1994년 6월 13일 IAEA에 탈퇴 선언을 제출했다.

남북 기본 합의서(1991. 12. 13)

성격		• 제5차 남북 고위급 회담(서울)에서 남북한의 화해와 불가침, 교류 협력 등에 관해 공동 합의
핵심		• 남북한은 국가 관계가 아니라 역사적 과정으로 인한 잠정적 특수 관계(통일의 관계) • 남북한은 특수한 역사적 조건 아래 형성된 1민족 1국가, 2체제 2정부
요인		• 노태우 정부는 북방 정책과 남북 교류를 통한 정권의 정통성을 세우려 함 • 북한은 중국과 소련의 경제 개혁에 자극받아 남북한 긴장 완화를 추구함 • 남북한은 관계 개선을 위해 정치, 군사 문제를 협의하는 총리급 회담을 추진
과정		• 1989. 2 : 남북한 고위 당국자 회담 예비 회담 개시(2. 8) • 1990. 9 : 제1차 고위급 회담을 개시 • 1991. 12 : 제5차 회담에서 합의문 채택 • 1992. 2 : 제6차 회담에서 합의서 문건 교환 • 1992. 9 : 제8차 회담에서 3개 부속 합의서 채택, 효력의 발생
내용	서문	• 7·4 남북 공동성명의 남북한 통일의 3대 원칙 재천명 • 민족 화해, 무력 침략과 충돌의 방지 • 긴장 완화와 평화의 보장 • 교류 협력을 통한 민족 공동의 번영 도모 • 평화 통일을 성취하기 위한 남북 공동의 노력
	1장	• 남북 화해에 대한 원칙 –상호 체제의 인정과 존중, 내정 불간섭, 상호 비방 중지, 국제 무대에서 경쟁 지양 등
	2장	• 남북 불가침에 관한 규정 –무력 침략의 포기, 무력의 불사용, 남북 군사 당국자 간 직통 전화 설치 등
	3장	• 남북 교류 협력에 관한 내용 –민족 공동체의 회복 방안, 우편·통신·인적 교류 등 남북간 교류 협력의 활성화 등
	4장	• 수정 및 발효에 관한 내용 –합의 실천기구인 분과위원회, 공동위원회, 남북연락사무소 등에 관한 조항 등
영향		• 남북한 상호 간의 실체를 인정, 군사적인 대결의 지양, 점진적 통일의 실현을 약속 • 1993년에 북한의 핵 확산 금지 조약(NPT)● 탈퇴로 합의서 이행이 불가능해짐 • 2000년 남북 정상회담에서 천명한 6·15 공동선언으로 남북 기본 합의서 정신이 계승됨

역사 지식 플러스

남북 기본 합의서에 담긴 의미

6·10 민주항쟁과 국민들의 민주화 열망, 군사정부의 후예라는 태생적 한계에 봉착한 노태우 정부는 이를 돌파하는 수단으로 남북한의 긴장 완화와 교류 확대를 위한 7·7 선언(1988)을 발표하고, 이른바 북방 정책을 추진했다. 이에 따라 헝가리(1989), 소련(1990)과 수교했고, 1991년 9월에는 남북한이 유엔에 동시 가입했다. 이러한 국제 정세 속에서 남북한은 다섯 차례에 걸쳐 남북한 고위 당국자 회담을 진행하고 1991년 12월에 남북 기본 합의서를 체결했다.

사실 남한의 노태우 정부는 이를 정권의 정통성을 세우는 명분으로 내세웠고, 북한은 심각한 경제난과 체제 위기를 돌파하는 수단으로 삼았다. 남북 기본 합의서의 핵심은 7·4 남북 공동성명에서 천명한 남북한의 통일에 관한 3대 원칙의 재확인과 남북한은 특수한 역사적 조건 아래 형성된 1민족 1국가, 2체제 2정부라는 합의였다.

우선 7·4 남북 공동성명의 경우 20년 전에는 단지 성명에 그친 통일 원칙이었지만 이제 남북 기본 합의서는 남북한 정부에 의해 체결된 공식적인 문서라는 점에서 특별한 역사적 의의를 지니게 되었다. 또한 남북한은 개별적인 국가 관계가 아니라, 민족 역사의 진행 과정에서 생겨난 잠정적 특수 관계(통일의 관계)라는 의미는 남북통일이 헌법적 의무이자 민족의 당면 과제이며 역사의 소명임을 천명한 것이다.

남북 기본 합의서에 담긴 정신은 남북한이 더 이상 체제 경쟁과 군사 대결의 상대가 아니라 남북 화해와 호혜 평등, 경제 협력과 평화 공존을 추구하는 동반자로 인식하는 계기가 되었고, 한반도 비핵화 공동선언, 김영삼 정부의 남북 정상회담 추진, 김대중 정부의 6·15 공동선언, 노무현 정부의 10·4 정상선언으로 그 맥이 이어져 남북한 통일 정책의 기본정신으로 자리 잡게 되었다.

논술 생각나무 키우기

남북한의 유엔(UN) 동시 가입이 갖는 중요성과 의미는 무엇일까?

Point 1 남북한이 국제 무대에서 외교 대결을 펼친 과정이 어떠했는지 찾아보고, 그런 대결을 한 정치적 이유는 무엇인지, 남북한이 유엔 가입을 놓고 벌인 논쟁도 알아본다.

Point 2 냉전이 종식되는 1990년대 초반부의 북방 정책이 추진된 배경, 국제 무대에서 외교 대결을 지양하고 남북한의 유엔 동시 가입이 추진된 요인을 생각한다.

Point 3 남북한의 유엔 동시 가입이 갖는 역사적 의미, 남북의 정통성 문제, 남북이 2개의 국가인지 아니면 어느 한쪽이 불법적 정부인지 여부 등도 비교하여 정리한다.

공부를 더 하고 싶다면

✎《**대한민국 선거 이야기**》(서중석 지음, 역사비평사)
주권의 총합인 국가의 업무를 위임받아 통치권을 행사하는 정부의 선택권은 국민의 고유한 권리이다. 선거는 저항권과 혁명권을 제외하고 국민이 합법적으로 정부를 고르는 민주주의의 꽃이다. 한국 현대사는 선거를 둘러싼 민주주의와 독재 권력의 격전이었다.

✎《**박종철 평전**》(김태호·최인호 공저, 박종철출판사)
물고문으로 죽음에 이른 한 젊은이의 죽음을 은폐하려던 국가 권력의 부도덕을 고발하는 책이다. 정의와 자유를 위해 생명을 바친 박종철의 짧은 삶과 치열했던 1980년대 학생운동의 발자취를 따라가고 있다.

✎《**6월 민주항쟁**》(유시춘 지음, 민주화운동 기념사업회)
불의한 권력은 개인의 삶이 역사의 삶과 일치되는 것을 용납하지 않았다. '탁' 치니 '억' 하고 무너졌다는 박종철 고문치사 사건은 한국 사회의 잠자던 양심을 일깨우고 6·10 민주항쟁의 불꽃으로 타올랐다. 시대의 아픔을 함께 나누고자 했던 많은 이들의 묵시적 기록이다.

4

민주정부, 남북 정상회담과 통일 정책

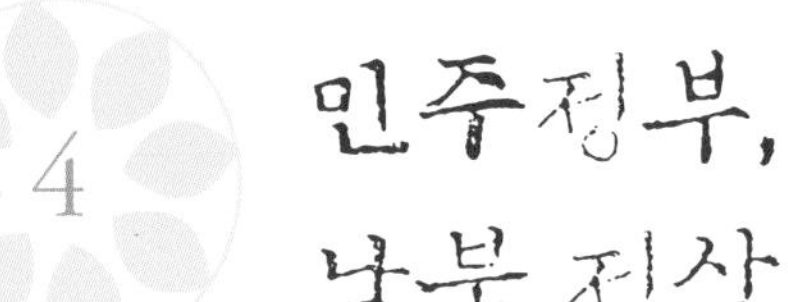

김영삼 문민정부는 금융 실명제, 역사 바로 세우기 등 여러 개혁을 추진했으나 집권 말기에 IMF 사태를 초래했다. 김대중 정부는 국가인권위원회를 설립하고 남북 정상회담(6·15 공동선언)을 성사시켰다. 노무현 참여정부는 과거사위를 설치하고, 10·4 정상선언을 이끌어냈다.

1990년대는 민주정부의 탄생과 통일운동의 시대로 정리된다. 김영삼 정부는 노태우 정부를 계승한 불완전한 민간정부였지만, 군부독재 권력과 투쟁했던 세력이 창출한 보수적 민주정부였다.

금강산 신계사 | 김대중 정부는 6·15 공동선언을 통해 남북한의 평화 협력 체제를 구축했다. 금강산 관광은 남북한이 긴장 완화와 통일로 가는 중요한 전기를 마련한 사건이었다.

비록 유신 잔재 세력, 신군부 세력과의 연합으로 집권에 성공했지만, 초기부터 개혁을 추진한 세력은 오랫동안 김영삼과 함께 민주화운동을 했던 인사들(통일민주당)이었다.

김영삼 정부●는 남북 정상회담을 합의했으나 1994년 7월에 김일성 주석이 갑작스럽게 사망하여 통일운동의 중요한 이정표를 세우지는 못했지만, 정상회담의 약속을 김대중 정부로 넘겨주는 공을 세웠다.

김대중 정부●●는 건국 이래 야당의 정통성을 이어받아 최초로 평화적인 정권 교체를 이루고 탄생한 민주정부였다. 집권 세력이었던 신한국당과 결별한 자민련의 김종필을 끌어들여 연립 정부를 구성했지만 김종필의 자민련은 소수파였고, 주도권은 어디까지나 김대중이 이끈 국민회의였다.

이런 점에서 김대중 정부는 건국 이래 지금까지 순도가 가장 높은 민주정부를 구성했다. 2000년 6월, 김대중 정부는 북한의 김정일 국방위원장과 남북한 정상회담을 열고 6·15 공동선언을 발표하여 통일운동의 빛나는 기념비를 세울 수 있었다.

노무현 정부는 민주화 세력이 독자적인 힘으로 처음 권력을 쟁취한 민주정부였다. 제1기 민선 정부였던 김영삼 정부는 군부 세력인 민정계와 연합을 했고, 제2기 민선 정부인 김대중 정부는 공화계인 김종필과 연립 내각(DJP 연합)을 고리로 정권을 창출했다.

이런 점에서 노무현 정부는 민주 헌법의 가치에 가장 근접한 민주정부라고 말할 수 있다. 노무현 정부는 과거사법을 제정하여 민족의 자존과 정통성을 회복하려 했으며, 2007년 10월에는 남북 정상회담을 갖고 10·4 정상선언을 이끌어내 남북한의 공동 번영을 구체화했다.

● **김영삼 정부 주요 역사**
금융 실명제, 부동산 실명제, 하나회 해체, 역사 바로 세우기(초등학교 명칭 개정, 조선총독부 건물 해체), 지방 정부와 의회 동시 선거, 경복궁 중건, OECD 가입
(검) 2-6, (검) 3-2, (검) 7-4, (검) 8-3

●● **김대중 정부 주요 역사**
외환 위기 극복, 남북 정상회담, 6·15 공동선언, 개성 공단, 금강산 육로 관광, 국가인권위원회, 노벨 평화상 수상, 한일 월드컵 개최(2002)
(검) 2-4, (검) 3-6, (검) 9-4

문민정부●의 민주 개혁, 김영삼 정부

● **문민정부**
1993년 2월에 출범한 민간인 출신 대통령인 김영삼 정부를 말한다. 문민정부는 출범 초기에 역사 바로 세우기, 군대 사조직인 하나회 해체, 금융 실명제와 부동산 실명제 등 강도 높은 개혁을 추진했다.

김영삼 정부(1993~1998)는 군사독재가 남긴 부정적인 요소를 청산하는 데 중점을 두고 과감하고 신속하게 사회 개혁, 경제 개혁, 군부개혁을 시도했다. 그 가운데에서 가장 우선시하고 전격적으로 단행한 조치는 군대 내의 정치군인을 숙청한 군부 개혁이었다.

1993년 5월 13일에 김영삼 정부는 군인들의 정치적 야심을 배태한 군대 내 사조직인 하나회를 해체시키고 정치군인들을 군대 내에서 완전하게 축출했다. 전두환, 노태우 정부에서 승진과 요직을 독점했던 정치군인들은 제대로 반발조차 하지 못하고 군복을 벗었다. 이로부터 군부 세력은 더 이상 한국정치에 개입할 수 없게 되었다.

김영삼 정부는 사회 개혁의 하나로 역사 바로 세우기를 추진했다. 서울 수유동에 위치한 민주화의 성지인 4·19 묘역을 성역화하여(1993), 묘역을 확장하고 유영 봉안소와 4·19 탑, 그리고 상징문을 조성했다. 또한 4·19 혁명의 기폭제가 되었던 마산 시민들의 3·15 부정 선거 규탄 시위를 3·15 의거로 규정하고(1994), 묘역 성역화 사업을 추진했다.

● **황국신민화 정책**
민족 말살 통치, 중일 전쟁 이후(1937), 일본 군국주의, 민족 말살 정책(창씨 개명, 조선어 금지, 황국신민서사, 신사 참배), 조선 사상범 악법 제정(보호관찰령, 예방구금령)
(근) 2005, (근) 2008, (근) 2009, (검) 2-4, (검) 3-5, (검) 5-고, (검) 6-고, (검) 7-고, (검) 8-고

아울러 조선 침략의 본산이었던 조선총독부를 해체하고(1995) 경복궁의 제 모습을 찾아주었으며, 일제의 황국신민화● 교육을 뜻하는 '국민학교'라는 명칭도 '초등학교'로 바꾸었다(1996).

●● **금융 실명제**
김영삼 정부가 추진한 경제 개혁의 하나이다. 정경 유착의 온상인 지하 경제를 해소하고, 경제 정의와 금융 거래의 투명성을 실현하기 위해 모든 금융 거래는 본인의 실명으로 한다는 제도이다. 1993년 8월 12일에 모든 금융 거래를 중단하고 전격적으로 시행했다.

김영삼 정부의 대표적인 경제 개혁의 일환인 금융 실명제●●는 정경 유착과 정치 비리를 뿌리 뽑고자 1993년 8월 12일에 전격 단행되었다. 금융 실명제는 부정하고 부패한 자금의 흐름을 차단하

광화문 복원 공사 | 김영삼 정부는 집권 초기에 금융 실명제, 토지 실명제, 군대 내 사조직인 하나회 척결 등 강력한 개혁을 실시했다. 이 가운데에서 역사 바로 세우기의 일환으로 조선총독부 건물이 해체되고 경복궁의 많은 건축물이 복원되었다.

고, 지하에 숨어 있는 음성 자금을 공적인 시장으로 끌어내는 효과가 있었다. 또한 금융 자산과 개인 소득이 정확하게 드러나 종합소득세 산출이 가능해져 국가 세금의 증가로 나타났다.

또한 1995년 7월 1일에는 또 다른 경제 개혁인 부동산 실명제를 실시했다. 지금까지는 경제 성장으로 축적된 자본이 건전하게 산업 시설이나 주식 거래에 투자되지 않고, 토지·아파트·상가 등 여러 부동산 투기에 몰려들어 이익이 발생해도 차명 거래에 의해 불로 소득이 되고, 거래 가격도 속여 탈세를 했다. 부동산 실명제는 이제 실명과 공정 거래를 통해 공평 과세와 경제 정의를 실현하는 중요한 제도로 정착했다.

1990년대에 들어 세계 경제는 신자유주의●●● 에 따른 다자간

●●● **신자유주의**
1970년대에 케인스의 이론에 따라 국가권력이 시장에 개입해서 자본의 독점과 경쟁을 조절하는 수정자본주의를 실패로 규정하고, 시장은 기업에 맡겨야 한다는 자유적 방임주의를 말한다. 수정자본주의가 국가 개입으로 소득 평준화와 완전 고용의 복지 국가를 지향했다면 신자유주의는 기업 경쟁력을 위해 규제 완화, 노동의 유연성, 복지의 축소, 시장 개방을 내세운다.

무역 협정의 시대에 돌입했다. 서비스, 지적 재산권, 세이프가드●, 보조금 상계관세●●에 관한 협정이 강화되었다. 1993년에 다자간 무역 협정의 의제를 다룬 우루과이라운드가 타결되고 이것을 집행하는 국제무역기구(WTO)가 1995년 1월 1일 설립되었다.

여러 가지 경제 혜택을 받는 개발도상국의 지위를 고수하던 한국은 국제 사회의 압력을 이기지 못하고 1996년 12월에 아시아 국가로는 일본에 이어 두 번째로, 프랑스 파리에 본부를 둔 경제개발협력기구(OECD)에 가입했다.

미국과 일본 경제의 혜택에서 성장하던 한국 경제는 이제 치

● **세이프 가드(safe guard)**
특정한 상품의 수입 급증과 경쟁 우위로부터 자국의 산업을 보호하기 위해 긴급으로 수입을 제한하는 조치로서, 관세 및 무역에 관한 일반 협정(GATT) 19조에 따르면 자국의 산업을 보호하기 위해 정부는 외국 상품의 수입량을 제한하거나 관세를 인상할 수 있다.

●● **상계관세**
수출국이 수출품에 대해 장려금이나 보조금을 지급하여 상품 경쟁력을 키워주면, 수입국은 이에 대항하여 수입 상품의 경쟁력을 상쇄하고자 누진관세를 부과하는 조치이다.

1970~2000년대 주요 통일운동

① 7·4 남북 공동성명 (1972. 7. 4)	–자주, 평화, 민족 대단결의 통일 원칙 수립
② 남북 기본 합의서 (1991. 12. 13)	–남북한이 역사적 특수한 상황에 의해 형성된 실체를 천명 –1민족 1국가 2체제 2정부, 연합국가(연방제)의 인정
③ 한반도 비핵화 공동선언 (1991. 12. 31)	–핵무기의 시험, 제조, 생산, 접수, 보유, 저장 및 사용 금지
④ 6·15 공동선언 (2000. 6. 15)	–통일을 향해 가는 과정에서 두 체제의 공통성과 합일점을 선언 –연합국가 = 연방제 국가로 가는 가능성의 제시
⑤ 9·19 합의 (2005. 9. 19)	–4강 구도 아래 한반도 비핵화(북핵 폐기), 북미·북일 관계 정상화 –북한 체제 인정, 한반도 탈냉전의 서막
⑥ 2·13 합의 (2007. 2. 13)	–9·19 합의 재확인, 북핵 불능화 및 IAEA●●● 사찰 수용 –북미·북일 관계 정상화를 위한 대화와 진전
⑦ 9·30 베이징 합의 (2007. 9. 30)	–6차 6자 회담, 2·13합의에 따른 9·19 합의의 이행 약속
⑧ 10·4 정상선언 (2007.10.4)	–남북 정상이 6·15 공동선언의 이행을 재확인하고 민족 공동 번영 추구를 천명
⑨ 영변 냉각탑 해체 (2008.6.27)	–북한 비핵화의 첫 조치

열한 자유 무역과 무한 경쟁의 국제 시장에 편입되었다. 그로 인해 국내에는 경쟁력이 약한 중소기업과 자영업이 무너져 비정규직이 양산되었고, 다국적 기업이 지배하는 농산물이 수입되어 농촌 경제도 타격을 입었다.

김영삼 정부는 집권 초에 한나라당 민정계와 보수 세력의 반대를 무릅쓰고 민족적이고 자주적인 통일 정책을 펼쳤다. 조선인민군의 종군 기자 출신으로 1952년부터 34년간 비전향 장기수로 감옥에 있었던 이인모를 본인의 자유의사에 따라 북한에 송환했다.

1994년 6월 20일에 김영삼 정부는 남북 정상회담을 제안하고 28일에 판문점에서 예비 접촉을 시작하여 7월 25일부터 29일까지 평양에서 남북 정상회담이 결정되었다. 그런데 7월 8일에 북한의 김일성 주석이 갑자기 사망하면서 남북한 최초의 정상회담은 아쉽게 무산되었다. 이후 김영삼 정부의 통일 정책은 보수 우경화되면서 집권 초기의 진보적인 통일 의지를 퇴색시켰다.

●●● IAEA(International Atomic Energy Agency) 국제원자력기구. 원자력의 평화적 이용을 위한 연구와 국제적인 공동 관리를 위하여 1957년에 설립된 유엔 기구이다. NPT(핵 확산 금지 조약)에 근거하여 비핵국이 핵연료를 군사 목적으로 전용하지 못하도록 상시적으로 감시하고 사찰한다.

지방 선거, 풀뿌리 민주제도의 주춧돌

정치 개혁에 나선 김영삼 정부는 1993년 3월, 공무원의 부정부패를 막고자 공직자윤리법을 개정하여 1급 이상 공직자의 재산을 공개했다.

1995년은 한국 정치사에 중요한 의미를 갖는 해였다. 1991년에 지방 선거가 실시되었지만 그것은 기초 의원만을 뽑는 제한

된 선거였고, 1995년에 실시한 지방 선거는 기초 의원, 기초 단체장, 광역 의원, 광역 단체장을 모두 뽑는 실질적인 지방 선거였기 때문이다. 지방 선거는 지방 정부의 존재에 부담을 가진 5·16 군부 세력이 폐지한 지 35년 만에 정식으로 부활했다.

그리고 제14대 대통령 선거에서 패배하고 정계 은퇴 선언과 함께 영국으로 떠났던 김대중이 귀국했다. 정치적 감각이 탁월했던 김대중은 처음 맞이하는 전국 동시 지방 선거가 자신의 정치 재개와 대권 도전의 마지막 호기로 여기고 선거 국면에 개입했다.

1995년 6월 27일에 실시된 전국 동시 지방 선거에서 국민회의는 정당 공천이 가능한 광역 단체장, 광역 의원, 지역 단체장 선거에서 승리했다. 특히 김대중의 지원 유세에 힘입어 경제학자이며 한국은행 총재를 지낸 조순이 민선 초대 서울시장에 당선되는 돌풍을 일으켰다.

정계 복귀에 성공한 김대중은 7월 17일에 민주당 소속 국회의원 95명 중 65명을 이끌고 탈당, 9월 5일에 새정치국민회의•를 창당하여 일약 원내 제2당 총수가 되었다. 이기택이 이끄는 민주당은 원내 30석의 제3당으로 전락했다. 이로써 한국 정치는 김대중, 김종필이 화려하게 복귀하면서 다시 3김 시대로 회귀했다.

1995년 10월 19일에는 민주당(잔류파) 소속의 국회의원 박계동이 대정부 질문에서 신한은행 서소문 지점에 (주)우일양행 명의로 예치된 노태우의 비자금 일부를 폭로했다. 검찰이 수사에 착수하여 노태우는 11월 16일에 구속되었고, 항소심에서 징역 15년에 2,628억 원의 추징금이 부과되었다.

이는 김영삼 정부의 금융 실명제가 위력을 발휘한 순간이었

● **새정치국민회의**
1992년 12월의 대선에서 패배한 뒤 정계 은퇴를 했던 김대중이 1995년 7월 18일에 정계 복귀를 선언하고 9월 5일에 평화민주당 당원, 재야의 비판적 지지 세력을 주축으로 창당한 정당이다. 1997년 12월에 제15대 대통령(김대중)을 배출했고, 2000년 1월에 당명을 새천년민주당으로 바꾸어 2002년 12월에 제16대 대통령으로 노무현을 당선시켰다. 2003년에 민주당과 열린우리당으로 분당되었고, 2007년 6월부터 여러 차례 통합과 분당을 거듭하다가 2008년 7월에 당명이 민주당으로 확정되었다.

다. 그러나 국민들은 여기서 한 걸음 더 나아가 5공 청문회 때 제대로 밝히지 못한 12·12 사태와 5·18 광주 항쟁의 진상을 밝혀내라며 격렬하게 시위를 벌였다.

본래 광주 항쟁의 피해자들이 전두환 일당을 여러 차례 고발했으나 검찰은 기소 유예와 공소권이 없다는 결정을 내려 사건을 역사에 맡기려고 했다. 다행히 헌법재판소가 특별법의 합헌 결정을 내리자 김영삼 정부는 11월에 5·18 특별법의 제정을 지시하고, 검찰은 마지못해 수사에 착수하여 12월 3일에 군형법상의 반란수괴죄를 적용하여 전두환, 노태우 등 신군부 핵심 인사 11명을 구속 기소했다.

대법원 상고심에서 전두환은 반란죄·내란죄·수뢰죄를 적용받아 사형, 노태우는 징역 12년을 선고받았다. 그러나 김영삼 정부는 제15대 대통령 선거가 끝난 1997년 12월 22일에 특별 사면으로 이들을 감옥에서 석방했다.

1995년 12월에 민자당은 당명을 신한국당으로 바꾸었다. 민자당의 뿌리인 민정당의 군사독재와 부패 세력의 이미지에서 벗어나려는 의도였다. 1996년 1월에는 국민들에게 대쪽 총리라는 깊은 인상을 심어준 이회창이 영입되었다

김대중, 정권 교체의 승부수를 던지다

1996년 4월 11일에 제15대 국회의원 선거가 치러졌다. 민자당에서 신한국당으로 당명을 바꾼 집권 여당은 139석(107/32), 김대

중이 창당한 새정치국민회의는 79석(66/13), 김종필의 자유민주연합은 50석(41/9), 이기택의 통합민주당은 15석(9/6)을 얻었으며, 영남에서는 무소속 돌풍이 불어 16석을 차지했다.

정치 재개에 성공한 김대중은 9월에 김종필과 함께 제15대 대통령에 공동 후보를 내고 연립내각(공동정부)을 구성하는 내부 각서를 교환하고 선거 공조에 들어갔다.

1997년 1월에 한보그룹의 부도 사태로, 한보그룹이 정치권에 로비를 하여 5조 7천여억 원의 부실 대출을 받은 사실이 드러났다. 한보 사태는 김영삼 정부가 도덕성에 심각한 타격을 입은 가운데, 정권 재창출의 위기감 속에서 이회창이 대세론에 힘입어 7월에 여당인 신한국당의 대통령 후보로 선출되었다.

그러자 10월에 대중적 인기를 바탕으로 이인제가 신한국당을 탈당하고 국민신당을 창당하여 대통령 선거에 나섰다. 집권 여당의 분열은 야당인 김대중에게 유리하게 작용했다. 김대중은 김종필과 국민회의—자민련 공동 정권 창출(DJP 연합)에 합의하고 대통령 후보가 되었다.

이회창 후보는 한보 비리, 김현철 게이트로 도덕성에 타격을 받은 김영삼 대통령의 탈당을 요구했다. 11월 7일에 신한국당을 탈당한 김영삼 대통령이 이회창과 이인제 사이에서 애매한 입장을 취한 가운데, 이회창 후보는 11월 21일에 조순과 이기택이 이끌던 민주당과 통합하여 당명을 한나라당으로 바꾸었다.

민주당의 개혁 세력을 자임하던 국민통합추진회의(통추)는 내부에서 격론이 벌어져 이부영과 이철은 3김 정치의 청산을 내세우며 한나라당에 합류했고, 노무현·김원기·김정길 등은 군사정권의 후예 세력을 심판하는 것이 중요하다며 김대중의 국민회의에 입당했다.

12월 13일에 김영삼 정부는 국가 부도의 위기를 맞아 국제통화기금(IMF)●●에 긴급 구제 금융을 요청하는 양해 각서를 체결했다(IMF 사태)●●. 외환보유고 관리 실패, 해외 단기 차입의 증가, 환율 정책의 오류, 금융기관의 부실이 총체적으로 연쇄 반응을 일으키며 우리 경제에 빨간불이 들어왔는데도 경제팀이 안이하게 대처한 결과였다.

12월 18일에 제15대 대통령 선거에서 여당인 한나라당 이회창, 야당인 새정치국민회의 김대중, 한나라당에서 분당한 국민신당 이인제, 노동계와 진보 세력의 국민승리21 권영길이 4파전의 구도를 이루었다.

여론 조사 공표가 금지된 상황에서 김대중과 이회창의 지지율이 박빙을 이루었다. 9월까지는 이회창 후보가 대세를 이루었지만, 같은 한나라당 소속의 이인제 후보가 탈당하여 표를 분산하고, 여당인 김영삼 정부가 국제통화기금(IMF) 사태를 불러와 김대중 후보는 DJP 연합에 힘입어 충청 표를 흡수하는 데 성공했다.

득표 결과를 보면 여당인 이인제 후보는 19.2%를 얻어 이회창 지지표를 분산시켰고, 민주 계열인 권영길 후보는 1.2%를 얻어 김대중 지지표를 빼앗아 가지 못했다.

이런 대내외적인 정세를 등에 업고 김대중 후보는 4번째 대통령 도전에서 40.3%의 득표율로 38.8%를 얻은 이회창 후보를 39만여 표 차이로 누르고 제15대 대통령에 당선되었다.

● **IMF(International monetary Fund)**
국제통화기금. 브레튼우즈 협정에 따라 1947년 3월에 미국 워싱턴에 설립한 국제 금융기구이다. 외환 시세를 안정시키고, 외환 제한을 제거하며, 자금의 공여를 목적으로 한다.

●● **IMF 사태**
김영삼 정부 말기에 맞은 외환위기. 대외 채무를 지불할 외환이 부족하여 1997년 12월 3일에 IMF에 자금 지원 양해각서를 체결하고 대외 채무 지불 유예를 해결한 사건을 말한다. 보통 IMF 사태, IMF 외환 위기, IMF 환란 등의 용어를 사용하는데, IMF가 사태의 당사자가 아니므로 한국의 대외 채무 지불 유예 사태라고 해야 옳은 표현이다.

● **IMF 사태**
김영상 정부가 초래(1997), 외환보유고 부족 사태, IMF의 긴급 금융 지원, 금 모으기 운동 전개, 기업 구조 조정, 노동 유연성 초래
(근) 2005, (근) 2010, (검) 1-5, (검) 8-4, (검) 8-3

국민의 정부, 최초의 평화적 정권 교체

김대중 정부(1998~2003)는 대한민국 정부 탄생 이후 국민의 손으로 야당후보가 평화적으로 실질적인 정권 교체를 이루었다는 의미에서 국민의 정부를 표방했다. 김대중의 당선은 정통 민주화 세력과 유신 세력인 김종필의 합작으로 얻어진 한계를 지녔지만, 국민의 정부라는 이름과 함께 50년 만의 정권 교체라는 역사적인 의미를 획득했다. 국민의 정부는 집권 초기에 IMF 사태 극복, 남북한 관계 개선, 지역 차별 해소, 인권 개선이라는 시대적인 과제를 안고 출범했다.

김대중 정부는 국제통화기금(IMF) 구제 금융으로 인한 경제 위기를 극복하고자 금융 개혁, 재벌 개혁, 노동 개혁, 공공 부문 개혁을 단행했다. 먼저 금융 개혁에 착수하여 부실한 금융기관은 통폐합하고, 회생이 가능한 금융기관은 국민의 세금인 공적 자금을 투입하여 정상화시켰으며, 일부 금융기관은 외국에 매각하여 국부 유출이란 비판도 있었다.

국가경제의 견인차이면서 정경 유착, 차입 경영, 문어발식 확장, 황제 경영 등 부정적 이미지로 인식되는 재벌에 대한 개혁을 단행하여 30개 대기업 가운데 16개가 해체되었다.

외환 위기에 대한 책임에서 자유롭지 못한 재벌 총수들은 정부가 제시한 5+3 원칙을 수용하여 총수 중심의 의사 구조를 개혁하고, 사외이사 제도를 두어 기업 경영의 투명성을 높였다. 한국통신(KT), 포항제철(POSCO), 담배인삼공사 등 여러 공공 부문의 개혁에도 나서 공기업과 정부기관을 대상으로 인원 감축, 명예퇴직(명퇴), 민영화를 추진했다.

노동 개혁은 부실기업의 구조 조정과 해고에 대한 사회적 합의였다. 정부는 노동계가 참여하는 노사정위원회를 만들어 불가피한 정리해고에 대해 사회적 합의를 이끌어내려고 노력했다.

김대중 정부는 강도 높은 4대 개혁과 함께 투자 유치와 내수시장을 활성화하고자 정보기술산업(IT)을 육성하고 신용 카드 발급 규제를 대폭 완화했다. IT 산업을 핵심으로 하는 벤처 기업 육성은 검은돈을 양지로 끌어내 기업 활성화의 자본으로 끌어들이는 효과와 함께 고용 창출의 기대감도 형성되었다.

신용 카드의 발급 규제 완화는 소득이 발생하지 않았는데 카드로 선구매를 하는 과잉 소비, 가계 적자, 신용 불량이 양산되는 부작용도 있었지만 내수시장이 살아나고 수출도 제자리를 찾아가면서, 김대중 정부는 2001년 8월 23일에 국제통화기금(IMF)의 지원금 195억 불을 상환하여 외환 위기를 극복했다.

햇볕 정책, 통일로 가는 길

김대중 정부는 햇볕 정책•이라 불린 남북 화해와 경제 협력 사업(경협)에도 적극적으로 나섰다. 1998년 11월에 시작된 금강산 관광은 김대중 정부가 추진한 남북한 화해 협력과 공동 번영의 상징적인 사업으로, 한국의 현대그룹이 북한과 사업권을 체결하고 11월 18일에 시작했다.

금강산 관광은 남북한의 긴장 상태를 완화하고 신뢰를 쌓아가는 남북 공동 번영의 시험대였다. 처음에는 동해와 북한의 장전항

• **햇볕 정책**
경제 협력, 민간 교류와 같은 화해, 포용 정책을 통해 남북간의 긴장 관계를 완화하고 나아가 북한을 개혁과 개방으로 유도해 점진적이고 평화적인 남북 통일로 나아가려는 김대중 정부의 통일 정책을 말한다. 나그네의 외투를 벗기는 것은 매서운 바람(강경 정책)이 아닌 따뜻한 햇볕(유화 정책)이라는 내용의 〈이솝 우화〉에서 인용한 말로, 김대중 대통령이 1998년 4월 3일 영국 방문 시 런던 대학교 연설에서 처음 사용했다.

을 연결하는 선박 여행이었고, 2003년 9월에는 금강산 육로 관광이 이루어졌다. 2005년에는 관광객이 100만 명을 돌파했고, 2008년에는 남한에서 승용차를 타고 금강산에 갈 수 있게 되었다.

금강산 관광이 한창이던 1999년 6월 15일, 서해 해상에서 남북한 해군이 충돌하는 제1차 서해 교전(연평 해전)● 이 있었지만 그간의 남북 교류에 의한 신뢰 구축으로 전면적인 무력 충돌로 확대되지 않았다. 햇볕 정책의 가시적인 효과가 나타난 것이었다. 이는 남북한이 신뢰를 구축하고 공동 번영을 추구하면 전쟁의 공포에서 벗어날 수 있다는 것을 보여주었다.

● **연평 해전**
서해 북방 한계선(NLL) 근처의 연평도 해상에서 남북한 해군이 두 차례에 걸쳐 치른 해전을 말한다. 제1차 해전은 1999년 6월 15일, 제2차 해전은 2002년 6월 29일에 벌어졌다.

2000년 1월 12일에 제주 4·3 항쟁 진상 규명 및 희생자 명예회복에 관한 특별법이 제정되었다. 4·3 항쟁의 희생자에 대한

아름다운 외금강의 모습
금강산 관광은 남북한의 긴장 상태를 완화하고 신뢰를 쌓아가는 남북 공동 번영의 시험대였다.

명예 회복과 유족들을 위로하는 법이었다. 그동안 잘못된 국가 권력의 폭력에 많은 국민들이 탄압받고 희생당했는데, 이제 민주국가에서 정부가 공식적으로 국가의 잘못을 시인하고 화해를 시도한 것이다.

2000년 4월 13일에 제16대 국회의원 총선거가 실시되었다. 1월 20일에 당명을 새천년민주당으로 바꾼 집권 여당은 115석(96/19)을 얻어 원내 제2당이 되었고, 보수 야당인 한나라당은 133석(112/21)을 얻어 원내 제1당이 되었다..

진보 진영의 집권에 불안을 느낀 보수 진영이 결집하여 제15대 총선에서 획득한 139석에서 크게 줄지 않는 선에서 의석수를 지켜냈다. 김종필이 이끈 자유민주연합은 17석(12/5)을 얻어 독

6·15 공동선언(2000년 6월 15일)

선언 주체	대한민국 김대중 대통령과 조선민주주의 인민공화국 김정일 국방위원장의 합의
제1항	통일 문제는 남북이 자주적으로 해결
제2항	남측 연합제와 북측 연방제의 공통성 인정
제3항	남북 이산가족과 장기수 문제를 인도적으로 해결
제4항	남북 경제, 문화 등 제반 분야의 협력과 교류 활성화
제5항	남북 공동선언 이행을 위한 당국자 회담 개최

자적인 원내 교섭단체를 구성하는 데 실패했다.

선거가 끝나고 얼마 되지 않은 2000년 6월 13일에 역사적인 남북 정상회담이 평양에서 열렸다. 노태우 정부와 김영삼 정부에서 추진했지만 성사되지 않았던 남북한 정상의 만남이 김대중 정부에 이르러 성사된 것이다.

남북 정상회담은 한반도의 통일과 긴장 완화, 경제 협력과 공동 번영으로 가는 중요한 이정표였다. 김대중 대통령과 북한의 김정일 국방위원장은 15일에 5개항의 남북 공동선언을 발표했다.

남북한 정상이 만나 합의한 6·15 공동선언●은 통일을 향해 가는 과정에서 두 체제의 공통성과 합일점을 찾았다는 점에서 중요한 역사적 의미를 갖는다.

● **6·15 공동선언**
남북 정상회담, 남한(김대중), 북한(김정일 국방위원장), 평양에서 개최(2000), 햇볕 정책의 실현, 남북 협력(금강산 관광, 경의선 복구, 개성 공단), 남북 화해(이산 가족, 서신 교환), 연방제(북)와 남북연합(남)의 공통성 인정
(근) 2005, (근) 2010, (검) 3-4, (검) 3-5

개성 공단과 국가인권위원회, 노벨평화상을 약속하다

6·15 공동선언의 연장선에서 이루어진 개성 공단도 중요한

통일 사업의 하나였다. 2000년 8월에 한국의 현대아산과 북한의 김정일 국방위원장이 개성 공업지구 건설에 합의하고, 2002년 11월에 개성 공업지구법이 발표되어 12월에 착공되었다.

북한은 그동안 외국의 자본을 끌어들여 나진·선봉 경제특구, 신의주 경제특구를 추진했으나 모두 실패했다. 이런 점에서 남한의 자본이 투입된 개성 공단●은 민족자본의 형성과 함께 통일을 대비한 경제 지원의 성격도 지닌 통일 사업이었다. 또한 휴전선 인근에 위치하기 때문에 남북한의 우발적 충돌을 피하고 배후에 서울, 개성, 인천과 같은 대도시가 있어 제대로 육성하면 향후 동아시아에서 가장 번영하는 공업도시로 발전할 수 있을 것이다.

● **개성 공단**
개성 공업 특구라고 한다. 6·15 선언에 따라 2002년 11월에 제정된 개성 공업 지구법에 의거하여 북한의 개성 지역에 설립한 자유 경제 지대이다. 김대중 정부의 대표적인 햇볕 정책의 하나이다.

2000년 10월 13일에 김대중 대통령은 노벨 평화상 수상자로 발표되었다. 민주주의에 대한 신념, 정적에 대한 화해와 용서, 남북한 긴장 완화와 평화 정착의 공로를 국제 사회가 인정한 것이다.

김대중 정부는 인권에도 관심을 기울였다. 대통령에 당선된 김대중은 김영삼 정부와 합의하여 선거가 끝나고 2일이 지난 12월 20일에 광주 항쟁을 피로 물들인 전두환, 노태우에 대한 사면을 받아들였다. 민주적인 시민사회로 진입하기 위해서는 화해와 용서가 필요하다는 신념에서였다.

2001년 11월 16일에 대통령 직속 독립기구로 국가인권위원회●●가 설치되었다. 그동안 독재 권력 아래서 국민들은 헌법에 명시된 집회·결사·출판의 자유 등 기본적인 인권을 보호받지 못했다.

●● **국가인권위원회**
김대중 정부 시절인 2001년 11월 26일에 국가 차원에서 인권 정책 수립, 인권 증진, 인권 보호와 같은 인간의 존엄성과 민주사회의 구현을 위해 출범한 헌법상의 독립기구

국가인권위원회의 설치는 이제 국가에서 국민의 생명과 재산, 행복추구권, 재산권과 같은 기본적인 인권을 보호하고 감시한다는 전향적인 조치였다. 또한 적어도 우리 사회가 절차적 민주정

부의 단계로 진입했다는 것을 나타냈다.

국민경선 제도와 월드컵 붉은 악마

2001년에 김대중 정부는 공동정부(연립내각)를 구성했던 김종필의 자민련과 결별했다. 자민련의 보수 노선과 집권 여당인 민주당의 통일, 노동, 재벌개혁 등 개혁적, 진보적 정책 노선이 맞지 않았던 것이다. 이로써 우리 정치사에서 진보와 보수가 처음으로 연립내각을 구성했던 정치적 실험이 중단되었다.

민주당은 10월의 국회의원 재보궐 선거에서 한나라당에 패배했다. 이에 민주당은 정권 재창출과 국민적 관심을 유도하기 위해 미국의 예비 선거를 차용한 국민경선 제도•를 도입했다. 국민경선은 후보자들이 전국 주요 도시를 순회하며 일정별로 연설하고 투표하여 집계하는 방식이었다.

● **국민 경선**
일반적으로 정당의 공직 후보는 당원에 의해 선출되는데, 폭넓은 국민들의 의사를 반영하기 위해 해당 정당이 정한 일정한 자격을 갖춘 일반 국민을 참여시키는 제도이다. 대표적으로 미국의 예비 선거를 드는데, 한국은 새천년민주당이 2002년 2월 당내 대통령 후보 경선에 도입했다.

2002년 2월에 시작된 민주당의 국민경선에서 당내에 기반이 약했던 노무현 후보는 민주당에서 견고하게 대세론을 유지하던 이인제 후보를 광주 경선에서 역전시키고 4월 26일에 서울 경선에서 민주당의 대선 후보가 되었다.

국민경선이 끝나고 얼마 뒤인 5월 31일부터 6월 30일까지 32개국이 참가하는 제17회 한일 월드컵(공동 개최)이 한국과 일본에서 분산하여 개최되었다. 전국적인 축구 열기 속에서 한국 축구팀이 4강에 오르는 돌풍을 일으키며 서울시청은 붉은 깃발과 'Be the Reds(모두 붉은 악마가 되자)'라는 문구가 적힌 티셔츠를 입은 사람들로 가득 메워졌다.

이때 한일 월드컵을 유치한 대한축구협회장인 무소속의 정몽준이 국민 후보로 부상하기 시작했다. 이런 가운데 6월 13일에 치러진 제3회 전국 동시 지방 선거에서 야당인 한나라당이 대승하고, 민주당은 참패했다.

선거가 있던 날 경기도 의정부에서 여중생이었던 신효순과 심미선이 주한 미군의 장갑차에 깔려 현장에서 숨지는 사고가 발생했다. 6월 19일에 주한 미군은 실수에 의한 단순 사고라고 발표했다. 한국 정치의 지형을 바꿀 핵폭탄은 이렇게 월드컵의 열기에 잠시 묻혔지만 얼마 후 다시 부상하여 광화문을 촛불의 바다로 만들었다.

지방 선거에 승리한 한나라당의 이회창 후보는 지지율이 상승했고, 5월에 김대중 대통령의 아들인 김홍업, 김홍걸 비리 사건이 불거져 민주당 노무현의 지지율이 하락했다. 그리고 월드컵의 열기를 바탕으로 정몽준의 지지율이 상승하여 어느덧 3파전의 구도를 형성했다.

월드컵이 끝나갈 무렵인 6월 29일에 제2차 서해 교전이 벌어졌지만 국민적 동요나 불안감은 없었다. 민주당은 햇볕 정책의 열매로 선전했고, 보수 세력은 안보불감증이라고 공격했다.

국민참여 정치, 인터넷과 모바일의 힘을 보여주다

2002년 8월에 민주당 내부에서는 지방 선거의 참패, 노무현 후보의 지지율 하락을 내세워 자기 정당의 후보를 교체하려는 움직임이 일어났다. 이무렵 국민 통합, 부패 청산, 정치 개혁을 기치로 내건 시민들이 인터넷 정당인 개혁국민정당(개혁당)•을 창당했고, 이들은 대선 후보로 민주당의 노무현을 지지했다. 민주당의 일부 의원들은 10월 4일에 후보단일화추진협의회(후단협)를 구성하고 정몽준 후보를 지지하는 분열상을 노출했다.

11월에 미군 법정은 신효순과 심미선을 치어 숨지게 한 2명의 병사에게 무죄를 선고하고 미국으로 보냈다. 우리나라의 꽃다운 여학생이 장갑차에 치여 죽었는데 재판마저 미군 법정이 주관하고 무죄 선고에 출국까지 시킨 처사에 국민적 분노가 일어났다.

미군 없는 밝은 세상에서 다시 태어나 못다 한 꿈을 펼치라는 의미의 촛불이 광화문에 등장했다. 시민들의 자유로운 의사 표현이자 광장 민주주의를 상징하는 촛불 시위••가 시작된 것이다.

이때 한나라당 이회창 후보는 안정적인 지지율을 유지하며 대세를 굳히는 듯 보였다. 그러나 촛불 시위를 통해 민주주의와 개혁에 대한 국민적 열기를 확인한 민주 세력은 보수적인 한나라당의 집권을 막기 위해 노무현과 정몽준의 후보 단일화를 촉구했다. 정몽준 후보는 2002년 11월 11일에 국민통합21이란 이름의 정당을 창당하고 노무현 후보와 단일화에 임했다.

11월 25일에 후보 경선을 여론 조사로 확정하는 초유의 정치 실험이 한국에서 벌어졌다. R&R과 월드리서치 두 여론 조사기관에서 진행한 결과 노무현 후보가 근소한 차이(R&R 결과 46.8 : 42.2, 월드리서치 결과 38.8 : 37.0)로 앞서 단일 후보로 확정되었다. 정몽준은 결과에 승복하고 합동 유세에 함께하기로 약속했다.

• **개혁국민정당**
개혁국민정당(개혁당)은 2002년 11월에 당시 노무현 민주당 대통령 후보를 지지하는 유시민, 명계남, 문성근 등 친노 세력이 세운 정당으로 2003년 11월에 열린우리당에 합당되었다.

•• **촛불 시위**
해가 진 이후에 옥외 집회와 시위를 금지시킨 집회 및 시위에 관한 법률(집시법)에 저촉되는 걸 피하고자 문화제 형식으로 촛불을 들고 의사 표현을 하는 시위 방식이다. 2002년 11월에 주한 미군의 장갑차에 치여 숨진 두 여중생의 사인 규명과 추모를 위해 세종로에서 처음으로 시작되었다.

노사모와 시민들은 희망돼지 저금통을 만들고, 인터넷과 모바일로 노무현 후보를 지지하는 새로운 문화 현상이 일어났다.

12월 19일에 치러진 대통령 선거에서 민주당 노무현 후보가 48.9%의 지지를 받아 46.6%의 지지를 얻은 한나라당 이회창 후보를 57만여 표 차이로 누르고 제16대 대통령에 당선되었다.

노무현 참여정부, 탄핵과 촛불의 힘

노무현 정부는 참여정부라고 부른다. 대한민국 정부 수립 이후 이른바 권력에서 소외되었던 비주류가 처음으로 집권한 역사적인 정권 교체였다. 노무현은 1946년생으로, 우리나라 역대 대통령 가운데 최초의 해방 이후 출생자였다.

노무현이 추구한 지역주의 타파, 권위주의 극복, 참여 민주주의, 남북 공동 번영과 남북 화해의 실현, 수도 이전을 통한 지역 균형 발전, 과거의 국가 범죄에 대한 사과, 언론 개혁 등은 과거에 머물거나 과거와 타협하는 가치가 아니라 소통과 참여와 미래를 의미했다.

참여정부를 탄생시킨 노무현 사람들은 드디어 지역주의를 타파하고 상향식 공천과 종이 당원이 아닌 진성 당원이 운영하는 정당을 구현하고자 민주당 국회의원 40명, 한나라당 개혁파 의원 5명, 개혁국민정당(개혁당) 의원 2명을 주축으로 2003년 11월 11일에 열린우리당을 창당했다.

노무현은 이후 기자 간담회나 사석에서 공개적으로 열린우리당에 대한 애정을 표시했고, 야 3당은 행정 수반인 대통령의 간접적인 선거 개입이라며 반발했다.

2004년 3월 9일에 한나라당, 민주당, 자민련 등 야 3당이 공동으로 공무원의 선거 중립 의무 위반과 경제 실책에 대한 책임을 들어 노무현 대통령 탄핵소추●안을 발의하고, 3월 12일에 195명이 참석한 가운데 193명의 찬성으로 가결했다.

● **탄핵소추**
입법부가 행정부, 사법부의 고위 공직자를 상대로 헌법에 정한 소추 절차에 의해 법적인 책임을 묻는 제도이다. 탄핵소추가 되면 직무가 정지되고, 헌법재판소의 탄핵심판으로 그 여부가 최종 결정된다. 이는 민주공화정의 대표적 기능인 상호간 권력 견제 장치이다.

탄핵 결의서는 헌법재판소의 심의로 넘어가고 대통령의 직무는 정지되었으며(3. 12~5. 14), 고건 국무총리가 대통령 권한대행을 맡았다. 대한민국 헌정사에서 처음으로 국민의 직접 선거로 선출된 대통령이 탄핵을 당하자, 소수 여당인 열린우리당은 의회 쿠데타로 규정했고, 시민들은 전국적으로 '탄핵 무효' 구호를 외치며 연일 촛불 시위를 전개했다.

탄핵안 가결에 대한 국민적 분노는 대통령의 집무가 정지된 가운데 치러진 4월 15일의 제17대 국회의원 총선거에서 집권 여당인 열린우리당에게 과반수가 넘는 152석(129/23)을 주었으며, 보수 여당인 한나라당은 121석(100/21), 진보 정당인 민주노동당은 10석(2/8)을 차지하여 원내 진출에 성공했다.

탄핵의 여풍으로 제2당이던 민주당은 텃밭인 호남에서 패배하여 9석(5/4)으로 줄어들었고, 자유민주연합은 지지 기반인 충청권에서 몰락하여 지역구에서만 겨우 4석을 얻었다. 5월 14일에 헌법재판소는 탄핵소추안을 기각하고, 노무현 대통령은 업무에 복귀했다.

탄핵 정국에서 과반수를 획득한 집권 여당인 열린우리당과 노무현 정부는 이른바 국가보안법, 사립학교법, 과거사 진상 규명법, 언론관계법 등 4대 개혁 입법을 추진했다. 기득권층과 보수

층을 지지 기반으로 하는 보수 야당인 한나라당은 등원 거부와 반대 시위를 줄기차게 전개하며 국가보안법 폐지와 사립학교법 개정을 반대했다.

독재 권력과 권위주의 정부 아래서 민주 인사를 탄압하는 데 악용한 국가보안법은 결국 논의만 거듭하다 폐지에 이르지 못했고, 사립학교법은 법인 이사의 친인척 비율을 낮추고, 개방형 이사제와 공익 감사제를 두는 개혁안이 통과되어 가족 경영, 회계 부정과 같은 사학 비리를 근절하는 제도적 장치를 마련했다.

언론관계법은 특정 매체의 시장점유율을 제한하고, 시장 독점과 경품 판매와 같은 불공정 거래를 막기 위한 민간 차원의 공동 배달회사 설립, 자본의 지배를 벗어난 기사 편집권의 독립과 법적인 보장을 골자로 하는데 시장의 80%를 독점한 조선일보, 중앙일보, 동아일보와 한나라당의 반대로 입법을 하지 못했다. 다만 청와대, 정부종합청사와 같은 국가기관에 상주하는 기자실은 폐쇄하여 언론과 노무현 정부는 임기가 끝날 때까지 긴장과 갈등이 심했다

과거사법, 민족의 정통성을 회복하다

과거사법은 노무현 정부의 업적 중 가장 돋보이는 개혁 입법이었다. 과거사법은 해방 이후 권위주의 통치 시대에 자행된 반민주적, 반인권적인 공권력의 행사로 왜곡되었거나 은폐된 진실을 밝혀내서 국민의 화해와 통일을 이룩할 목적으로 2005년 5월

31일에 입법된 '진실 화해를 위한 과거사 정리 기본법'을 말한다. 집행기구로 송기인을 위원장으로 하는 진실, 화해를 위한 과거사 정리 위원회가 12월 1일에 구성되어 활동에 들어갔다.

또한 과거사법에 앞서 동학농민 참여자 등의 명예 회복에 관한 특별법(2004. 3. 5), 일제 강점하 강제 동원 피해 진상 규명 등에 관한 특별법(2004. 11. 10), 일제 강점하 반민족 행위 진상 규명에 관한 특별법(2004. 12. 29), 친일 반민족 행위자 재산의 국가 귀속에 관한 특별법(2005. 12. 29)이 한시 입법으로 제정되어 과거사의 잘못된 부분을 바로잡고자 했으며, 군 의문사 진상 규명 등에 관한 특별법(2005. 7. 29)도 그 뒤를 이었다.

노무현 정부는 수도권 집중 현상과 중앙권력의 독점을 막고, 지역 균형 발전을 위해 행정수도 이전을 선거 공약으로 내세웠다. 과거사법이 과거에 치중된 개혁 입법이라면, 행정수도는 미래를 준비하는 개혁 정책이었다.

2004년 1월 16일에 신행정수도의 건설을 위한 특별조치법(신행정수도법)이 공표되고, 8월 11일에 신행정수도는 충남 연기군과 공주시의 일부에 건설한다는 법안이 국회에서 통과되었다.

수도권 단체장(서울, 경기, 인천)과 보수 진영은 수도 이전을 반대하며 헌법재판소에 심판을 청구했으며, 10월 21일에 헌법재판소는 관습헌법의 논리를 제시하며 위헌 결정을 내렸다. 노무현 정부는 행정수도를 축소하여 행정 중심 복합도시(세종 특별시)로 변경했다. 헌법재판소는 세종 특별시 건설안에 대해서는 합헌 판결을 내렸다.

열린우리당, 정치 실험이 좌절되다

노무현 정부는 2004년 8월에 미국의 요청에 의해 이라크 북부 에르빌 주의 라슈킨과 스와라시에 평화 재건의 목적으로 의료와 공병 부대인 자이툰 부대(이라크 평화재건사단)를 파병했다. 민주개혁 세력, 평화 단체, 반전 단체, 진보 정당이 격렬하게 파병 반대와 즉각적인 철수를 주장했다.

노무현 대통령은 2005년 6월의 재보궐 선거에서 열린우리당이 패배하고 과반수가 붕괴하자, 7월 28일에 지역주의를 고착시키는 소선거구제를 중대선거구로 변경하는 조건으로 한나라당에 권력의 일부를 내주는 연합정부(연정)를 제안했다. 영남 지역의 압도적 지지를 받고 있는 한나라당은 거부했고, 열린우리당의 당원과 개혁 세력은 노무현의 제안에 반발했다.

2006년 4월에는 노동자, 농민, 민주개혁 세력이 반대하는 한미 자유무역 협정(FTA)을 추진했다. 열린우리당의 내부에서도 반대하는 의원이 속출하는 가운데 협상은 개시한 지 1년 만인 2007년 4월 2일에 타결되었다. 이라크 파병, 한나라당과의 연정, 한미 자유무역 협정은 열린우리당과 노무현 정부를 지지하는 민주개혁 세력이 이탈하는 결정적인 계기였고, 역으로 4대 입법과 과거사법, 통일 정책은 노무현 정부를 비판하는 보수층과 노년층의 반발을 불렀다.

2006년 5월 31일에 제4회 지방 선거가 실시되었다. 집권 여당인 열린우리당은 국제적인 신자유주의 물결에서 힘겹게 경제 성장을 추진했으나, 청년 실업과 가계 부채의 부담이 높아진 대도시 중산층의 이탈로 지지율이 급락했다. 열린우리당은 광역 단체장, 지방 단체장, 광역 의회에서 모두 참패했고, 한나라당은 전국적으로 승리하여 정권 교체의 가능성을 높였다.

열린우리당의 권력 재창출에 대한 불안은 당 해체로 나타나서 2007년 8월까지 여러 정당이 생겨나고 사라지는 진통을 겪었다. 8월에 이르러 민주개혁 세력은 대통합민주신당으로 통합이 이루어졌으나 대통령 후보는 아직 결정되지 않았다.

집권 여당이 분열의 진통을 겪고 있을 때 야당인 한나라당은 지방을 순회하며 후보 토론회와 대의원 경선을 통해 8월 20일에 이명박을 대통령 후보로 선출했다. 대통합민주신당은 10월에 국민 경선 대의원 투표와 일반 시민이 참여한 모바일 투표를 합산하여 정동영을 대통령 후보로 선출했다.

10·4 정상선언, 남북 공동 번영의 주춧돌

열린우리당에서 탈당한 노무현 대통령은 김대중 정부의 6·15 선언을 계승하고자 북한의 김정일 국방위원장을 방문하여 남북 정상회담을 가졌다.

임기가 거의 끝나가는 2007년 10월 2일에 노무현 대통령은 직접 걸어서 군사분계선을 넘었다. 고착된 분단의 상징을 부수는 발걸음이었다. 노무현은 10월 3일에 평양에서 김정일 국방위원장과 남북 정상회담을 갖고 4일에 10·4 정상선언을 발표했다.

남북 정상선언은 남북 관계 발전과 평화 번영을 위한 약속으로, 그중에서 전쟁의 공포에서 벗어나 항구적인 평화 체제를 구

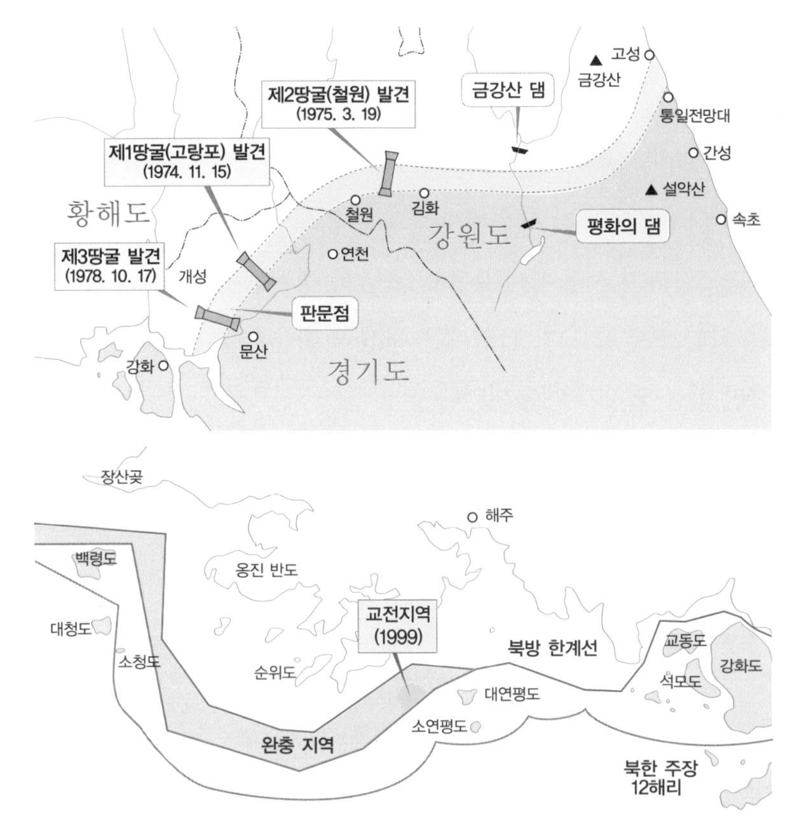

◀ **휴전선과 서해 5도**
휴전선과 서해 5도는 남북한이 여전히 휴전 상태라는 사실을 일깨워준다. 따라서 통일 이전까지 우발적 충돌을 피하고 평화 체제를 구축하기 위한 남북한의 민족적 각성이 필요하다.

축하기 위한 경제 협력이 가장 중요한 성과였다.

남북한 정상은 정전 협정을 평화 협정으로 전환하기 위해 3자 회담(남, 북, 미)이나 4자 회담(남, 북, 미, 중)을 남북이 주도적으로 하고 미국과 중국의 지지를 얻는 방법이었다. 그리고 한반도의 핵 문제를 해결하기 위해 6자 회담도 지속적으로 추진한다고 천명했다.

또한 구체적인 실천 사항으로, 남북한 간에 우발적 충돌의 가능성이 아주 높은 북방한계선(NLL)● 을 평화 지대로 만들기 위해 그곳에 서해평화협력 특별지대를 설치하고 경제특구를 세우며, 한강 하구를 남북이 공동으로 이용하고, 개성 공단 2단계 건설에

● **NLL**
북방한계선(Northern Limit Line)의 영문 약어이다. 1953년 7월 27일 휴전협정 직후에 주한 유엔군 사령관 클라크가 일방적으로 북한과의 협의 없이 서해 5개 섬 북단에 설정한 해상경계선이다.

착수하며, 3통(통행, 통신, 통관)을 보완하고, 안변과 남포에 조선 협력단지를 세우는 일 등이 포함되었다.

10·4 정상선언을 구체화하기 위한 후속 회담으로 2007년 11월 14일부터 16일까지 서울에서 남북 총리회담이 열렸고, 12월 4일부터 6일까지 서울에서 부총리급 남북 경제협력공동위원회 제1차 회의가 열렸으며, 11일에는 문산과 판문역을 운행하는 개성공단 화물 열차가 개통되었다.

남북 정상회담이 마무리된 10월 중순에 이르자 국내 정치는 곧바로 대선 국면으로 바뀌었다. 11월 말에 이르러 5명의 유력한

10·4 정상선언(2007년 10월 4일 8개항 발표)

선언 주체 : 대한민국 노무현 대통령과 조선민주주의 인민공화국 김정일 국방위원장의 합의		
1	6·15 공동선언의 구현	–남북통일 문제는 자주적으로 해결 –6·15 공동선언을 기념하는 방안을 마련
2	상호 존중과 신뢰의 남북 관계로 전환	–남과 북은 각기 법률적·제도적 장치들을 정비 –양측 의회 등 각 분야의 대화와 접촉을 적극 추진 등
3	군사적 긴장 완화와 신뢰 구축	–남북 불가침 의무의 준수 –서해 공동 어로 수역 지정(우발적 충돌 방지) –남(국방부장관)과 북(인민무력부장)의 회담 개최 등
4	정전 체제의 종식과 평화 체제 구축	–종전 선언 위해 직접 관련된 3자, 또는 4자 정상회담 추진 –6자 회담 9·19 공동성명과 2·13 합의 이행 노력
5	남북 경제 협력 강화	–해주 지역의 서해평화협력 특별 지대 설치 –서해 어로 구역과 평화 수역 설정 등 –개성 공단 건설 박차 및 철도, 통행, 통신 문제 완비 –개성~신의주 철도, 개성~평양 간 고속도로 공동 이용 –부총리급의 남북 경제협력공동위원회 운영 등
6	사회문화 분야의 교류 협력 강화	–남북한 민족동질성을 위한 문화, 예술 협력 –백두산~서울 직항로를 개설, 백두산 관광 –북경 올림픽(2008)에 남북 응원단의 경의선 열차 이용
7	인도주의 협력 사업 적극적 추진	–이산가족 교류의 확대, 상시화 –상시화를 위한 금강산 면회소 완공 –남북한 재난 발생 시 상호 협력 등
8	국제 무대에서 상호 협력	–남북한 총리회담 개최 –수시로 정상회담, 현안 문제 협의 등

노무현 전 대통령 묘소 | 참여 민주주의의 시대를 꿈꾸고 시민이 주인 되는 세상을 만들고자 노력한 제16대 대통령 바보 노무현의 이상이 묻힌 곳이다.

후보가 윤곽을 드러냈다. 실용과 경제를 앞세운 한나라당 이명박 후보가 지지율에서 선두를 굳히고, 남북 경협(개성 공단)과 민주 개혁을 부각시킨 대통합민주신당 정동영과 보수적 가치와 원칙을 내세운 무소속 이회창 후보가 뒤를 이었다.

깨끗한 정치와 경제 정의를 표방한 창조한국당 문국현과, 진보와 노동 세력을 대표하는 민주노동당 권영길은 선전했다.

12월 19일에 치러진 대통령 선거에서 한나라당 이명박 후보는 48.7%를 득표하여 26.1%에 그친 정동영 후보를 530만여 표 차이로 누르고 대통령에 당선되어 김대중 정부가 정권 교체를 이룬 것처럼, 또다시 여야 간 정권 교체를 이루었다.

역사 지식 플러스

동북공정은 왜 시작되었는가?

동북공정은 중국의 국책 연구소인 사회과학원에서 우리나라의 고대 왕조인 고구려, 발해와 역사적 고유 영토인 간도 지역을 중국의 역사이자 영토라는 새로운 관점으로 역사 해석을 시도한 중국 측의 연구 사업을 말한다. 이는 중국이 개혁 개방을 시작한 1978년부터 역사학자들을 중심으로 치밀하고 지속적으로 추진했고, 1990년대에 들어와 공식화된 것이다.

중국 측이 동북공정을 추구한 근본 이유는 소련의 붕괴로 인한 중국 내 소수 민족의 독립 문제, 북한의 급격한 붕괴, 동아시아 지역에서 미국의 패권을 견제하려는 의도에서 시작되었고, 그것의 해결을 위한 이념과 논리를 새로운 역사 해석에서 찾고자 했던 것이다. 이를 위해 중국은 오늘날 중국의 영토에서 벌어진 모든 역사는 중국사라고 규정하고, 중국 내 조선족에 대해 중국인으로서의 역사의식 · 민족의식 · 사상의식을 강화하고, 고구려의 영토였던 북한 지역에 대한 역사적 연고권까지 중국에 있다고 주장하고 있는 것이다.

동북공정에서 주장하는 논리는 대략 여섯 가지로 1) 고구려는 중국 땅에 세워졌으며, 2) 고구려는 중국의 지방 정권이고, 3) 고구려 민족은 한국 민족이 아닌 중국 민족이며, 4) 수·당과 고구려의 전쟁은 국내 전쟁이고, 5) 고려는 신라 계승 국가이지 고구려 계승 국가가 아니며, 6) 간도는 중국의 고유한 영토라는 것이다.

중국은 지금도 여전히 우리 역사인 만주 지역의 요하 문명, 고조선, 부여, 고구려, 발해, 그리고 북방 민족인 거란, 여진, 몽골, 만주족의 역사를 모두 중국사로 만드는 작업을 계속하고 있다. 따라서 우리는 만주 지역이 한민족이 개척하고 활동했던 고유한 역사 영토임을 지속적으로 국제 사회에 홍보하고 간도 지역의 반환을 위해 노력해야 할 것이다.

논술 생각나무 키우기

김대중 정부의 6·15 공동선언과 노무현 정부의 10·4 정상선언에 나타난 공통점과 차이점은 무엇일까?

Point 1 남북한 사이에 논의되거나 제시된 통일 방안에는 어떤 것이 있으며, 통일을 위한 남북한의 중요한 선언이나 정책 등을 시간순으로 정리한다.

Point 2 두 선언에서 합의된 핵심 사항을 정리하고 공통점과 차이점을 비교한다. 아울러 각각의 선언으로 시작되거나 진척된 남북한 화해 협력 사업에는 무엇이 있는지 정리한다.

Point 3 두 선언이 통일운동에서 갖는 역사적 의미, 향후 통일 과정에 어떤 영향이 있을지 정치적, 경제적, 역사적, 사회적 관점으로 나누어 살펴본다.

공부를 더 하고 싶다면

✎《**냉전의 추억**》(김연철 지음, 후마니타스)
해방 50년, 그리고 분단 50년의 한국 현대사는 냉전의 각축장이며 희생양이었다. 냉전은 한국사의 주체인 민중을 고통의 삶에 묶어둔 질곡이었지만, 냉전을 빌미로 권력과 부를 유지하고 향유한 세력도 있다. 민족의 운명을 가로막은 냉전의 추억을 속속들이 파헤쳐본다.

✎《**특강, 한홍구의 한국 현대사 이야기**》(한홍구 지음, 한겨레출판)
움직이는 현대사로 불리는 한홍구가 온몸으로 경험한 민주와 평화의 저항정신을 잣대로 오늘의 역사를 되살린다. 뉴라이트, 수구 세력, 공안 정국, 헌법 가치 등 한국 현대사의 8가지 쟁점을 주제로, 독재와 오만과 독선의 권력을 통렬하게 꾸짖는다.

✎《**운명이다 – 노무현 자서전**》(노무현 지음, 돌베개)
대한민국 제16대 대통령으로 참여 민주주의의 시대를 만들고자 꿈꾸었던 열정의 사내, 그리고 사람 사는 세상, 시민이 주인 되는 세상을 만들고자 분투한 낮은 사람들의 친구이자 대통령이었던 바보 노무현의 삶과 이상을 담아냈다.

찾아보기

ㄱ

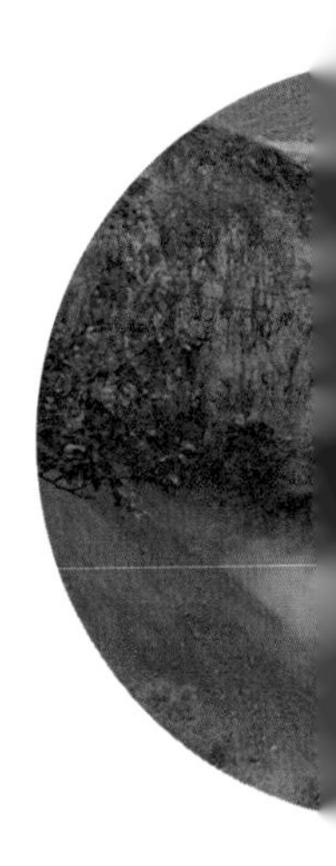

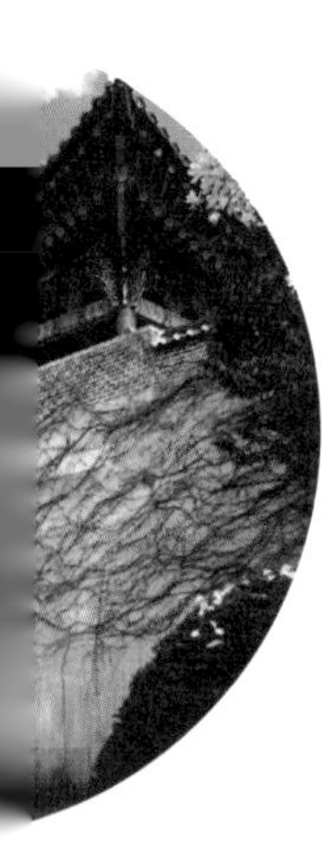

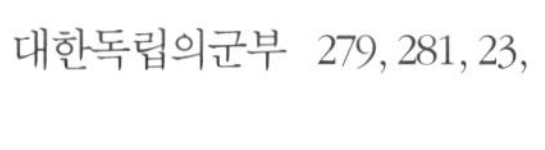

ㄹ

ㅁ

ㅂ

ㅅ

ㅇ

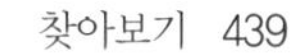

ㅋ

ㅌ

ㅍ

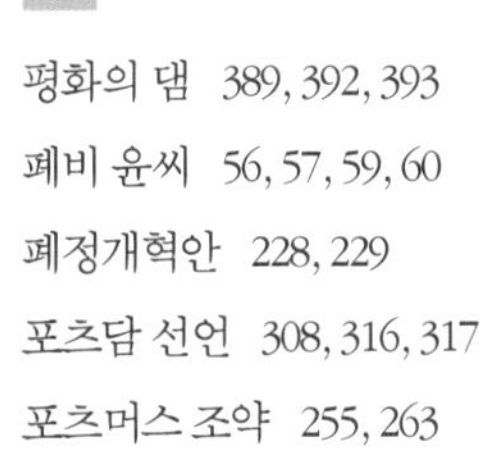

ㅎ

구석기 시대부터 고려 시대까지

교과서와 함께 읽는 청소년 한국사 1

교과서와 함께 읽는 청소년 한국사 2

조선 시대부터 당대까지

오정윤 지음

오정윤

미래학교 교장
명지대 문화콘텐츠과 교수
한국역사문화연구소 소장

이 책을 쓴 오정윤(吳正潤)은 1962년 충남 대덕에서 태어나 전통 서당에서 한학을 공부했고, 한국외국어대학교 중국어과에서 문자학과 동양철학을 전공했다.

명지대학교 문화콘텐츠과에서 원형문화 콘텐츠론, 민족문화 개론 등을 강의했고, 현재 시민 역사단체인 한국역사문화연구소 소장을 맡고 있으며, 대안학교인 미래학교 교장으로 청소년 대상 인문학 교실, 역사 교실, 해외 역사 탐방을 운영하고 있다.

쓴 책으로 《단숨에 읽는 한국사》《한국 원형 문화사》《민족문화 개론》 등이 있고, 공저서로 《한국 역사 기행》《한국사의 단군 인식과 단군 운동》《천재는 무엇으로 배우는가》가 있다. 번역서로는 《고구려 풍속 연구》《누르하치》(전3권) 《한국전쟁》(전3권) 등이 있다.

미래학교 : www.miraeschool.com (02-2277-9181)
네이버 카페 : 오정윤 역사교실
전자 메일 : gojumong@korea.com
트위터 : www.twitter.com/miraeschool
페이스북 : www.facebook.com/gojumong

교과서와 함께 읽는 청소년 한국사 2

조선 시대부터 당대까지

지은이 | 오정윤
펴낸이 | 전형배
펴낸곳 | 도서출판 창해
출판등록 | 제9-281호(1993년 11월 17일)

초판 1쇄 발행 | 2010년 11월 5일
초판 4쇄 발행 | 2014년 4월 15일

주소 | 110-300 서울시 종로구 인사동5길 20번지(관훈동 198-36) 오원빌딩 602호
전화 | 070-7165-7500(代), (02) 333-5678
팩시밀리 | (02) 322-3333
홈페이지 | www.changhae.net
E- mail | chpco@chol.com
* chpco는 Changhae Publishing Co.를 뜻합니다.

ISBN 978-89-7919-969-7 64900
ISBN 978-89-7919-967-3 (전2권)

값 · 22,000원

이 도서의 국립중앙도서관 출판시도서목록(CIP)은 e-CIP 홈페이지
(http://www.nl.go.kr/cip.php)에서 이용하실 수 있습니다.
(CIP제어번호 : CIP2010003796)